中国法律史学文丛

清代"家庭暴力"研究
——夫妻相犯的法律

钱泳宏　著

商务印书馆
创于1897　The Commercial Press
2014年·北京

图书在版编目(CIP)数据

清代"家庭暴力"研究:夫妻相犯的法律/钱泳宏著.—北京:商务印书馆,2014
ISBN 978-7-100-10958-1

Ⅰ.①清… Ⅱ.①钱… Ⅲ.①法律—研究—中国—清代 Ⅳ.①D929.49

中国版本图书馆 CIP 数据核字(2014)第 292903 号

所有权利保留。
未经许可,不得以任何方式使用。

教育部人文社会科学研究青年项目资助
"清代夫妻相犯研究:基于《大清律例》与
刑科档案的考察"(11YJC820095)

中国法律史学文丛
清代"家庭暴力"研究
——夫妻相犯的法律
钱泳宏 著

商 务 印 书 馆 出 版
(北京王府井大街36号 邮政编码 100710)
商 务 印 书 馆 发 行
北 京 冠 中 印 刷 厂 印 刷
ISBN 978-7-100-10958-1

2014年12月第1版　　开本 880×1230　1/32
2014年12月北京第1次印刷　印张 10¼
定价:42.00元

总　　序

随着中国的崛起,中华民族的伟大复兴也正由梦想变为现实。然而,源远者流长,根深者叶茂。奠定和确立民族复兴的牢固学术根基,乃当代中国学人之责无旁贷。中国法律史学,追根溯源于数千年华夏法制文明,凝聚百余年来中外学人的智慧结晶,寻觅法治中国固有之经验,发掘传统中华法系之精髓,以弘扬近代中国优秀的法治文化,亦是当代中国探寻政治文明的必由之路。中国法律史学的深入拓展可为国家长治久安提供镜鉴,并为部门法学研究在方法论上拾遗补阙。

自改革开放以来,中国法律史学在老一辈法学家的引领下,在诸多中青年学者的不懈努力下,于这片荒芜的土地上拓荒、垦殖,已历30年,不论在学科建设还是在新史料的挖掘整理上,通史、专题史等诸多方面均取得了引人瞩目的成果。但是,目前中国法律史研究距社会转型大潮应承载的学术使命并不相契,甚至落后于政治社会实践的发展,有待法律界共同努力开创中国法律研究的新天地。

创立已逾百年的商务印书馆,以传承中西优秀文化为己任,影响达致几代中国知识分子及普通百姓。社会虽几度变迁,世事人非,然而,百年磨砺、大浪淘沙,前辈擎立的商务旗帜,遵循独立的出版品格,不媚俗、不盲从,严谨于文化的传承与普及,保持与学界顶尖团队的真诚合作始终是他们追求的目标。遥想当年,清末民国有张元济(1867—1959)、王云五(1888—1979)等大师,他们周围云集一批仁人志士与知识分子,通过精诚合作,务实创新,把商务做成享誉世界的中国品牌。

抗战风烟使之几遭灭顶,商务人上下斡旋,辗转跋涉到重庆、沪上,艰难困苦中还不断推出各个学科的著述,中国近代出版的一面旗帜就此屹立不败。

近年来,商务印书馆在法律类图书的出版上,致力于《法学文库》丛书和法律文献史料的校勘整理。《法学文库》已纳入出版优秀原创著作十余部,涵盖法史、法理、民法、宪法等部门法学。2008 年推出了十一卷本《新译日本法规大全》点校本,重现百年前近代中国在移植外国法方面的宏大气势与务实作为。2010 年陆续推出《大清新法令》(1901—1911)点校本,全面梳理清末法律改革的立法成果,为当代中国法制发展断裂的学术脉络接续前弦,为现代中国的法制文明溯源探路,为 21 世纪中国法治国家理想追寻近代蓝本,并试图发扬光大。

现在呈现于读者面前的《中国法律史学文丛》,拟收入法律通史、各部门法专史、断代法史方面的精品图书,通过结集成套出版,推崇用历史、社会的方法研究中国法律,以期拓展法学规范研究的多元路径,提升中国法律学术的整体理论水准。在法学方法上致力于实证研究,避免宏大叙事与纯粹演绎的范式,以及简单的"拿来主义"而不顾中国固有文化的媚外作品,使中国法律学术回归本土法的精神。

何 勤 华

2010 年 6 月 22 日于上海

清代处理"家暴"的法律审视
（代序）

自人类随进化而组成家庭以来，作为一个承担获取生活资料和繁衍后代任务的社会基本单位，家庭和其中的夫妻、亲子等亲属关系就衍生出一幕幕活剧，伴随着人的一生，同生命共终老。与各时期的经济、政治和文化等因素相联系，夫妻关系也从来不是平等和谐的，历来都存在着既互相配合又互相争斗的现象，而历代统治者治国理政的策略中，也就不乏对家族、家庭和夫妻关系的规范与调整法术。特别是西周以降，礼与法在很大程度上都极为重视调整家族家庭和夫妻关系，各朝法律也对包括夫妻相犯在内的家族和家庭内犯罪有具体的处理规定，直到清代，集历朝法律之大成，在处理夫妻相犯案件的立法和司法方面犹有周密精细的规则和丰富的实务经验。

清代社会倡导"琴瑟和鸣"、"尊卑有序"的夫妻关系，然而，数量巨大夫妻相犯而杀的暴力案件却显见于刑部档案中。北京故宫博物院西华门内国家第一历史档案馆藏"内阁汉文题本刑科命案类婚姻奸情专题档案"，为研究者展现了清代夫妻相犯的历史印迹。钱泳宏博士的《清代"家庭暴力"研究——夫妻相犯的法律》一书即通过对清代刑科档案的爬梳与研读，为读者展示了一幅关于清代夫妻相犯完整而具体的图像。该书是在其博士学位论文的基础上，增加修改而成，其博士论文曾荣获 2011 年上海市研究生优秀成果（博士学位论文）奖，是该年度上海市唯一获此荣誉的法学博士论文,获得不少赞誉。

正如钱泳宏博士所认为:"考察夫妻相犯最直接的视角是法律文本与刑科档案,由于唐以前的法律已多亡佚,难以窥其全貌,我们只能从零散史料、片段的记载中探知相关内容或法律的实际运作。且有清以前,古代官方司法档案都未保存下来。幸运的是,清代较完整保留下来了法律文本与刑科档案、司法判牍等,尤其是大量刑科档案留存于世,便于笔者做系统的量化研究。"该书主要以清代法律法令、清代典章、刑科档案为主要研究素材,再辅之以相关的律学著作、地方志、杂记等。该书使用的基本材料有:《大清律例》、内阁汉文题本刑科命案类婚姻奸情专题档案、《刑案汇览三编》、《驳案汇编》(包括《驳案新编》与《驳案续编》)、《刑部比照加减成案》、《清代"服制"命案——刑科题本档案选编》、《清嘉庆朝刑科题本社会史料辑刊》、《大清律辑注(上、下)》、《读例存疑》、《大清律例通考校注》、《读律佩觿》和《办案要略》等。作者认真爬梳史料,治学颇为严谨。

该书首次提出"夫妻相犯"概念,主要是从较广的意义上,梳理发生在夫妻之间的、并受法律所惩处的互相侵害行为。该书系统地运用了中央刑部档案资料,对清代婚姻关系、夫妻相犯的方式、社会各方面反应进行了深入分析,体察了当时的时代背景、社会与婚姻家庭环境,勾勒还原了清代夫妻相犯的原貌。作者进而通过清代夫妻相犯法律适用的分析,考察《大清律例》在夫妻相犯案件中的实际运作情形及对社会的实际控制情况,探讨司法实践与官方和民间表述之间的背离;作者更通过剖析夫妻相犯的律文和条例,探寻社会性别意识对清律的影响以及主流社会的性别观念与法律价值观,发现并论证清律的夫尊妻卑特征及重惩奸罪的意旨对夫妻相犯的影响,尝试对清律防控夫妻相犯的得失作出新的解释。

该书扩展了法律史对女性法律地位研究的领域。学界提及传统社会的夫妻关系时，总是以"夫尊妻卑"一言以蔽之，而该书由夫妻相犯的个案切入，不仅能看到夫犯妻，深切地感受妻的卑贱法律地位，还能看到妻的反抗以及妻在某些条件下主动犯夫的行为，这样清代女性就处在一个相对动态的表现范畴内，是当前中国法律史女性地位研究的领域逐步开拓的一种尝试。

此外，研究清代"夫妻相犯"出自于钱泳宏博士十多年来对"家庭暴力"法律防控问题的学术关注。近三百年来，夫妻相犯，尤其是妻遭受夫的暴力侵犯在形式、内容、受侵害程度、法律防控与社会支持网络上，都具有很大的相似性。关注家庭暴力，尤其是夫对妻的暴力已成为我国社会的热点问题。作者对清代夫妻相犯与清律治理的研究，对当今防控家庭暴力也具有启示意义。该部分有不少可圈可点之处。如作者认为："当代夫对妻的暴力，正是一种历史延续下来的夫犯妻行为，这与当今社会夫尊妻卑的社会意识、夫控制妻的古老欲望、夫妻间不平等、不平衡的权力结构没有发生根本改变有关。"因此，呼吁男性参与的"白丝带运动"，共同营造男女平权的社会文化氛围；作者认为："目前我国法律受传统立法与传统观念的影响，也明显缺失社会性别视角，而当代夫对妻的暴力，正与立法缺乏社会性别视角，所制定的法律不完善有关。"因此，法律应重视社会性别，并以正当防卫构成要件中"不法侵害必须正在进行"及"没有明显超过必要限度造成重大损害"这些较为突出的限制性规定为例，指出这两个要件对女性存在的性别歧视以及给司法裁量带来的困惑；作者还提出要构建可操作性的防控家庭暴力法律，指出我国反家庭暴力应引入民事保护令制度的必要性等。

该书是一本研究清代夫妻关系与夫妻相犯的力作，选题新颖、结构合理，考证细致，文笔流畅，九表三图，图文并茂。不仅适合作为法律史专业师生的补充读物,也是可供婚姻法与刑法学者借鉴的参考资料,更适合对中国传统婚姻家庭法律关系感兴趣的研究者参阅。征之于史,可长见识,用之于今,益莫大焉。

徐 永 康
2014 年 8 月 4 日

目 录

绪 论 …………………………………………………………… 1
　一、写作缘起与研究动因 ……………………………………… 1
　二、概念界定与材料使用 ……………………………………… 3
　三、研究思路与研究方法 ……………………………………… 8
　四、研究现状与文献综述 ……………………………………… 11
　五、研究重点及意义 …………………………………………… 15

第一章　清代的夫妻关系 ………………………………………… 18
　第一节　夫对妻的权利 ………………………………………… 19
　　一、财产权 …………………………………………………… 19
　　二、教令权 …………………………………………………… 22
　　三、休妻权 …………………………………………………… 25
　　四、嫁卖权 …………………………………………………… 28
　　五、杀妻权 …………………………………………………… 30
　第二节　妻对夫的义务 ………………………………………… 31
　　一、从一而终的贞操义务 …………………………………… 32
　　二、从夫而居的同居义务 …………………………………… 38
　　三、为夫隐匿的容隐义务 …………………………………… 40
　　四、夫丧期不再婚的义务 …………………………………… 43
　　五、侍奉舅姑的赡养义务 …………………………………… 45
　小结 ……………………………………………………………… 50

第二章 清代的夫犯妻 ·· 52
第一节 夫犯妻的方式与原因 ·································· 52
一、卖休 ··· 52
二、典雇 ··· 57
三、抑勒妻与人通奸 ·· 60
四、有妻更娶 ··· 61
五、杀妻 ··· 63
第二节 妻的反应 ··· 87
一、顺受 ··· 87
二、反抗 ··· 89
三、杀夫 ··· 91
四、自尽 ··· 92
第三节 社会各方面的反应 ······································ 94
一、夫家的反应 ·· 94
二、妻家的反应 ·· 96
三、他人的反应 ·· 99
小 结 ··· 100

第三章 清代的妻犯夫 ·· 102
第一节 妻犯夫的方式与原因 ·································· 102
一、背夫逃亡 ··· 102
二、和诱 ··· 105
三、逼迫夫自缢身死 ·· 107
四、告夫 ··· 108
五、杀夫 ··· 109
第二节 夫的反应 ··· 121
一、顺受 ··· 122

二、知情纵容 …………………………………………… 124
三、杀死奸夫奸妇 ……………………………………… 130
四、自尽 ………………………………………………… 146
第三节 和奸之人的反应 …………………………………… 148
一、奸妇的反应 ………………………………………… 148
二、奸夫的反应 ………………………………………… 162
第四节 社会各方面的反应 ………………………………… 178
一、夫家的反应 ………………………………………… 178
二、妻家的反应 ………………………………………… 193
三、他人的反应 ………………………………………… 197
小 结 ………………………………………………………… 206

第四章 清代夫妻相犯的法律适用 ……………………………… 211
第一节 律例有治罪明文时的适用 ………………………… 211
一、律为主导，例为补充 ……………………………… 213
二、以例改律，以例废律 ……………………………… 227
三、以新例破旧例 ……………………………………… 232
第二节 律例无治罪专条时的适用 ………………………… 236
一、直接适用其他律例 ………………………………… 237
二、援引其他律例比照加减适用 ……………………… 239
三、援照成案适用 ……………………………………… 243

第五章 清代夫妻相犯的法律分析 ……………………………… 251
第一节 律例的夫尊妻卑特征 ……………………………… 251
一、律例夫尊妻卑的表现 ……………………………… 252
二、律例夫尊妻卑特征对夫妻相犯的影响 …………… 256
第二节 律例的重惩奸罪意旨 ……………………………… 260
一、律例重惩奸罪的表现 ……………………………… 260

二、律例重惩奸罪意旨对夫妻相犯的影响 …………………… 272
第六章　清代夫妻相犯对当代防控家庭暴力的启示 ……………… 279
　第一节　营造男女平权的社会文化氛围 …………………………… 282
　　一、让男女平权成为全社会共识 …………………………………… 282
　　二、呼吁更多男性参与 ……………………………………………… 285
　第二节　重视社会性别，完善相关法律 …………………………… 287
　　一、法律应重视社会性别 …………………………………………… 288
　　二、基于性别差异，完善相关法律 ………………………………… 289
　第三节　构建可操作性的防控家庭暴力法律 ……………………… 297
　　一、现行防控家庭暴力法律的不足 ………………………………… 298
　　二、防控家庭暴力法律要凸显可操作性 …………………………… 301

参考文献 ………………………………………………………………… 312

后　　记 ………………………………………………………………… 320

图表目录

表一	清代夫妻的权利义务内容	50
表二	《清代"服制"命案——刑科题本档案选编》夫犯妻之琐事表	64
表三	夫杀妻的原因	84
表四	妻犯夫的方式与原因	119
表五	奸妇的反应与原因	160
表六	各方面对妻犯夫的反应	208
表七	《大清律例·刑律·斗殴下》"妻妾殴夫"条的罪罚差异	257
表八	清律对本夫、本夫本妇有服亲属及他人捉奸杀奸的规定	267
表九	"本夫、本夫本妇有服亲属杀伤犯奸尊长"与"凡人杀伤有服尊长"的罪罚比较	270
图一	"和奸"与"因奸杀夫"的罪罚比较	273
图二	"和奸"与"捉奸杀奸"的罪罚比较	275
图三	"因奸杀夫"与"本夫、本夫本妇有服亲属捉奸杀奸"的罪罚比较	277

绪　　论

一、写作缘起与研究动因

清代是我国帝制时期的最后一个朝代，统治中国 268 年之久，学界普遍认为，朱子理学成为统治阶级所尊奉的正统学说，"夫为妻纲"、"夫尊妻卑"的观念在清代发展到登峰造极，妻的家庭地位与法律地位尤为低下。因为虽然夫妻差别的法律从秦代就开始有，可是清律中对夫尊妻卑的差别规定比以往任何一个王朝都更为明显。[①] 然而，清代社会经济的发展，中下层家庭生活的艰辛，个体的情感需求，对律例规制下"夫尊妻卑"的夫妻关系有没有影响？如果有影响而发生"家庭暴力"中

---

① 现仅将清律与唐律做一对比即可看出：针对妻殴夫，清律从唐律"徒一年，伤重者加凡斗伤三等（夫亲告乃坐）"增至"但殴即杖一百，不问有伤无伤（夫亲告乃坐），折伤以上加凡斗伤三等，至笃疾者绞"；针对夫殴妻，清律从唐律"殴伤者减凡人二等"减至"折伤以下勿论，折伤以上减凡人二等，且须妻亲告始论"；针对有夫再嫁，从唐律"徒三年"增至清律"绞监候"；针对有妻更娶，由唐律"徒一年"减至清律"杖九十"；针对妻过失杀伤夫，从唐律"较故杀减罪二等"增至清律"斩立决"，即"法司虽明知情有可原，是出无心，但究因名分攸关，仍须按其殴杀夫本律问拟斩决，只能在稿尾将并非有心干犯之处声叙，候旨定夺。在这种情形之下，也只能从宽由斩立决改为斩监候。"更为明显的是，从夫在任何情形之下皆无杀妻之权亦无捉奸杀死奸妇或殴死有罪妻妾的权利，发展到清律夫于奸所获奸、登时将奸夫奸妇一并杀死不论，即清律赋予夫于特定情形下对妻生命权的剥夺。清律沿革明律，相对于唐律而言，对"事关典礼及风俗教化"一类非直接侵犯君主政权等方面的犯罪往往是"轻其所轻"，照此来推，对处罚涉及夫妻关系的犯罪也应该是减轻的，但是，通过上述对比，可以发现夫犯妻的处罚得到减轻，而妻犯夫的处罚则是加重了，究其原因，可谓是随着理学的渗入，清代的夫权被扩张极致的结果。

较为典型的夫妻相犯①,那么夫犯妻与妻犯夫的方式分别有哪些?是什么原因造成的?最突出的方式又是什么?对于夫妻相犯,社会各方面的反应是什么?在夫妻相犯案件的审断中,"国法"《大清律例》的适用如何?"情理"与"习惯"起到了什么作用?律例如何规制夫妻相犯?规制夫妻相犯的律例有何特征,这些特征又对夫妻相犯产生什么影响?以上诸疑惑,皆是最初爬梳资料时的一种构想,或者说是进一步搜集资料的留意点,笔者拟通过对《大清律例》与刑科档案②的考察,试图解答上述疑惑。

考察夫妻相犯最直接的视角是法律文本与刑科档案,由于唐以前的法律已多亡佚,难以窥其全貌,我们只能从零散史料、片段的记载中探知相关内容或法律的实际运作。且有清以前,古代官方司法档案都未保存下来,如"宋代三百余年,留下的案例可能平均一年不到三件,根本没有量化的意义。"③幸运的是,清代较完整保留下来了法律文本与刑科档案、司法判牍等,尤其是大量刑科档案留存于世④,便于笔者做

---

① 家庭暴力是20世纪60年代以来,国际社会逐渐形成的一个新的法律概念。一般认为,家庭暴力是指家庭成员以暴力或胁迫、侮辱等其他手段,故意侵害其他家庭成员的人身权利包括身体上、精神上、经济上和性方面的权利,并造成一定损害后果的行为。家庭中的弱者,如妇女、儿童、老人、残疾人更有可能成为家庭暴力的受害人。笔者使用"夫妻相犯"的概念,主要是梳理清代仅仅发生在夫妻之间的、并受法律所惩处的互相侵害行为。因此,在这种意义上,当代家庭暴力的概念含义更广,包含了"夫妻相犯"。

② 刑科档案,虽然都是一些刑事案件,但反映的内容却相当广泛,尤其是真实展示了在其他史料中难以见到的那些中下层普通民众的婚姻、奸情等事。虽然也有学者认为刑科档案"并非只是一种单纯的记录,而是一种动机复杂而又充满张力的叙述。"(徐忠明:《案例、故事与明清时期的司法文化》,法律出版社2006年版,第4页。)但它毕竟是最接近事实的记载。

③ 柳立言:《宋代的家庭和法律》,上海古籍出版社2008年版,第248页。

④ 戴逸先生认为:"中国历朝历代档案已丧失殆尽(除近代考古发掘所得甲骨、简牍外),而清朝中枢机关(内阁、军机处)档案,秘藏内廷,尚称完整。加上地方存留之档案,多达二千万件。档案为历史事件发生过程中形成之文件,出之于当事人亲身经历和直接记录,具有较高之真实性、可靠性。大量档案之留存极大地改善了研究条件,俾历史学家得以运用第一手资料追踪往事,了解历史真相。"(杜家骥编:《清嘉庆朝刑科题本社会史料辑刊》,天津古籍出版社2008年版,"总序"第1页。)

系统的量化研究。

此外,研究清代夫妻相犯出于笔者对社会现实中"家庭暴力"的关注。冷佛说过:"人世间事,最屈枉不过的,就是冤狱;最苦恼不过的,就是恶婚姻。"①家庭暴力是导致恶婚姻的主要原因。在当今社会,夫对妻的暴力依然是人们已经习以为常的现象,社会与法律将其视为家务事,并不愿过多干涉。自20世纪60年代西方国家出现反对针对妇女的暴力的运动以来,国际社会逐渐地形成一个新的法律概念,即"家庭暴力",并用它来规范严重的针对妇女的施暴行为。目前,关注家庭暴力,尤其是夫对妻的暴力已成为我国社会的热点问题,我国的宪法、民法通则、民事诉讼法、刑法、刑事诉讼法、治安管理处罚法等在实体上或程序上已有一些反对家庭暴力的相关规定,但是,现行法律缺乏性别视角,且反家庭暴力的法律体系缺乏整体性规范,禁止家庭暴力的条款大都只是原则性的规定,可操作性不强。笔者对清代夫妻相犯及其清律治理的研究,能为当今防控家庭暴力提供若干启示。

二、概念界定与材料使用

(一)概念界定

1. 清代

本文用"清代"而不用"清朝",是因为"清代"是时间概念,学界基本认可从公元1644年清军入关定鼎北京开始,一直到1911年辛亥革命取消帝制为止。而"清朝"还是政权概念,且从清入关前开始,与本文内容的时间段限不符,因此用"清代"比用"清朝"准确。

笔者之所以选择以整个清代为研究对象,而不是研究它的一个时

---

① [清]冷佛:《春阿氏》,松颐校释,吉林文史出版社1987年版,第1页。

期,是因为只有通过对一个相当长的时间幅度里的夫妻相犯情形进行系统考察,才能总结夫妻相犯的方式及其有无持续性,进而分析其法律与社会原因。而且,虽然1840年后,西风东渐,中国社会开始经历三千年未有之局面,清末妇女的地位有了较大提升,但这种提升仍远未达到同时代男性所拥有的那种高度,晚清法制对于夫妻相犯的规定没有什么实质性改变。

2. 夫妻相犯

《大清律例》并无"夫妻相犯"的概念表述,学界也没有以"夫妻相犯"为主题的研究论文或专著。笔者使用"夫妻相犯"的概念,主要是为了从较广的意义上,梳理发生在夫妻之间的、并受法律所惩处的互相侵害行为。为了明晰本文的"夫妻相犯"概念,笔者特做出如下说明:

(1)夫妻

首先,妾、赘婿不包括在内。

中国传统社会的婚姻制度实行的是一夫一妻多妾制,但是在清代"娶妾家庭在当时社会中所占的比例是非常低的,一般不会超过5%。"[①]因此,对于大多数家庭来说,夫妾关系、妻妾关系并不存在。而且纳妾与赘婿制度是当时婚姻制度中比较有特色的内容,很多论著做了专门研究。因此,家庭中的夫与妾、妻与赘婿相犯皆没有纳入本文的研究范围。

其次,旗人夫妻不包括在内。

在清代,旗人领国家的俸禄"铁杆庄稼"过日子,男性常年在外当差,家中事务由妇女操持,妇女精明能干,对家务事敢做主、有主意。旗人妇女享有比汉人妇女较高的家庭与社会地位。这在对旗人研究的论

---

① 余新忠:《中国家庭史 第四卷明清时期》,广东人民出版社2007年版,第313页。

著中多有体现。① 而且,虽然旗人妇女也受到礼教的观念影响,十分重视贞节观念。但是,旗人作为特殊的社会阶层,清朝政府对于旗妇守节加以特别的优恤。旗人的寡妇可以定时从内务府得到的"孀妇钱粮",这对于一个家庭而言,算是一份稳定的收入。同时,法律上也保障旗人寡妇改嫁或守节的自主性。② 因此,清代旗人妇女的守节很普遍,孀妇因生活贫困改嫁或通奸现象较少。因此,笔者对于旗人家庭中的夫妻相犯没有特别提及。

第三,夫妻包括未婚夫妻及未婚童养夫妻。

清代实行聘娶婚,且童养相习成风,《大清律例》亦有条例对"聘定未婚夫捉奸而杀奸夫"及"童养未婚本夫及夫之祖父母、父母并有服亲属捉奸"做出规定。因此本文的夫妻也包括已经聘定,尚未迎娶的未婚夫妻,以及送至夫家,尚未完婚的童养未婚夫妻。

第四,以普通民众夫妻为研究重点。

刑科档案显示的夫妻命案几乎发生在中下层家庭③,笔者既然以中央刑部的档案为主要研究资料,因此,普通民众的夫妻相犯必然是本文的研究重点。

---

① 赖惠敏认为"在慎刑司档案中有许多旗人妇女自尽的案例,经官员验伤后,证明丈夫殴打,将他依律杖八十",而"《顺天府档案》载汉人妇女自杀,即便女身上有伤痕,丈夫依然没事,毫无刑责";"内务府慎刑司档案中旗人家卖妻女为婢,受法律处分,但是在汉人的社会,清代贫困的百姓嫁卖妻子,清官员常无视'典雇妻女'条例和'买休卖休'条例的存在,对典卖妻儿采取容忍的态度。"(赖惠敏:《但问旗民:清代的法律与社会》,五南图书出版股份有限公司2007年版,第13—14页。)

② 定宜庄:《满族的妇女生活与婚姻制度研究》,北京大学出版社1999年版,第136—137页;赖惠敏:《但问旗民:清代的法律与社会》,五南图书出版股份有限公司2007年版,第55—59页。

③ 事实上,上层家庭未必没有夫妻相犯诸类问题。例如,清代很多资料记载证明了这一点,其中尤以笔记、小说如《红楼梦》等反映得最多,也最无遮掩。只是他们有权有势,非出大事,官府不管或不敢管,人们也不敢轻易张扬,更不可能出现在普通刑事案例中。参见郭松义:《〈清代女史〉概述》,中华文史网,http://www.historychina.net/cns/QSYJ/WXWD/QSZS/01/04/2006/14242.html,访问日期:2009年8月20日。

(2)相犯

夫妻相犯的"相犯"是指婚姻关系存续期间,发生在夫妻之间,并被法律所惩处的互相侵害行为。根据清律的表达方式,它包括夫对妻的卖休、典雇、抑勒妻与人通奸、有妻更娶、杀妻等侵害行为,妻对夫的背夫逃亡、和诱、逼迫夫自缢身死、告夫、杀夫等侵害行为。这类行为严重侵犯了清代社会中的伦理纲常、贞节观念乃至家族秩序,因此,清律对夫妻相犯规定了轻重不等的刑罚措施予以制裁。

(二)材料使用

"历史的发展是立体的、多侧面的,还原历史面貌的必然途径是必须依赖和建立在最为科学、真实、准确的史料基础之上,在这一点上,官方史料所起的作用无疑是野史、传说所无可替代的。"[①]因此,笔者主要以清代法律法令、清代典章、刑科档案为主要研究素材,再辅以相关的律学著作、地方志、杂记等。

笔者使用的基本材料有:《大清律例》[②]、内阁汉文题本刑科命案类婚姻奸情专题档案[③]、《刑案汇览三编》[④]、《驳案汇编》(包括《驳案新编》

---

① [清]祝庆祺等编:《刑案汇览三编》,北京古籍出版社2004年版,出版说明。
② 《大清律例》,田涛、郑秦点校,法律出版社1999年版。
③ 中国第一历史档案馆藏,内阁汉文题本刑科命案类婚姻奸情专题缩微胶卷。有清一代,自顺治元年至光绪二十七年,258年间,国家政务仍系以题本方式处理者最多,题本之重要性仍不容忽视。清代的每一件死刑案件都要向皇帝专门报告,也即"专案具题",向皇帝上奏政务的正式公文叫"题本",有关刑名案件的就称"刑科题本"。"刑科题本"档案是当时一个个案件的原始卷宗,一案一本,是第一手的资料、原始的纪录,有着无比丰富的内容和无可替代的真实性。笔者在查看刑科婚姻奸情档案的缩微胶卷时,发现每份微卷在卷首时,都由第一历史档案馆标示着:[内阁汉文题本 刑科命案类 婚姻奸情专题],并接着说明:题本是清代高级官员向皇帝报告政务的主要文书之一,也是我馆收藏档案数量最多的一个文种。文件起于顺治元年,迄于光绪二十四年,约计140余万件。其内容反映了清代政治、经济、文化及社会状况等诸方面的情况。内阁题本刑科命案类婚姻奸情专题档案集中反映了刑部及各省题报审理因婚姻和奸情而杀伤人命案件的情况。对研究清代法律、妇女等社会问题提供了第一手材料。其中,乾隆元年到三十年有七万余件相关的档案,乾隆三十年到六十年也有七万余件档案。
④ [清]祝庆祺等编:《刑案汇览三编》,北京古籍出版社2004年版。在清人编纂的诸多

与《驳案续编》》[①]、《刑部比照加减成案》[②]、《清代"服制"命案——刑科题本档案选编》[③]、《清嘉庆朝刑科题本社会史料辑刊》[④]、《大清律辑注

刑案集中,《刑案汇览》以收录案例众多、内容精良而备受世人关注。《刑案汇览》收录案件的起止时间,自清乾隆元年(1736)至光绪十一年(1885),共收入案件九千二百余件,均为清乾隆至光绪年间经中央司法机关处理的刑案。在这些案件中,以地方呈报中央的案件为主,也有一些处理相关问题的奏折和诏书。呈报中央的案件基本上属于需由中央司法机构审核的重罪案件,或需请示的比附案件和疑难案件。此外,还有不少刑部自审案件。《刑案汇览》所辑的案件,均按照《大清律例》的编纂顺序,即以《名例》、《吏律》、《户律》、《礼律》、《兵律》、《刑律》、《工律》为序,分目编排,意使阅读者一目了然地掌握这些案件的罪名和性质。《刑案汇览三编》所辑案件大多选自司法档案,是清代中后期司法审判的真实记录,也是我们研究清代法律制度特别是司法制度的珍贵实证资料,它对于今人了解当时发生的各类纷杂的案情和清代的司法原则、诉讼程序、案件审理的实际等,都很有帮助。

① [清]全士潮等编:《驳案汇编》,何勤华等点校,法律出版社2009年版。《驳案新编》包括乾隆元年到乾隆四十九年(1736—1784年)的判例,《驳案续编》是乾隆后期至嘉庆年间的判例。《驳案汇编》的编纂者们"博采广收,芟繁提要,按门排纂,具有手眼",所采编的三四百宗判例经过其收集、筛选和分类。该书不仅可用作实际上的"引证比附之取资",而且更在于"通乎情法之准,究心律令之源",引导司法官员借鉴成案,去求得司法中法与情、法与礼、法与德的和谐统一。(参见该书点校本"前言")

② [清]许槤、熊莪编:《刑部比照加减成案》,何勤华等点校,法律出版社2009年版。该书包括道光十四年,海宁许槤和安陆熊莪取刑部档案中比照加减成案考订异同,补阙删歧,经数月的努力编成了《刑部比照加减成案》三十二卷。道光二十三年许槤又以一人之力,经"蚕夜研究,悉心去取",编成了《刑部比照加减成案续编》三十二卷。该书问世之后,《刑部比照加减成案》与《刑部比照加减成案续编》六十四卷,共成一完整系统,收录了起自嘉庆元年迄至道光十四年三十九年间共2992例比照加减成案。其中嘉庆年间比照加减成案1167例,道光年间比照加减成案1825例。二书收录的所有成案均按照《大清律例》的编纂体例分为名例、吏律、户律、礼律、兵律、刑律、工律七门,每一门中也均按照《大清律例》的条目依次排列,其中尤以户律、刑律两门收录的成案数量最为巨大。(参见该书点校本"前言"。)该书便于笔者考察在律例无治罪专条时,承审官吏对夫妻相犯案件比照律例中的相关条文用酌量加减方式的审断,从而从另一个侧面考察律例的实际适用情况。

③ 郑秦、赵雄主编:《清代"服制"命案——刑科题本档案选编》,中国政法大学出版社1999年版。中国第一历史档案馆所藏"刑科题本"档案数十万件,赵雄、郑秦从中发掘出贯穿18世纪康、雍、乾、嘉四朝(以乾隆朝为主)的"服制命案"近千件,又精选其中五百多件(考虑到时代和省份的均布)编成该书。该书所选刑科题本自雍正十三年到嘉庆六年,以乾隆朝为最多,大体上可反映清朝的定制。

④ 杜家骥主编:《清嘉庆朝刑科题本社会史料辑刊》,天津古籍出版社2008年版。该书收录自嘉庆七年发生的案件,为历史学者特别是清史研究者提供了弥足珍贵的档案资料。

(上、下)》①、《读例存疑》②、《大清律例通考校注》③、《读律佩觿》④、《办案要略》⑤等。

三、研究思路与研究方法

(一)研究思路

本文拟从夫妻相犯的角度,较系统地运用刑科题本、《刑案汇览》、《驳案汇编》、《刑部比照加减成案》等中央刑部档案资料,运用清律的表达方式,对清代夫妻关系、夫妻相犯的方式与原因、对方的反应及社会各方面反应进行考察,勾勒还原清代夫妻相犯的原貌,体察当时的社会与家庭环境;通过清代夫妻相犯法律适用的分析,考察《大清律例》在夫妻相犯案件中的实际运作情形及对社会的实际控制情况,探讨司法实践与官方和民间表述之间的可能背离;通过剖析夫妻相犯的律文和条例,探寻社会性别意识对清律的影响以及主流社会的性别观念与法律

---

① [清]沈之奇:《大清律辑注(上、下)》,怀效锋、李俊点校,法律出版社2000年版。该书是清初辑注派律学的代表性成果,"为清代中叶以后学者所引用最多、且最具权威"(何勤华:《中国法史学·第二卷》,法律出版社2006年版,第303页)。该书最大的特点是"既汇集、吸收当时奉为权威的诸家律注如《读律管见》、《读律琐言》、《刑书据会》、《律例笺释》的律学研究成果,又有独到的见解……因而成为'采取诸家者十之五,出于鄙见者半焉'的创新之作"(参见该书的"点校说明")。乾隆五年修订律例时,对该书的观点时有采纳。

② [清]薛允升:《读例存疑》,光绪三十一年京师刊本(五十四卷)。薛允升是清代"注释律学"的集大成者和终结者,该书是其故去后,由沈家本代为整理刊布。该书是薛允升在自身丰富的司法实践基础上,对《大清律例》在具体操作过程中碰到的一系列疑难问题,进行深入思考,并把自己修改律例的意见逐条汇集而成。其价值不仅在于作者同时具有对法律条文和司法实践的亲身经验和深刻了解,非一般研究者所能及,因而赋予了此书极高的学术和实践价值。薛允升在《读例存疑》一书中,标明了清律中大多数条例的相关日期包括原制定日期及修改日期,这对笔者考察例的适用帮助尤其大。

③ 马建石、杨育棠主编:《大清律例通考校注》,中国政法大学出版社1992年版。

④ [清]王明德:《读律佩觿》,何勤华等点校,法律出版社2001年版。

⑤ [清]王又槐:《办案要略》,华东政法学院语文教研室注译,群众出版社1987年版。

价值观,发现并论证清律的夫尊妻卑特征及重惩奸罪的意旨对夫妻相犯的影响。

(二)研究方法

第一,法律实证分析研究方法。

笔者基于法律实证分析思路,在清代的语境下,以对夫妻相犯的律例梳理和大量案例的分析归纳入手,对清代的夫妻关系、夫妻相犯的方式、原因及各方反应进行量化描述,而并非以先验的论点出发,通过寻找合适的案例去演绎结论,从而为清代夫妻相犯的法律分析与法律适用做好实证分析的铺垫。本文的这种实证分析思路,不以对清律中夫妻相犯的简单"感知"和"价值判断"去论证问题,而以事实论证事实的实证分析思路,排除公平、正义等观念性的"本质化"研究目标,通过由繁入简地剥离律例条文及其法律适用中的问题,探寻夫妻相犯的共性与不同,并分析夫妻相犯的法律原因。

第二,历史文献学研究方法。

法史学研究的目的是尽可能地"辨章学术,考镜源流",还原历史的本来面目,揭示出"真相"所在,如那思陆先生指出:"法史学的研究仍然必须运用科学方法……在历史研究上,依据史料,才有可能推断事件的历史真相。"[①]对于研究清代夫妻相犯及其法律适用而言,历史文献学的方法尤为重要。一方面,"研究法律自离不开条文的分析,这是研究的根据"[②],然而清代的条例不时有纂定、修改或废止的情况,因此,为了避免所引条例或是已被删除,或是尚未纂定的情况,笔者在援引条例时,多考究其颁行、修改或废止情况,力求做出准确的考察,避免

---

① 那思陆:《清代中央司法审判制度》,北京大学出版社2004年版,自序。
② 瞿同祖:《中国法律与中国社会》,中华书局2003年版,导论,第2页。

将早已不用的条例当作清代的法律来论证,从而确认其法律效力和价值;另一方面,为了全面考察清代夫妻相犯的各个方面,分析律例对夫妻相犯的实际控制情况①,笔者尽可能搜集相关案例,做出较全面具体的分析。不过,本文案例中所表达出来的官方的司法理念主要是国家主义的,而非地方主义的。因为本文主要以刑科题本、《刑案汇览》、《驳案汇编》、《刑部比照加减成案》、《清嘉庆朝刑科题本社会史料辑刊》中的案例为主要案例来源,而这些案例汇编皆选自清朝的刑部案件,虽然记录了地方对该案的判决,但主要体现以刑部为代表的中央司法机关的意见和皇帝的谕旨,剖析的主要是清代统治者就夫妻相犯案件审理的标准及价值倾向。

第三,比较研究方法。

这是贯穿全文的研究方法,比较夫犯妻与妻犯夫的方式与原因,说明夫妻相犯有所区别;比较夫家、妻家、他人对夫妻相犯的"反应",考察当时的社会家庭环境及其对夫妻相犯的影响;比较同一类"反应"在不同主体之间表现,说明不同主体间各种"反应"的动态联系;还通过对律例文本的比较分析,从中找出同一律例或不同律例对夫妻双方产生的不同影响,探寻律例的夫尊妻卑特征及重惩奸罪意旨对夫妻相犯所造成的影响。

第四,社会性别分析方法。

---

① 如瞿同祖先生认为:"但仅仅研究条文是不够的。我们也应该注意法律的实效问题。条文的规定是一回事,法律的实施又是一回事……我们应该知道法律在社会上的实施情况,是否有效,推行的程度如何,对人民的生活有什么影响等等。"(瞿同祖:《中国法律与中国社会》,中华书局2003年版,导论,第2页。)郑秦先生也曾强调,在研究方法上,要"力求作动态地而不是静态地考察,不能就制度论制度,就律例条文论律例,那样,清朝的法制无疑就是'完美无缺'的了。事实当然不是这样,我们不但要看法律是如何规定的,更要看是如何实行的,既要找到清廷官方的表述又要找到其与社会法律生活的实际差别,努力描述出客观实际的情况。"(郑秦:《清代法律制度研究》,中国政法大学出版社2000年版,"自序"。)

笔者拟运用社会性别分析方法[①]来剖析律例的夫尊妻卑特征是清代夫妻相犯具有不同方式及不能被遏制的法律原因,但笔者无意以现代法治的公平正义乃至人权平等的观念去苛责古人,只是借用社会性别分析方法,考察清代夫妻相犯的相关律例普遍而深刻地隐藏的"男性偏见"或处处体现的"男女有别"及"夫妻有别"是否会对夫妻双方的行为方式产生不同的影响,进而探究造成或不能遏制夫妻相犯的法律原因。

四、研究现状与文献综述

对于清代夫妻相犯,目前虽缺乏系统充分的专门研究,但在传统社会婚姻制度、家庭关系、女性史的研究成果中,可以发掘出对传统社会婚姻冲突及妻的社会与法律地位的描述;专门研究清代法律、社会或婚姻制度的专著中,对夫妻相犯的若干方式或多或少有所论述。笔者研究清代的夫妻相犯需要借鉴上述各方面成果,以此作为进一步研究的基础。

传统社会婚姻制度、家庭关系、女性史的研究成果对传统社会婚姻冲突、妻的社会与法律地位的研究。通论性论著有:陈顾远的《中国婚姻史》[②]、吕思勉的《中国制度史》(里面包括《中国婚姻制度小史》)[③]、瞿

[①] 社会性别分析方法是女性主义法学一个最基本的分析研究工具,其虽源于传统的妇女研究方法,但它弥补了传统的妇女研究方法的不足。因为传统妇女研究方法以女性为中心,或者以女性为出发点,在法学研究中局限于关注妇女的权利、妇女在法律上的地位、法律对妇女的影响。社会性别分析方法的研究核心是两性之间的法律关系,它不仅要研究女性的权利,而且要研究男性的权利;不仅研究女性本身,而且也关注两性的不同特点,且重点在于两性之间的平等关系。社会性别理论应用于法学研究领域,对法律进行社会性别分析,拓展了法学研究领域,为涉及性别歧视的法律问题提供了新的视角和思考路径。

[②] 陈顾远:《中国婚姻史》,台湾商务印书馆 1983 年版。

[③] 吕思勉:《中国制度史》,上海教育出版社 2002 年版。

同祖的《中国法律与中国社会》[1]、董家遵的《中国古代婚姻史研究》[2]、陶毅和明欣的《中国婚姻家庭制度史》[3]、陈鹏的《中国婚姻史稿》[4]、滋贺秀三的《中国家族法原理》[5]、陈惠馨的《传统个人、家庭、婚姻与国家：中国法制史的研究与方法》[6]、《法律叙事、性别与婚姻》[7]等；专门性论著有：李贞德的《公主之死——你所不知道的中国法律史》[8]、柳立言的《宋代的家庭和法律》[9]、姚平的《唐代妇女的生命历程》[10]、陈登武的《从人间世到幽冥界：唐代的法制、社会与国家》[11]、刘燕俪的《唐律中的夫妻关系》[12]、余新忠的《中国家庭史 第四卷明清时期》[13]、白凯的《中国的妇女与财产：960—1949》[14]、徐忠明的《案例、故事与明清时期的司法文化》[15]与《情感、循吏与明清时期司法实践》[16]等；论文有：尹在硕的《张家山汉简所见的家庭暴力犯罪及刑罚资料》[17]、赵浴沛的《试论两汉家

---

[1] 瞿同祖：《中国法律与中国社会》，中华书局2003年版。
[2] 董家遵：《中国古代婚姻史研究》，广东人民出版社1995年版。
[3] 陶毅、明欣：《中国婚姻家庭制度史》，东方出版社1994年版。
[4] 陈鹏：《中国婚姻史稿》，中华书局2005年版。
[5] 〔日〕滋贺秀三：《中国家族法原理》，张建国、李力译，法律出版社2003年版。
[6] 陈惠馨：《传统个人、家庭、婚姻与国家：中国法制史的研究与方法》，五南图书出版股份有限公司2007年版。
[7] 陈惠馨：《法律叙事、性别与婚姻》，元照出版有限公司2008年版。
[8] 李贞德：《公主之死——你所不知道的中国法律史》，生活·读书·新知三联书店2008年版。
[9] 柳立言：《宋代的家庭和法律》，上海古籍出版社2008年版。
[10] 姚平：《唐代妇女的生命历程》，上海古籍出版社2004年版。
[11] 陈登武：《从人间世到幽冥界：唐代的法制、社会与国家》，北京大学出版社2007年版。
[12] 刘燕俪：《唐律中的夫妻关系》，五南图书出版股份有限公司2007年版。
[13] 余新忠：《中国家庭史 第四卷明清时期》，广东人民出版社2007年版。
[14] 〔美〕白凯：《中国的妇女与财产：960—1949》，上海书店出版社2007年版。
[15] 徐忠明：《案例、故事与明清时期的司法文化》，法律出版社2006年版。
[16] 徐忠明：《情感、循吏与明清时期司法实践》，上海三联书店2009年版。
[17] 〔韩〕尹在硕：《张家山汉简所见的家庭暴力犯罪及刑罚资料》，载中国政法大学法律古籍整理研究所编：《中国古代法律文献研究》（第二辑），中国政法大学出版社2004年版。

庭暴力》①、赵毅和赵轶峰的《悍妻与十七世纪前后的中国社会》②、曹婷婷的《试析清代贵州地区婚姻中的暴力问题》③等,这些著作或论文都或多或少地对中国传统社会的婚姻家庭暴力现象做出了描述与分析。

专门研究清代法律、社会或婚姻制度的专著中,对夫妻相犯的若干方式从不同方面、不同程度地有所论述。主要有:张伟仁的《清代法制研究》④、郑秦的《清代法律制度研究》⑤、朱勇的《清代宗族法研究》⑥、那思陆的《清代中央司法审判制度》⑦、张晓蓓的《清代婚姻制度研究》⑧、郭松义的《伦理与生活——清代的婚姻关系》⑨、王跃生的《清代中期婚姻冲突透析》⑩与《十八世纪中国婚姻家庭研究——建立在于1781－1791年个案基础上的分析》⑪、赖惠敏的《但问旗民:清代的法律与社会》⑫、夏晓虹的《晚清女性与近代中国》⑬、阿风的《明清时代妇女的地位与权利——以明清契约文书、诉讼档案为中心》⑭、黄宗智的《清代的法律、社会与文化:民法的表达与实践》⑮及《法典、习俗与司法实践:清

---

① 赵浴沛:《试论两汉家庭暴力》,载《河南师范大学学报》(哲学社会科学版)2007年第1期。
② 赵毅、赵轶峰:《悍妻与十七世纪前后的中国社会》,载《明史研究》1995年第4期。
③ 曹婷婷:《试析清代贵州地区婚姻中的暴力问题》,载《文化学刊》2008年第4期。
④ 张伟仁:《清代法制研究》,台湾中央研究院历史语言研究所1983年版。
⑤ 郑秦:《清代法律制度研究》,中国政法大学出版社2000年版。
⑥ 朱勇:《清代宗族法研究》,湖南教育出版社1988年版。
⑦ 那思陆:《清代中央司法审判制度》,北京大学出版社2004年版。
⑧ 张晓蓓:《清代婚姻制度研究》,中国政法大学2003年博士学位论文。
⑨ 郭松义:《伦理与生活——清代的婚姻关系》,商务印书馆2000年版。
⑩ 王跃生:《清代中期婚姻冲突透析》,社会科学文献出版社2003年版。
⑪ 王跃生:《十八世纪中国婚姻家庭研究——建立在1781－1791年个案基础上的分析》,法律出版社2000年版。
⑫ 赖惠敏:《但问旗民:清代的法律与社会》,五南图书出版股份有限公司2007年版。
⑬ 夏晓虹:《晚清女性与近代中国》,北京大学出版社2004年版。
⑭ 阿风:《明清时代妇女的地位与权利——以明清契约文书、诉讼档案为中心》,社会科学文献出版社2009年版。
⑮ 〔美〕黄宗智:《清代的法律、社会与文化:民法的表达与实践》,上海书店出版社2001年版。

代与民国的比较》①、S. 斯普林克尔的《清代法制导论——从社会学角度加以分析》②、D. 布迪和 C. 莫里斯的《中华帝国的法律》③、史景迁的《王氏之死：大历史背后的小人物命运》④、美国学者马修·H. 萨默(Matthew H. Sommer)的《晚清帝国的性、法律和社会》(Sex, Law, and Society in Late Imperial China)⑤等，上述论著有从社会文化史的角度对家庭生活和伦理关系进行研究，也有不乏利用刑科题本档案，尤其是对婚姻奸情档案进行研究而做出的成果。

另外，在女性主义影响下而呈出的一些妇女史著作，对古代妇女的地位、作用乃至社会都有了全新的认识，这为笔者提供了新的视角和研究方法。这方面的代表性作品有：杜芳琴主编的《中国历史中的妇女与性别》⑥、白馥兰的《技术与性别：晚期帝制中国的权力经纬》⑦、曼素思的《缀珍录：十八世纪及其前后的中国妇女》⑧等，这些运用新的理论对已有丰富史料的重新解读，强调了妇女史与社会性别关系在史学研究中不可忽略的价值，从而给我们展现了一部不同于以往的鲜活的妇女史。另外还有一些论文也开始从女性主义的视角检视古代的法律，主

---

① 〔美〕黄宗智：《法典、习俗与司法实践：清代与民国的比较》，上海书店出版社 2003 年版。

② 〔美〕S. 斯普林克尔：《清代法制导论——从社会学角度加以分析》，张守东译，中国政法大学出版社 2000 年版。

③ 〔美〕D. 布迪、C. 莫里斯：《中华帝国的法律》，朱勇译，江苏人民出版社 2003 版。

④ 〔美〕史景迁：《王氏之死：大历史背后的小人物命运》，李璧玉译，上海远东出版社 2005 年版。

⑤ Matthew H. Sommer, Sex, Law, and Society in Late Imperial China, Stanford University Press, 2002.

⑥ 杜芳琴主编：《中国历史中的妇女与性别》，天津人民出版社 2004 年版。

⑦ 〔美〕白馥兰：《技术与性别：晚期帝制中国的权力经纬》，江湄、邓京力译，江苏人民出版社 2006 年版。

⑧ 〔美〕曼素思：《缀珍录：十八世纪及其前后的中国妇女》，定宜庄译，江苏人民出版社 2004 年版。

要有强世功的《文学中的法律:安提戈涅、窦娥和鲍西亚——女权主义的法律视角及检讨》①和刘练军的《冤案与话语权——围绕女性立场而对杨乃武案的一个分析》②。

综上所述,清代法律及婚姻家庭史的研究在诸多方面已经出现比较丰硕的研究成果,夫妻相犯的若干问题也已被学界所关注,从而为笔者研究清代夫妻相犯奠定了良好的基础。但是,清代的夫妻相犯待发之覆仍有很多,因为已有研究常将复杂多样的夫妻相犯行为简单化,通常只是将对夫妻关系、夫妻相犯的研究当做考察社会的手段,而且法律史学界甚少有人通过系统运用刑科档案而对夫妻相犯做出考察,因此,对夫妻相犯本身的研究总体上仍显得零散而片段,尚不能为我们提供一幅关于清代夫妻相犯完整而具体的图像,更不用说为这幅图像做出法律分析了,这样就为笔者的研究留下了相当的空间。笔者期望通过对已有研究成果和各种文献资料,尤其是刑科档案的综合利用和深入挖掘,尽可能真实全面而具体地呈现清代夫妻相犯的各个方面,并考察清律对夫妻相犯的影响及其对社会的实际控制情况,最后再跳出历史,尝试论述清代夫妻相犯对当代防控家庭暴力的若干启示。

五、研究重点及意义

第一,笔者首次提出"夫妻相犯"概念,并基于法律实证分析思路,首次较系统地运用刑科题本、《刑案汇览》、《驳案汇编》、《刑部比照加减成案》等中央刑部档案资料,运用清律的表达方式及社会学的分类统计方法,对清代夫妻关系、夫妻相犯的方式、社会各方面反应进行量化描

---

① 强世功:《文学中的法律:安提戈涅、窦娥和鲍西亚——女权主义的法律视角及检讨》,载《比较法研究》1996年第1期。
② 刘练军:《冤案与话语权——围绕女性立场而对杨乃武案的一个分析》,载《法学》2005年第11期。

述,勾勒还原清代夫妻相犯的原貌,体察时代背景、社会与家庭环境。这种实证分析思路不以对清律中夫妻相犯的简单"感知"和"价值判断"去论证问题的存在,而是通过由繁入简地剥离律例条文及其法律适用中的问题,运用比较分析方法与社会性别分析方法,探究夫妻相犯的共性与不同,剖析清代规制夫妻相犯律例的特征,考察清代的性别意识对法律的影响以及对妇女生活的影响,认识主流社会的性别观念与法律价值观,同时提出观点:律例的夫尊妻卑特征是造成或无法遏制清代夫妻相犯的法律原因,且律例的重惩奸罪意旨导致了"和奸"之妻"因奸杀夫"案件的频发。

第二,比较准确地界定若干概念,辨析律文与条例的具体适用。在概念的界定上,如对清律中"奸所"、"登时"、"亲告"、"承祀权"、"童养未婚妻"等概念的梳理;在辨析律文与条例的具体适用时,如《大清律例·刑律·人命》"杀死奸夫"律条规定:"若奸夫自杀其夫者,奸妇虽不知情,绞(监候)。"从律条的规定来看,诸类奸妇全都要被处绞监候,但实际上,条例还考虑了妻与人通奸是否出于夫的纵容抑勒、奸妇有无喊救首告,即有无"不忍致死其夫之心"、奸妇是否已经悔过拒绝有据以及奸夫谋杀还是拒杀本夫等因素,从而在量刑上因情节不同而差异巨大。再以"本夫之兄弟,及有服亲属,皆许捉奸"为例,虽然律文规定"但卑幼不得杀尊长,犯,则以故杀伯、叔母、姑、兄、姊律科罪。尊长杀卑幼,照服轻重科罪。"但是在捉奸杀死尊长时,条例还要考虑杀死的是本宗期功尊长还是本宗缌麻及外姻功缌尊长,在杀死犯奸卑幼时,也分为"登时"与"非登时"两种情形分别处理,量刑上也有较大差异。

第三,扩展中国法律史对女性法律地位研究的领域。按照现代的标准,中国传统社会妻的地位都可以用"夫尊妻卑"一言以蔽之。若要对传统女性的地位得出比较真实的认识,就必须立足于原始的历史情境。然而学界对清代女性法律地位的研究,多侧重于根据零散的法律条文进行分析,较少对涉及夫妻相犯的原始司法档案进行考察,更不用说做比较细致的梳理分析。学界的研究还多将复杂多样的夫妻相犯行为简单化,而且只是通过夫妻相犯行为考察社会,对夫妻相犯本身的研究不够细致深入。笔者由夫妻相犯的个案切入,不仅能看到夫犯妻,深切地感受妻的卑贱法律地位,还能看到妻的反抗以及妻在某些条件下主动犯夫的行为,这样清代女性就处在一个相对动态的表现范畴内,是当前中国法律史女性地位研究的领域逐步开拓的一种尝试。

第四,对当今防控家庭暴力具有启示意义。清代夫妻相犯问题,是当代社会夫妻相犯问题的历史回声,研究清代夫妻相犯,更是站在当代夫妻相犯的立场上,对前三百多年的妻子命运的一次审视。以黄宗智教授为核心的、加利福尼亚大学洛杉矶校区中国法律史研究群的研究,"不仅包括提醒我们注重对诉讼档案的充分运用,以及吸收优秀的社会科学成果,还包括借历史之光洞见现实问题,从而在某种程度上摆脱中国法律史研究虚学化的困境。"①的确,我们不仅需要对过去历史有所了解,但更贵能穷源竟委,窥其变迁,然后才能针对现实有所作为。②当今夫妻间的暴力其实就是一种历史的延续。清代夫妻相犯与近现代夫妻相犯相比,既有共性,又有差异,而且,共性似乎大于差异。近三百年来,夫妻相犯,尤其是妻遭受夫的暴力侵犯在形式上、内容上、受侵害程度上、法律防控与社会支持网络上,都具有很大的相似性。例如,清代夫妻相犯的主要原因有生活琐事、家庭矛盾、奸情等,而在当代,家庭琐事、婚外情等同样是家庭暴力的重要诱因。经由对清代夫妻相犯的系统研究,有助于对当今夫妻间的暴力做出积极应对。

---

① 尤陈俊:《"新法律史"如何可能——美国的中国法律史研究新动向及其启示》,载《开放时代》2008年第6期。
② 参见钱穆:《中国历史研究法》,生活·读书·新知三联书店2001年版,第89页。

第一章　清代的夫妻关系

在中国传统社会,夫妻关系是家庭关系的重要组成部分,夫妻结合的目的是"将合二姓之好,上以事宗庙,而下以继后世也。"[①]婚姻成立后,夫妻间名义上是平等的,《白虎通·嫁娶》云:"妻者齐也,与夫齐体",《礼记·丧服》曰:"夫妻一体也",然而这种"夫妻一体"实则为"妻合于夫体",父子兄弟是"天合",夫妻是"人合"、"义合",妻的人格完全为夫的人格所吸收。以家长制大家庭为基础、以身份等级为核心的中国传统社会,最基本的等级差别就是"男尊女卑"。"男尊女卑"的等级差别和社会观念在夫妻关系中的表现,就是所谓的"夫为妻纲"、"夫尊妻卑"。《仪礼·丧服》称:"夫,至尊也。"《礼记·郊特牲》称:"男帅女,女从男,夫妇之义由此始也。"在清代,理学成为了统治阶级所尊奉的正统学说,夫尊妻卑、夫权、贞洁等理念具有深厚的生存土壤,礼法所认可的夫妻关系依然是一种不平等的尊卑关系,几乎完全由夫对妻所享有的权利与妻对夫应尽的义务所构成。具体来讲,夫对妻所享有的权利主要包括财产权、教令权、休妻权、嫁卖权与杀妻权等;妻对夫应尽的义务主要包括从一而终的贞操义务、从夫而居的同居义务、为夫隐匿的容隐义务、夫丧期不再婚的义务与侍奉舅姑的赡养义务等。

---

①　《礼记·昏义》。

第一节　夫对妻的权利

《仪礼·丧服》云:"夫者,妻之天也。"妻之于夫,犹卑亲属之于尊亲属,是显而易见的。清代的夫妻关系中,夫对妻所享有的权利主要包括财产权、教令权、休妻权、嫁卖权与杀妻权等。

一、财产权

家事统于一尊,财关尊者,因此《礼记·曲礼》云:"父母存,不许友以死,不有私财。"故从礼制而言,在家财之目标下,不仅妻没有私产,即便夫也没有财产权。因此,本文所指夫之财产权是相对而言的,概念仅框定在夫妻关系中,而非整个家庭关系中。

一般而言,在夫妻财产关系中,夫可自由处分家产(包括妻子的妆奁)而不受限制。而在妻之方面,《礼记·内则》云:"子妇无私货,无私畜,无私器。不敢私假,不敢私与"。妻没有财产所有权,如果有之,则构成七出中之"窃盗"罪名。在清代,为人妻者能否取得财产,律例并未明文规定,而《大清律例·户律·户役》"立嫡子违法"条条例规定:"妇人夫亡无子守志者,合承夫分;须凭族长择昭穆相当之人继嗣。其改嫁者,夫家财产及原有妆奁,并听前夫之家为主。"该条例言明,为人妻者无法单独取得财产,她仅能通过其所生之子或立继的嗣子,才能取得财产,一旦夫死要另谋改嫁,则不仅其夫家财产,包括其结婚时本生父母给与其置办的嫁妆,她都无自由处分之权,要听由夫家的人来决定。这也难怪日本学者滋贺秀三要说:"围绕夫家家产,妻本人的持分是不存在的。因此,只要夫活着,妻就隐藏在夫之背后,其存在就如同等于零。"[1]

---

[1] 〔日〕滋贺秀三:《中国家族法原理》,张建国、李力译,法律出版社2003年版,第335页;商务印书馆2013年版。

《大清律例·户律·户役》"卑幼私擅用财"律条又规定:"凡同居卑幼,不由尊长,私擅用本家财物者,十两,笞二十,每十两加一等,罪止杖一百。若同居尊长,应分家财不均平者,罪亦如之。"在夫妻关系中,妻卑夫尊,妻义同卑幼,如果妻不经夫的同意,私擅用本家的财物,是不被允许的。如乾隆四十六年,山西司"灵石县民妇赵张氏商同伊婿张翔鹄勒死伊女张赵氏一案"①,张赵氏窃取夫张翔鹄银钱,欲偿赌欠,被张翔鹄搜获,向其责骂,赵氏躺倒哭骂。张翔鹄因赵氏不守妇道,想要休弃,告知妻母赵张氏,令其将赵氏领回。此外,哪怕是妻私取财物接济娘家也不行。如乾隆三十一年"刘兰勒死伊妻李氏"②一案,刘兰怀疑妻李氏持米外出换布私赠母家,责骂李氏,李氏不听管教,还欲寻死,因此刘兰起意将李氏勒死,另娶成家。刘兰依故杀妻律,拟绞监候。本案刘兰勒死其妻的起因即是怀疑李氏私助母家。

但是,在具体案件中,也有妻有私财的个案。如嘉庆十四年,陕西司"邰阳县民人柳学义勒死伊妻李氏移尸图赖王孟科"③一案中提到夫家的一头牛"系伊妻用钱置买",以致王孟科戏言"柳学义不像有牛之人,除非伊妻养汉挣来之言"随口斥骂时,便心疑骂出有因。最终导致柳学义勒死伊妻李氏移尸试图诬赖王孟科。案中虽未详及柳学义之妻买牛钱来自何处,然而,因此遇害也从一个侧面说明妻有私财的严重后果。

上述案例充分说明了夫之财产权的支配性地位。按照滋贺秀三将女性的财产地位放在"父宗"和"夫宗"下的不同理解,女性由于婚姻而取得夫宗的地位。由于女性在社会性的意义上被排除在"父宗"之外,

---

① [清]全士潮等编:《驳案汇编》,"听从妻母将妻勒毙",何勤华等点校,法律出版社2009年版,第329页。(为避免重复,下文"点校者、出版社与出版时间"不再赘述。)

② 郑秦、赵雄主编:《清代"服制"命案——刑科题本档案选编》,中国政法大学出版社1999年版,第139页。

③ 杜家骥主编:《清嘉庆朝刑科题本社会史料辑刊》,天津古籍出版社2008年版,第154-155页。

因此她不能承继来自"父宗"的财产。女性在"夫宗"的地位则是由"夫妻一体"的原则来决定的。"夫妻一体"并非是一种承继关系,这与"父子一体"有本质上的不同。从祭祀的角度来看,妻并不以夫为祭祀对象,而是与夫共同祭祀祖先,并与夫同受子孙祭祀。按照这一原理,家产就是夫的家产,所以他可以自由处分。①

虽然妻没有财产的所有权和处置权,但是,在夫妻关系中,女性一旦为妻便与夫合体,即如汉哀帝所说的"朕闻夫妇一体,诗云:谷则异室,死则同穴"②,妻在夫妻关系中基本的财产使用权还是能够得到保障的。特别是在夫亡之后,妻在夫家可以依据不同情况而拥有不同的财产权利。首先,"有子寡妻"与儿子可以作为一房共同承受家产;其次,无子寡妻虽然也可以承受一房财产,但也有立嗣的义务。而在绝嗣的情况下,寡妻常常会立下遗嘱,将家产的大部捐给宗族,而由宗族代行祭扫,户绝而祭祀不绝;再次,在家产分析时,妻与夫一样,可以得到养老膳田、膳钱,或者是轮流被奉养。③ 然而,以上夫亡之后妻之财产权利的显现,并不能佐证清代夫妻关系中妻无财产权之例外,这一现象恰恰说明妻的财产权利的相对性。因为夫在世,妻无独立财产权。"夫亡以后,寡妻才取代夫的地位,继续保持着原来属于夫的财产"④,而这种对财产的"保持"还要依据"有子"或"无子"的前提,附带"立嗣"或"绝嗣捐财"的义务。因此,妻在这种情况下存在的财产权利仍旧是"夫宗"下夫之财产权的延伸,是相对的和受限制的财产使用权。

---

① 参见〔日〕滋贺秀三:《中国家族法原理》,张建国、李力译,法律出版社2003年版,第16、109页。
② 《汉书·哀帝纪》。
③ 参见阿风:《明清时代妇女的地位与权利——以明清契约文书、诉讼档案为中心》,社会科学文献出版社2009年版,第85页。
④ 参见〔日〕滋贺秀三:《中国家族法原理》,张建国、李力译,法律出版社2003年版,第109页。

二、教令权

《仪礼·丧服》曰："妇人有三从之义，无专用之道。故未嫁从父，既嫁从夫，夫死从子。"《礼记·郊特牲》则称："妇人从人者也。幼从父兄，嫁从夫，夫死从子"。郑玄注："从谓顺其教令"，夫对妻的教令权，符合"既嫁从夫"的原则。

首先，夫可肆意詈骂妻而不被处罚。在刑科档案中，"被夫嗔斥"之类的表述很多，甚至一旦夫妻口角，夫为殴妻而不慎失跌致毙的话，对该妻还要比照子违犯教令致父母自尽之例，拟绞监候。如道光十年说帖①，"黄李氏因夫黄长喜詈伊不为照管饭菜，该氏不服回詈，黄长喜气忿拾棍赶殴，绊跌倒地，致被地上木杆担尖头戳伤右胯毙命"②一案，虽然律例内并没有夫殴妻时自行失跌身死，其妻作何治罪的专条，而只有父母因殴子而自行失跌身死之案，因此，该案将黄李氏比照子违犯教令致父母自尽之例，拟绞监候。刑部解释认为，"因妻之于夫情无二致，自应比例问拟。"

其次，夫殴妻的轻罚与不罚。在秦律中，夫殴伤妻尚且与凡人殴伤同等处罚，③但到汉律，就开始采用夫妻"同罪异罚"原则，④这种夫妻不

---

① "说帖"指刑部内部各机构在讨论案件时，将该案件事实及本机构的分析、处理意见发往刑部内部有关机构的公文。

② [清]祝庆祺等编：《刑案汇览三编》(二)，"夫妻口角致夫赶殴失跌致毙"，北京古籍出版社 2004 年版，第 1266 页。(为避免重复，下文"出版社与出版时间"不再赘述)。

③ 秦律规定凡人间殴伤处以耐刑，《秦简·法律答问》云："律曰：'斗夬（决）人耳，耐。'今夬（决）耳故不穿，所夬（决）比耳所入夬（也），可（何）论？律所谓，非必耳所入乃为夬（决），夬（决）裂男若女耳，皆当耐。"而《秦简·法律答问》云："妻悍，夫殴治之，决其耳，若折肢指胅体，问夫何论？当耐。"即就算是因妻之泼悍而起，夫撕裂妻的耳朵或折伤妻的肢体，秦律仍要处以同凡人间殴伤一样的耐刑。

④ "妻悍而夫殴笞之，非以兵刃也，虽伤之，毋罪。"即妻悍，夫使用暴力但不使用武器，则可以因妻悍的前提而免于追究，而且与凡人殴伤异于常科，即贼律二十七、二十八简规定"斗而以……其有……，罚金四两"，一般殴伤罪以完为城旦舂、耐刑、罚金刑等为处罚。但是，无论在什么情况下，妻却是无权殴打夫："妻殴夫，耐为隶妾。"参见《张家山汉墓竹简》，文物出版社 2001 年版，第 139 页、55 页。

平等的立法原则一直传承到唐律①，发展到清律时则更加典型。《大清律例·刑律·斗殴下》"妻妾殴夫"律条规定："其夫殴妻，非折伤勿论；至折伤以上，减凡人二等。（须妻自告乃坐。）先行审问夫妇，如愿离异者，断罪离异；不愿离异者，验（所伤应坐之）罪收赎。（仍听完聚。）"针对夫殴妻，清律从唐律"殴伤者减凡人二等"减至折伤以下勿论，折伤以上减凡人二等，且须妻亲告始论"，如果妻不愿、不敢或不能提出告诉，那么夫殴妻的行为根本得不到制裁，这显然减轻了对夫的处罚。《大清律例·刑律·人命》"夫殴死有罪妻妾"律条还规定："若夫殴骂妻妾因而自尽身死者，勿论。"如道光六年说帖，"借盐讹诈被诈之人殴妻自尽"一案，"陆鹏年以周氏送盐惹事斥骂，因周氏顶撞，掌批其颊，周氏哭泣，声称将食盐送人，并无不是，屠全发借端讹诈，因而被殴，心怀不甘，欲与拼命，抱怨莫释，乘间自缢身死。"②在该案中，承审官员只是对借盐讹诈之人做出了拟断，却对陆鹏年殴骂其妻，致妻气忿轻生之行为没有任何处罚。

《大清律例·刑律·人命》"夫殴死有罪妻妾"条条例还进一步补充规定："妻与夫口角，以致妻自缢，无伤痕者，无庸议。若殴有重伤缢死者，其夫杖八十。凡妻妾无罪被殴，致折伤以上者，虽有自尽实迹，仍依夫殴妻妾致折伤本律科断。"如道光五年说帖，"东城察院移送：麻大因伊妻傅氏不允当衣，将妻殴打，以致傅氏受伤后跳井淹死"③一案，由于麻大所殴之处，虽均系手足他物等伤，惟伤多且重，自应比例问拟。麻

---

① 《唐律疏议·斗讼律》"殴伤妻妾"条："诸殴伤妻者，减凡人二等；死者，以凡人论。"《唐律疏议·斗讼律》"妻殴詈夫"条："诸妻殴夫，徒一年；若殴伤重者，加凡斗伤三等；须夫告，乃坐。死者，斩。"

② ［清］祝庆祺等编：《刑案汇览三编》（一），"藉盐讹诈被诈之人殴妻自尽"，第671—672页。

③ ［清］许槤、熊莪编：《刑部比照加减成案》，何勤华等点校，法律出版社2009年版，第566页。

大应比照"妻与夫口角致妻自缢、若殴有重伤缢死者、其夫杖八十例"杖八十,折责发落。

但是,刑科档案中也有特例。如嘉庆二十年,陕西司"东城移送:脱五与伊妻杜氏因细故口角,掌批杜氏腮颊,以致杜氏被殴投河身死"①一案,就没有以"殴非重伤"而予免议,而是将脱五比照"妻与夫口角以致妻自缢、若殴有重伤例"杖八十。该案没有严格依据条例判决,可能是因个案情节不同,司谳者缘情适法加减比附而断。然而,这种惩处结果仍可归入夫殴妻的轻罚之列。

其三,夫过失杀妻勿论。《大清律例·刑律·斗殴下》"妻妾殴夫"律条规定:"过失杀者,各勿论。"过失杀者,各勿论,只指夫殴妻、妻殴妾而论,并不概括妻妾殴夫在内,故清律注云:"夫过失杀妻妾,及正妻过失杀其妾者,各勿论。若妻妾过失杀其夫,妾过失杀正妻,当用此律,过失杀句,不可通承上二条言。"又注云:"盖谓其一则分尊可原,一则情亲当矜也。须得过失实情,不实,仍各坐本律。"

如果妻殴夫,清律的处罚则完全不同,《大清律例·刑律·斗殴下》"妻妾殴夫"律条规定:"凡妻殴夫者,(但殴即坐)杖一百,夫愿离者,听。(须夫自告乃坐)至折伤以上,各(验其伤之重轻)加凡斗伤三等;至笃疾者,绞(决);死者,斩(决)。故杀者,凌迟处死(兼魇魅蛊毒在内)。"这与唐律的处罚"徒一年;若殴伤重者,加凡斗伤三等;须夫告,乃坐"相比,清律明显加重了妻殴夫的处罚。此外,妻妾过失杀夫,法司虽明知情有可原,事出无心,但究因名分攸关,仍须按妻殴杀夫本律问拟斩决,"法司覆其情节,实系耳目所不及,思虑所不到,与律注相符者,准将可原情节,照服制情轻之例,夹签声明,恭候钦定,改为拟绞监候。"②这与唐律

---

① [清]许槤、熊莪编:《刑部比照加减成案》,何勤华等点校,法律出版社2009年版,第165页。

② 《大清律例·刑律·人命》"戏杀误杀过失杀伤人"条条例。

的妻过失杀伤夫"较故杀减罪二等"的处置相比,依然是加重了很多。陈惠馨认为,这是夫尊妻卑的法律规定在实务上运作了一千多年后(自唐朝到清朝末期),已变得非常僵化的结果。① 笔者则认为,清代体现夫尊妻卑的法律并非是历史延续的僵化,而是夫权被发挥到了极致的表现。

三、休妻权

《大清律例·户律·婚姻》"出妻"律条规定:"凡妻(于七出)无应出(之条及于夫无)义绝之状,而(擅)出之者,杖八十。虽犯七出,(无子、淫佚、不事舅姑、多言、盗窃、妒忌、恶疾)有三不去,(与更三年丧,前贫贱后富贵,有所娶无所归)而出之者,减二等。追还完聚。"该条例补充道:"妻犯七出之状,有三不去之理,不得辄绝。犯奸者不在此限。"该"出妻"规定了丈夫休妻的权利。

在刑科案件中,不乏夫休妻的情况,如道光十三年说帖,妻"不孝祖翁",夫将其休回母家一案,②此案王成章之女王氏嫁与潘文祥为妻,因王氏不孝祖翁潘文祥将其休回母家。又如嘉庆二十五年说帖,"川督题王忠祥故杀已休之妻方氏一案","王忠祥因妻方氏被陈洪先拐卖与包洪才为妻,后经王忠祥查知领回,恐复被拐逃,休出,给与高现贵为妾。"③此案虽记载王忠祥是因"恐复被拐逃"而休妻,但其休妻的根本原因是认为方氏已触犯了"出妻"律条中的"淫佚",纵使方氏是被拐逃的,但已与犯奸者无异了。

因妻犯奸,而导致夫休妻的情况比较常见。如乾隆四十七年,直隶

---

① 陈惠馨:《传统个人、家庭、婚姻与国家:中国法制史的研究与方法》,五南图书出版股份有限公司 2007 年版,第 229 页。
② [清]祝庆祺等编:《刑案汇览三编》(四),"藉端索谢酿命案情支离驳审",第 162 页。
③ 同上书,(二),"故杀曾因被拐休出有主之妻",第 1452 页。

司"南和县张魏氏拒奸殴伤魏贤生身死一案"①中提到,本夫张认宗向妻魏氏究出与人通奸情事后,即将魏氏殴打,休回母家,但经魏氏之母魏黄氏将氏送回,向张认宗央恳,张魏氏亦立誓不与魏贤生往来。张认宗因有碍颜面,始行收留。再如道光四年说帖,"东抚题杜文玉勒死已休之妻孙氏一案"②,此案杜文玉因妻孙氏与工人蔡年通奸,被该犯撞见殴詈休回,听其改嫁。

案件中也有泛言因"夫妻不睦"、"妻不肯安心过活"等,夫休弃妻。③如道光二年,"盛刑咨:富玉扰害案内之张卢氏价买郎氏为娼"一案,"郎氏因与伊夫杜勤不睦,杜勤将其休弃另嫁"④。再如嘉庆二十三年江苏司现审案⑤,"北城察院移送张受幅扎伤俞氏限内平复一案"⑥,张受幅于嘉庆十四年娶俞沈氏之女俞氏为妻,其后张受幅以俞氏"不肯安心过活",给与休书,令俞氏母亲领回。

当然也有夫因其他原因而休妻的案件,如嘉庆元年说帖,"李全与陈登科之妻胡氏通奸情热,起意拐逃,因伊妻党氏于产后患病,起意休弃,写立休书,将党氏交给妻兄党勇兴,听其另嫁。"⑦再如道光三年湖广司现审案,"提督咨:送德常太因娶妻哲尔德氏原红色淡疑非处女,逼令承认兄妹通奸,复刀扎妻兄英林,吓逼认奸,将妻休回。"⑧在这类夫

---

① [清]全士潮等编:《驳案汇编》,"和奸后悔过拒奸有据杀死奸夫新例",第582页。
② [清]祝庆祺等编:《刑案汇览三编》(二),"杀死犯奸休出复向央留之妻",第1453页。
③ 杜家骥主编:《清嘉庆朝刑科题本社会史料辑刊》,天津古籍出版社2008年版,第629页。
④ [清]许槤、熊莪编:《刑部比照加减成案》,何勤华等点校,法律出版社2009年版,第314页。
⑤ 现审案指案件发生在北京。([美]D. 布迪、C. 莫里斯:《中华帝国的法律》,朱勇译,江苏人民出版社2003版,第113页。)
⑥ 同上书,(二),"刃伤出妻平复理直统减四等",第1369—1370页。
⑦ 同上书,(一),"拐犯之父被逼首告不准议减",第704页。
⑧ 同上书,(二),"疑妻并非处女逼认乱伦休弃",第1464页。

无故休妻的案件中,不论到底是夫有"淫佚"还是妻有"淫佚",休弃之权只有夫才能拥有。

在刑科档案中,有的妻父听从他人逼令本夫休妻,也有因妻与他人通奸,本夫被逼迫要求休妻。这里的休妻,显然不再是夫的一种权利。清律规定,在他人用计逼勒本夫休妻的情形下,"其夫别无卖休之情者,不坐"。如嘉庆十九年,"奉尹咨:张俊保与张孝之妻郑氏通奸,商同氏母谋娶为妻。经氏母逼令张孝休弃,迎娶成婚。张孝邀同贺宗孝往向理论,该犯复将贺宗孝揪扭"一案,刑部认为:"该犯谋娶郑氏,许给郑陈氏财礼,嘱令张孝休弃,情非和诱。惟本系奸淫罪人,辄敢商同郑陈氏逼令本夫休弃,复与贺宗孝揪扭,改依'棍徒扰害'拟军。郑陈氏逼勒伊婿休弃,恩义已绝,屡次捏词诬控,应依'为从'满徒。"①再如道光五年,"川督咨:蓬溪县陈冯氏听从已革武生何联海买娶伊女黄陈氏,逼令本夫黄贵德休弃"②一案,刑部认为,陈冯氏与逐婿嫁女无异,应照"逐婿嫁女杖一百律"杖一百。

虽然基于各种缘由休妻的案例有一些,然而现实生活中"出妻继娶者少,妻亡继娶者多"③。瞿同祖认为,元代以后人们轻易不肯出妻,七出成了具文。④如乾隆二十年,山东司"馆陶县崔敏勒死伊妻韩氏一案"⑤,案件中夫因妻产后患病,久不生育,欲娶妾生子,而妻声言夫年五十才可以娶妾,以致夫妇不和。后来,夫并没有将妻休弃,而是采取了极端的故意杀妻行为,人们轻易不肯出妻由此可见一斑。究其原因,

---

① [清]许槤、熊莪编:《刑部比照加减成案》,何勤华等点校,法律出版社2009年版,第93页。
② 同上书,第385—386页。
③ [清]全士潮等编:《驳案汇编》,"毒死继母之母按照新定服制斩决",第417页。
④ 瞿同祖:《中国法律与中国社会》,中华书局2003年版,第123页。
⑤ 郑秦、赵雄主编:《清代"服制"命案——刑科题本档案选编》,中国政法大学出版社1999年版,第116页。

大概因休妻再娶面临种种难以解决的实际困难,致使夫的休妻权未能随意使用罢了。

四、嫁卖权

清律规定妻背夫逃亡或者犯奸时,夫有嫁卖妻的权利。当然,经官府审判确定之后,夫的这种权利才产生。

当妻背夫逃亡时,清律赋予夫嫁卖妻的权利。《大清律例·户律·婚姻》"出妻"律条规定:"若(夫无愿离之情)妻(辄)背夫在逃者,杖一百,从夫嫁卖;(其妻)因逃而(辄自)改嫁者,绞(监候)。其因夫(弃妻)逃亡,三年之内不告官司而逃去者,杖八十;擅(自)改嫁者,杖一百。妾各减二等。(有主婚媒人,有财礼,乃坐。无主婚人,不成婚礼者,以和奸、刁奸论,其妻妾仍从夫嫁卖。)"妇人之义当从夫,妻擅自出走当然无异于背夫逃亡,如果因此而擅自改嫁,处罪就更重,即便是夫弃妻逃亡三年无音讯,也不得离开夫家。在相关案件的审判中,对妻背夫逃亡的惩处与对"和同相诱,犯罪逃走,有被诱畏罪之因"的惩处不同,因为,"背夫者谓非因别事,专为背弃其夫而逃也,律贵诛心,故其法重",而"向来遇有妇女因诱同逃,被人嫁卖之案,俱照被诱减等拟徒。"①

当妻犯奸时,夫亦可行使嫁卖妻的权利。《大清律例·刑律·犯奸》"犯奸"律条规定:"奸妇从夫嫁卖,其夫愿留者,听。"《大清律例·刑律·犯奸》"纵容妻妾犯奸"律条又规定:"若买休人与妇人用计逼勒本夫休弃,其夫别无卖休之情者,不坐;买休人及本妇,各杖六十、徒一年;妇人余罪收赎,给付本夫,从其嫁卖。"为了惩治奸情犯罪,清律规定,夫不能因奸不陈告,而将妻嫁卖给奸夫,否则将被杖一百,明确妻犯奸时"从夫嫁卖"的条件和限制。另外,当妻犯奸时,"从夫嫁卖"的权利与

---

① [清]祝庆祺等编:《刑案汇览三编》(一),"妇女被诱逃出转嫁并非背夫",第714页。

"当官嫁卖"的权力是有区别的,如《大清律例·刑律·人命》"杀死奸夫"律条规定:"若止杀死奸夫者,奸妇依(和奸)律断罪,当官嫁卖,身价入官。"

在传统社会中,妻与人通奸属于"七出"之"淫佚",夫可以休妻。清律赋予夫嫁卖犯奸之妻的权利,王跃生认为:"丈夫往往采用嫁卖的方式予以解决。这既使自己洗刷了耻辱,又得到一笔收入。这是妻子具有夫家财产性质的又一体现。"① 如"江西乐平县,王均彩因其妻与人通奸而嫁卖,程荣年出八十两承娶。后因奸夫以欲告其卖休而讹银,给其十千文仍不满足。王均彩气忿自杀。会审意见认为:程荣年承娶犯奸之女,与买休不同,应免置议,吴氏仍给领回完聚(江西抚何裕城,53.11.7)。"② 再如道光二年案,虽主要是奸夫中途伙抢被夫嫁卖之奸妇,导致了买休之兄情急自尽,但从该案中,亦可以看出夫因妻犯奸时嫁卖权的行使。③

虽然清律赋予夫嫁卖背夫逃亡及犯奸之妻的权利,但在笔者目前所查阅的刑科档案中,较少见到此类嫁卖案件,表面看来,这或许与下层民众生活艰难、娶妻不易有关。然而在大多数奸情案件中,夫宁愿杀死犯奸之妻,也不愿将其嫁卖或休弃,这背后还有清律赋予本夫捉奸杀奸权利的原因(详见下文"杀妻权"的阐述以及第五章相关的法律分析)。另外,在刑科档案中,倒是有不少夫因贫卖休妻的案件,但是,夫因贫卖休其妻已不再是夫的权利,而属于夫犯妻的行为,而且因贫卖休还不同于贪财卖休,官府对此的处理也有所不同,详见第二章第一节的

---

① 王跃生:《清代中期妇女再婚的个案分析(之二)》,载《中国社会经济史研究》1999年第1期。
② 同上。
③ [清]祝庆祺等编:《刑案汇览三编》(一),"伙抢卖休奸妇卖休之兄自尽",第321页。

相关内容。

五、杀妻权

秦代妻与夫的权利义务基本无差别,在实体法与程序法上也大体平等。妻可因夫的不守贞操杀之而不负刑事责任。如《史记·秦始皇本纪》所记秦始皇三十七年在会稽山刻石里关于严厉惩戒淫佚之风的文字:"防隔内外,禁止淫佚,男女洁诚。夫为寄豭,杀之无罪,男秉义程。妻为逃嫁,子不得母,咸化廉清。"与其说这是受儒家伦理的影响,不如说是古老风俗的孑遗。① 战国及秦,社会的动荡以及法家思想对礼治的否定,导致了若干原始遗俗的回潮。② 的确,这与母系制的残余多少是有一些关系的,此时妇女的个性还偶然能够有所表现。元代以前,夫在任何情形之下皆无杀妻之权,唐、宋律亦无捉奸杀死奸妇或殴死有罪妻妾的规定。而元代以后的法律都容许本夫有捉奸的权利,夫于奸所获奸登时将奸夫奸妇一并杀死勿论。瞿同祖认为,这是因为"妻犯七出,只能出之,却不能擅杀,后来认为人们轻易不肯出妻。七出成了具文,于是才有杀妻的规定,和七出并存于律。"③

在清代,"查夫殴妻至死,除妻殴骂夫之祖父母、父母及杀死犯奸之妻,例有专条,应照各本律例问拟外,其余有他罪并非罪犯应死而夫擅杀者,应仍以殴死妻拟绞。"④因此,当妻殴骂夫之直系尊亲属或犯奸时,夫获得了杀死该有罪之妻的选择权。

当妻犯奸时,清律容许本夫有捉奸的权利,夫于奸所获奸登时将奸夫奸妇一并杀死不受惩处。《大清律例·刑律·人命》"杀死奸夫"律条

---

① 曹旅宁:《秦律新探》,中国社会科学出版社2002年版,第90页。
② 陶毅、明欣:《中国婚姻家庭制度史》,东方出版社1994年版,第154页。
③ 瞿同祖:《中国法律与中国社会》,中华书局2003年版,第123页。
④ [清]祝庆祺等编:《刑案汇览三编》(二),"殴死屡次行窃不服送究之妻",第1201页。

规定:"凡妻妾与人奸通,而(本夫)于奸所亲获奸夫、奸妇,登时杀死者,勿论。"之所以夫于奸所获奸登时将奸妇杀死,照律勿论,其原因"是杀奸各例重在登时,原其忿激之情,仓猝之际,刻不容缓,故本夫得予勿论"。① 如果本夫在奸所登时只是杀死奸妇,应否勿论,虽律无明文,但有杀死奸妇,奸夫脱逃之例,以补律之未备。即《大清律例·刑律·人命》"杀死奸夫"条条例规定:"如本夫登时奸所获奸,将奸妇杀死,奸夫当时脱逃,后被拿获到官,审明奸情是实,奸夫供认不讳者,将奸夫拟绞监候,本夫杖八十。"这样一来,操自君主之手的生杀权在这一特定情形之下却放权了,这不能不说是夫权扩张的一个极致,当然与理学的发展也有必然的联系。妻犯奸时,夫于奸所获奸登时将奸夫奸妇一并杀死及只杀死奸妇、奸夫脱逃的案件,详见第三章第二节"本夫的反应"。

当妻殴骂夫之祖父母、父母时,夫杀之,应该属于夫犯妻的行为,但是,"诚以子妇之于翁姑与父母等,其有不孝殴詈,则罪犯应死,是以其夫忿激致毙,止惩其擅杀之罪,予以满杖。"故《大清律例·刑律·人命》"夫殴死有罪妻妾"律条赋予夫因妻辱骂殴打尊亲而擅杀的权利:"凡妻妾因殴骂夫之祖父母、父母,而夫(不告官)擅杀死者,杖一百。(祖父母、父母亲告乃坐。)"之所以规定"祖父母、父母亲告乃坐"是因为"惟是伦纪綦严,人命至重,如使伊妻并无殴詈干犯重情,其夫因别故将妻殴毙,父母溺爱其子,恐其拟抵,于到案之后代为捏饰,以图脱子罪,亦不可不预杜其渐。"② 详见第二章第一节"妻殴骂夫之祖父母、父母"。

第二节　妻对夫的义务

清代的夫妻关系,不仅以对夫权的明确法定化为基础,更以妻对夫

---

① [清]祝庆祺等编:《刑案汇览三编》(二),"奸所杀奸分别登时",第909页。
② 同上书,"妻詈骂姑供证虽确但未亲告",第1199页。

应尽的义务为夫权的保障,而清律中却无从发现任何妻对夫直接的权利。本节阐释妻对夫的义务,主要包括从一而终的贞操义务、从夫而居的同居义务、为夫隐匿的容隐义务、夫丧期不再婚的义务、侍奉舅姑的赡养义务等。

一、从一而终的贞操义务

"从一而终"的说法起源很早,《周易·象》称:"妇人贞吉,从一而终也。"《周易·序卦》称:"夫妇之道不可以不久也,故受之以恒。"《礼记·郊特牲》称:"壹与之齐,终身不改,故夫死不嫁。"自春秋以来,贵族阶层中已有从一而终、不事二夫的观念,西汉末年的刘向在《列女传》中又提出"以专一为贞,以善从为顺"、"终不更二,天下之俊"、"一醮不改,夫死不嫁"等说法。东汉的班昭在《女诫》中进一步倡言"夫有再娶之义,妇无二适之文"。于是,初始贞操观念中尚包含的"士无邪行,女无淫事"[①]的双向限制意义,此时已转换为对女性的单方面要求,从而助长了夫对妻性独占和性禁锢的趋势。妻对夫负有片面、绝对的贞操上之义务,人们通常将妻对夫之忠诚比拟于臣对君之效忠,即所谓"忠臣不事二主"、"烈妇不事二夫"。

清代尤为重视妻的贞节,从一而终的观念被极端强化,并成为妇德的基本准则,不仅要求其婚前清白,更要求其婚后忠贞,乃至夫死之后,依然鼓励其守贞。"妻犯七出之状,有三不去之理,不得辄绝。犯奸者不在此限。"[②]且"律载:奸者不在自首之律。笺释云:败伦伤化,是以不准自首。"[③]乾隆五十六年说帖认为,"详绎律例,盖亲属得相容隐,系指寻常犯罪而言。至犯奸则辱没祖宗,在亲属均有义忿防闲之责,故尊长

---

① 《管子·权修》。
② 《大清律例》,田涛、郑秦点校,法律出版社1999年版,第214页。
③ [清]祝庆祺等编:《刑案汇览三编》(一),"和奸已成不准首",第143页。

有纵奸科罪之条。即卑幼亦在应许捉奸之列。如有知情容隐,自不得援照得相容隐之律,予以免议,致与例义龃龉。"①

首先,女性要在婚前清白。

《大清律例·刑律·犯奸》"犯奸"律条规定:"凡和奸,杖八十,有夫者,杖九十。刁奸者(无夫、有夫),杖一百。"女性在婚前与他人或未婚夫通奸,要面临极大的风险:律例规定父母捉奸仅杀奸妇勿论;聘定未婚夫捉奸而杀奸妇例有减轻治罪专条;童养未婚本夫及夫之祖父母、父母并有服亲属捉奸,杀死奸夫奸妇者,均照已婚妻例问拟,他们捉奸杀奸的行为被律例所鼓励。笔者在第五章结合具体案件阐释了律例对女性婚前不忠贞的惩处。

第二,女性要婚后对夫忠贞。

妻要对夫忠贞不贰,若有夫改嫁,无论是否有违其意愿,则"实与犯奸之妇无别",②若夫遭囚禁,更要与夫同甘共苦,虽然清律对因夫囚禁,擅自改嫁之妇作何治罪并无明文规定,但认为该妻已属"失节之妇",与"犯奸之妇无异"。如道光六年说帖,"任氏因伊夫辛六听从王于与等贩私拒捕,拟徒监禁,该氏因贫起意改嫁,托李开选等向伊姑辛刘氏商允。复捏称伊夫犯罪正法,伊姑主令改嫁,托李开选等找主说合,嫁与戴景明为妾。"③刑部认为,任氏擅自改嫁与人为妾,已属失节之妇,且仅是告知婆母,并非由婆母主婚,没有主婚人就不成婚礼,任氏应以和奸论,属于犯奸之妇。

若本妇甘心被本夫卖休,则被认为已不是"良妇"而无异于"犯奸"。如"至甘心听从本夫卖休即属失节之妇,不惟与良妇不同,亦与兴贩妇女迥别"或"既甘心受鬻于兴贩之手,已属失身,自未便与良妇并论"或

---

① [清]祝庆祺等编:《刑案汇览三编》(一),"犯奸不得容隐埋尸亦系侵损",第185页。
② 同上书,"抢卖有夫改嫁之妇并非伙众",第259页。
③ 同上书,"夫犯罪监禁妻因贫擅自改嫁",第252页。

"妇女首重名节,即甘心卖休,有夫更嫁,即与犯奸无异"。① 因此,清律对他人强抢被卖休之妇的惩处就不同于强抢良家妇女。如道光四年,"河抚咨:永城县李合金起意纠邀韦广全等在途强抢张氏,欲图嫁卖渔利"②一案,刑部认为,虽属不法,但张氏被本夫孙布文嫁卖与王洪礼为妻,是卖休之妇,即与犯奸妇女无异,李合金应比照"聚众伙谋抢夺犯奸妇女已成例",首犯改发云贵、两广极边烟瘴充军。

若本妇犯奸,导致奸夫杀死本夫,《大清律例·刑律·人命》"杀死奸夫"律条规定:"若奸夫自杀其夫者,奸妇虽不知情,绞(监候)。"是"所以惩淫恶也",但是该条例还规定:"凡奸夫自杀其夫,奸妇虽不知情,而当时喊救与事后即行首告,将奸夫指拿到官,尚有不忍致死其夫之心者,仍照本律定拟。该督抚于疏内声明,法司核拟时夹签请旨。"因为"如当时喊救,事后首告,得准夹签减流,原其尚不忘旧也。"③而且"以此等当时喊救,指拿奸夫之妇人,若仍照律拟绞,恐将来有犯转致畏罪不肯出首,是以谕令夹签声明,量予减等,系专指奸夫谋杀本夫案内之奸妇而言。"④该类案件的分析详见第三章第三节"和奸之人的反应"。

另外,为保障女性婚后对夫的忠贞,在司法实践中,虽律例没有治罪明文,但父母嫁卖有夫之女仍要比照问拟。如道光四年,浙江司"提督咨:曾胜功之妻曾周氏因夫患病食用无资,起意商同阎王氏将伊女李曾氏嫁卖与郭振疑为妻"⑤一案,曾周氏比照"逐婿嫁女律"杖一百,阎

---

① [清]祝庆祺等编:《刑案汇览三编》(一),"强抢买休之妇与犯奸妇女同"、"强抢被翁卖休辗转价卖之妇"、"兴贩卖休妇女亦作犯奸论",第262、261、263页。
② [清]许槤、熊莪编:《刑部比照加减成案》,何勤华等点校,法律出版社2009年版,第392—393页。
③ [清]祝庆祺等编:《刑案汇览三编》(二),"拒绝后奸夫谋杀夫奸妇首告",第838页。
④ 同上书,"亲属通奸拒杀本夫奸妇喊救",第839页。
⑤ [清]许槤、熊莪编:《刑部比照加减成案》,何勤华等点校,法律出版社2009年版,第385页。

王氏照"嫁娶违律、媒人知情者、减主婚一等律"杖九十,均照律收赎。

第三,夫死之后,妻被鼓励守贞。

妇女的寡居现象与国家的政策、社会的风气有密切的联系。明代以来,朱子学被立为官学,宋儒的"饿死事小,失节事大"[①]思想在国家力量的推动下,迅速蔓延,成为彰显妇德的最主要形式。同时,元明以来,优待与旌表节妇的制度化,则为妇女守节提供了制度性的保障。从元代开始,法律明确限制携带"随嫁奁田"改嫁,"大德七年(六)月,江浙行省:准中书省咨:准来咨该:据浙西宣慰司呈:徽州路总管朵儿赤言:随嫁奁田等物,今后应嫁妇人,不问生前离异、夫死寡居,但欲再适他人,其元随嫁妆奁、财产,一听前夫之家为主,并不许似前搬取随身。本省参详,若准所言相应,送礼部议得,除无故出妻,不拘此例,合准已拟相应,都省准呈,咨请照验施行。"[②]按此规定,离婚妇女和寡妇如果再婚,就要丧失原先从父母处继承得来的妆奁物,承自娘家的妆奁都不能带走。"朵儿赤法案"使寡妇改嫁带产完全成为非法。明清两代接元代之踵,都有"(寡妇)改嫁者,夫家财产及原有妆奁,并听前夫之家为主"[③]的规定。这种限制妇女携产改嫁的规定也成为限制妇女再嫁的一个原因。[④]清代还继承了明代的旌表制度,顺治元年,清朝政府就依照明代旧例旌表节妇。顺治十年,清廷又针对满族宗室颁布了表彰宗室节孝贞烈事例,鼓励八旗满洲人起表率作用。雍正皇帝即位后,对于表彰贞节不遗余力。在清代,妇女获得旌表成为一种风潮。按照郭松

---

① 宋儒程颐曰:"问:孀妇于理似不可取,如何?曰:然,凡取以配身也。若取失节者以配身,是己失节也。又问:或有孤孀贫穷无托者,可再嫁否?曰:只是后世怕寒饿死,故有是说。然饿死事小,失节事极大。"参见[宋]朱熹、吕祖谦编:《近思录》卷六。

② 《元典章·户部》"奁田听夫家为主"条。

③ 《大明律·户律》"立嫡子违法"条,《大清律例·户律·户役》"立嫡子违法"条。

④ 参见阿风:《明清时代妇女的地位与权利——以明清契约文书、诉讼档案为中心》,社会科学文献出版社2009年版,第24—25页。

义的研究,有清一代,受到旌表的贞节烈妇有一百万人,还有因种种缘故合例而未得旌表者,亦当有此数。至于在旌表大潮影响下甘愿守孀,而未能熬满年头,或年过三十却格于规例而不得旌表,这样的人,当然就更多了。①

在清代国家政策与社会风气之下,夫死之后,妻再嫁,则会受到歧视,如"虽其母已再醮,义绝于父"②、"该氏三易其夫,并非从一守贞"③等,而且,若孀妇改嫁后,随其改嫁之子如果违反其教令,呈请发遣其子,也要依正常的"父母呈送发遣例"减等处罚。如道光四年,"安抚咨:张双幅行窃事主姚高庆等家,并被嫁母卢徐氏呈送,恳求发遣"一案,徐氏之子随母改嫁,不服管教,屡次触犯,经徐氏呈请发遣。承审官认为,"若竟照例拟军,是以改嫁义绝之妻致绝前夫之祀,情理未为平允,自应照例量减问拟。"④

但是,如果嫁母在后夫亡故后,仍回前夫家抚育子女成人,则对该嫁母呈首伊子发遣时,情况又会有所不同,如道光四年,"贵抚咨:郎岱厅民妇朱龚氏呈首伊子朱光帼,恳求发遣"⑤一案,刑部认为,朱龚氏因夫故改嫁,例无嫁母呈首所生之子作何治罪明文,但朱龚氏于后夫故后,仍回前夫家抚育朱光帼等子女成人,其恩义较之嫁母未回者不同,且子无绝母之义,应仍照"本例父母呈首子发遣例"发烟瘴地方充军。

清律对孀妇从一而终给予特殊优待,如清代独有的孀妇守节已逾

---

① 郭松义:《伦理与生活——清代的婚姻关系》,商务印书馆2000年版,第413—414页。
② [清]祝庆祺等编:《刑案汇览三编》(一),"嫁母侍养无人准存留养亲",第46页。
③ 同上书,"孀妇独子妇已再醮不准留养",第47页。
④ [清]许槤、熊莪编:《刑部比照加减成案》,何勤华等点校,法律出版社2009年版,第687页。
⑤ [清]许槤、熊莪编:《刑部比照加减成案》,何勤华等点校,法律出版社2009年版,第687—688页。

二十年[①]独子留养、勿论其之老疾与否的规定,就突破了以往规定犯亲只有老疾方可留养的局限,深受宋明理学的影响,鼓励了妇女从一而终,维护传统社会的三纲五常礼教秩序。然而,"妇人从一而终者方可以守节论,其再醮之妇已经失节,即不得以孀妇独子声请。"[②]也即孀妇就算只有独子,然其改嫁后则不准其子留养。道光十年说贴就有一则案例,绞犯张自得是独子,其母三易其夫,并非从一守贞,刑部就没有按照孀妇守节之例准予留养。清律还加重对强嫁孀妇者的惩处,《大清律例·户律·婚姻》"居丧嫁娶"条条例规定:"其孀妇自愿守志,而母家、夫家抢夺强嫁者,各按服制照律加三等治罪。其娶主不知情不坐,知情同抢照强娶律加三等。未成婚妇女听回守志,已成婚而妇女不愿合者,听。如孀妇不甘失节因而自尽者,照威逼例充发。"

清律歧视犯奸妇女,从严认定女性在性犯罪中的作用、主动性甚至是当时的意识是否贞节,以此为依据设定强奸、和奸、刁奸等不同的情况,区分良家妇女和犯奸妇女两大类别,然后对这两类女性遭受侵害的行为的惩处、对其利益的保护也有所不同。当妇女犯奸、盗、不孝,"犯奸则去衣受刑,盗及不孝仍单衣决罚。盖妇女首以名节为重,而欲重名节,先全廉耻。苟非犯奸之妇,则名节未至全亏,即盗与不孝,犹得单衣决罚,意至厚也。"[③]《大清律例·刑律·犯奸》"犯奸"律条小注曰:"又如见妇人与人通奸,见者因而用强奸之,已系犯奸之妇,难以强论,依刁

[①] 在道光十三年通行中,"已逾"二字已有松动,"况妇女苦节抚孤,既阅二十年之久,立志已属坚贞,若必待其已逾二十年始准请侍,则凡守节在二十年以内者,虽所争仅止数旬,亦不得邀恩格外,尤非仰体皇仁矜全贞节之至意。臣等公同酌议,应如该御史所奏,将军流徒犯留养例内'已逾'二字酌量删去……庶以后孀妇守节甫届二十年者,皆得援例声请留养,似于矜孤恤寡之义益为周备矣。"参见[清]祝庆祺等编:《刑案汇览三编》(一),"守节已届二十年独子留养",第48页。

[②] [清]祝庆祺等编:《刑案汇览三编》(一),"孀妇独子妇已再醮不准留养",第47页。

[③] 同上书,"妇女犯罪分别实发监禁年限",第90页。

奸律。"表明清律中良家妇女与犯奸妇女有着一道源于本质的鸿沟,其本质就是"贞节"。不过,《大清律例·刑律·犯奸》"犯奸"条条例也有酌情的规定:"如妇女犯奸后,已经悔过自新,审有确证者,仍以良人妇女论。"

二、从夫而居的同居义务

女子既嫁,就要从夫而居,其回母家探亲有一定的限制。所谓非归宁及大故不返母家,归宁即有时而归,问父母之宁否,父母没则仅使归问兄弟,大故即指奔父母丧。《礼记·杂记》云:"妇人非三年之丧,不踰封而吊"。此外,归宁暂时之"来"与被出而"来归"有所不同:"归宁曰来,出曰来归,夫人归宁曰如某,出曰归于某。"①这些规定也说明妻从夫而居的传统,也可看出女性出嫁后与娘家的往来之疏。

秦简中多处出现"女子甲为人妻,去亡","女子甲去夫亡","甲取人亡妻以为妻"等文字,表明当时妇女背夫逃亡的事件还是比较常见。为人妻背夫私逃后,要予以处罚。《秦简·法律答问》:"女子甲去夫亡,男子乙亦阑亡,相夫妻,甲弗告请(情),居二岁,生子,乃告请(情),乙即弗弃,而得,论可(何)殹(也)?当黥城旦舂"。《张家山汉简》亡律168简规定:"取(娶)人妻及亡人以为妻,及为亡人妻,取(娶)及所取(娶),为谋(媒)者,智(知)其请(情),皆黥为城旦舂。"②在唐代,妻负有同居义务,未经夫同意,妻擅自背离夫出走,处徒刑二年,因此而改嫁,则加重二等处罚。《唐律疏议·户婚律》"义绝离之"条的疏议对此有详细的阐释:"妇人从夫,无自专之道,虽见兄弟,送迎尚不逾阈。若有心乖唱和,意在分离,背夫擅行,有怀他志,妻妾合徒二年。因擅去而即改嫁者,徒

---

① 《左传·庄公二十七年》。
② 参见曹旅宁:《秦律新探》,中国社会科学出版社2002年版,第300—302页。

三年,故云"加二等"。"室家之敬,亦为难久,帏薄之内,能无忿争,相嗔暂去,不同此罪。"宋世,郑氏家范云,"诸妇之于母家,二亲存者,礼得归宁,无者不许;其有庆吊,势不得已者,则弗居此;"即本于此而然。①

陈鹏先生认为:"古之婚姻之礼,重于成妇,轻于成妻,妻与夫同居之义务,实对舅姑及夫家之全体而言,非只对夫之个人也。"②的确,妻与夫同居之义务甚至延伸到了夫亡,如雍正皇帝曾经下谕曰:"不知夫亡之后,妇职之当尽者更多。上有翁姑,则当奉养以代为子之道。下有后嗣,则当教育,以代为父之道。他如修治蘋蘩,经理家业,其事难以悉数。安得以一死毕其责乎。"③谕文是在批评夫亡后寡妻殉死的行为,在雍正皇帝看来,妻代替夫承担为子(对舅姑)、为父(对子女)的责任,是妻的职分所在。

《大清律例·户律·婚姻》"出妻"律条规定:"若(夫无愿离之情)妻(辄)背夫在逃者,杖一百,从夫嫁卖;(其妻)因逃而(辄自)改嫁者,绞(监候)。其因夫(弃妻)逃亡,三年之内不告官司而逃去者,杖八十;擅(自)改嫁者,杖一百。妾各减二等。(有主婚媒人,有财礼,乃坐。无主婚人,不成婚礼者,以和奸、刁奸论,其妻妾仍从夫嫁卖。)"前述夫对"背夫逃亡"之妻的嫁卖权,也从另外一个侧面说明了妻从夫而居的义务。即使夫出外三年不归,毫无音讯,若妻要改嫁,也要"经官告给执照",否则也要追究责任。《大清律例统纂集成》注曰:"妇人义当从夫,夫可以出妻,妻不得自绝于夫。"又云"夫为妻纲,弃夫从人,人道绝矣。清代"以绝'人道'之故,特重罚之,如此严峻,古无其例。"④如果妻母因婿外出不回,起意将女儿改嫁,就算未成,也要追究其责任。如道光十二年,

---

① 陈顾远:《中国婚姻史》,台湾商务印书馆1983年版,第189页。
② 陈鹏:《中国婚姻史稿》,中华书局2005年版,第555页。
③ 《清实录·世宗实录》卷六十七。
④ 陈鹏:《中国婚姻史稿》,中华书局2005年版,第555页。

广东司"提督咨：田李氏因伊婿刘连元外出不回，辄起意将伊女刘田氏改嫁未成"①一案，刑部认为，例无作何治罪明文，自应比照问拟，田李氏应比依"许嫁女、若再许他人未成婚者、女家主婚人杖七十律"拟杖七十。

在现实生活中，也有夫在妻家成婚同居的情况，如嘉庆二年，"大同县承审崞县民谷三贵砍死伊妻贾氏一案"②，妻父揽地亩令夫妻耕种。夫因地薄出息不多，将地退还欲归，妻欲随父母度日，不允同回，屡经争闹。夫又与妻相商以父母老迈急欲同归，妻称自己亦有父母，令夫自回，互相詈骂。夫气忿故杀妻。再如道光七年奉天司说帖，"吉林将军咨吴起发砍死妻父张俊一案"③，吴起发聘定张俊之女张氏为妻，在妻父张俊家成婚同居，因见张俊家来往人杂，其妻举动轻佻，便搬出另住。张氏因搬后归宁不便，逐渐与夫不和，张俊亦时常接女回家居住。吴起发因妻被接走帮忙，逾期未被送回，便至张俊家唤妻回归，张氏不愿立即随回，而张俊夫妇复帮女与吴起发口角，从而引发命案。由这两则案例可见，即便夫妻在妻家成婚，对妻来讲，从夫而居的同居义务也不能被免除。

三、为夫隐匿的容隐义务

从秦朝到汉初，夫妻任何一方有罪都可以相互告发罪行。夫告发有罪之妻，自身可免于刑事追究，而且妻之财物也归夫所有，《法律答问》曰："妻有罪以收，妻媵臣妾、衣器当收，且畀夫？畀夫。"如果妻告发

---

① [清]许槤、熊莪编：《刑部比照加减成案》，何勤华等点校，法律出版社2009年版，第384页。
② 郑秦、赵雄主编：《清代"服制"命案——刑科题本档案选编》，中国政法大学出版社1999年版，第423-424页。
③ [清]祝庆祺等编：《刑案汇览三编》（二），"杀死妻父迹近于谋驳令严审"，第1469页。

有罪之夫,可免除株连,而且可保住自身的财物不遭没收。《法律答问》又曰:"夫有罪,妻先告,不收。妻媵臣妾、衣器当收不收?不当收。"然而夫有罪,即使"妻先告",也得不到夫所掌管的家产。汉宣帝地节四年(公元前 66 年)下诏明确规定:"父子之亲,夫妇之道,天性也。虽有患祸,犹蒙死而存之。诚爱结于心,仁厚之至也,岂能违之哉。自今子首匿父母,妻匿夫,孙匿大父母,皆勿坐。其父母匿子,夫匿妻,大父母匿孙,罪殊死,皆上请廷尉以闻。"①由此可知,妻隐匿有罪之夫,不追究刑事责任;夫隐匿有罪之妻,死罪上请廷尉决定是否追究罪责,死罪以下也不追究刑事责任。自元代以来,妇女与老、幼、病、残之人同列为限制诉讼行为者,明清两代还正式确立妇人告状的基本原则:第一,对于谋反、叛逆、子孙不孝等"干名犯义"的重罪,以及抢劫、杀伤等刑事犯罪,准许妇人亲告。第二,对于户婚田土等民事纠纷,妇人必须由人代告。如果夫亡无子,或身受损害,无人代告,方许亲告。同时,相对于元代的法律规定,明清两代法律加大了抱告人的法律责任。对于抱告人(元代称为代诉人),元代是"止罪妇人,不及代诉"。而明例规定:如果妇女诬告他人,"将赍本抱状人问拟如律",对抱状人进行惩罚。②清律对于妇人告状沿用明律条文,不过将明律中关于限制妇人告状因由写入了小注。该条从正面界定了妇女的独立告诉权,其告诉权限于对国家安全及家族秩序的犯罪,体现了国家对国家公权益与家族利益的重视:

  其年八十以上,十岁以下,及笃疾者,若妇人,除谋反、叛逆、子孙不孝,或己身及同居之内,为人盗诈侵夺财产,及杀伤之类,听告,余并不得告(以其罪得收赎,恐故意诬告害人)。官司受而为理

---

① 《汉书》卷八《宣帝纪》。
② 参见阿风:《明清时代妇女的地位与权利——以明清契约文书、诉讼档案为中心》,社会科学文献出版社 2009 年版,第 205 页。

者,笞五十(原词立案不行)。①

《大清律例·刑律·诉讼》"干名犯义"律条规定:"凡子孙告祖父母、父母,妻妾告夫及告夫之祖父母、父母者,(虽得实亦)杖一百、徒三年(祖父母等同,自首者,免罪)。但诬告者,(不必全诬,但一事诬,即)绞。"该条规定,凡妻告夫,则受杖一百,徒三年。若诬告,则绞。妻告夫,属于为常赦不原的"十恶"重罪之"不睦",因为妻与夫名分攸关,所以诬告拟绞载在"干名犯义"门内,与子孙同科。干名犯义是对违反亲属相隐原则的处罚,虽然"干名犯义"条并非单纯对妇女诉讼权利的限制,但特别提出妻妾对夫及其尊亲属告诉权利的限制,强调了妻妾在夫家的卑幼地位。若夫犯罪,妻告知事主,则视为夫自首,如夫行劫妻兄,"经该犯之妻李氏告知事主,将该犯获案,例应同自首法"。② 然而若夫告妻,不但不入"十恶",即使诬告妻,也要减三等论罪。《大清律例·刑律·诉讼》"干名犯义"律条规定:"若(夫)诬告妻,及妻诬告妾,亦减所诬罪三等。"

但是,当夫殴妻至折伤以上或者夫逼勒妻卖奸时,妻可以告夫,因为"殴伤其身事关切己,是以律准理诉,至逼勒卖奸,事关本妇名节,如据实首告,自亦不便以干名犯义科断。"③如乾隆五十七年说帖,"贾氏喊告伊夫赵五与范王氏通奸,欲令该氏跟随范王氏上街唱曲卖奸,该氏不允,赵五复逼令贾氏与范王氏同居,詈骂欲殴,贾氏虑及搬往同住仍恐令其唱曲卖奸,情急喊告"④一案,承审官认为,贾氏如果没有被逼卖奸情节,仅因其夫与范王氏通奸而控告,尚且可以"干名犯义"律拟罪,但如今,贾氏喊告其夫逼奸,才致使将其夫犯奸之处据实供出。贾氏为

---

① 《大清会典事例》卷八一七。
② [清]祝庆祺等编:《刑案汇览三编》(一),"行劫妻兄盗首伤人其妻代首",第518页。
③ 同上书,(三),"被逼卖奸喊告其夫与人通奸",第1794页。
④ 同上书,(三),"被逼卖奸喊告其夫与人通奸",第1794页。

保贞节而供出逼其卖奸之夫的奸情,并非有心揭发夫的阴私,尚属贞良之妇,因此被免于处罚。本案说明,清代社会尤重贞节,清律更处处体现重惩奸罪的意旨(详见第五章的法律分析),此案夫与人通奸在先,又欲逼妻卖奸,因此被承审官认为是"可耻之徒",从而免除了该妻的容隐义务。

四、夫丧期不再婚的义务

《大清律例·户律·婚姻》"居丧嫁娶"律条规定:"凡(男女)居父母及(妻妾居)夫丧而身自(主婚)嫁娶者,杖一百;若男子居(父母)丧(而)娶妾,妻(居夫丧,)女(居父母丧而)嫁人为妾者,各减二等。若命妇夫亡,(虽服满)再嫁者,罪亦如之,(亦如凡妇居丧嫁人者拟断。)追夺(敕诰,)并离异。"夫死,妻必须为夫守丧,在丧期不得再嫁,违者视为"十恶"重罪中之"不义"。但是,妻死,夫并无相应的义务。而在唐宋时期,"即在居丧期间,夫再娶,妇再醮,均应处罚。唯比较夫为妻服丧之期间与妻为夫服丧之期间,夫为妻服1年之丧后即可再娶,而妻须为夫服27个月之丧后方得再嫁,故男性之地位,仍系优于女性。"[①]由此可看出,清律妻之地位的下降。

另外,居丧改嫁之妇"既非例得改嫁,难与良妇同论"[②],甚至居丧改嫁之妇若被人纠抢,也会区别被抢之妇失身不失身,从而对纠抢之人的惩处不同。道光十三年说帖对此作出解释:"纠抢居丧改嫁妇女,例内虽无作何治罪明文,但尚在居丧期间,遽作新婚之妇,其情事虽与犯奸不同,其失身实与犯奸无异。因此,依据从前办理的'抢夺居丧改嫁妇女成案',对妇女尚未过门成婚者酌照'抢夺兴贩妇女'例定断,对业

[①] 黄静嘉:《中国法制史论述丛稿》,清华大学出版社2006年版,第60页。
[②] [清]祝庆祺等编:《刑案汇览三编》(一),"抢居丧改嫁妇分别曾否成婚",第268页。

已过门成婚者俱系比照'抢夺犯奸妇女'之例问拟。"①在诸多涉及贞节的夫妻相犯案例中,清律认定"犯奸"妇女的标准都是看其是否有失贞节,而不论该妇主观上是否愿意、是否反抗,也不论该妇客观上是否被胁迫、是否无能力反抗等。这些印证了清律重惩奸罪的特征。

然而,在现实生活之中,"诚以僻壤愚民不能尽谙例禁其居丧嫁娶各条,往往违律者甚多,固不能因乡愚易犯而遽废违律之成规,亦不得因有违律婚娶之轻罪,而转置夫妇名分于不问。要在谳狱者体会谕旨,随案斟酌,核其情节轻重分别定拟。"②在道光时周四居丧娶周氏一案,刑部说帖认为:"盖律设大法而例本人情,居丧嫁娶虽律有明禁,而乡曲小民昧于礼法,违律而为婚姻者亦往往而有。若必令照律离异,转致妇女之名节因此而失,故例称揆于法制似为太重,或于名分不甚有碍,听各衙门临时斟酌,于曲顺人情之中仍不失礼法之意。凡承办此等案件,原可不拘律文断令完聚。若夫妻本不和谐,则此等违律为婚既有离异之条,自无强令完聚之理。"③因此,夫虽丧期未满,但有尊长为其主婚,明媒聘娶,则一般认定夫妇名分已定,这与无媒妁尊长、私自苟合成婚,按律应离异者迥然不同。如嘉庆二十一年说帖,"江西司审拟提督咨送杨锦呈控伊弟杨长春身死不明一案",杨氏之夫杨长春病故,杨氏之母唐氏因伊女夫亡无子,家贫难守,向杨氏的婆婆郑氏商允,想令杨氏改嫁,随后将杨氏接回,主婚改嫁与任统信为妻。杨锦闻知,即以其弟身死不明等情呈控。江西司照律办理,将杨氏依夫丧未满改嫁是由其母主婚,律得不坐,仍离异归宗。刑部驳议体现出酌情断案的特点:

> 惟查该氏居丧改嫁,固干离异之条,究非身犯奸淫者可比。且事由伊母主婚,后夫又不知情,若因此而令三易其夫,未免辗转失

---

① [清]祝庆祺等编:《刑案汇览三编》(一),"抢居丧改嫁已成婚之妇拟军",第269页。
② 同上书,(二),"殴死居丧改嫁后复背逃之妻",第1449页。
③ 同上书,(一),"居丧娶妻可以原情免其断离",第251页。

节。况夺自不知情后夫之家,而归于主婚改嫁之母家,于理亦不为顺。查本部办理,现审有因贫卖妻,律干离异,仍酌情断归后夫完聚者,似可仿照办理。①

五、侍奉舅姑的赡养义务

清朝将汉代以来的孝治观念发扬光大,为了移孝作忠,以孝治天下的政治纲领——《圣谕广训》,"开宗明义将孝悌列于十六条之首,是为了以孝治天下,陈说父母养育子女的艰辛,要求子女报恩尽孝,按照《礼记》的要求做孝子,孝的含义推而广之,几乎成了一切行为的准则。"②子孙对祖父母、父母应绝对服从,这是天经地义,若有不孝行为,祖父母、父母视为大逆不道,以致自尽,子孙也逃脱不了致死祖父母、父母的责任。乾隆三十七年定:"凡子孙不孝,致祖父母、父母自尽之案,如审系本无触忤情节,但其行为违犯教令,以致抱忿轻生自尽者,拟以绞候。"乾隆四十五年又定:"如有触逆干犯,以致忿激轻生,窘迫自尽者,即拟斩决。"③清代为维护宗法家长制,强调尊长对卑幼的管理,清律还给予祖父母、父母有发遣"忤逆"行为子孙的权力。如乾隆四十一年,江苏司"桃源县民孙谋掌殴伊父孙尚文并咬落手指一案",刑部于乾隆四十二年二月十五日奉上谕,拟定"逞告忤逆除犯死罪外恳求发遣,逆迹显然者即将伊子发遣"的新例:

  盖以父母为天性之亲,子职居百行之首,故人子苟肆行忤逆,按律即予大辟。其情节稍轻,尚无殴詈逆迹者,自应酌拟发遣。惟仅止一时不听教训,始引违犯教令之条拟杖发落。向来臣部办理呈告忤逆之案,俱视其所犯轻重,分别惩创。其有虽非殴骂父母而

---

① [清]祝庆祺等编:《刑案汇览三编》(一),"居丧娶妻可以原情免其断离",第251页。
② 常建华:《清代的国家与社会研究》,人民出版社2006年版,第72页。
③ 同上书,第86页。

素行忤逆者，当拟以发遣，俾不复留于其家，致益滋恶迹，儆逆子正，所以安父母也……臣等悉心酌议，嗣后祖父母父母呈告忤逆之案，除实犯殴詈依律办理并继母控前妻之子亦遵旨审讯办理外，其有父母呈控到官恳求发遣，及屡次违犯、逆迹显然者，即将伊子发烟瘴地方充军。若系旗人，发往黑龙江。如此投畀远方，俾子道共知遵守，于伦常风教庶有裨益。恭候命下，臣部载入例册，并通行各省一体遵照，并令出示晓谕，谨奏。乾隆四十二年三月初二日奏，奉旨："依议。钦此。"①

很显然，《大清律例》对于身为人子应对父母尽孝有着具体的规定，但其并未明文规定子媳应侍奉公婆，但自《唐律疏议·户婚律》"妻无七出而出之条"将"不事舅姑"作为出妻的原因以来，《大清律例·户律·婚姻》"出妻"律条中也将"不事舅姑"列为出妻原因之一，父母之义远远大于夫妻之情，这继承了《礼记·内则》中"子甚宜其妻，父母不说，出"的传统。因此，身为子媳，对公婆一定要尽心侍奉。《清史稿·烈女传》与地方志中记载了许多行孝的女性，甚至还出现了割股疗亲②之举的子媳。

子媳一旦忤逆公婆，清律视之为子女对父母的忤逆。《大清律例·刑律·斗殴下》"殴祖父母父母"律条规定："凡子孙殴祖父母、父母，及妻妾殴夫之祖父母，父母者，皆斩。杀者，皆凌迟处死。（其为从有服属不同者，自依各条服制科断。）过失杀者，杖一百、流三千里；伤者，杖一百、徒三年。（俱不在收赎之例。）"哪怕是妻妾夫亡改嫁，其殴故夫之祖父母、父母者，也并与殴舅姑罪同。③如乾隆四十六年，直隶司"吴桥县

---

① ［清］全士潮等编：《驳案汇编》，"呈告子孙忤逆发遣"，第526页。
② 清代的割股疗亲，实属不孝之孝。
③ 《大清律例·刑律·斗殴下》"妻妾殴故夫之父母"律条。

民妇许张氏误抓伊翁许成平肾囊身死一案"①，该案遵旨"核拟具奏"，许张氏依"殴夫之父母杀者凌迟处死"律凌迟处死。

清律不仅惩治忤逆翁姑的子媳，而且，若子媳殴毙翁姑，子有匿报贿和情事，或子仅止不能管教其妻、实无徇纵，则在嘉庆十五年，江西司"张杨氏殴伤伊翁张昆予身死一案"之后，例文亦有治罪专条。嘉庆十五年八月初四日奉旨：

此案张杨氏殴毙伊翁，凶逆灭伦。该抚于审明后恭请王命，将该犯妇凌迟处死，系属按律办理。至伊夫张青辉经该抚讯无纵妻违忤情事，是日亦未在家。惟平日不能化导其妻，酿成伊妻凶恶，实有应得之罪，亦应引照例案酌拟，候朕核定。今该抚折内率请将该犯枷号一个月，满日重责四十板，只系出自臆见，并不引载例文，未免轻纵。著刑部详查律例定拟具奏。如例无明文，并著通查成案，比照定拟，奏闻请旨。钦此。②

刑部通查了嘉庆十五年以前的两个成案，第一个即嘉庆五年五月高傅氏殴伤伊翁高大身死一案，将犯夫高奇山拟重责四十板。③第二个成案即嘉庆八年四月贵州巡抚福题李周氏咬伤伊姑李绍氏致令忿激自缢，犯夫李绍燮出银贿嘱乡等匿报一案，该抚将李绍燮依"故纵罪囚情重，全科至死者，绞监候"律拟绞监候。④ 因此，刑部请旨："请嗣后子媳

---

① ［清］全士潮等编：《驳案汇编》，"殴夫之父母致死"，第468页。
② 同上书，"子媳殴毙翁姑犯夫匿报及贿和分别拟罪"，第754页。
③ 奉旨："高奇山一犯虽于伊妻素日悍泼顶撞伊父屡经殴责不悛，但该犯平日果能教导其妻，亦何至至此？且伊妻既经屡责不悛，亦早应休出。是该犯平日徇纵其妻，致酿此案。仅责四十板，尚不足示惩。高奇山著于高傅氏凌迟处所重责四十板，看视伊妻受刑后于犯事地方枷号一个月，满日仍重责四十板，以为纵妻不孝者戒等因。钦此。"
④ 奉旨："李绍燮素知伊妻赋性强悍，不能管教，致伊母常被触忤，已属有亏子道。迨伊母被周氏咬伤手背，忿激自尽，该犯复希图隐瞒，竟将母棺敛，并于邻人传明乡约莫士汉等查知后贿银累累，求为寝息，其昵爱忘仇尤为罪无可逭。李绍燮著即行处绞等因。钦此。"

殴毙翁姑之案，如犯夫有匿报贿和情事者，应照李绍燮一案定拟。其仅止不能管教其妻、实无徇纵者，即照高奇山一案治罪。"

不仅子媳殴毙翁姑，子匿报贿和，清律给予其惩处，而且，妻犯母致其自尽，夫听从匿报，也要被拟以满流。如嘉庆二十年直隶司说帖，"顺尹奏李赵氏违犯教令，致伊姑李陈氏抱忿自尽一案"，承审官查明，"赵氏之夫李碌平日不能管教其妻，事后又听从伊妻匿报，固未便仅拟枷责，惟尚无贿和情事，且伊母究因伊妻违犯教令自行轻生，亦与子妇殴毙翁姑之案情节不同，未便遽拟绞决。"①因此，李碌改照"子妇殴毙翁姑，犯夫贿和匿报拟绞立决例"，量减一等，拟以满流。

尽管如此，面对恣意凌虐子媳的公婆，清律对他们的行为还是作出了限制性规定，体现了清律注重情理的特点。《大清律例·刑律·人命》"谋杀祖父母父母"条条例规定："凡姑谋杀子妇之案，除伊媳实犯殴詈等罪仍照本律定拟外，如仅止出言顶撞，辄蓄意谋杀，情节凶残显著者，改发各省驻防，给官兵为奴。"此条是乾隆四十八年，钦奉谕旨，恭纂为例。道光六年改定。② 如道光二年通行③已纂例：

> 此案老王邢氏与小王邢氏分属姑媳，该部核覆，照尊长谋杀卑幼律问拟杖流，并不准收赎，固属照例办理，但核其情节，尚未允协。如姑之于媳，究与亲生子女之于父母不同，若平日不遵教训，或有忤逆情形，自应管教责处，然亦不得任意凌虐，恣行残忍。今小王邢氏因体弱不能工作，尚无大过。乃老王邢氏因其出言顶撞，

---

① ［清］祝庆祺等编：《刑案汇览三编》（三），"妻违犯母自尽其夫听从匿报"，第1620页。
② 薛允升认为："此条自系指实发为奴，不准收赎而言。若遇官员命妇及年已七十之妇，自应准其纳赎收赎矣。"［清］薛允升：《读例存疑》卷三十二，"谋杀祖父母父母－05"。
③ 如果刑部认为某些成案或者皇帝针对某些成案而发布的诏令具有特别的重要性，就可以将其定为"通行"。被定为"通行"的成案或诏令，在全国各级司法机构都具有法律上的指导意义。

蓄意谋害,辄用盐卤回灌,并用刀撬落门牙,凶残已极,若不严加惩儆,则凡为姑者不论其媳有无忤逆,竟恃尊长名分肆意谋杀,到官问拟,又得幸宽减,此风亦不可长。老王邢氏罪虽不至论抵,然仅问拟杖流,不足蔽辜。老王邢氏着改发伊犁,给与额鲁特为奴以示惩儆。嗣后如有此等案件,即着照此办理等因。钦此。经刑部议定条例,通饬遵行。①

如当婆婆令子媳卖奸不从,殴逼折磨自尽的话,要对其处以"绞监候",目的是使淫恶无耻之徒知所儆畏,以示明刑弼教之意。如乾隆五十七年案已纂例,"北抚题张周氏逼媳卖奸不从,折磨自尽一案",乾隆皇帝认为:

朕办理庶狱,于翁姑致死子媳之案,无论其本有违犯教令训戒不悛以致毙命,及伊媳并无过犯而翁姑性暴致毙其命者,其翁姑俱不加以重罪,原以谊属尊长,无抵偿卑幼之理。况系自缢身死,本不应将其姑抵罪。但此案张周氏逼令伊媳冯氏卖奸图利,因冯氏坚执不从,时加磨折,并殴伤左右胳肘,致冯氏被逼情急投缳自尽,情节实属可恶。为翁姑者当教训其媳,勉以贞洁自矢,方不愧为尊长之道。今张周氏欲令伊媳卖奸已属无耻,乃因其守节不从,辄关禁楼房不给饮食,挫磨殴逼以致毙命,殊出情理之外。是其恩义已绝,即当以凡论,与寻常尊长致死卑幼者不同。此而不严加惩治,何以风节烈而儆淫凶?除冯氏照例旌表外,张周氏着改为绞监候,入于本年秋审情实办理。②

---

① 〔清〕祝庆祺等编:《刑案汇览三编》(一),"妇女犯罪分别实发监禁年限",第92—93页。
② 同上书,(二),"令媳卖奸不从殴逼折磨自尽",第1224页。

小　　结

从刑科档案中反映夫妻关系间的权利义务内容来看,清律对于合乎于"礼"的夫妻关系规定几乎完全由夫对妻所享有的权利与妻对夫应尽的义务所构成。从表一对本章内容的勾勒,我们可以清楚地发现下述现象:

表一　　　　　　　清代夫妻的权利义务内容

夫对妻直接的权利	妻对夫直接的权利
财产权	
教令权	
休妻权	
嫁卖权	
杀妻权	
夫对妻间接的权利(妻对夫的义务)	妻对夫间接的权利(夫对妻的义务)
从一而终的贞操义务	离婚权①:
从夫而居的同居义务	夫纵容或抑勒妻与人通奸;
为夫隐匿的容隐义务	殴妻至折伤以上;
夫丧期不再婚的义务	典雇妻女;
侍奉舅姑的赡养义务	夫逃亡三年不还者,并听经官告给执照。

表一左列"夫对妻直接的权利"项下包括财产权、教令权、休妻权、嫁卖权、杀妻权等五种主要权利,而在与之对应的"妻对夫直接的权利"项下,遍查律例以及成案,没有发现任何具体的内容。同时,在表一所列"夫对妻间接的权利"项下,更以"妻对夫的义务"形式体现了从一而

---

① 本文之夫妻包括已经聘定,尚未迎娶的未婚夫妻,因此,在有如下情形时,女方还有退婚权;男方定婚有妄冒情形;男家故违成婚期;订婚后男方犯奸盗等。

终的贞操义务、从夫而居的同居义务、为夫隐匿的容隐义务、夫丧期不再婚的义务、侍奉舅姑的赡养义务等夫的具体而全面的间接权利。如果说妻也享有一些间接权利的话，那也是在其付出代价后才换来的，例如：当夫抑勒妻与人通奸、殴妻至折伤以上时，妻不仅可以告夫不算"干名犯义"，她还可享有"离婚权"；而且，本章提及的"夫逃亡三年不还者，并听经官告给执照，别行改嫁"，也算是夫权之下的离婚权。

纵观夫对妻的各种直接权利，从财产权到人身权，从教令权到杀害权，清律已将妻的人格弱化为几乎绝对的"物"。同时，罗列夫对妻的各种间接权利，从贞节到容隐，从居丧到赡养，清律亦将妻的义务强化成了面面俱到的法律责任。然而，妻之于夫来讲，是夫妻关系中必须的一员，除承担传承子嗣的义务外，还要承担家庭劳作的重任。夫妻关系实际生活中的相互依存，不仅没有体现在清律中，反而被清律的如此规定所打破。笔者虽无意在本文的写作中以现代法律的平等人权观念来认识清代的夫妻关系和规范夫妻关系的法律，但清律规定下如此一边倒的权利义务设置，很可能成为导致下文所要研究的夫妻相犯案件多发的直接原因。笔者通过对清代夫妻关系权利义务的剖析，为下文夫妻相犯的研究以及清律的适用及其法律分析提供了论证基础。

第二章 清代的夫犯妻

清代的夫妻关系中，处处彰显着夫权至上的理念，夫犯妻的行为成为夫妻关系中常态的冲突行为。本章根据律例并结合案件，通过剖析夫犯妻的方式与原因，妻的反应以及社会各方面的反应，全面系统地梳理清代社会夫犯妻之情状，从而考察清代社会对夫犯妻的态度及律例的罪罚规定乃至司法实践。

第一节 夫犯妻的方式与原因

从清律的罪罚规定来看，受清律惩治的夫犯妻的方式有卖休、典雇、抑勒与人通奸、有妻更娶、杀妻等。大多数夫犯妻的方式与清代下层家庭现实生活的困苦、夫的求财动机有密切的联系，但亦与清律赋予的至上夫权有关。

一、卖休

夫除了嫁卖背夫逃亡或犯奸之妻的权利外，再无权将妻嫁卖。夫卖休妻①是一种赤裸裸的婚姻商品交易行为，在清代属于违法之举，夫卖休妻又分因财卖休与因贫卖休两种。从刑科档案中可以看出，夫卖

---

① 在有关婚姻的刑事案件中也称"嫁卖生妻"，就是夫尚存、又没有正式履行离异手续的情况下，嫁卖妻的行为。如光绪《垫江县志》："有夫见存而妻改嫁者，儿女呱呱决然舍之，谓之生人妻。"

休妻并非个别现象,而且我们看到的多是因婚姻家庭纠纷中出现命案的部分,那些未发生命案的买休卖休行为显然要更多。

(一)因财卖休

《大清律例·刑律·犯奸》"纵容妻妾犯奸"律条规定:"若用财买休、卖休(因而)和(同)娶人妻者,本夫、本妇及买休人,各杖一百;妇人离异归宗,财礼入官。"如四川资州仁寿县曾添荣,乾隆五十四年六月娶邓氏为妻,因与邓氏不合,时吵,两个情愿离开。乾隆五十五年十一月内,曾自己主婚把邓氏改嫁与陈万友,收过财礼四千八百文钱。会审意见认为:曾添荣与妻邓氏不合理应归宗,私自主婚改嫁殊属不合,曾添荣邓氏均合依卖休买休,本夫本妇各杖一百律,应各杖一百折责四十,邓氏系妇人照律收赎,仍离异归宗,财礼入官(议政大臣阿桂.56.10.10)。① 该案严格按照律条对夫因财卖休的行为进行处罚。

夫将妻卖休之后,如果再有命案发生,则以凡人论。如乾隆四十五年,贵州司"李德茂拾石掷伤李氏身死一案"②,卖休之夫李德茂将李氏改嫁陈志为妻,其后李德茂路过陈志门前,进内催索钱文。恰好陈志外出,即向李氏催讨,互相口角,李氏用粪泼污,李德茂气忿,拾石掷伤李氏偏右接连额角,逾时殒命。李德茂依斗殴杀人律,拟绞监候,秋后处决。陈志依买休律杖一百。

如果夫将妻卖休后又抢回,则会另行拟罪。如道光六年,"苏抚咨:宋添观将妻张氏卖休钱元吉为妾,因当日立据时嫌价不足,经原媒谈宝云言明,俟张氏生子后,再令钱元吉致送钱文,嗣该犯因闻张氏业已生

---

① 参见王跃生:《清代中期妇女再婚的个案分析(之二)》,载《中国社会经济史研究》1999年第1期。

② 郑秦、赵雄主编:《清代"服制"命案——刑科题本档案选编》,中国政法大学出版社1999年版,第257—258页。

子,往向钱元吉索借未允,辄起意纠同张赔观等将张氏抢回,希图勒赎"①一案,刑部认为,遍查律例并无将妻嫁卖生子、因向娶主索取钱文未允、复行抢回勒赎作何治罪明文,自应比例酌量问拟,宋添观除将妻卖休轻罪不议外,比照"将妻妾作为姊妹嫁卖、中途邀抢、发近边充军例"上,量减一等,杖一百,徒三年。

至于买休律应离异,是对当时知情和同买休者而言,若当时并不知情,后虽知是有夫之妇,则不在离异之列。如嘉庆二十三年,江苏司"北城移送:杨景荣喊告伊妻宋氏私自逃走等情"②一案,宋氏是其夫杨景荣央媒将其嫁卖与李廷治为妻,李廷治并不知宋氏是有夫妇女,将杨景荣、宋氏依"卖休律"均拟杖九十。娶主李廷治不知卖休情事免罪断合,宋氏给与后夫李廷治领回完聚。

另外,若买休之夫与买休之妻相犯,则按照买休之夫是否知情,分别依照凡人或按服制科断。如嘉庆二十一年说帖,"河抚题:曹氏因奸谋杀知情买休之夫郑大宾身死一案"③,曹氏因夫亡故,嫁与单静为妻,单静因其悍泼卖与郑大宾为妻,郑大宾知情买休。该氏又与彭添才通奸,嗣因恋奸情热,商约彭添才将郑大宾谋杀身死。刑部认为,曹氏是死者知情买休之妇,律应离异,有犯应以凡论。该省将该氏依谋杀人造意律拟斩监候,彭添才依从而加功律拟绞监候。

但是,若本夫将妻卖休给自己有服亲属,清律就不再以平常买休卖休律处置,而要以亲属相奸律来处置,本夫与本妇、奸夫同罪。如嘉庆

---

① [清]许梿、熊莪编:《刑部比照加减成案》,何勤华等点校,法律出版社2009年版,第385页。
② 同上书,第307页。
③ [清]祝庆祺等编:《刑案汇览三编》(二),"奸夫奸妇商同谋杀买休本夫",第861—862页。

二十四年,"川督咨:潘怀年娶大功兄妻唐氏为室"[①]一案,四川总督认为,潘怀年娶大功兄潘怀全之妻唐氏为妻,应以奸论,将潘怀年依"奸缌服以上亲之妻例"发附近充军。唐氏依律拟徒,将本夫潘怀全依"卖休律"杖一百。刑部则认为,由于潘怀全起意将妻嫁卖与大功弟,导致其弟其妻均犯"内乱之罪",不能照平常卖休本律拟罪。潘怀全应与本妇、奸夫同罪,应改依"奸缌麻以上亲"满徒。本案也印证清律重惩奸罪的意旨。

(二)因贫卖休

夫在家庭生活遇到困难时,不是设法寻求谋生的途径,而是嫁卖其妻以救燃眉之急,或作为渡过难关的措施和手段,夫由此得以苟延残喘。因贫卖休不同于因财卖休,清律并无因贫卖妻的治罪明文。但是,嘉庆十一年,清仁宗颙琰针对两江总督百龄所上"禁止鬻妻溺女"的奏折,向内阁发布上谕说:"至鬻妻一事,大率出于无赖游民,然果使衣食有资,亦孰肯轻于离异家室"[②],虽把卖妻之事归于"无赖游民"所为,但也承认贫民卖妻,实属无奈之举。百姓的贫困化,乃是导致卖妻现象层出不穷的重要原因。对于因贫卖妻之夫,司谳者视不同的情形作出不同的处置,体现出酌情断案的一面:

第一,依"纵容妻妾犯奸"律,照"卖休买休"处罚。

即使依"纵容妻妾犯奸"律,照"卖休买休"处置因贫卖休本夫,司谳者也分不同的情节,或者严格按照律文拟杖一百,或者认为因贫卖休与图财卖休者不同,主张酌减拟断。如嘉庆十九年四川司现审案,查"秋桂原系王保之妻,因贫商同妻父卖休捏称夫亡卖给潘寿林为妾,后潘寿

[①] [清]许槤、熊莪编:《刑部比照加减成案》,何勤华等点校,法律出版社2009年版,第310页。

[②] 《清实录·仁宗实录》卷三一七。

林询知情由,旋经正妻责打私逃。"①司谳者严格按照律文将王保、潘寿林、秋桂均照卖休买休律各杖一百。而道光五年,"河抚咨:光州夏思德老病穷苦,卖妻夏陈氏活命"②一案,则将夏思德、夏陈氏照"卖休律本夫本妇各杖一百罪"上,酌减二等,杖八十。

第二,照"不应为"律,事理重者,杖八十。

《大清律例·杂犯》"不应为"律条规定:"凡不应得为而为之者,笞四十;事理重者,杖八十。(律无罪名,所犯事有轻重,各量情而坐之。)"如道光七年直隶司,"热河都统咨:傅泳因贫难度,辄将伊妻赵氏价卖与张得林为妻,张得林知情故买,赵氏亦属情愿,龚万仓、辛志喜说合作媒"一案,刑部认为,傅泳因贫卖妻,与买休卖休不同,应衡情酌量问拟,将傅泳、张得林、赵氏、龚万仓、辛志喜均照不应重律杖八十,并且因被卖休之妇"赵氏前夫傅泳既不能养赡,又无宗可归,且年逾就木,未便断令离异,再致失所,应仍交后夫张得林领回完聚,以终余年"。③这体现出清代酌情断案的一面。

第三,比照"将妻妾作姊妹嫁人"律处罚。

如道光十四年,"浙抚奏:黄万安因贫将妻章氏捏作孀居弟妇,浼金文相辗转说合,卖与余姚县知县疏筤作妾。嗣欲往探借贷,因无人引领入署,该犯即串嘱妻叔章礼庆出名具控疏筤买娶有夫之妇,希图讹索"④一案,本夫黄万安因贫卖休妻,后又讹索买休之人,因此要加等处罚,被比照"将妻作姊妹嫁人杖一百"上,加一等,杖六十,徒一年。

---

① [清]祝庆祺等编:《刑案汇览三编》(三),"捏称夫亡将妻卖与人为妾",第1961页。
② [清]许梿、熊莪编:《刑部比照加减成案》,何勤华等点校,法律出版社2009年版,第718页。
③ [清]祝庆祺等编:《刑案汇览三编》(三),"因贫卖妻买主人等酌量科断",第1963页。
④ [清]许梿、熊莪编:《刑部比照加减成案》,何勤华等点校,法律出版社2009年版,第385页。

二、典雇

"在法律上,嫁卖生妻与典卖、租、雇妻,是有着严格区分的。典,属于活卖一类,与通常所说的卖,即绝卖是有区别的。活卖的卖价要比绝卖低很多,契据上应该写明期限。而租与雇,只是让渡使用权,不涉及所有权转移的问题,所以是无期限的。"[1]礼教重人伦风化,本无典卖妻子之义。但是,汉代贾捐曾说:"人情莫亲父母,莫乐夫妇,至嫁妻卖子,法不能禁,义不能止,此社稷之忧也。"[2]宋朝时,宋仁宗曾经颁诏规定:"比因饥馑,民有雇鬻妻子及遗弃幼稚而为人收养者,并听其便。"[3]元朝元贞元年(1295年)有官员说:"吴越之风,典妻雇子成俗久矣,前代未尝禁止。"[4]因此,元朝至元二十九年(1292年)曾立法禁止典妻:

至元二十九年六月,中书省:据御史台呈:浙东海右道廉访使申:准本道副使王朝请牒:盖闻夫妇乃人之大伦,故妻在有齐体之称,夫亡无再醮之礼。中原至贫之民,虽遇大饥,宁与妻子同弃于沟壑,安得典卖与他人?江淮混一,十有五年,薄俗尚且仍旧,有所不忍闻者,其妻既入典雇之家,公然得为夫妇,或为婢妾,往往又有所出。三年、五年限满之日,虽曰还于本主,或典主贪爱妇之姿色,再舍钱财,或妇人恋慕主之丰足,弃嫌夫主。久则相恋,其势不得不然也。轻则添财再典,甚则指以逃亡,或有情不能相舍,因而杀伤人命者有之。即目官法,如有受钱令妻与人通奸者,其罪不轻。南方愚民公然受价将妻典与他人,数年如同夫妇,岂不重于一时令妻犯法之罪?有夫之妇,拟合禁治,不许典雇;若夫妇一同雇,身不

---

[1] 郭松义、定宜庄:《清代民间婚书研究》,人民出版社2005年版,第226页。
[2] 《汉书》卷六十四下《严硃吾丘主父徐严终王贾传》。
[3] 《续资治通鉴长编》卷一一四。
[4] 《元典章》典章五十七,刑部卷十九。

相离者,听。得此。本台看详:如准所言禁止,诚厚风俗。具呈乞照详。都省送礼部,议得:夫妇乃人道大伦,如准王朝请所言,将有夫妇人禁约典雇相应。都省准呈,咨请遍行合属,禁约施行。①

该立法活动制定了禁止典雇妻妾的法规:"诸受钱典雇妻妾者,禁;其夫妇同雇而不相离者,听"②。明清两代也对典雇妻女者加以刑罚,如《大清律例·户律·婚姻》"典雇妻女"律条规定:"凡将妻妾受财,(立约出)典(验日暂)雇与人为妻妾者,(本夫)杖八十;典雇女者,(父)杖六十;妇女不坐。若将妻妾妄作姊妹嫁人者,杖一百;妻妾,杖八十。知而典娶者,各与同罪,并离异(女给亲,妻妾归宗),财礼入官。不知者,不坐,追还财礼(仍离异)。"③该条例还规定:"将妻妾作姊妹,及将亲女并姊妹嫁卖与人作妻妾、使女名色,骗财之后,设词託故,公然领去,或瞰起程,中途聚众行凶,邀抢人财者,除实犯死罪外,其余属军卫者,发边卫充军;属有司者,发边外为民。媒人知情罪同。"④

沈之奇在对《大清律例》"典雇妻女"条进行解释时,详细地说明了典、雇的差异:"以价易去、约限赎回曰典,此仍还原价者,如典田宅之类也;计日受直,期满听归曰雇,此不还原价者,如雇佣工之类也。"⑤他还详细指出了"典雇妻女"条的量刑依据:

  本夫将妻妾典雇与人为妻妾,已则无耻,而驱之失节,实败伦伤化之甚者,故杖八十。父母典雇女与人为妻妾者,杖六十,虽蹈

---

① 《元典章》典章五十七,刑部卷十九。
② 《元史》卷一百三,刑法二,户婚。
③ 据薛允升考证:"此仍明律,其小注(即括号内文字)系顺治三年添入。"([清]薛允升:《读例存疑》卷三十二,"典雇妻女"条。)
④ 《清史稿·志一百十八·刑法一》记载:"清初裁撤边卫,而仍沿充军之名。后遂以附近、近边、边远、极边、烟瘴为五军,且于罪流以上,为节级加等之用。附近二千里,近边二千五百里,边远三千里,极边、烟瘴俱四千里。"其中的近边充军即是原来边卫充军的改称。
⑤ [清]沈之奇:《大清律辑注》(上),怀效锋、李俊点校,法律出版社 2000 年版,第 256 页。

其女失身,而天性至重,不得与夫之妻妾同也,故轻二等。专制在本夫、父母,非妇女之所得已,故不作罪。若将妻妾妄作姊妹嫁人,既失人道之正,兼有欺骗之情,重于典雇,故杖一百。妻妾亦杖八十者,为其同情欺罔,甘心失节也。①

因此,若本夫将妻典雇与人为妻妾,致使妻失节,做出这种无耻行为,实在就是败伦伤化之徒,因此,清律惩以杖八十。而父母典雇女与人为妻妾,清律对父母却惩以轻二等的杖六十,是因为父母子女天性至重,与"人合"的夫妻关系不同。被典雇的妇女因听命与本夫、父母而情不得已,因此不予处罚。而那种将妻妾妄作姊妹嫁人的行为,"既失人道之正,兼有欺骗之情",其情节已重于典雇,故清律惩以杖一百,而在这种情况下,因妻妾"为其同情欺罔,甘心失节",清律亦惩以杖八十。

典妻还具有"以妇为本,而子为利也"的商业性质。如稽尔遐在《禁溺女典妇议》,谈到浙江严州府的典妻情况:

> 至贫儿乏食,则典其妇,妇若生子,子属彼而妇仍归此,盖以妇为本,而子为利也。甚至甲典之乙,乙复典之丙,一妇而辗转数人。以夫家为传舍,及其碎璧归赵,亦恬然不以为耻。②

典雇妻女是被清律所禁止的,在典雇妻女行为中,由于有立约为证,主持典雇行为的责任人很明确,所以对被典雇的妻女并不惩其失节奸罪。但是,"正是典妻行为'败伦伤化',所以现存有关典、雇、租妻的契约十分少见"③,而且此类案件民不告则官不究,清律对没有立约的典雇妻女行为更没有严格追究。民间因贫穷或因求财,典雇妻女的行为非常普遍,但律文与例文并不能积极地或主动地保护女性的权利,只

---

① [清]沈之奇:《大清律辑注》(上),怀效锋、李俊点校,法律出版社2000年版,第256页。
② [清]李渔:《资治新书》初集卷七。
③ 阿风:《明清时代妇女的地位与权利——以明清契约文书、诉讼档案为中心》,社会科学文献出版社2009年版,第166—167页。

有在因典雇行为发生纠纷或因此犯罪而被捕获时,此条法律才被动地、消极地发生作用。如乾隆十八年,浙江司"李大华与戚氏通奸谋死杨宏茂一案","戚氏前夫陈原甫染患疯疾,贫难度日,将其典与杨宏茂为妻。宏茂素与李大华交好,后大华遂与戚氏成奸,宏茂知情纵容,宏茂因大华无钱付用,声言将氏出卖。氏言倘若别卖必至离散。钜大华即起意药死宏茂,戚氏覆以悉听不管。二十八日早,戚氏赴房主家磨粉,大华来至杨宏茂家,给宏茂钱令其买酒,大华先将毒药浸湿研碎,安放碗内斟酒与饮。宏茂饮后,戚氏归时,大华将服药情由告知。午后宏茂即发寒热卧床,于三十日殒命。"①刑部拟断认为,戚氏是杨宏茂典雇之妇,律应归宗,杨宏茂不得以亲夫论,应照凡人拟断。李大华依律拟斩监候,戚氏依律杖一百,流三千里,仍离异归宗。陈原甫依律杖八十,陈子惠、戚永昌、沉尔仁均免置议,仍于陈原甫、戚永昌名下照追所得财礼入官。

三、抑勒妻与人通奸

"抑勒"就是逼迫,夫抑勒妻与人通奸就是逼妻卖奸。清代王又槐在《办案要略》中指出:"若妻女先不愿与人奸,夫与父母贪财,因而抑勒强勉以从者,则为抑勒通奸。"《大清律例·刑律·犯奸》"纵容妻妾犯奸"律条规定:"抑勒妻妾及乞养女与人通奸者,本夫、义父各杖一百,奸夫杖八十,妇女不坐,并离异归宗。"纵容与抑勒"情异而事同,然皆通奸也",但是,二者还是有区别,"凡本夫纵容妻妾与人通奸者,妻妾固有淫行,本夫不禁制而反纵容,则败坏风化之罪,与奸夫、奸妇无异,故各杖九十。若本夫抑勒妻妾,义父抑勒乞义女,与人通奸者,寡廉鲜耻之罪,全在本夫、义父,故各杖一百。妇女虽遭抑勒,奸夫实与和同,故止得和

---

① 郑秦、赵雄主编:《清代"服制"命案——刑科题本档案选编》,中国政法大学出版社1999年版,第88页。

奸之罪，杖八十。妇女本无淫心，特因抑勒而强从，其奸虽和，情非得已，故不坐，并离异归宗。（并）字承纵容、抑勒两项言，纵容已失夫纲，抑勒尤为无耻，义俱不可令合也。"①

在具体案件中，如果夫抑勒妻与人通奸没有引发命案，官府则很少对逼奸之夫进行惩治。但是，夫逼妻卖奸后，又故杀妻，则要依例以凡人论。《大清律例·刑律·人命》"杀死奸夫"条条例规定："若本夫抑勒卖奸故杀妻者，以凡论。"此条是乾隆四十二年，刑部议覆盛京工部侍郎兼管奉天府尹富察善题，"张二即张丕林扎伤伊妻徐氏身死一案"②，钦奉谕旨，改定条例。刑部指出，本案之夫寡廉鲜耻至于令妻卖奸，其伤风败化的程度已经无法与纵容妻妾犯奸相比，后又逞凶杀妻，"既失夫妇之伦，即不得律以夫妇之法，诚如圣谕，当与凡人故杀同科。"经查，律有明文"抑勒妻妾与人通奸者，奸妇不坐，并离异归宗。"因此，"以律应离异之妇，而科以凡人拟抵之条，尤属情真罪当。"综合上述意见，刑部为使"情法得平"而"酌议缘由，恭候命下，奏纂入例，通行遵照。"

四、有妻更娶

《大清律例·户律·婚姻》"妻妾失序"律条规定："若有妻更娶妻者，亦杖九十，（后娶之妻）离异（归宗）。"该律条相对保障了妻的合法地位。虽然律条规定后娶之妻应离异，归宗。但是若后娶之妻与夫及夫之亲属互犯杀伤时，仍要以服制科罪，因为"推原律意，有妻更娶即应离异，此礼经所谓无二嫡之义也。第此等乡愚易犯于例禁，固干断离，而其以礼为婚，于名分则为已定，与苟合买休等项不应有夫妻名分者不同。亦与以妻为妾，尊卑失序，律应更正者有别。如与其夫及夫之亲属

---

① ［清］沈之奇：《大清律辑注》（下），怀效锋、李俊点校，法律出版社2000年版，第916页。

② ［清］全士潮等编：《驳案汇编》，"以妻卖奸复故杀其妻同凡论"，第399—400页。

互犯杀伤,素有尊卑服制者,仍科以服制之罪,此于严例禁之中仍寓定名分之意本有成例可循。"①如嘉庆十三年说帖,"陕抚咨:何玩月儿砍死后娶之妻周氏,应作何拟罪请示一案",刑部认为,何玩月儿砍死后娶之妻周氏,按律本应离异,但周氏既是良家之女,明媒正娶,又有财礼婚书,律应按服制拟断,因此将何玩月儿仍科以夫殴妻至死之罪。针对陕西巡抚在请示此案如何拟罪时,刑部答复认为:"刑律所载有妻更娶应杖九十,后娶离异归宗之意。若有犯杀伤,仍当以刑例按服拟断之条办理两例原不相背。"②

再如道光十三年说帖,"张善恕娶妻陈氏尚未生子,因伊孀居兄妻张王氏夫故乏嗣,冀图该犯早为生子,可以继立为嗣,随凭媒涂德为该犯再娶刘氏为妻,嗣该犯因与刘氏口角,故杀刘氏身死"一案,刑部认为,"查有妻更娶妻,律应离异,至从前办过成案,有酌将后娶之妻作为妾论者,系专指独子承祧两房,本生父母与嗣父母各为娶妻,希图生子续嗣者而言。其非独子承祧两房者,概不得援照办理。本案中张善恕有妻更娶刘氏为妻,虽系伊嫂凭媒代为娶给,究非独子承祧两房者可比。"③因此,张善恕被科以故杀妻之罪。

以上两个说帖中,本夫并未承祧两房,后娶之妻律应离异,因此二者有犯,仍依夫妻服制拟断,但是,若是独子承祧两房,两房各为娶妻,则后娶之妻的地位问题有一个曲折的演变过程。最初嘉庆十九年礼部"余万全丁忧案"将后娶之妻雷氏比照妾论。以致较长时间内刑部断案皆援引礼部成案,认为:"至承祧两房之人,愚民多误以为两房所娶皆属嫡妻,故将女许配,议礼先正名分不便,使嫡庶混淆,而王法本乎人情,

---

① [清]祝庆祺等编:《刑案汇览三编》(二),"有妻而又娶妻殴死后娶之妻",第1458页。
② 同上书,"有妻而又娶妻殴死后娶之妻",第1458页。
③ 同上书,(四),"有妻更娶非因承祧仍照例拟",第332—333页。

原毋庸断令离异，有犯应以妾论，情法俱得平。"①如道光三年说帖："查有妻更娶，与其夫及夫之亲属有犯，仍按服制拟断之例，系指其夫并未承祧两房，后娶之妻律应离异者而言。若承祧两房，各为娶妻，冀图生孙续嗣，是愚民罔知嫡庶之礼，与有妻更娶不同。止宜别先后而正名分，未便律以离异之条。"② 最终，在咸丰元年，直隶司的王廷庸一案中，刑部才做出了不同于礼部的解释，认为："礼部议覆河南学政余万全丁忧请示案内，以礼无二嫡，将后娶之妻作为妾论，系专指夫之子女为后娶之妻持服而言。至于后娶之妻与夫之亲属有犯，倘竟作妾论，则案关人命，罪名轻重悬殊，办理转多窒碍。自应比依'有妻更娶'之律，有犯仍按服制拟断。"此案最终依律判决，并纠正了先前援引成案而不遵循律文的情况，维护了律文的权威性和连续性。

五、杀妻

夫杀妻的形式有多种，包括殴妻至死，故杀与谋杀等。夫殴妻至死，处绞监候，免刺字；夫故杀妻，处绞监候，但要照例刺字，且恩赦之案，如是故杀，毋庸援减。③ 此外，"律无夫谋杀妻治罪明文，自应依'故杀法律'拟绞监候。"④夫杀妻的案件，在刑科档案中很多见，基本上有

---

① ［清］祝庆祺等编：《刑案汇览三编》（二），"两房各为娶妻后娶之妻作妾"，第1460页。
② 同上书，"两房各为娶妻后娶之妻作妾"，第1459页。
③ 郑秦、赵雄主编：《清代"服制"命案——刑科题本档案选编》，中国政法大学出版社1999年版，第116页。该书第10页、101页、420页、459页显示"雍正元年，雍正十三年九月初三恩赦"、"乾隆十五年八月初四恩赦"、"嘉庆二年四月二十二日清理庶狱恩旨"、"嘉庆六年六月十一日清理庶狱恩旨"。皇帝的谕旨中，对于赦免之举多有这样的措辞，如，雍正十三年九月二十一日奉旨：赦非善政，古人论之详矣，但朕即位之初重遵旧制，诞布新恩。凡此罪人，皆因自取，亟宜改悔，永为良民。法司仍宜照例详记档案，如既赦之人再干法纪，朕必将伊等加倍治罪，决不宽贷，也着详悉晓谕中外臣民知之。特谕，钦此，钦遵。参见该书第22－23页。
④ ［清］许梿、熊莪编：《刑部比照加减成案》，何勤华等点校，法律出版社2009年版，第623页。

以下原因引起：

（一）生活琐事

生活琐事是导致夫殴妻至死的最主要原因，因生活琐事杀妻之夫皆拟绞监候。在刑科题本中，虽然常常将夫妻关系描述为"素好无嫌"、"素相和睦"、"平日和好"、"素相和好"与"和好无嫌"等[①]，但现实生活中却因为鸡毛蒜皮小事，夫殴妻至死。这些同类型的案件在案情内容的陈述上有较高的相似性，许多雷同的用语在不同年份、不同省份都会出现，其中原因，除刑名幕吏们"移情就案"、"削足适履"的笔法外，也与清代社会中，夫对妻詈骂、殴打不至折伤以上不为罪有关。纯粹因生活琐事而导致夫杀妻的案件，多集中在《清代"服制"命案——刑科题本档案选编》中，另外，《清嘉庆朝刑科题本社会史料辑刊》与《刑案汇览三编》（四）中也有少量的相关案例。《清代"服制"命案——刑科题本档案选编》一书所选刑科题本自雍正十三年到嘉庆六年，以乾隆朝为最多，大体上反映了清代的定制。因此，笔者仅就《清代"服制"命案——刑科题本档案选编》中收录的42个案件为主，做出分类统计，具体生活之"琐事"则一目了然：

表二　《清代"服制"命案——刑科题本档案选编》夫犯妻之琐事表

编号	朝代	地区	案件名称	杀害事由	页码
1	乾隆元年	河南	王黑小打伤伊妻余氏身死	夫令妻煮茶，妻不听。	15
2	乾隆五年	江苏	倪士杰殴死伊妻单氏	夫让妻缝鞋，妻嫌夫鞋湿鞋臭。	59—60

[①] 仅有个别案例，将夫妻关系描述为"素不和睦"，如，嘉庆二年，江苏司"兴化县承审盐城县民徐登云勒死伊妻王氏假装自缢一案"。郑秦、赵雄主编：《清代"服制"命案——刑科题本档案选编》，中国政法大学出版社1999年版，第438页。

续表

3	乾隆十八年	山西	刘喜小殴伤伊妻李氏身死	夫嫌灯不亮,令妻添油,妻不悦。	93
4	乾隆十八年	奉天	刘希武殴死伊妻陈氏	夫购买花布,令妻制衣御寒,妻懒惰未缝。	103-104
5	乾隆四十一年	湖北	傅正大殴伤伊妻向氏身死	夫给钱文令妻完粮,妻将钱花用。夫斥责,妻不服。	188-189
6	乾隆四十四年	云南	程有踢伤伊妻徐氏身死	婆婆生病夜间索茶,夫令妻起床,妻贪睡不起,反出怨言。	211-212
7	乾隆四十四年	广西	陈胜周用刀划伤伊妻陈祝氏中风身死	妻将收割的禾乱丢,夫令其放齐,妻顶嘴。	217-218
8	乾隆四十七年	不详	王大殴踢伊妻李氏身死	夫做翠花生意,因催令妻做花,妻顶撞。	295
9	乾隆五十一年	不详	魏兴盛殴伤伊妻王氏身死	夫令妻缝补夹袄,妻不理,夫斥责,妻吵闹。	346-347
10	乾隆五十年	四川	严笃中殴伤伊妻张氏身死	夫买猪肚令妻熟给母吃,妻先给子吃,夫斥责,妻不服。	329
11	乾隆元年	四川	张中殴死伊妻祝氏	妻做饭迟缓	11
12	乾隆四年	广东	萧奇才殴伤伊妻梁氏身死	妻做饭迟缓	44
13	雍正十三年	湖南	易成周殴伤伊妻何氏身死	妻做饭迟缓	2-3
14	雍正十三年	湖南	张亚二殴伤伊妻梁氏身死	妻洗衣迟缓	1-2
15	乾隆三十一年	江苏	李彩砍伤伊妻张氏身死	妻疑邻妇偷窃互相詈骂,夫劝阻不听。	131
16	乾隆五十六年	山西	焦明殴伤伊妻宿氏身死	妻因私食南瓜致使疮疾复发,夫知詈骂,妻回骂。	382

续表

17	乾隆二十年	广东	梁满喜推跌致伤伊妻鲁氏身死	妻归家迟,夫认为妻昏夜在外行走有失妇道,妻不服。	106
18	乾隆三十一年	直隶	阎正荣殴踢伊妻任氏受伤身死	妻被兄接回看戏,迟归。夫斥其归迟,妻出言顶撞。	134
19	乾隆三十一年	江苏	王三砍伤伊妻王氏身死	妻责夫懒惰	131-132
20	嘉庆二年	陕甘	冉广成殴伤伊妻陈氏身死	夫偷窃败露,妻抱怨,夫斥其多管,妻漫骂并拾柴殴夫。	429-430
21	乾隆五十年	山东	李德明殴伤伊妻范氏身死	妻讥夫读书无用,夫又因屡试不中,出言詈骂,妻回詈。	319
22	乾隆五十年	陕西	史月花砍死伊妻郝氏	妻以不如将其离异,免致受罪之言相逼,夫被指责难堪。	326-327
23	乾隆五十一年	甘肃	陆沛殴伤伊妻毛氏身死	妻让夫送前夫之女回婆家,夫忙令女改日回去,妻吵嚷不依。	368
24	嘉庆二年	陕甘	王祥殴伤伊妻裴身死	因子腹泻遗屎在炕,妻并不收拾。夫斥骂,妻不服回詈。	421
25	嘉庆二年	奉天	房计功用刀戳伤伊妻房周氏身死	妻不抚乳幼子,夫斥责妻。妻将幼子殴打,夫詈骂,妻回骂。	430
26	嘉庆二年	直隶	李六扎伤伊妻赵氏身死	妻殴责幼子,夫詈妻殴责之非,妻不服。	432
27	乾隆三十三年	广东	王碇品致伤伊妻吴氏身死	因夫妻两方的亲属有纠纷,夫妻口角。	166-167
28	乾隆四十四年	广东	莫洲仁殴死伊妻顾氏身死	妻私自用钱,夫斥责,妻不服顶嘴。	206-207
29	乾隆五十六年	安徽	叶捐殴伤伊妻金氏身死	因妻常将盐米私藏,兑换点心私食,夫训斥,妻不服。	378-379
30	嘉庆六年	浙江	胡上信殴伤伊妻张氏身死	妻私取小麦欲换买食物,夫斥责,妻顶撞。	441-442

续表

31	乾隆五十六年	山西	吴勇武殴伤伊妻杨氏身死	妻蹲地用柴烤火,夫因柴价昂贵,斥其花费,妻不服。	401
32	嘉庆六年	四川	王允受戳伤伊妻何氏身死	妻出外闲耍,致家内食米被贼偷,夫斥骂妻,妻不依拼命。	451
33	嘉庆六年	湖北	谭文江戳伤伊妻廖氏身死	妻因夫负欠被逼,出言埋怨,夫斥其多管,争詈。	442
34	乾隆五十六年	四川	马俊戳伤伊妻宋氏身死	夫欲与人打架,妻拉劝。	391-392
35	乾隆四十五年	直隶	阎进忠砍伤伊妻王氏身死	夫斥骂他人,妻劝阻。	248-249
36	乾隆四十七年	直隶	李成殴伤伊妻高氏身死	夫嫌妻做衣身腰窄小,斥责,妻顶撞。	296-297
37	乾隆五十六年	山东	焦魁元殴伤伊妻焦李氏身死	妻所纺线穗遗落在地被猪嚼坏,夫训斥其非,妻不服。	385
38	乾隆四十四年	贵州	孔化周砍伤伊妻邓氏身死	妻用湿柴做饭,弄得满屋生烟,夫斥责妻,妻不服。	202
39	乾隆五十六年	广西	张有纪殴伤伊妻陈氏身死	夫令妻宰鸡煎药,妻误将瓦罐打破,夫斥骂,妻回骂。	385-386
40	乾隆五十一年	湖南	李开周戳伤伊妻傅氏身死	因板鞋被雨水湿透,夫交给妻烘烤,却被火烧毁。	353
41	乾隆五十一年	直隶	何依儿勒死伊妻谷氏	夫妻皆是盲人。夫令妻做饭,妻将盆打破,夫训斥,妻顶嘴。	365-366
42	乾隆三十三年	江西	徐配刚戳伤伊妻杨氏身死	妻失手将酒倒泼,夫当妻伯之面辱骂斥责,妻哭詈不止。	159

表二中的42个案件,基本反映出夫因生活琐事杀妻的全貌。"案1"、"案11"、"案13"、"案14"等,事犯在恩赦前,犯夫予以免罪;除了案7中,陈胜周依"殴伤轻不至于死越数日后因伤风身死例,杖一百、流三

千里"外,其他案件中殴妻致死或故杀妻之夫皆拟绞监候。究其生活琐事之情状,又分为以下几类:

第一,妻违反夫之教令。妻违反夫之教令的行为,指的是夫让妻"为"而妻"不为"或者夫不让妻"为"而妻偏"为"的行为。其中较常见的案例属于前者。如案件1—10,都是该类行为引发的冲突。其中,还有一些并非是妻故意违反夫的教令,只不过稍微迟缓而已,如案件11—14就是因为妻懒惰,做饭或洗衣迟缓,致夫妻口角,夫殴妻至死。也有少量案件因为夫不让妻"为",而妻偏"为",引发命案。如案件15—18,因为夫劝阻妻与邻妇詈骂不听、妻私食南瓜、妻不早归家等原因,夫殴妻致死。

第二,妻责备或讥讽夫。案件19—23,妻责夫懒惰、抱怨夫不应行窃出丑、讥夫读书无用、责夫不能养母等。妻对夫的责备或讥讽,无异于挑战夫的权威,致夫的自尊受到伤害而殴妻致死。

第三,妻照顾孩子不周。妻不仅要侍奉舅姑,还要抚育幼子。案件24—26妻因未能照管好幼子,而受到夫的詈骂,妻不服回詈,夫殴妻致死。

第四,因夫妻两方亲属的纠纷。如案件27,两方亲属产生纠纷,引发夫妻口角,以致夫殴妻致死。

第五,与财有关的口角。案件28—34体现了妻在家中无财产权,不仅私自用钱,夫要斥责,而且妻将家中物品私自换买食物,夫也不能容忍。妻用柴烤火,夫要斥妻花费,甚至家内食米被贼偷去,夫也要向妻斥骂。若妻因为夫负欠被逼,出言埋怨的话,则会被夫斥为多管,乃至殴妻致死。

第六,妻劝阻夫与他人争斗。案件34、35,夫欲与人打架或斥骂他人,妻劝阻而被夫殴杀。

第七,妻做事不令夫满意。案件36—42,夫嫌妻做衣身腰窄小、训斥妻所纺线穗遗落在地被猪嚼坏、嫌妻用湿柴做饭弄得满屋生烟、斥骂妻误将瓦罐打破、斥妻不小心照应致板鞋被火烧毁、训斥妻将盆打破，斥骂妻失手将酒倒泼等，妻不服，往往回詈，夫则殴妻致死。

从上述因生活琐事而杀妻的案件，我们可以发现，在日常生活中，如果妻对夫的指令稍有迟缓，就会招来"懒惰"等詈骂与指责，此时，若妻一旦因不甘受辱，往往就以"回詈"的形式加以反击，夫在心理上就会受到强烈的刺痛，这时尊严被触犯的羞辱感、个体心理的挫折感和天赋的体力优势结合起来，对妻施加暴力的倾向就更加强烈。但是，若夫以暴力相威胁或施加暴力时，妻有时也不甘被辱，以暴力形式回击，有的甚至主动持械扑打夫。在反抗中，妻有自己独特的殴斗方式，如以头撞夫，与夫拼命，气急以后辱骂翁姑等，这些反抗形式往往会触犯夫所谓的"尊严"，激化矛盾，从而招致更严重的暴力升级，甚至是残忍的杀害。

此外，我们亦可看出在生活困窘之家，夫权发挥的受限，至少失去了纲常伦理与律例为其赋予的圣光。或许在这样的家庭中本就没有夫权的存在。因为中下层家庭的妇女，她们既要从事家庭劳作，又要参加田间劳动，或许还要为夫的生意做主要的贡献，如案件8，夫做翠花生意，妻除照顾家庭外，还要做翠花以供夫之生意所需。在清代，中下层家庭的妇女参加生产劳动，似乎比以往任何一个朝代都显得突出。妻通过劳动也提高了自身在家庭和社会中的地位，使所谓"妇女，伏于人也"的条教，在一些人群中已无法肆逞其威了。

(二)妻殴骂夫之祖父母、父母

《大清律例·刑律·人命》"夫殴死有罪妻妾"律条规定："凡妻妾因殴骂夫之祖父母、父母，而夫(不告官)擅杀死者，杖一百(祖父母、父母亲告乃坐)。"之所以只惩夫擅杀之罪，"诚以子妇之于翁姑与父母等，其有不孝殴詈，则罪犯应死，是以其夫忿激致毙，止惩其擅杀之罪，予以满杖。"之所以规定"祖父母、父母亲告乃坐"，是因为"惟是伦纪綦严，人命至重，如使伊妻并无殴詈干犯重情，其夫因别故将妻殴毙，父母溺爱其子，恐其拟抵，于到案之后代为捏饰，以图脱子罪，亦不可不预杜其渐。是以律注云：亲告乃坐，正以明事前未经呈告，逮伊妻被杀之后始经供有詈骂翁姑情事，伊父母随同供证者不得概行引用，即使案情确实，亦须俟秋审时核办。其是殴是故分别减等发落，若詈骂毫无证据，虽审无起衅别情，仍应照例入缓，向来办理章程较若列眉，不容淆混。"①如果没有父母亲自投诉，即不得适用"夫殴死有罪妻妾"律，而应改依"妻妾殴夫"律，夫处绞监候。

　　从刑科档案来看，"律内注明亲告乃坐，并无殴骂之分"②，以嘉庆朝为分界线，对"亲告"的认定标准有所不同。嘉庆朝之前，只要具备祖父母、父母"事前亲告"或者"众供确凿"、"见供确凿"之一，则只惩杀妻之夫的擅杀之罪，体现了对夫杀死不孝有据之妻的宽容。如乾隆三十六年，河南司"新安县民韩云等勒死王氏一案"，"王氏因家无用度与夫韩云吵闹，韩云之父韩中斥责其非，被王氏拾石掷打未中。韩中伦欲行送官，乡保陈思露再四劝处，令王氏服礼寝息。后韩云因衣服汗污令王氏浆洗，王氏不允，韩云用言斥詈，王氏即行回骂，辱及翁姑。韩云欲拉氏诉知父母，不防王氏用手叉伤韩云咽喉倒地，以致垫伤脑后，一时昏晕。经韩中伦同妻潘氏踵至救醒，王氏亦潜归母家。是日韩云同父食饭，韩中伦因媳悍泼，气忿坠泪，食不下咽。韩云目击心伤，并触起王将伊叉跌致伤之隙，痛恨莫释，遂起意致死泄忿，告知韩中伦，亦不阻止。韩云复虑一人难以制服，即往草地寻觅伊兄韩平，恳其帮同勒死王氏。后王氏自母家回归，旋即进房就寝。韩云俟其睡熟，密告韩平随同入室。韩云寻取麻绳，将绳头从王氏颈下递过，绕转咽喉，与韩平分执绳

---

① ［清］祝庆祺等编：《刑案汇览三编》（二），"妻詈骂姑供证虽确但未亲告"，第1199页。
② 同上书，"殴死詈殴翁姑之妻并未亲告"，第1197页。

头,用力拉勒,王氏立时毙命。"①

河南巡抚认为,王氏虽曾掷殴其翁,但事发已久并已平息,如今王氏辱骂,其翁姑并未亲告,不足为据。而韩云商同韩平谋死王氏,未便因此稍为轻减。因此,将韩云依"夫故杀妻"律拟绞监候,韩平依"谋杀人从而加功"律拟绞监候。

刑部却在驳议中认为:"王氏忤逆已极,实属有罪之人。"刑部指出,王氏虽殴打其翁事已寝息,而"干名犯义"之罪不可容忍,且众供确凿,实与亲告无异。韩云不告官司而杀妻,应依"擅杀罪人"拟断,韩平帮同致死忤逆之弟妇,与"别项加功者"有所不同。因此,河南巡抚将韩云依"故杀妻",韩平坐以"加功",均拟绞候,实为不妥。

河南巡抚采纳刑部对韩云的定拟意见,将韩云改依"妻妾殴骂夫之父母,而夫不告官擅杀死"律杖一百。但是,河南巡抚依然坚持了对韩平的拟断,认为,韩平是王氏夫兄,王氏忤逆,除其夫与翁姑之外,不得竟置以死。且王氏是与其夫韩云口角起衅,与韩平本无干涉,却听从帮勒毙命,则应以凡论,韩平仍应以"谋杀人从而加功,绞"律拟绞监候。

刑部针对河南巡抚的上述拟断再次驳议,认为,夫兄致死弟妇,虽同凡论,韩平是韩云胞兄,王氏殴詈韩云父母即是韩平父母,韩平因见其父气忿坠泪,食不下咽,遂听从其弟韩云致死忤逆之妇,实与寻常加功致死弟妻者不同,韩平应照"谋杀加功拟绞"律量减一等,杖一百、流三千里。本案最终于乾隆三十八年,奉皇帝谕旨,依此拟断。

在乾隆朝,如果亲告是事后之言,并非当时"亲告",且非有目击确据时,就不能将擅杀妻之夫拟杖一百,而是加重处罚,要拟绞监候。如乾隆四十四年,山西司"平遥县民郝旺虎扎伤伊妻梁氏身死一案","郝旺虎与妻梁氏结缡五载,素好无嫌。梁氏素性悍泼,怨恨家贫,常与伊

---

① [清]全士潮等编:《驳案汇编》,"妻殴骂夫父母夫擅杀",第326页。

姑师氏吵闹。师氏恐人讥笑,隐忍不言。后师氏因值端阳,以梁氏午饭迟延向其理说。梁氏复出怨言顶撞,师氏斥责其非。梁氏回詈,用头碰撞。适郝旺虎自地回家,见而喝阻,并向其母安慰。师氏气忿,遂赴邻家闲坐。郝旺虎饮入醉乡,复向梁氏训斥。梁氏即与吵嚷,辱詈其母。郝旺虎瞥见桌上放有屠刀,取向吓禁。讵梁氏上前泼骂,郝旺虎醉后向扎,适伤梁氏心坎殒命。"①

山西巡抚雅德将郝旺虎依"妻骂夫之父母而夫不告官擅杀"律,杖一百。刑部驳议认为:虽然"子妇不孝,詈殴翁姑,已犯应死",但清律注云"亲告乃坐",是为了避免"因别故杀妻之后,父母溺爱其子,代为捏饰以脱子罪",以杜绝"好杀之端而慎重民命"。因此,凡杀妻到案之后,才供妻有殴骂情事者不得概行引用。即便是案情确实,也要等到秋审时核办。刑部据此指出,山西巡抚在定案之初,只依据该犯父母事后一语,错误引用了"妻骂夫之父母而夫不告官擅杀"律,只惩其擅杀之罪,予以杖一百,实与律例之意不符,并有宽纵之嫌。

但是,题驳之后,山西巡抚雅德并未改拟,其认为:郝旺虎扎死梁氏,因该氏辱骂其婆母忿激所致。不但师氏亲供确凿,且据尸父乡邻人等各供签同,已与律注"亲告"相符。郝旺虎若仍照寻常"殴妻致死"律拟以绞监候,似觉情轻法重。郝旺虎应仍照前拟,依"妻骂夫之父母而夫不告官擅杀"律杖一百,似无枉纵。

对此,刑部再次驳议指出,案犯因醉酒起衅,言梁氏牵骂其母只是该犯一面之词,当时其母亦未在场。通过细核案情,发现此是事后之言,并非当时"亲告",且妻父邻人所供均是查问空言,没有目击确据,与"亲告乃坐"律注未符。若按山西巡抚拟断,则凡是父母在堂者,都可能据此脱罪,而因别故凶毙妻命,"徒开好杀之风而启狡饰之渐,殊非辟以

---

① [清]全士潮等编:《驳案汇编》,"夫殴妻至死",第401页。

止辟之道"。刑部通过案情细节的分析,否定了山西巡抚认定"亲告"的证据,严格解释了"亲告"的"当时性"。最终山西巡抚雅德依刑部拟断,将郝旺虎改依"夫殴妻至死"律,拟绞监候。此案表明,司法适用时对"亲告"的认定,已从避免擅杀的宏观标准,细化到"亲告"是否"当时",目击证据是否确凿的证据标准之上了,亦为真正禁止擅杀明确了司法裁断的标准。

嘉庆朝之后,对于"亲告"的认定更加严格,即使是"众供确凿",但只要祖父母、父母未"事前亲告",则擅杀之夫皆拟绞监候。这正如嘉庆十九年说帖认为,在官府办理子妇殴詈翁姑而夫擅杀之案的时候,总以是否亲告有无证据为断案依据,如夫之父母亲告者则拟满杖,否则依律拟以绞监候,待秋审时核其实有不孝证据者人于可矜。但是,"盖庭闱变迁百出,父母溺爱难明,恐易启饰词假捏之渐,故非亲告不得以擅杀论,具有深意存也。"① 因此,嘉庆朝之后,如果"殴死骂祖之妻投约未即报官"、"殴死詈殴翁姑之妻并未亲告"、"杀死詈骂翁姑之妻并未亲告"、"夫救亲情切殴死殴姑之妻"、"夫因妻顶撞其父将妻殴死"、"妻詈骂姑供证虽确但未亲告"、"妻殴跌姑虽经投保但未亲告"等情形下,只要祖父母、父母未"事前亲告",擅杀之夫皆拟绞监候,如果秋审时审明确为不孝有据之妻,则等秋审时照免死减等例再减一等,则为杖一百,徒三年。以下仅举两例来说明:

嘉庆六年,山东司"城武县民巩会殴伤伊妻崔氏身死一案"②,该案夫殴死骂祖之妻投约(只向约保陈告)未即报官,最初山东司将巩会依"妻骂夫之祖父母、父母而夫擅杀死者,杖一百"律杖一百,折责四十板。经过刑部驳议,将巩会改依"殴妻至死者,绞监候"律拟绞监候,秋后

---

① [清]祝庆祺等编:《刑案汇览三编》(二),"杀死詈骂翁姑之妻并未亲告",第1201页。
② [清]全士潮等编:《驳案汇编》,"妻骂夫祖父而夫擅杀",第608页。

处决。

道光十二年,"南抚题:陈小寒因妻张氏嫌贫,欲令退婚改嫁,将饭锅打碎。经伊母训斥,将其殴伤,张氏将伊母推跌骑殴,该犯情切救护,将张氏殴伤身死"①一案,刑部拟断:因其母并未亲告,陈小寒应依"夫殴妻至死律"拟绞监候,但陈小寒情急救亲,所以依"救亲殴死卑幼例",减为杖一百,流三千里,又因殴死之妻骂詈翁姑,所以再依"殴死骂詈翁姑之妻、秋审可矜人犯依免死减等、再减一等例"杖一百,徒三年。

(三)夫妻一方的嫌弃

妻嫌弃夫貌丑或贫穷,导致夫妻反目,夫殴妻至死或故杀妻。如乾隆四年,山西司"刘三小子砍死伊妻李氏一案"②,李氏嫌刘三貌丑,不和,刘三恐被妻谋害,而故杀妻;嘉庆十四年,山西司"交城县民马尚祥砍伤伊妻马曹氏身死一案"③,马曹氏因缺少衣食,常与夫马尚祥吵闹,后来马曹氏因马尚祥借贷空手回家,吵闹愿被休或卖,不愿与夫过日,导致夫砍伤其身死。

也有因妻貌陋性痴并未生育,又归宁母家屡接不回,几种原因叠加致夫妻感情破裂,夫嫌弃妻因而故杀妻。如乾隆四年,山东司"孔毓英毒死伊妻颜氏一案"④,查孔毓英有妻颜氏,貌陋性痴,结缡数载,时常反目,并未生育,久为孔毓英憎恶。乾隆三年正月初二日,颜氏归宁母家,孔毓英屡接不回,迟至十一月始返。孔毓英愈增忿恨,即起意致死,

---

① [清]许梿、熊莪编:《刑部比照加减成案》,何勤华等点校,法律出版社2009年版,第623—624页。

② 郑秦、赵雄主编:《清代"服制"命案——刑科题本档案选编》,中国政法大学出版社1999年版,第40页。

③ 杜家骥主编:《清嘉庆朝刑科题本社会史料辑刊》,天津古籍出版社2008年版,第152—153页。

④ 郑秦、赵雄主编:《清代"服制"命案——刑科题本档案选编》,中国政法大学出版社1999年版,第49—50页。

另觅佳偶。后潜取旧存药虫余剩砒霜,用面和丸,诈称调经丸药,令颜氏带回自服,逾时毒发滚跌异常。延至二十八日殒命。承审官经严审不讳,将孔毓英依律拟绞监候。

(四)妻盗窃

道光二年通行已纂例,"查妇女犯盗,轻于男子,故例得免刺,而盗又轻于奸,故例得单衣决罚。原以妇女无知,易贪小利,或往来亲族邻佑而偷攫器物,或过场图积聚之地而窃取果蔬,核其情节,较犯奸之廉耻丧尽者迥不相侔。"由此可知,妇女犯盗轻于犯奸,其罪不至死,夫因妻盗窃,殴妻至死或故杀妻,夫被拟以绞监候。如乾隆三十一年,河南司"刘玉砍伤伊妻张氏身死一案"①,张氏偷窃邻人布匹,夫刘玉羞忿殴妻至死,经河南巡抚阿思哈讯认不讳,被拟绞监候。

之所以将殴死犯盗窃之妻的夫拟以绞监候,在道光四年说帖,"晋抚咨孙有林殴死行窃之妻薛氏一案"②中,刑部阐述得很明白。刑部指出,妻行窃亦属玷辱门风,而条例内并无杀死行窃之妻亦得减等明文,且律称妻有他罪不至死,而夫擅杀,仍绞。律文所称"他罪",包括的内容很广,只要不是"殴骂祖父母父母及身犯奸邪其余犯窃等类"皆为他罪,因此,不能将殴死行窃之妻与尊长杀死行窃卑幼并论减等,否则与律注相违背。刑部据此认为,查薛氏虽屡次行窃,并非罪犯应死,本案与"妻有他罪不至死而夫擅杀仍绞"之律注相符,律例既无轻减明文,就应仍按本律问拟。因此,刑部咨覆山西巡抚将孙有林依"夫殴妻至死律"拟绞监候。

(五)妻归宁

前文"从夫而居的同居义务"提到女子既嫁,非归宁及大故不返母

---

① 郑秦、赵雄主编:《清代"服制"命案——刑科题本档案选编》,中国政法大学出版社1999年版,第130页。

② [清]祝庆祺等编:《刑案汇览三编》(二),"殴死屡次行窃不服送究之妻",第1201页。

家,即其回母家探望有一定的限制。实际生活中,妻因各种原因经常性或长期归宁,一旦导致夫的不满,妻的归宁就会成为夫杀妻的导火索。上文述及的多起命案都与妻归宁不归有关。又如乾隆三十一年,河南司"邓州民王六儿殴伤伊妻薛氏身死假作自缢一案"①,结婚未久,妻即归宁,数月一回,夫妻反目。妻回到夫家后,却又不肯与夫同睡,夫殴妻至死且假装妻自缢。乾隆五十一年,山东司"徐得奉殴伤伊妻姬氏身死一案"②,妻因离母家甚近,常回闲耍。妻又欲归宁时,夫阻止。夜间,妻取钱四百文逃归,夫赶至庄东,将其拉回训斥,妻不服,夫殴妻至死;乾隆五十一年,"陈文科殴伤伊妻韦氏身死一案"③,韦氏与婆婆有矛盾而归宁,后因婆婆生病,被唤不归。夫训斥而妻顶撞,夫殴妻至死。嘉庆十二年,山西司"徐沟县民武有兰扎伤伊妻武李氏身死一案"④,武有兰因向岳父母借钱不给,认为妻家没有亲情,不许武李氏再回娘家。武李氏私自归宁,武有兰逼令回归不允,将其扎伤身死。

(六)疑妻有奸

清律赋予本夫于奸所获奸登时杀死奸夫奸妇的权利,然而夫若疑奸而杀妻,则要予以惩处。《大清律例·刑律·人命》"杀死奸夫"条条例规定:"非奸所获奸,将奸妇逼供而杀,审无奸情确据者,依殴妻至死论。"

如嘉庆十九年,江苏司"向顺汉疑奸杀妻"案,"向顺汉于嘉庆八年娶妻,旋即外出佣趁未回。其妻李氏求乞度日,于嘉庆十二年九月初

---

① 郑秦、赵雄主编:《清代"服制"命案——刑科题本档案选编》,中国政法大学出版社1999年版,第133—134页。
② 同上书,第366—367页。
③ 同上书,第361—362页。
④ 杜家骥主编:《清嘉庆朝刑科题本社会史料辑刊》,天津古籍出版社2008年版,第128页。

十,找往向顺汉佣工处所,赁房同住。李氏于次年三月初十,产生一子。维时向顺汉受雇在外,经伊戚李春拔告知产子情由。向顺汉以与妻同房仅止六月,何以产子即能成活?明系伊妻与人有奸,即赶回。见李氏抱子在门首乘凉,向顺汉查看婴孩身躯长大,并非血气不足,忿激莫遏,即取菜刀向妻盘问奸夫,李氏支吾不吐。向顺汉用刀连戳,致伤李氏,并误伤婴孩,立时殒命。"①江苏巡抚认为:虽无奸夫到官,但奸情已有确据,抱孩之地就是奸所,入门之时就属登时。依照当时的情势,已属"奸所获奸、杀死奸夫"。但杀奸妇以致误伤奸生之子,律内并无明文。但奸生之子,就是奸夫玷辱本夫的确凿证据。本夫看见奸生子如同看见奸夫,因此,将向顺汉比照"本夫于奸所获奸、将奸夫奸妇登时杀死者"勿论。

刑部细察本案情节,驳议指出:首先,"李氏平日并无不端,奸情并无确凿,奸夫不知系属何人"。其次,针对李氏仅怀孕六月而判断其因奸而生,查该犯与妻同房之时距生子之日,已满足六月,即应以七月论,其骨节毛发俱成。《达生》篇内原有七八个月生产之说,果系因奸而生,计该犯出门之时,李氏所怀身月应已数月。该犯性非痴呆,何竟茫无知觉?第三,该犯初到案时,据供伊因疑奸盘问,被妻嚷骂气忿,将其妻戳死。既无生供证据,又未拘获奸夫。因此,本案与"非奸所获奸、将奸妇逼供而杀、以殴妻至死论之例"相符。部驳之后,江苏巡抚将向顺汉改依"非奸所获奸、将奸妇逼供而杀、审无奸情确据者、依殴妻致死论"拟绞监候。

若夫是因误听他人捏造疑妻有奸,而殴妻致死,对该夫会量减惩处,因为"一命断难两抵"。如道光元年,湖广司"北抚咨:李有得因疑柳

---

① [清]许槤、熊莪编:《刑部比照加减成案》,何勤华等点校,法律出版社2009年版,第146页。

幅兴与王开科之妻王李氏有奸,随口向王李氏戏谑,致被斥骂。嗣王开科闻知其事,向李有得查问。李有得捏造柳幅兴与王李氏有奸情形,冀将李氏责打泄忿。王开科误信为是,向妻查问不认,殴毙毙命"①一案,刑部认为,王李氏之被诬、被杀皆由李有得捏奸污蔑所致,较之本妇忿激自尽者其情更惨,罪坐所由,应以李有得拟抵。王开科误听人言殴妻致死,若以捏奸之李有得问拟绞抵,又将王开科依"殴妻至死本律"拟罪,一命断难两抵,于殴妻至死绞罪上,量减一等,满流。

(七)图赖或图诈有隙之人

夫因与人有矛盾,将妻杀死图赖或图诈,虽然会受到清律的惩处,但妻的悲惨命运由此可见一斑。妻完全没有独立的人格,她只是夫的私有财产,为了图赖或图诈有隙之人,获取更大的利益,妻的生命就如同草芥,夫随时可以牺牲她的生命。

如嘉庆十四年,甘肃"肃州民人茹香商同伊弟茹兴将妻崔氏勒死,图赖茹秀一案"②,茹香商同伊弟茹兴勒死无辜之妻崔氏,图赖茹秀以泄忿;嘉庆十九年,贵州"桐梓县民周学级勒死伊妻周吴氏移尸图诈一案"③,周学级将患寒病之妻吴氏勒死以移尸图诈找补银钱。

(八)夫有疯疾

在清代,夫因疯杀妻依过失杀妻勿论,但永远锁锢。如嘉庆十八年说帖,"川督咨郑文焕因疯戳死伊妻郑盛氏一案",刑部指出,郑文焕因疯戳伤伊妻盛氏身死,验明该犯目瞪神昏,语无伦次,疯病尚未痊愈。常人因疯杀人需比照过失杀律收赎,永远锁锢,但如死者是其妻,则应

---

① [清]许梿、熊莪编:《刑部比照加减成案》,何勤华等点校,法律出版社2009年版,第219页。

② 杜家骥主编:《清嘉庆朝刑科题本社会史料辑刊》,天津古籍出版社2008年版,第155—156页。

③ 同上书,第280页。

依过失杀妻律勿论,亦永远锁锢。刑部据此认为,"该省将郑文焕拟以勿论,仍照疯病杀人本例永远锁锢,与例相符,应请照覆"。①

(九)性生活不遂意

夫因妻嫌其貌丑或家贫,不肯过性生活,将妻杀死。如乾隆四年,山西司"李连玉扎伤伊妻王氏身死一案"②,妻嫌夫貌丑,不肯过性生活,被夫扎伤身死;乾隆四年,湖北司"来凤县通详蒋昌义杀死伊妻张氏一案"③,妻嫌夫家贫,不肯同睡,夫因酒尚未散,气忿杀死妻;嘉庆十年,山西"壶关县民牛壮则扎伤伊妻高氏身死一案"④,妻高氏因夫牛壮则不给银两做衣,不肯与其同睡。牛壮则打高氏一拳,高氏牵着公婆哭骂,牛壮则生气摸取炕壁上挂的小刀向高氏腿上瞎扎一下,高氏两脚乱蹬,不料伤着其产门等,次日高氏因伤身死。

日常生活中,夫求欢不遂,将妻致毙。如嘉庆十七年说帖,"广西抚题陆超凡跪伤伊妻黎氏身死一案",此案陆超凡因不务正业,被其母锁禁在房,与其妻黎氏同房各铺,该犯屡次嘱其妻过床共寝未遂,黎氏送茶与饮,该犯顺手将其拉住求欢,搉倒在床,黎氏挣扎欲起,该犯用膝跪伤其脐肚殒命。广西巡抚认为,陆超凡"以衅起求欢,与争斗而杀者而间,将该犯依律拟绞,声明听候部议"⑤。刑部经查,陆超凡因求欢不遂,致妻身死,实与斗杀无异,例无衅起求衅即从末减明文,应照广西巡抚拟断。

---

① [清]祝庆祺等编:《刑案汇览三编》(二),"因疯杀妻虽得勿论仍应监禁",第1189页。
② 郑秦、赵雄主编:《清代"服制"命案——刑科题本档案选编》,中国政法大学出版社1999年版,第39页。
③ 同上书,第34—35页。
④ 杜家骥主编:《清嘉庆朝刑科题本社会史料辑刊》,天津古籍出版社2008年版,第110—111页。
⑤ [清]祝庆祺等编:《刑案汇览三编》(二),"求欢不遂致毙妻命",第1455页。

还有妻为石女,夫与之交欢不从,夫殴妻至死的案件。如道光五年,"东抚题:徐经石因向伊妻刘氏求欢,刘氏贪睡不醒,该犯欲使刘氏不能安睡,辄取信末纳入刘氏产门,以致毒发溃烂身死"①一案,刑部认为,律例并无治罪专条,自应比例问拟,徐经石比照"凡以他物置人孔窍中致死者绞监候律"拟绞监候。

以上数例说明,夫在性生活中拥有主动权,妻的性需求是被漠视的。但是,这些案件,也从另一个侧面说明了妻对于情和性不只是单纯地屈从和被动地承受,当其不情愿时,她也会以相犯的行动表现出来。

(十)妻不欲生,夫帮同加功②

妻多因患有疾病,疼痛不堪而不欲生,而夫帮同加功,律例皆无治罪明文。乾隆三十一年,直隶司"晋州民刘二勒死伊妻高氏掷入监生郑湛井内一案","缘刘二与妻高氏素相和睦,刘二因贫难度,携妻高氏求乞度日。乾隆三十年三月间,高氏因左眼病瞎,右眼复盲,更兼穷苦难堪,屡欲自尽,均经刘二劝止……高氏复念及贫苦,决意自尽,即自取捆被麻绳,嘱刘二将伊勒毙,刘二始犹未忍。后思带氏求乞,亦觉多累,随听从高氏。即用麻绳缠勒高氏项颈,立时殒命。并将尸身掷入窑旁井内而逸。"③刘二依律拟绞监候,秋后处决。

嘉庆二十四年,"川督题黄生榜勒死伊妻李氏一案",此案黄生榜因妻病苦难忍,称欲早死,妻自拾瓦片划伤额颅,并解带绕在项颈,令该犯将其勒死。该犯勉从下手,将李氏拉勒致毙。该省将黄生榜依故杀妻

---

① [清]许梿、熊莪编:《刑部比照加减成案》,何勤华等点校,法律出版社2009年版,第559页。

② "加功"即胁从之意。

③ 郑秦、赵雄主编:《清代"服制"命案——刑科题本档案选编》,中国政法大学出版社1999年版,第137—138页。

律拟绞具题。刑部在对该案的审断中提及四个成案,其中与该案黄生榜罪名相同的两个成案,分别是"嘉庆二十年湖北省题毛大成缢死伊妻赵氏案"及"四川省题周景盟勒死伊妻张氏案",死者起意欲死之言,均有旁人证佐,犯者均以故杀妻律拟绞题结;还有两个听从死者帮勒致毙的成案,死者生前均未将欲行寻死之言向旁人告述,犯者依凡人谋杀加功律拟绞题结。同是听从死者帮勒致毙之案,是常人则照为从定罪,是其妻则照为首拟断,似为不妥,因此,刑部认为:"职等伏思命案首重造谋,而犯供尤防狡卸,如死者自行起意寻死,或先行动手,凶犯只系听从加功,确有证据,自未便坐凶犯以造意为首之条,若死者自欲寻死,并先行动手之言并无证据,系出自凶犯之口,即难据一面之虚词,遽宽其首祸之重罪,应以旁人有无供证分别首从科断……今黄生榜一案,检阅供招,已死李氏生前曾将病苦难过,称欲早死之言向夫堂弟黄生训并伊子黄丁儿等告述,到官供证有据……该省将黄生榜仍依故杀妻律拟绞,似系照该省周景盟一案办理,固系例无正条,究与成案诸多窒碍,似应议驳,谨拟驳尾录呈"。① 最终,黄生榜比照"夫谋杀妻、系他人起意、本夫仅止听从加功、于绞罪"上,减一等,拟流。②

若因夫殴妻,妻称"自愿早死",夫帮同加功,则不同于"妻不欲生,夫帮同加功"的惩处,但对夫也要量减惩处。如道光五年,"河抚咨:卢氏县杨壬戌因伊妻杨东氏被伊责打后,声称自愿早死,该犯辄取药虫余信给与,令其调服,以致该氏将信未服食,毒发身死"③一案,由于毕竟是杨东氏自行调服,杨壬戌并无吓逼服食及蓄意谋害情事,与殴故杀妻

---

① [清]祝庆祺等编:《刑案汇览三编》(二),"妻因病不欲生令夫将伊勒死",第821页。
② [清]许槤、熊莪编:《刑部比照加减成案》,何勤华等点校,法律出版社2009年版,第130页。
③ 同上书,第623页。

者不同,所以酌减问拟,杨壬戌于"殴妻至死者、故杀亦绞律"上,量减一等,拟杖一百,流三千里。

(十一)其他原因

除了上述十种夫杀妻的原因外,在刑科案件中,还有三种比较特别的杀妻原因,包括:夫因妻教令女儿卖奸,而忿激杀妻;夫被尊长逼迫而勉从杀妻;夫杀死他人之后,考虑到病妻无人医养而故杀妻。

对于夫因妻教令女儿卖奸,而忿激杀妻,案例拟断时,该夫不得照寻常杀妻者拟绞监候。如嘉庆二十三年,"东抚咨:吴五因妻刘氏教令其女与鞠二通奸,登时致毙,将其女扎伤"①一案,刘氏因贫贪图鞠二资助,教令其女吴氏与之通奸。其夫吴五因刘氏袒护奸夫、奸妇,不让捉拿,因而登时将刘氏扎伤毙命。承审官拟断,吴五实属激于义忿,所以不应比照寻常杀妻者拟绞,而应比照"闻奸数日杀死奸妇、将本夫照已就拘执而擅杀例"拟徒。刘氏虽教令其女犯奸,究非犯奸之妇,不应按犯奸之妇照例拟杖,而应酌量问拟。

对于夫被尊长逼迫而勉从杀妻的行为,案例拟断时,多比照酌减问拟。如道光六年,"东抚咨:于六仁因伊母欲将于侯氏致死,代求未允,被逼勉从,帮同勒毙"一案②,刑部认为,例内并无听从母命,谋杀伊妻身死作何治罪明文,本案也不同于"本夫听人谋杀妻之例",所以应照例酌减问拟,于六仁依"谋杀妻系他人起意、本夫仅止听从加功者、于绞罪上减一等、杖一百、流三千里例",应再减一等,杖一百,徒三年。但是,道光十一年案,"川督咨:杨曾氏逼令伊子杨文茗帮同将伊媳冯氏勒死,

---

① [清]许槤、熊莪编:《刑部比照加减成案》,何勤华等点校,法律出版社2009年版,第138页。
② 同上书,第520页。

杨文茗听从揪按"①一案,刑部认为杨文茗"究属听从加功",因此没有将其再减一等,只是改照"夫谋杀妻,系他人起意,本夫听从加功例",拟杖一百,流三千里。

针对夫杀死他人之后,考虑到病妻无人医养而故杀妻的情形,案例拟断则以故杀论。如嘉庆二十三年,山西"灵石县民杨九玉扎伤李三牛身死后并搕死伊妻李氏一案","杨九玉因向李三牛索讨借当皮袄被詈,用刀将李三牛扎伤,并虑病妻李氏,无人医养,亦将李氏按搕身死。"②

综上所述,夫杀妻的原因,虽五花八门、各有不同,其实可以分为两类,如表三所列。从表三横向对比可以发现两个问题,首先,表三右列"夫因妻不守妇道而杀妻"项下六种夫杀妻的方式皆由妻"不守妇道"引起。不论是生活琐事的争吵,还是妻不孝、嫌弃、盗窃、归宁、纵女卖奸等原因,夫杀妻的案件,大多以妻"不守妇道"而引起,然而,即便妻犯有"七出"之条,休弃即可,为何又多酿命案呢?从上文案例罪罚拟断来看,律例对所谓"不守妇道"之妻多视为有罪在先,夫杀妻的行为在一定条件下被减等处罚甚至不罚,客观上促使了此类案件的多发。其次,表三左列"夫因其他原因而杀妻"项下八种夫杀妻的方式,充分说明了夫杀妻的恣意性。仅从种类的数量上来看,表三左列比右列的杀妻行为种类还要多,除夫有疯疾无法自控之外,不论是疑妻有奸,还是性生活不遂意,更有甚者,为图赖或图诈有隙之人而杀妻,都是主动地、故意杀害其妻的行为。纵使是被尊长逼迫而勉从杀妻有被动的一面,夫杀死他人之后,考虑到病妻无人医养而杀妻有为妻着想的一面,但夫杀妻的

---

① [清]祝庆祺等编:《刑案汇览三编》(四),"听从母命帮同将妻勒死",第331页。
② 杜家骥主编:《清嘉庆朝刑科题本社会史料辑刊》,天津古籍出版社2008年版,第370—371页。

肆意性亦可见一斑。唯一不带夫权色彩的就是"妻不欲生,夫帮同加功",此种类似当代"安乐死"的行为,清律虽未有治罪明文,但因禁止擅杀而在审判时多比照他律减等处罚。

表三　　　　　　　　夫杀妻的原因

编号	因其他原因而杀妻	编号	因妻不守妇道而杀妻
1	疑妻有奸	1	生活琐事
2	性生活不遂意	2	妻殴骂夫之祖父母、父母
3	夫嫌弃妻	3	妻嫌弃夫
4	图赖或图诈有隙之人	4	妻盗窃
5	夫杀死他人之后,考虑到病妻无人医养而故杀妻	5	妻归宁
6	夫有疯疾	6	妻教令女儿卖奸
7	被尊长逼迫而勉从杀妻		
8	妻不欲生,夫帮同加功		

此外,虽然承审官在此类案件审断的时候,多将上述夫杀妻的行为依殴妻至死或故杀妻拟断,但杀妻之夫一般都不会被处死,他可以存留养亲、可以留养承祀,还可以一次又一次地被减等或赦免。笔者仅以夫所享有的"留养承祀"权①为例,做出阐释:

《大清律例·名例律》因袭唐律和明律,将"犯罪存留养亲"②列为

---

① 笔者之所以认为"留养承祀"是夫所享有的权利,是因为清律规定夫致死妻后可依"留养承祀"而被减轻处罚。
② 《大清律例·名例律上》"犯罪存留养亲"条律文规定:"凡犯死罪非常赦不原者,而祖父母(高、曾同)父母老(七十以上)、疾(笃、废)应侍(或老或疾),家无以次成丁(十六以上)者,(即与独子无异,有司推问明白。)开具所犯罪名(并应侍缘由)奏闻,取自上裁。"此仍明律,其小注是清建国初添入,雍正三年删改,乾隆五年改定。律文规定了死罪犯存留养亲的条件:即非常赦所不原、祖父母、父母老疾应侍、家无次丁,只有同时具备这三个条件,有司方能在推问明白后,开具所犯罪名并应侍缘由,奏闻请旨,最后由皇帝来决定。

专条,且雍正时期,正式将"留养承祀"①定为秋审免死的条件。《大清律例·名例律上》"犯罪存留养亲"条条例对"留养承祀"做出规定:"至夫致死妻,应行留养承祀之案,无论殴杀、故杀,如覆其情节,秋审应入可矜者,亦准随案声请。其余统俟秋审时取结,分别情罪轻重办理。"②该条条例还规定:"凡斗杀等案及殴妻致死之犯,奉旨准其留养承祀者,将该犯枷号两个月,责四十板。斗杀等案,追银二十两,给死者家属养赡。至殴妻致死,原题时亲老丁单,声请留养,遇有父母先存后故,与承祀之例相符者,各督抚于秋审时查明取结,另行报部,九卿一体核拟具题。倘有假捏等弊,除本犯仍照原拟不准留养承祀外,查报之地方官及捏结之邻保族长等,俱照捏报军流留养例,分别议处治罪。若留养承祀之后,如有不安分守法,别生事端,无论罪名轻重,即照现犯之罪,按律定拟,不准复行声请。"《清通典》卷八十五,雍正十二年七月奏准:"夫殴死妻,审无故杀别情者,如家无承祀之人,准留养承祀,以枷责完结。"

清律将留养奉亲的范围扩大到留养承祀,其原因在道光元年的说

---

① 存留养亲从单一的养亲向承祀发展,且"犯罪存留养亲"条例中仅有殴妻致死一条才能承祀。薛允升认为:"律只言犯罪留养,而不言承祀,例亦无犯死罪准其承祀明文,而独见于殴死妻一项,未知其故。查雍正四年,有弟杀胞兄之案,奉旨,一家兄弟二人,弟殴见致死,而父母尚存,则有家无次丁,存留养亲之请。倘父母已故,而弟杀其兄,已无请留养亲之人,一死一抵,必致绝其祖宗禋祀,此处甚宜留意等因。经九卿议准,定有父母尚在,则准予留养。父母已殁,则准予承祀专条。盖为兄弟二人,一死一抵,恐绝祖宗祭祀而设,此外并未议及。雍正十一年,又定有夫殴妻至死,并无故杀别情者,果系父母已故,取结存留承祀之例。案语内并未声明因何纂定。以意揆之,似系由弟杀胞兄例文推广而及。迨乾隆十三年。陕西巡抚陈宏谋条奏,将弟杀胞兄准其承祀之例删除。原奏有夫殴妻至死,并无故杀及可恶别情者,仍照例准其存留承祀一语,而承祀一层,遂专为殴死妻专例矣。平情而论,留养已属宽典,若推及于承祀,则未免太宽矣。且只言殴死妻而未及别项,设有兄杀胞弟及杀妻罪不应抵者,又应如何办理耶。似应一并删除,以归画一。"参见[清]薛允升:《读例存疑》卷三,"犯罪存留养亲—06"。

② 薛允升认为:"至承祀一层,则专指殴。故杀妻而言。其殴死妻,例不应抵之案,应否准予承祀,例未议及。又因例无明文,凡犯非死罪概不准其承祀,未免轻重不得其平。"([清]薛允升:《读例存疑》卷三"犯罪存留养亲—04"。)

帖中一目了然:"至承祀之案,惟殴妻致死一项人犯始准查办,则以妻命为轻,其祖宗嗣续为重故,不论其获罪在家,在外,一概准其承祀",①该条例以"承祀"为由轻罚杀妻之夫,说帖甚至直言"妻命为轻",彰显了夫尊妻卑、维持家族延续的立法思想。

然而,在刑科档案中,被获准承祀的并不多见,主要因为清律规定只有夫"殴妻致死"才可承祀,如果夫有"故杀别情者",则不可承祀。同时,该类案件在不同朝代有着具体严格的适用条件和程序。如在嘉庆十八年奉天司说帖:"查夫殴妻致死拟绞,秋审时核其情轻,应入缓决。如系父母俱故,家无次丁,既应准其承祀,则缓决三次后奏准减流。遇有犯亲先存后故,亦应一体准其承祀,以昭平允。"②其后嘉庆二十年说帖还明确指出:"遇有亲老丁单,疑秋审情实二次改缓后,始准查办留养。继自今悉依此例行,并无办过承祀之案。惟夫殴妻致死,系例内载明应行承祀,或随本声请,或秋审题请,俱依律查办。其余人命抢窃等案,止准留养,不准承祀。历数十年,从无歧义。"③而道光年间承祀之案,还对夫殴妻致死的原因进行限定,即要具备"惟殴死不孝有据及殴夫成伤之妻二项秋审均入可矜"④的条件。因此,夫除了因妻"不孝有据"及"殴夫成伤"之外而殴妻致死的案件则不准留养承祀,如"妻系被推跌毙不得随案留养"、"妻止私逃欲嫁不得随本承祀"、"妻止扑打未伤不准随本承祀"等。⑤ 这种必备条件一直适用到同治年间,比较典型的案件如同治十年说帖,"皖抚题泗州民高允恭殴伤伊妻郭氏身死一案",

---

① [清]祝庆祺等编:《刑案汇览三编》(一),"异姓义子杀妻准其归宗承祀",第61页。
② 同上书,"殴妻致死减流之犯准其承祀",第60页。
③ 同上书,"殴死妻准承祀此外一概不准",第59—60页。
④ 同上书,"妻止扑打未伤不准随本承祀",第52页。
⑤ 同上书,"妻系被推跌毙不得随案留养"、"妻止私逃欲嫁不得随本承祀"、"妻止扑打未伤不准随本承祀",第51、52页。

夫殴死顶撞夫翁不孝有据之妻：

> 此案高允恭因妻郭氏顶撞其父，向斥争骂，用棍殴伤致死，自应按律问拟。应如该抚所题，高允恭合依夫殴妻至死者绞律，拟绞监候。死系顶撞夫翁不孝有据之妻，秋审应入可矜，减二等发落，据供亲老丁单，业经该抚讯取族邻人等确切供结，核与留养之例相符，应照例枷责发落，准其存留养亲。①

第二节 妻的反应

对于夫犯妻，妻的反应有多种，但不管是默默地顺从忍受屈辱、还是积极地反抗或以暴制暴、甚至选择自尽，妻皆付出了惨烈的代价。然而，一旦妻的反应"过度"，清律的处罚相当严苛。

一、顺受

当夫犯妻时，面对着夫突然变得狰狞的面目和无情的训骂与拳脚，清代许多女性从最初的震惊，到过后的害怕、忍受，乃至麻木，采取了逆来顺受的态度。在《清史稿·列女传》中，几乎没有一个妻对夫的暴力行为说"不"。事实上，这一切针对女性的权力话语，其实质就是塑造卑微、服从的女性，使她们从本质上、在家庭与生活的各个方面均服从丈夫、翁姑的意志，以维持以男性、夫权为中心的社会的稳定。如《清史稿·列传二百九十六》"列女二"中王元龙妻李氏的个案：

> 王元龙妻李，嘉兴人。元龙悍，嗜酒，稍拂意，辄呵斥。既，伤于酒而病，李斥嫁时所媵田供药饵。元龙病，益悍，稍间，则日夜博。怒李，故以非礼虐使，或加以鞭楚，李安之，无几微忤也。元龙

---

① ［清］祝庆祺等编：《刑案汇览三编》（四），"因妻顶撞其父将妻殴死"，第636页。

病三年而死,李朝夕上食,辄号恸。服除,会兄公之官福建,姑老不能赴,李往奉姑,七年而姑卒。李泣谓诸从子曰:"我当从汝叔於地下矣!"会火发,李整衣坐楼上,有梯而援者,李戒毋上楼,烬死焉。

李氏是一个面对夫的暴力逆来顺受的典型,其夫王元龙性格强悍,有暴力倾向,酗酒更加剧了他的暴虐程度,李氏稍有不如意,就要招致呵斥。后来王元龙因为得病,性情更加暴虐,以赌博排遣,李氏为他买药侍奉,他也不领情,故意以非礼之举虐待、驱使、鞭挞其妻。而李氏逆来顺受,安之若素,没有一点反抗的举动。她侍奉了暴虐、有病之夫三年,又奉养了婆婆七年,最后遇火拒救而死,并为从夫于地下而欣慰。为得烈女之名,其顺受已到极致。

《清史稿·列女二百九十八》"烈女四"中徐氏之夫是一个无赖荡子,对徐氏经常施以非常凶残的鞭挞,连婆婆都看不过去,劝子媳离开自己暴虐之子再嫁,但徐氏宁可忍受夫施加的残酷鞭挞,却坚决不离开:

> 王某妻徐,东乡人。姑夏,早寡,而子无藉,夏戒勿听,徐规之,辄鞭挞欲死,夏谓徐:"夫无恩,可嫁",徐不去。

清代女性在现实生活中受到太多的约束,她几乎没有选择自由。从社会因素分析,女性无法离开家庭而自存,无法脱离夫而自立,也无法寻求更多的社会支持;从自身因素分析,传统礼教"在家从父,出嫁从夫"的教育使女性遭受夫侵犯时,自己就丧失了反抗的信心和决心,不敢抗拒;从夫妻关系角度看,民间俗语有云:"教女初来,教儿初孩",其根本内涵就是宣扬、鼓励夫在妻初嫁入夫家以后,乘其尚未熟悉,先来一个下马威,以暴力手段(当然也有教化手段)将妻打服,从而确立自己在家庭中的权威。有鉴于此,妻在没有退路逃避的情况下,只能自我安慰、自我排解,从而对夫的侵犯习以为常,而妻的这种心理一旦产生,很难自我铲除,于是,夫犯妻也就日复一日,永无止境了。

二、反抗

妻之顺受是被清代统治者所极力推崇的,但面临几近肆意的夫犯妻行为,妻的反抗就会顺其自然地发生,特别是在偶发性暴力伤害中的直接反抗,以及"不从"的消极反抗。

第一,妻在偶发性暴力伤害中的反抗。

前文阐述因生活琐事,而导致夫杀妻的案件中,妻有时因不甘受辱而"回骂"。当夫恼羞成怒施加暴力之时,妻在顺势间防御性的反抗中,会导致过失伤夫致死的后果。在反抗中,妇女有着独特的殴击方式,如以头撞夫、与夫拼命、气急而辱骂翁姑等,这些反抗形式往往会触犯夫的"尊严",激化矛盾,从而招致更严重的暴力升级,甚至是残忍的被杀。这种情形下,妻被判处斩立决,但法司通常会核其情节,奉旨改拟斩监候。如嘉庆二十三年,"云抚题:蒋李氏因误用田契纸垫晒药末,经伊夫蒋常青瞥见,用柴块乱殴。蒋李氏负痛,情急图脱,用头吓撞,误伤蒋常青胸膛殒命。蒋李氏依律拟斩立决,声明究系口角起衅,被殴图脱,吓撞适伤身死,并非有心欲杀。奉旨:九卿议奏,改为斩候。"

然而,夫殴打妻时,如果妻只是徒手遮护,并未还手殴夫却致夫亡,也要以问拟斩立决,只不过可以通过"于疏内声明请旨"的方式被宽减而已。如道光十三年说帖,"此案柳李氏因伊夫柳恒宣行窃败露,起意杀子图赖,该犯妇拉劝亦被砍伤囟门等处,复被用刀背向殴,该氏举拳向抵,致刀口格回,碰伤柳恒宣偏左身死。"[①]四川总督拟断,将柳李氏依妻殴死夫律,拟斩立决。刑部同意了四川总督的拟断,同时,参照向来办过成案,将李氏并非有心杀夫的情节在题本中叙明。在该案中,刑部进一步指出,所谓过失杀,一定是耳目所不及,思虑所不到,若被殴时

---

① [清]祝庆祺等编:《刑案汇览三编》(四),"回抵适毙夫命声明可原情节",第336页。

徒手遮护而毙人命,一殴一抵已有争斗情形,既非耳目所不及,亦非思虑所不到,在常人尚且应照斗杀拟绞,而夫妻名分攸关,绝无只惩以过失之理。只不过,该案柳李氏徒手向抵,不过自图遮护,并未还手殴夫,情可矜悯。因此,刑部依照以前办理成案,于疏内声明请旨。

第二,妻以"不从"来反抗。

妻的"不从",往往是以生命为代价的无声反抗,虽不积极,但是夫没有达到目的,最终还因为出了人命而得到法律的惩处,应该也视为一种反抗的形式。

如一般情况下,夫殴妻或故杀妻,拟绞监候,若本夫抑勒妻与人通奸,因妻不从而导致夫故杀妻,则不得以寻常"夫故杀妻"律拟断。因为抑勒之本夫已属无耻,又因妻之不从而故杀妻,必当以凡人故杀论,实际上是加重了对该抑勒之夫的惩处。若夫抑勒妻与人通奸,妻拒奸而误伤本夫身死,则也会对妻网开一面,减轻处罚。如乾隆四十七年,河南司"鹿邑县民妇李张氏拒奸误伤本夫李东海身死一案","张氏之夫李东海因得受赵三钱文,屡次抑勒伊妻与赵三通奸。张氏坚执不从,并将赵三詈骂。张氏提防愈密。嗣伊夫夜间潜起开门,与人低语,张氏窃听有'你尽管进去'之言,随即喊叫。不料伊夫李东海进房闪至床前,手掩氏口。该氏疑系图奸之人,随取纺车排插拒殴,致伤额角殒命。"①

河南巡抚认为:李东海逼妻卖奸,李张氏拒奸误殴伊夫身死,供认确凿。虽属犯时不知,但名分攸关,自应按律问拟。将李张氏依"妻殴夫致死"律拟斩立决,声明李张氏黑夜拒奸误伤伊夫身死并非逞凶。刑部则在驳议中认为:张氏专为拒奸起见,误伤伊夫身死,犯时不知是其夫,应依"拒奸殴毙图奸之人"拟断,才与律意符合,然而河南巡抚既已认同张氏实属犯时不知,却以"名分攸关"为由,将张氏仍依"妻殴夫致

---

① [清]全士潮等编:《驳案汇编》,"拒奸误杀本夫",第272页。

死"律拟斩立决,所以"未详绎律义,致将拒奸贞节之妇竟与寻常殴毙本夫者一例科罪",实为不妥。部驳之后,河南巡抚认同了刑部的意见,将李张氏照"拒奸殴死图奸之人"问拟。因李张氏拒奸杀死的是本夫,则将李张氏比照"男子拒奸杀人之案,照斗杀律减一等,拟杖一百,流三千里例"杖一百,流三千里,系妇人照律收赎。

三、杀夫

妻杀死本夫,是一种以暴制暴的反抗形式。妻由遭受夫之暴力的受害人转变为杀夫的施暴人,多是在忍无可忍的情况下,不得已而为之,妻杀夫之后,官府不会因其被夫相犯在先而减轻处罚,而是依然严惩。如嘉庆六年,浙江司"民妇郑赖氏杀死亲夫郑棕兆弃尸一案",郑赖氏因屡被打骂欺凌而谋杀夫,郑赖氏依谋杀夫已杀者凌迟处死律,凌迟处死:

> 缘郑赖氏系郑棕兆之妻,郑棕兆屠宰为业,在外游荡。郑赖氏屡被打骂,其母郑应氏不能禁,约将其夫妇分出另居。嘉庆六年四月十一日,郑棕兆将郑赖氏所藏钱文私取出外。十三日回家,郑赖氏查问,郑棕兆以家内钱文应听取用,不得拘管,转向斥骂。郑赖氏不依,吵闹。郑棕兆即拾柴棒将郑赖氏殴逐,郑赖氏奔诉其姑,经伊姑郑应氏并夫弟郑春受劝慰而回。十六日,郑赖氏与子郑富庚在屋坐食夜饭,郑棕兆饮醉回归,声言赖氏已经逐出,不应回来食饭,并将盘碗掷弃。郑赖氏哭骂,郑棕兆向殴,郑赖氏用碗还掷,郑棕兆即取屠刀赶杀,郑赖氏避入灶房,将门关闭,郑棕兆推撞不开,声言将来杀死,随即进房将刀放在桌上,先行睡卧。起更时分,郑赖氏因灶房留有余酒,倾饮两碗,开门走至房内,见灯火未灭,郑棕兆侧身鼾睡,郑富庚亦在另床睡熟,郑赖氏忆及伊夫屡次打骂欺凌,一时忿恨,顿起杀机,即取屠刀走至床边,在郑棕兆项上狠砍,

郑棕兆翻跌下地,食气嗓俱断,移时殒命……①

该案揭示了郑赖氏杀夫的无奈及其对无法自主的婚姻由失望而绝望的心理,屡被夫打骂,只能以杀夫的方式来获得解脱。

当然,也有妻与夫偶有口角,被夫殴打,妻忿而杀夫。该类案件非常少见。如雍正十三年,广西司"桂平县民妇杨氏砍死伊夫姚亚三"②一案,妻杨氏因口角被夫踢骂,一时气忿,砍死伊夫。承审官依妻殴夫死者斩决律,拟斩立决。

为重惩妻杀死本夫的行为,经圣谕将对此类行为的规制变成"通行",免去"部议"程序,即行将该妻凌迟处死。如嘉庆十五年四川司通行,"刑部议覆四川省程邓氏商同伊子勒毙亲夫一案",程邓氏因屡被其夫程洪受殴打,又因其夫平日酗酒嫖赌,又见其站立伊媳房门外,辄怀疑图奸其媳,就商同其子程德将其夫谋勒致死并假装其自缢。嘉庆皇帝认为,此案"实为人伦至变。该督审明后即将程德恭请王命正法,而程邓氏一犯当照寻常谋毙夫命案情,仍请敕下部议,未免拘泥,程邓氏着即凌迟处死。案非情理所有,专属仅见,嗣后如或有情节似此者,即照此办理。"③

四、自尽

在论述清代的自尽盛行时,一些学者认为:"也许这一现象能够反映出人们在儒家社会中的紧张心态和受压抑心理。……有些自杀,尤其是弱者和地位低下的人的自杀,正如人们想象的那样,是对痛苦人世的一种逃避。但这些案件看来不占多数。比如在我们掌握的 23 个自

---

① 郑秦、赵雄主编:《清代"服制"命案——刑科题本档案选编》,中国政法大学出版社1999年版,第 477—478 页。
② 同上书,第 1 页。
③ [清]祝庆祺等编:《刑案汇览三编》(二),"商同伊子谋杀亲夫应先处决",第 831 页。

杀案件中,只有 10 例涉及妇女。其余案例中,自杀者都是抱着一个让仇人或欺负自己的人,因自己自杀而承担法律责任的愿望而自杀的,实际上是一种超前的报复行为(中国文学的一个主题就是这样的:自杀者的冤魂将返回人世,骚扰导致自己自杀的人)。另有一些自杀案件,包括那些看起来十分古怪的案件,则是由雀角琐事引起的,其中怕丢面子的心理看来是诱发自杀的一种重要因素。"①

妻的自尽多是对痛苦人世的一种逃避,如妻因被夫殴骂而自尽。《大清律例·刑律·人命》"夫殴死有罪妻妾"律条规定:"若夫殴骂妻妾因而自尽死者,勿论。"但该条条例又规定:"妻与夫角口,以致妻自縊,无伤痕者,无庸议。若殴有重伤縊死者,其夫杖八十。凡妻妾无罪被殴,至折伤以上者,虽有自尽实迹,仍依夫殴妻妾致折伤本律科断。"道光七年,江西司"北城移送:杜五儿因与妻计氏口角,将其殴责,致氏气忿投河溺毙"②一案,刑部认为,检查原验计氏各伤,均非重伤,与殴有重伤致妻自尽者不同,因此不能将本夫杖八十,而是应酌量问拟,杜五儿照"不应轻律"笞四十。

也有妻因被夫诬奸、疑奸而羞忿自尽。如道光二年,"陕抚题:薛述海因讹索无服族兄薛述印银两不遂,即诬指薛述印与伊妻周氏通奸,将周氏与薛述印捆缚,致周氏因被污蔑,忿急自尽"③一案,薛述海污蔑其妻,与常人不同,薛述海照"捏造奸赃款迹污蔑、致被诬之人自尽绞罪"上,量减满流。再如道光十一年,"河抚题:杞县彭大杰听从彭甸卿诬妻王氏与彭仓通奸,致彭王氏羞忿自尽"④一案,刑部认为,例无治罪专

---

① 〔美〕D.布迪,C.莫里斯:《中华帝国的法律》,朱勇译,江苏人民出版社 2003 年版,第 136—137 页。
② 同上书,第 735 页。
③ 同上书,第 261 页。
④ 同上书,第 682 页。

条,只是夫诬告妻律得减所诬罪三等。诬指与诬告情事相同,自应比律问拟,彭大杰应比依"夫诬告妻减所诬罪三等律",于彭甸卿应得绞罪上,减三等,为从再减一等,拟杖八十,徒二年。

还有妻因夫欲将其嫁卖或强行将其嫁卖,不甘失节而自尽。如道光四年,"东抚题:蒋幅荣因贫难度,欲将伊妻邱氏嫁卖,致邱氏不甘失节,自缢身死"①一案,例内并无作何治罪明文,自应比例拟断,蒋幅荣比照"不应重律"杖八十,再枷号一个月。若本夫因贫将妻强行嫁卖,致使妻自尽身亡,则处置会加重。如道光十年,"南抚题:黄德修因贫将妻陈氏强行嫁卖,致令自缢身死"②一案,黄德修比照"孀妇自愿守志、夫家强嫁、不甘失节因而自尽者、夫之父母杖一百、徒三年例",杖一百,徒三年。

第三节 社会各方面的反应

夫妻关系是家庭关系的核心,夫家、妻家对于夫犯妻的行为也有各自的反应。这种反应结果都将作用在夫妻身上,起着加重或者减轻夫犯妻的作用。家庭关系之外的他人也为某些原因对夫犯妻的行为做出反应。从相关案例分析来看,夫家、妻家及他人等社会各方面对夫犯妻的反应都在清律的规制范围内。

一、夫家的反应

一般来讲,夫家鼓励夫对妻采取适当的手段加以管束,对于妻不听夫管教,出现"牝鸡司晨"的情况,夫家亦深恶痛绝。对于夫殴詈妻,夫

---

① [清]许梿、熊莪编:《刑部比照加减成案》,何勤华等点校,法律出版社2009年版,第732页。

② 同上书,第386页。

家往往通过劝导等方式加以调解,而发生严重的暴力伤害或涉及妻之贞节等重大事情时,夫家才会直接制止或干预。

对于正在发生的夫对妻殴打等侵害行为,夫家之翁姑、尊长的制止往往有效。但是,也有无效的时候,若因此而导致尊长受伤殒命,则会追究本夫的责任。如嘉庆十八年,"晋抚奏:彭胜明因殴打伊妻,经伊父彭彦蓁喝阻,次日复因细故将妻殴打,伊父气忿,持杖追殴。该犯并不俯首受责,辄先逃避,以致伊父失跌受伤殒命"①一案,彭胜明比照"子孙违犯教令、致父母抱忿轻生例"拟绞监候。

对于夫对妻之卖休、典雇、抑勒通奸等行为,夫家也有一定干预。如清律禁止典雇妻女,但此类案件民不告、官不究。但通常情况下,夫家为了维护家族名声的角度,对此类事情加以禁止。如光绪十二年,浙江慈溪方家堰方氏家规、族约中规定:"妇人出典,败坏风俗,最为吾乡恶习。族内严禁此风,以正名分,以存廉耻。"②如乾隆四十四年,四川司"董学贤护父殴伤胞兄董学孝身死一案"③,董学孝家贫无赖,欲将妻胡氏嫁卖,胡氏闻而吵闹并告诉其翁董奇荣,董奇荣则训斥董学孝,只不过董学孝并不听从其父训斥,而是忤逆嚷骂,但也说明夫家对于夫卖休妻的制止。

然而,对于夫犯妻,夫家也有庇护本夫,帮其消除犯罪迹象的。如乾隆五十二年说帖,"潘连因次子潘彭殴妻赵氏致死,情急求救,该犯起意焚尸灭迹,即同潘彭将尸身抬至山内烧化"一案,查"潘连因虑子抵罪,忍于惨毁媳尸,律例内并无翁姑毁弃媳尸作何治罪专条,该抚依毁

---

① [清]许梿、熊莪编:《刑部比照加减成案》,何勤华等点校,法律出版社2009年版,第188页。
② 费成康主编:《中国的家法族规》,上海社会科学院出版社2002年版,第315页。
③ 郑秦、赵雄主编:《清代"服制"命案——刑科题本档案选编》,中国政法大学出版社1999年版,第106页。

弃卑幼死尸律按大功服制递减拟徒,系属照律办理,参会殴杀子孙之妇较殴杀子孙加重之律义,亦属贯通,似可照覆。"①

二、妻家的反应

古代婚姻并不仅是合二人之好,最重要的是合二家、二姓之好,妻家如果对嫁出之女的命运不闻不问,任其受辱,就等于损伤了自己家庭与家族的脸面。因此,即使除去亲情因素,妻家对于妻在夫家的地位、待遇、是否受欺也比较关心,并且也有权利、有义务干预,除非自身的力量不足,所以妻家势力的强弱与消长对于妻在夫家的地位、是否受欺等是很重要的因素。

第一,调解与干预。

一般来讲,妻被夫责打后,常回到娘家躲避,并需求娘家父兄的支持。在中下层的家庭里,妻也是家中的主要劳动力,如其回娘家,夫家则劳动力缺失,此时,夫往往要去妻家接妻。利用这个机会,在妻家父兄的主持下,夫或许会认错,然后妻就可以体面地回到夫家。也有妻家因妻屡被夫殴责,没有选择调节或调解没有效果,而将该妻另行改嫁。如道光九年案,安徽司"刘张氏于伊女大妞出嫁以后,时被翁夫殴责逃回躲避,辄将其带赴京城改嫁与赵大为妻"一案,该案与上案有所不同的是,该案大妞逃回娘家之后,其父刘振三曾经告知本夫莫七儿等,令其自行往接,莫七儿等因大妞性情不良,意欲休弃,并未往接,因此,刑部认为:"是本夫已存休弃之心,且张氏与大妞情关母女,非别项亲属可比,核与夫无愿离之情,妻自背夫在逃,期亲以上尊长主婚改嫁,罪坐主婚之律迥不相符。将刘张氏比照逐婿嫁女律,杖一百。"②

---

① 〔清〕祝庆祺等编:《刑案汇览三编》(二),"烧子妇尸身灭迹依服制拟徒",第 746 页。
② 同上书,(四),"母将被责逃回之女改嫁",第 49 页。

当妻被夫殴伤后自缢身死,妻家或许心疑其身死不明,因而会具控告官,要为出嫁之女讨得公道。如嘉庆十七年说帖,"东抚奏李莱山京控伊女身死不明一案",刑部指出:"李莱山因伊女李氏被夫范妮殴伤后自缢身死,心疑身死不明,屡在本省呈控,又不听候审断,辄即来京越诉,殊属刁健,惟事出有因,且于未经开检之先尽吐实情,自愿认罪,该省将该犯照例拟杖加枷,尚无错误,惟该犯越诉之罪虽止拟笞,亦应于出罪处声明轻罪不议。至范妮殴伤伊妻,致令自缢,罪应杖八十,例有专条,该省以殴非折伤予以勿论,系属错误,应行更正。"①

亦有妻家闻知女儿被夫卖休,而呈控告官。如嘉庆十二年说帖,"川督题钟潮重戳死张树勋一案","钟潮重之女嫁与刘惟仲为妻,刘惟仲因贫难度,央媒将钟氏嫁卖与张树勋为室。该犯查知具控,张树勋因被牵控,往向理论,致相争詈。该犯将其戳伤致毙。"②

有时候,妻家还会进行强力干预。妻家若势力强横,则会打上门去,造成家族之间更大的矛盾和冲突。田文镜在河南任职时,于雍正四年十月曾发布告示"严禁代女出气登门打骂之恶风以重人命事(禁止代女出气恶风)",生动描述了这种冲突的情形,并表明了官府对此严禁的态度:

> 照道男婚女嫁人道大伦,男长必当娶妇以为家,女长必当配夫以成室,则女子出嫁之后与父母渐同陌路,与翁姑不啻亲生,当移其孝顺父母之心以孝顺翁姑矣,此俗谚所谓"生为夫家人,死为夫家鬼"也。乃不安妇道,撒泼逞习,或为翁姑诟谇,或与本夫打骂,即奔归母家告诉。而为女之父母叔伯兄弟者,既不能训其女于平时使之警戒无违,又不自知其女之不贤而曲为护短偏袒,即便男女

---

① [清]祝庆祺等编:《刑案汇览三编》(三),"殴妻自尽妻父京控身死不明",第1794页。
② 同上书,(三),"因婿卖妻致将买休之人殴死",第2128页。

成群执持器械,竟上婿门打姑骂婆,势同抄毁,非打伤人命,即威逼自缢。此风甚恶,合行严禁。为此示仰抚属官吏军民人等知悉,嗣后务必上和下睦,夫倡妇随,翁姑尽翁姑之道,夫妇尽夫妇之伦,妯娌姑嫂之间亦必各安其分,各守其常,不得时常吵闹。即偶然口角,不许奔归母家告诉,而母家亦不许纠约多人登门打骂。如敢故违,致成人命,定将奔归告诉之女坐以主谋喝令,登门打骂之父母叔伯兄弟坐以白昼抢夺,地方官即以罢软纠参,决不宽贷。各宜慎之,毋违。①

但是,在实际生活中,因妻回娘家求助,妻家之人打上门去的事情却屡禁不止。如道光十一年,"江南司咨:江澄因侄女江氏被夫休弃,往寻氏夫李邦达不遇,辄将夫弟李邦植强拉至家,逼写借字,关禁空屋。复将往探之邵庆云一并勒写借字,吓制将氏领回,方肯释放还字"②一案,刑部认为,江澄实属恃强欺凌,无故扰害,由于其并未吓诈取财,也无勒赎情事,将其比照"广东、福建两省民人因细故逞忿,止于关禁数日,追服礼后即行放回者拟徒例",杖一百,徒三年。

第二,图利置嫁女于不顾。

本夫因贫卖休其妻,妻家亲属或为获得礼金,知情同意。如乾隆六十年说帖,"此案全羽高因贫,欲将伊妻刘氏嫁卖,向氏兄刘德说知,自写婚书卖与袁士禄为妻。"③及嘉庆十七年奉天司说帖,金荣因无力养赡,将妻张氏休卖与董世彬为妻,妻兄张元春是知情卖休之人。④

也有妻父为图利,将被夫休回之女卖掉。如道光二年,浙江司"北

---

① 田文镜:《抚豫宣化录》,转引自张涛:《受虐及其反应——清代社会中女性境遇研究》,中国人民大学2001年博士学位论文,第92—93页。
② [清]祝庆祺等编:《刑案汇览三编》(四),"因侄女被夫休弃将夫弟关禁",第167—168页。
③ [清]祝庆祺等编:《刑案汇览三编》(三),"卖休之妇亲属知情未便归宗",第1960页。
④ 同上书,(一),"将妻休卖复思再卖纠抢未得",第246页。

城移送；王二因已经出嫁之女五儿被夫休回，并不另配，图得身价钱文，卖给赵张氏为义女"①一案，刑部认为，例内并无和卖子孙与人作为义女治罪明文，将王二比照"略卖子孙为奴婢杖八十、和卖者减一等律"上，再减一等，杖六十。

三、他人的反应

他人对夫犯妻的反应，多是基于"利"的刺激，从刑科案件中看，主要有以下四种：

第一，诱拐嫁卖本妇。乾隆五十七年说帖，"江西省顶驳史大朋收留廖氏嫁卖一案"，该案廖氏因与夫口角被逐，欲回母家迷路，恰好遇见旧邻史大朋，央求将其送回。史大朋得知该氏被夫撵逐情由，便起意嫁卖，故意以天晚难行，收留至家，次日将其带至鄱阳县饭店，劝其改嫁，廖氏无奈应允。史大朋即认其为孀嫂，说合嫁卖，得受财礼。刑部指出："此案既据该抚讯明廖氏并非背夫在逃，亦无与史大朋通奸情事，其被史大朋诱拐嫁卖，若该氏果不知情，史大朋即例应拟绞。今该抚既称史大朋劝氏改嫁，该氏无奈应允，即与知情商同无异，似应将史大朋照诱拐例改发极边足四千里充军，廖氏依被诱之人减等满徒例杖决徒赎，交本夫领回。"②

第二，贪利教令本夫将殴死之妻装作自缢。道光六年说帖，"此案唐效之因族人唐仲述将妻毛氏殴死，畏罪央伊设法许谢，该犯贪利，教令唐仲述将尸用火钳印烙，装作缢痕，复教令唐仲述捏砌尸兄毛奕鍉借命纠众抄抢各情报验。"③

---

① ［清］许梿、熊莪编：《刑部比照加减成案》，何勤华等点校，法律出版社2009年版，第104页。
② ［清］祝庆祺等编：《刑案汇览三编》（一），"妇女欲回母家迷径诳诱嫁卖"，第719页。
③ 同上书，（一），"诬告应视所诬情罪分别留养"，第73页。

第三，诓骗本夫卖妻钱文匿逃。道光元年，"福抚咨：苏子德因贫将妻嫁卖，被苏贤用诓骗卖妻钱文匿逃，苏子德失财窘迫，服毒自尽"①一案，苏贤用比照"窃盗逃走、事主失财、窘迫自尽、照因奸酿命例"，杖一百，徒三年。

第四，挟嫌控诈犯妻之本夫。道光九年，"陕督咨：河州回民周化滩因张五十保逼妻郭氏投井身死，私殓匿报，该犯挟张五十保索欠撕殴之嫌，纠约周阿一的向张五十保藉端诈扰，因被张五十保斥骂，即赴州报验，以致张五十保畏惧到官，情急自缢身死"一案，刑部认为："核其情节与无端肇衅、平空欺诈者有间，惟该犯事不干己，挟嫌控诈，图泄私忿，致酿人命，实属情凶势恶，自应比例问拟。周化滩合依'凶恶棍徒生事扰害、系一时一事、情凶势恶者、发极边足四千里安置例'发极边足四千里安置。周阿一的、周必两力、马七十、马哈细木听从助恶，应照'为从例'减一等，拟杖一百，徒三年。"②

小　　结

清律赋予夫最大限度内享有对妻的权利，对于夫犯妻，除非涉及人命、贞节或造成重大伤害，官府一般不予理会。但是，清律并非完全视妻的命运若蝼蚁，妻由于承担延续夫族宗嗣的重任，也被予以一定保护。清代统治者为了达致法律与情理的融合，从而更好地维持家庭与社会的稳定，当夫对妻做出卖休、典雇、抑勒与人通奸、有妻更娶、杀妻等行为时，清律给予夫以相应惩处。

对于夫犯妻，妻的反应有多种，但不管是默默地顺从忍受屈辱、还

---

① ［清］许槤、熊莪编：《刑部比照加减成案》，何勤华等点校，法律出版社2009年版，第307页。

② 同上书，第463—464页。

是积极地反抗或以暴制暴、甚至选择自尽,她皆付出了惨烈的代价。

　　社会各方面对于夫犯妻的反应也有所不同,夫家的反应主要通过劝导等方式加以调解,只有在发生严重的暴力伤害或涉及贞节等重大事情时才去制止或干预;妻家的反应主要是调解与干预,因为出嫁女在夫家的地位、待遇、是否受欺关系到自己家庭与家族的脸面,有时候,妻家还强力干预,造成家族之间的更大的矛盾和冲突;他人对夫犯妻的反应,则多是基于"利"的诱惑。这些反应都将作用在夫妻身上,起着加重或者减轻夫犯妻的作用。

第三章　清代的妻犯夫

清代夫权至上，律例之下的夫妻关系几乎完全由夫对妻所享有的权利与妻对夫应尽的义务所构成，但夫妻关系毕竟是一种复杂的社会存在，其要受到人性、伦理、道德、舆论、习惯等多种因素影响，从而体现出复杂性和多样性。尤其是在下层社会，由于生存环境的艰难、情与利的诱惑，男女之防、夫尊妻卑等传统道德的影响作用被打了很大折扣，法律的威慑力也降到次要的位置，此时"利益"常常决定着一切。因此，妻犯夫就会多有发生。妻犯夫的方式和原因各有不同，夫的反应、和奸之人的反应及社会各方面的反应也多有所区别，且律例规范和司法实践中存在着诸多突出的特点。

第一节　妻犯夫的方式与原因

清代妻犯夫的方式有背夫逃亡、和诱、逼迫夫自缢身死、告夫、杀夫等五种，究其原因又各有不同，但清律对不同的妻犯夫行为皆给予严处。

一、背夫逃亡

从第一章所引《大清律例·户律·婚姻》的"出妻"律条可知，夫有嫁卖背夫逃亡之妻的权利，妻有从夫而居的义务。《大清律例统纂集成》注曰："妇人义当从夫，夫可以出妻，妻不得自绝于夫。"又云"夫为妻纲,弃夫从人,人道绝矣。清代"以绝'人道'之故,特重罚之,如此严峻,古无其例。"①既然妇人之义当从夫,妻背夫逃亡自然要受到惩处(杖一百),若因此而擅自改嫁,拟以绞监候,即便夫弃妻逃亡三年无音讯,若妻要改嫁,也要"经官告给执照"。但是,妻"背夫逃亡"与"和同相诱,犯罪逃走,有被诱畏罪之因"不同,因为"背夫者谓非因别事,专为背弃其夫而逃也,律贵诛心,故其法重……是以向来遇有妇女因诱同逃,被人嫁卖之案,照被诱减等拟徒。"②从相关案例分析,妻背夫逃亡有以下表现形式:

第一,妻与夫口角而气忿逃出。

如乾隆十八年,江苏司"顾滔殴死伊妻徐氏一案"③,顾滔将徐氏前夫之女卖作婢女,导致夫妻反目,徐氏气忿,潜出无踪。顾滔以背逃情词禀县给批自缉。而徐氏只不过回家探女,撞遇顾滔,顾滔殴伤徐氏身死。

第二,妻私自主婚改嫁。

如道光二年,福建司"中城移送:贾氏因伊夫陈美功赴口外种地,误信陈桂林告以伊夫病故之言,改嫁赵七"④一案,刑部认为,例无误闻夫死擅自改嫁治罪专条,但贾氏只因其夫年余并无音信,无钱生活,即擅自改嫁,贾氏应比照"因夫逃亡三年之内,不告官司而擅自改嫁者"杖一百。

第三,妻由尊长主婚而改嫁。

---

① 陈鹏:《中国婚姻史稿》,中华书局2005年版,第555页。
② [清]祝庆祺等编:《刑案汇览三编》(一),"妇女被诱逃出转嫁并非背夫",第714页。
③ 郑秦、赵雄主编:《清代"服制"命案——刑科题本档案选编》,中国政法大学出版社1999年版,第104—105页。
④ [清]许梿、熊莪编:《刑部比照加减成案》,何勤华等点校,法律出版社2009年版,第40页。

如乾隆五十四年说帖,"殴死居丧改嫁后复背逃之妻"①一案,岳氏由其叔岳维林主婚改嫁与张闻谟为妻,旋因其夫张闻谟出外佣工刚经一个月,辄央其叔岳维林主婚改嫁与殴阳全为妻,则岳氏背夫改嫁罪应拟绞,若因张闻谟违律婚娶,则以凡人斗杀科断,是殴死有罪妻妾之本夫竟为背夫改嫁袒护后夫之悍妇抵命,情法殊未平允。假令该氏有犯因奸谋杀本夫及夫之祖父母父母,罪应凌迟重案,仅科以凡人因奸谋杀斩绞之条,更不足以正伦理而昭法纪。

但是,如果妻因夫出外未回,贪图财礼,捏称孀妇改嫁,则不同于背夫改嫁。如道光十一年,福建司"提督咨:许那氏因夫出外未回,捏称孀妇改嫁,旋即托故转回"②一案,刑部指出,许那氏与背夫改嫁者不同,但其诡诈贪淫,实属可恶,因此将其于"妻背夫改嫁拟绞律"上,量减一等,拟杖一百,流三千里,属犯奸之妇,杖决流赎。

不过,《大清律例·户律·婚姻》"出妻"条条例还是对"背夫逃亡"做出了较合理的规定:"及夫逃亡三年不还者,并听经官告给执照,别行改嫁,亦不追财礼。"因为"本夫逃亡不回,其妻无所依倚。夫之生死不知,归期无望,必令终守,则非人情所堪,许令改嫁,则非法令所宜。"所以有此条例,"可谓善体律意也"③该条例算是夫权之下,妻所拥有的离婚权利之一。其中,"逃亡者,谓或因犯罪,或遭兵乱,或值凶荒等事。若为别事,如出外贸易、访亲之类,不得谓之逃亡。虽年远不归,不在此限。"④因此,"是官给执照别行改嫁之例,系专指逃亡不还者而言。若

---

① [清]祝庆祺等编:《刑案汇览三编》(二),"殴死居丧改嫁后复背逃之妻",第1449页。
② [清]许槤、熊莪编:《刑部比照加减成案》,何勤华等点校,法律出版社2009年版,第395页。
③ [清]沈之奇:《大清律辑注》(上),怀效锋、李俊点校,法律出版社2000年版,第288页。
④ 同上书,第287页。

系在外贸易访亲确有定处,虽婚嫁偶致愆期而恩义岂能遽绝?如有再许他人之事,自有女归前夫之条。"①如道光十一年,陕西司的案件,屈氏之未婚夫王杜儿未及完婚,即远赴口外,逾十年未归,但曾经寄信回家,说是在外做生意。但县令并未详查,即照夫逃亡三年不还之例,断令屈氏别行改嫁。后经刑部部示,"本应照律将屈氏断归前夫王杜儿,惟现据王杜儿以屈氏业已失身生子,不愿完聚,究诘再三,实系出于情愿,并非勉强,应请照'前夫不愿、倍追财礼给还之律'定断。"②

若本夫因犯罪发配久无音信,妻被翁因贫嫁卖,则不算背夫逃亡,夫发遣释回后,若殴死被翁嫁卖之妻,则依凡人斗杀律拟绞监候。如道光六年说帖,"河抚题云大小扎伤林李氏身死一案"③,刑部指出,李氏虽是该犯之妻,但该犯发配后五年来杳无信息,即与逃亡不还情节相仿。其父云士安因家贫,且该犯存亡未卜,将李氏改嫁,均属于情非得已,云士安照律可以主婚,李氏既经云士安主婚改嫁,则与云大小已无夫妻名分。河南巡抚将云大小依凡人斗杀律拟绞监候,拟断正确。

二、和诱

"和"意指同意。和诱,即同意被引诱,是指他人在女性的同意下引诱她。"和诱"的要件为"和同相诱",但是,很多情况下,和诱女性都是在无所选择的情况下被迫允从,这种情形下仍要对女性判以和诱之罪,无疑主要是对她们背叛夫的行为以示惩处。

嘉庆十八年说帖,云南司"杨得新控告韩四藏伊匿妻孟氏一案"④,

---

① [清]祝庆祺等编:《刑案汇览三编》(一),"定婚改嫁虽已生子应归前夫",第243页。
② [清]许槤、熊莪编:《刑部比照加减成案》,何勤华等点校,法律出版社2009年版,第384页。
③ 同上书,(二),"发遣释回殴死被翁嫁卖之妻",第1448页。
④ 同上书,(一),"听从奸拐买休之妇",第713—714页。

该案中孟氏本是有夫之妇,被卖休给杨得新(不知情),后因口角,被王氏劝至其家住宿。王氏因曾闻韩四嘱托倪氏说亲,辄敢乘机怂恿孟氏另寻生路,诱允孟氏跟同韩四奸宿,得受谢礼钱文。孟氏则甘心被他人和诱。王氏实属和诱知情为首,韩四明知孟氏是有夫之妇,将其带走,即属为从,按律应拟满徒。其后,孟氏之夫杨得新询知,赴城控告传案,王氏逃逸,该城将韩四拟以杖责发落,孟氏立即逃出,向韩四告知,韩四又带同孟氏潜匿。刑部指出:韩四属于收留逃走妇女为妻,罪至徒二年,应从其重者论,仍依"和诱为从例"拟以满徒。但云南司以孟氏属于买休之妇,将该犯于和诱为首例上量减拟徒,罪名认定虽然正确,但错误认定其为首犯,应另行改拟。

道光六年说帖,"钟黎氏因伊夫钟亚四相待刻薄,听从刘亚五诱拐同逃,致伊夫撞遇后忿羞服毒身死"①一案,广东巡抚以钟黎氏并无与刘亚五通奸,其知情被诱亦与因奸致夫自尽者不同,将钟黎氏比照妇与人通奸,致本夫羞忿自尽于绞监候例上,量减拟流收赎。刑部驳议指出:查妻与夫仅止口角细故,并无逼迫情状,致其夫轻生自尽者,即应拟绞,是因夫为妻纲名分所系,所以定例綦严。妻背夫在逃,比口角细故严重的多,其因在逃而致其夫自尽,岂能较口角细故致夫自尽为轻?况且妇女既经听从诱拐,已属无耻,不能以并无奸情曲为宽解,而置其夫自尽于不问。刑部据此拟断,将钟黎氏比例问拟绞候。而广东巡抚将该犯妇于绞罪上量减拟流收赎,实属轻纵,应驳令另行改拟。广东巡抚遵驳改正,将钟黎氏比照"妇女与人通奸,本夫羞忿自尽例"拟以绞候。但是刑部又驳议指出:虽然钟黎氏被诱同逃固非良妇,但未与刘亚五通奸,因此,不能照"妇女通奸,本夫羞忿自尽例"问拟,而应改照"妻妾嘲起口角,并无逼迫情状,其夫轻生自尽例"拟绞监候。

---

① [清]祝庆祺等编:《刑案汇览三编》(二),"被诱同逃并无奸情致夫自尽",第1216页。

三、逼迫夫自缢身死

由于社会现实的复杂性与个人性格的多样性,悍妇时见记载。清代乾隆年间,对于妻妾悍泼,逼迫夫致死定有专例惩处。即乾隆四十五年,江苏司"山阳县民妇倪顾氏逼迫伊夫倪玉自缢身死一案"确立了"妻妾逼迫夫致死者拟绞立决"的新例。江苏巡抚吴坛审理认为,倪玉之死实由倪顾氏泼悍逼迫所致,因为倪顾氏刻薄夫前妻之子,既不容许给衣御寒,又不许给本营生,夫妻反目殴骂,倪玉才气忿投缳。因此,将倪顾氏依例拟绞监候。刑部在驳议中,首先阐述律文与条例对于该类案件惩处的不一致之处,律文规定"妻殴夫至笃疾者绞决",而条例规定"妻妾逼迫夫致死者,比依妻殴夫至笃疾律拟绞",即条例只是言"绞"而没有明言"绞决",这样就为问刑衙门拟断绞监候留下了余地,以致引用极易混淆;其次,刑部认为江苏巡抚将倪顾氏拟绞监候,与律条不符,倪顾氏应依妻逼迫夫致死者,比依"殴夫至笃疾绞决"律拟绞立决。乾隆皇帝同意了刑部的意见,并且授权刑部将"引用牵混,殊未妥协"之条例"另行妥议,改正通行"。乾隆四十五年十一月初六日皇帝颁布谕令:

> 刑部议驳,原任江苏巡抚吴坛审题倪顾氏逼迫伊夫倪玉自缢身死一案,该抚将倪顾氏照"逼夫致死"例拟绞监候,与律不符。应将倪顾氏依"殴夫至笃疾绞决"律拟绞立决一本,部驳甚是,已如所议行矣。妇之于夫,犹臣之于君,子之于父,同列三纲,所关綦重。律载人子违犯教令致父母自尽者,皆处以立绞。岂妇之于夫,竟可从轻!今乃逼迫其夫致令自尽,此等泼悍之妇尚可令其偷生人世乎!此案倪顾氏薄待倪玉前妻之子,致相吵闹,已失妇道。嗣倪玉见伊子常受单寒,欲给钱营生。顾氏又与争殴,以致倪玉气忿情极自缢殒命。凶悍如此,该抚仅拟绞候,岂明刑弼教之意乎!律既载"妻殴夫至笃疾者绞决",本属允当。乃例又载"妻妾逼迫夫致死

者,比依妻殴夫至笃疾律拟绞,奏请定夺"之条,以致引用牵混,殊未妥协。著交刑部,将此例另行妥议,改正通行。①

刑部秉承谕旨,除了通行各省督抚之外,为避免援引错误,还将原条例内"逼迫夫致死比依殴夫至笃疾律"等句及"奏请"字样删去,另立了"妻妾逼迫夫致死者拟绞立决"专条。

但是,承审官在适用"妻妾逼迫夫致死者拟绞立决"新例时,要审核妻有无悍泼。如道光十五年说帖阐述得很清楚:"妻妾悍泼,逼迫其夫致死者拟绞立决,若衅起口角,事涉细微,并无逼迫情状,其夫轻生自尽者,照子孙违犯教令,致父母轻生自尽例拟绞监候。查妻妾逼迫致夫轻生之案,必其被逼自尽之时,实有悍泼难堪之状,方照例拟以立决,若只因口角细故起衅,并无实在悍逼情事,则应按例拟以绞候,其情节有轻重不同,故拟罪有立决监候之别。"②

四、告夫③

笔者在第一章已经梳理过妻"为夫隐匿的容隐义务",而妻告夫,其实就是违反了容隐义务。《大清律例·刑律·诉讼》"干名犯义"律条规定:"凡子孙告祖父母、父母,妻妾告夫及告夫之祖父母、父母者,(虽得实亦)杖一百、徒三年。(祖父母等同。自首者,免罪。)但诬告者,(不必全诬,但一事诬,即)绞。""干名犯义"是对违反亲属相隐原则的处罚,虽然该条并非单纯限制妇女的诉讼权利,但特别提出妻妾对夫及其尊亲属的告诉权利的限制,强调了妻妾在夫家的卑幼地位。妻告夫,属于为

---

① 〔清〕全士潮等编:《驳案汇编》,"比依殴人至笃疾绞决律",第 355 页。
② 〔清〕祝庆祺等编:《刑案汇览三编》(四),"逼迫其夫自尽审有无悍泼",第 295 页。
③ 日本学者滋贺秀三曾提出"妻欲害夫",他认为,"若根据律令义解释,则可以为:使夫陷于罪,不包括殴夫。"(参见〔日〕滋贺秀三:《中国家族法原理》,张建国、李力译,法律出版社 2003 年版,第 400 页。)笔者在此阐述的妻告夫,则属于"妻欲害夫"的内容。

常赦不原的"十恶"重罪之"不睦",因为"查妻之与夫名分攸关,是以诬告拟绞载在干名犯义门内,与子孙同科……"①凡妻控告夫,则受杖一百,徒三年。若诬告,则绞。在刑科案件中,妻控告夫主要有以下几种情况:

其一,妻迫于母命控告夫谋害。如嘉庆二十五年,"直督奏:王刘氏因伊夫王玉送给伊母刘孙氏糕块,查看颜色不正,刘孙氏疑为有毒,劝令呈控,该氏即向劝阻。嗣刘孙氏决意主使控告,复经该氏央劝未允,刘孙氏并欲自尽。该氏被逼无奈,始行免从赴控。"②刑部认为,王刘氏实是迫于母命,将王刘氏于"妻告夫但诬告绞律"上,减一等,满流。

其二,妻被人教唆,诬告本夫抑勒卖奸。如道光三年陕西司现审案说帖,"提督咨送郝庆宝教唆李张氏控告伊夫李骡子诱令卖奸等情一案",刑部认为:"查李张氏先与郝庆宝通奸,嗣本夫李骡子将张氏迎娶过门,郝庆宝因不能续奸,起意教唆张氏捏告伊夫家引诱外人令其卖奸,希图到官断离,仍续旧好,张氏听从捏告其夫,系属干名犯义,按律即应拟以绞。但该氏究系妇女无知,受人愚弄,且到官即将实情供明,其夫并未受累,亦未酿成别项事端,与始终诬执致其夫到官受累者不同,情尚可原,自应于本律上量从末减,以昭情法之平。"③李张氏与李骡子关系名分,不得以"为从"论,仍应依诬告夫本律拟绞,虽其情节实有可原,但亦止量减拟流。

五、杀夫

妻杀夫的案件,不时见诸于刑科案件中,妻杀夫的形式有多种,包

---

① [清]祝庆祺等编:《刑案汇览三编》(三),"教唆奸妇诬告本夫抑勒卖奸",第1798页。
② [清]许梿、熊莪编:《刑部比照加减成案》,何勤华等点校,法律出版社2009年版,第266页。
③ [清]祝庆祺等编:《刑案汇览三编》(三),"教唆奸妇诬告本夫抑勒卖奸",第1797页。

括殴夫至死,过失伤夫致死、故杀与谋杀等。妻殴夫至死,斩立决,且"妻殴死夫情轻之案,向系仍照本律拟斩立决,其有情节实可矜悯者,止于稿尾内将并非有心干犯之处声叙。"①;过失伤夫致死,斩立决;故杀及谋杀夫,凌迟处死。妻杀夫的原因基本上有以下几种:

(一)生活琐事

因生活琐事,妻杀夫的案件要比夫杀妻的案件少很多,且基本上是夫挑起事端,夫妻争殴时,妻过失误伤夫死或殴夫身死,谋杀夫的案件极少。仅举例以示之:

乾隆四十三年,云南司"邓川州民妇彭氏戳伤伊夫张和身死一案"②,彭氏懒惰性成,其夫张和不时训诫。因彭氏在外摘花插戴,张和回家瞥见,斥责其非。彭氏不服顶触,张和掌批其颊,彭氏随扭张和衣领拼命,经张和之母老彭氏拉开。彭氏进房哭骂不止,张和又赶进欲殴,彭氏顺取桌上小刀抵戳,致伤张和左臂膊。彭氏是被夫揪发外拉,一时情急,用刀吓戳,才致伤夫身死,而并非有心欲杀,因此依律拟斩立决,是妇人免其刺字。

嘉庆十四年,广东"曲江县民妇朱江氏致伤亲夫朱贱科身死一案"③,朱贱科因春耕缺乏工本,让妻朱江氏回娘家借取衣服十七件,当银应用,约好收割早稻赎还。不过朱贱科好酒花用,过期未赎。朱江氏母亲寄信催赎,朱江氏告知夫,朱贱科骂妻不该代为催逼,朱江氏分辩,朱贱科用拳打伤其左右腮颊。朱江氏回向母亲哭诉,母亲将其留住。次日,朱江氏母亲向朱贱科理论,朱江氏随后走回,到屋旁柴房门口听闻滚闹,进房查看,见母亲与夫同跌倒地,都已受伤。母亲仰跌在下,夫

---

① [清]祝庆祺等编:《刑案汇览三编》(二),"妻殴死夫情轻止准疏内声明",第1467页。
② [清]全士潮等编:《驳案汇编》,"孕妇犯死罪分别产后划一行刑",第599页。
③ 杜家骥主编:《清嘉庆朝刑科题本社会史料辑刊》,天津古籍出版社2008年版,第1065页。

揿按,用拳向母亲殴打。朱江氏情急救护其母,用斧连向夫砍去,夫伤重死去。朱江氏依妻殴夫至死者斩律,拟斩立决。

(二)夫妄冒为婚

所谓妄冒,指男女一方有嫡庶残疾等情形,于定婚时,未明白通知。清律对妄冒为婚有治罪明文,因为婚姻是"人伦之端",义重诚信,倘涉欺诈,势难好合,故币必诚,揭之于礼,禁妄冒,定之于律。①《大清律例·户律·婚姻》"男女婚姻"律条规定:"若为婚而女家妄冒者,(主婚人)杖八十,(谓如女残疾,却令姊妹相见,后却以残疾女成婚之类。)追还财礼。男家妄冒者,加一等,(谓如与亲男定婚,却与义男成婚,又如男有残疾,却令弟兄妄冒相见,后却以残疾男成婚之类。)不追财礼。未成婚者,仍依原定。(所妄冒相见之无疾兄弟、姊妹及亲生之子为婚,如妄冒相见男女先已聘许他人,或已经配有室家者,不在仍依原定之限。)已成婚者,离异。"妄冒为婚,已成婚者依律应离异,但是,在未离异前,妻杀死妄冒之夫,究竟仍按夫妻服制科断,还是照凡人谋杀或擅杀,律例均无明文。②

在具体案件中,妻杀死妄冒之夫,有时被以擅杀论拟绞监候。如道光十六年说帖,朱文铭欲娶王氏为妻,恐王氏家嫌其年大,令侄朱慕膺相看并迎娶过门,其后,王氏杀死朱文铭。刑部指出,朱文铭实属冒妄为婚,按律应该离异。虽然例内并未指明应行离异妇女与其夫有犯是否照服制拟断,但是,冒妄为婚者实属有心欺骗,因此而被杀死,不能按服制科断。"况向来谋故杀死诓骗财物罪人,均照擅杀问拟绞候。今朱

---

① 陈鹏:《中国婚姻史稿》,中华书局2005年版,第330页。
② 《大清律例·户律·婚姻》"嫁娶违律主婚媒人罪"条条例规定:"凡嫁娶违律,应行离异者,与其夫及夫之亲属有犯,如系先奸后娶,或私自苟合,或知情买休,虽有媒妁婚书,均依凡人科断。若止系同姓及尊卑,良贱为婚,或居丧嫁娶,或有妻更娶,或将妻嫁卖,娶者果不知情,实系明媒正娶者,虽律应离异,有犯,仍按服制定例。"该条没有规定对妻杀死妄冒之夫的惩处。

文铭设计将王氏骗娶,本属有罪之人,妇女以名节为重,该氏被骗失身,较之被骗财物者其情尤为迫切,如果杀由忿激,并无起衅别故,自应即依擅杀律拟断。"①

妻杀死妄冒之夫,有时还被依凡人谋杀造意律拟斩监候,如同治六年说帖,"刑部咨准豫抚咨请核示郑州民妇岳氏谋杀冒妄为婚、不能人之夫陈二川身死一案","此案岳氏之父岳胡子与陈二川邻村素识,陈二川茎物患疮溃烂,至成残废。其兄陈大川欲为陈二川聘娶岳氏为妻,向陈二川诘问,陈二川并不推辞。陈大川即向岳胡子说亲,未将残疾情由告知。岳胡子应许,迎娶过门。陈二川不能行房,岳氏询悉前情,即与陈二川不睦。陈二川在集开设饭铺,因母病故,由铺回家,岳氏不与同床睡宿。陈二川将岳氏磨折,岳氏饮泣隐恨,忆及陈二川成废,不能生育,将来终身无靠,起意致死泄忿,乘陈二川睡熟,携取铁刀,潜至床前,觑定陈二川咽喉狠砍,立时殒命。"②河南巡抚以岳氏因恨起意将陈二川用刀砍死,实属谋杀,罪应凌迟。刑部则指出,嫁娶违律,应行离异者,与夫有犯,除例内载明同姓尊卑良贱为婚等项,仍应按服制拟断外,其余均应依凡人科断。本案陈二川既然有隐疾,并不明白通知女方,以致误人终身。婚姻既不得其正,即属应行离异。因此,应按照凡人拟断。但是,本案是其兄主婚,陈二川仅是隐匿残疾,与令他人顶替骗娶妄冒为婚者不同,刑部为致情法之平,将岳氏照凡人谋杀造意律拟斩监候,随本声明,酌入秋审缓决。

(三)夫不孝父母

夫因妻殴骂自己的祖父母、父母而杀妻时,清律只惩夫擅杀之罪。当夫对父母不孝,且殴骂其妻,妻在挡击夫殴时,致伤夫身死,则会被从

---

① [清]祝庆祺等编:《刑案汇览三编》(四),"顶替被骗为妻杀夫以擅杀论",第336页。
② 同上书,(四),"隐匿残疾妄冒为婚之夫被妇杀毙",第547页。

宽惩处,此皆是以孝为先的缘故。如"广东抚题姚氏致伤伊夫范日清身死一案",乾隆四十二年六月二十二日奉旨:

> 姚氏格伤伊夫范日清致毙,刑部因名分攸关将姚氏拟以斩决,固属按律拟断,但细阅案情,范日清买有腐干在家,赴邻村饮酒,适其父缺少饭菜,经伊妻姚氏为翁煮食,范日清回家询悉怒詈姚氏,做情遂拾扁挑殴打,是范日清不顾养父转因而嗔责其妻,已干不孝之罪,姚氏本无不合,因其夫叠殴,情急随用擂茶木槌举手一格,致伤范日清倒地垫伤殒命,与无故干犯者不同,而范日清之死,辜由自作,姚氏着从宽改为斩监候,秋后处决,钦此。①

(四)妻有疯疾

在清代,夫因疯杀妻依过失杀妻勿论,但永远锁锢。可是妻因疯杀夫,便仍须按杀夫本律问拟斩决,只准由内阁双签进呈,奉旨敕交九卿议奏,或许能被议改监候。如嘉庆十一年十月初一日皇帝颁布谕令:

> 前因刑部等衙门题覆奉天省民妇段李氏因疯殴伤伊夫段廷儒身死一案。将该氏问拟斩决,内阁亦以李氏着即处斩票拟进呈。与胞弟殴死胞兄改为斩候者办理有异。因令刑部堂官查明旧例成案,详悉具奏。兹据刑部复奏,查明妻之于夫服属三年,其因疯殴死及误杀可矜者均按本律拟断,概不夹签。从前曾有奉旨敕下九卿议改监候者,亦有奉旨由立决改为监候者等语,刑部以服制为重妻之于夫服逾三年,固当按律问拟,然有平素并无陵犯,实系一时疯发殴夫致死者,究属一线可原。揆之情法,亦不可不量予末减。嗣后遇有此等妇人因疯殴死本夫之案,确凿无疑者刑部仍按本律拟断具题。着内阁核明于本内夹叙贴标拟,九卿议奏及依议斩决

---

① [清]祝庆祺等编:《刑案汇览三编》(二),"杀死不孝之夫立决改为监候",第1467页。

双签进呈,候朕定夺。所有奉天省段李氏一案即着九卿议奏。钦此。①

刑部遵照嘉庆十一年上谕,咸丰二年恭纂为例,即《大清律例·刑律·人命》"戏杀误杀过失杀伤人"条条例规定:"凡妇人殴伤本夫致死,罪干斩决之案,审系疯发无知,或系误伤,及情有可悯者。该督抚按律例拟断,于案内将并非有心干犯各情节分晰叙明。法司会同核覆,援引嘉庆十一年段李氏案内所奉谕旨具题仍照本条拟罪,毋用夹签。内阁覆明,于本内夹叙说帖,票拟,九卿议奏,及依议斩决。双签进呈,恭候钦定。"

此外,寻常疯病杀人后,若被问拟死罪免勾,永远监禁,其疯病痊愈后,遇有恩旨例得查办释放。但妻杀夫,因关系服制,因此与卑幼致死尊长一样,病愈后不准援例释放,仍须永远监禁。即嘉庆十三年,刑部钦奉上谕,恭纂为例:"疯病杀人,问拟死罪,免勾。永远监禁之犯,病愈后遇有恩旨,例得查办释放者,除所杀系平人,仍照旧办理外,若卑幼致死尊长,及妻致死夫,关系服制者,仍永远监禁,不准释放。"②

(五)妻有奸情

据郭松义估计,在婚姻类中,因通奸引起纠纷的,占一半到三分之二。同时据他对中国第一历史档案馆所藏"婚姻奸情类"档案统计,乾隆年间,各省区每年上报朝廷批决的婚姻奸情类命案要案,平均在800件左右。在这800件中,因通奸引发的约为250—530件。通奸和奸杀案件的频发,也能看出在当时,男女私通属于社会上经常可见的、不可忽视的事实。③ 可见,在强调礼法、男女之大防的社会里,并没有筑起

---

① [清]祝庆祺等编:《刑案汇览三编》(二),"因疯及误杀夫之案向不夹签",第1191—1192页。
② [清]薛允升:《读例存疑》卷三十四,"戏杀误杀过失杀伤人-18"。
③ 郭松义:《伦理与生活——清代的婚姻关系》,商务印书馆2000年版,第527页。

两性之间不可逾越的藩篱。而且,在这些统计中,只是囊括的因奸而引起民事纠纷或酿成重大刑事案件而被揭露出来的奸情,所以,真正的通奸数字应该远远大于这个数字。因此,妻因犯奸而杀夫或伙同奸夫杀夫的模式对中国人的影响是非常深远的,一直到近代"一般人认为无奸不成杀,多数杀夫案皆由奸情引起,对于受虐杀夫的女性不理解,迫问刑供,总想问出奸情"[1]。

清代沿袭明律,专门设"犯奸"律,但是"唐无此目,奸事在《杂律》中。《元律》立《奸非》一条,明因之而改此名"[2]。"犯奸"的律条有"犯奸"、"纵容妻妾犯奸"、"亲属相奸"等,其中"犯奸"条还有13条例文,将关于奸事的名目分为和奸[3]、刁奸[4]与强奸等。这种细致划分的目的在于"惩凶淫而维风化"。《大清律例·刑律·人命》"谋杀祖父母父母"律条规定:"凡谋杀祖父母、父母及期亲尊长,外祖父母,夫,夫之祖父母、父母,已行(不问已伤、未伤)者(预谋之子、孙,不分首从),皆斩,已杀者,皆凌迟处死(监故在狱者,仍戮其尸。其为从,有服属不同,自依缌麻以上律论。有凡人,自依凡论。凡谋杀服属,皆仿此)。"该律条规定妻杀夫已行者皆斩,不论已伤、未伤;已杀者,皆凌迟处死。妻因奸谋杀

---

[1] 陈惠馨:《法律叙事、性别与婚姻》,元照出版有限公司2008年版,第10页。
[2] 沈家本:《明律目笺二》,载邓经元、骈宇骞点校:《历代刑法考》(四),中华书局1985年版,第1886页。
[3] 该律条的律后注说:"和奸,谓男女情愿,和同私奸也。"黄六鸿认为:"有目挑心与而共笃鸳盟,如此者谓之和奸。"([清]黄六鸿:《福惠全书·刑名·奸情总论》),王又槐认为:"和奸者,乃丈夫奸妇两人苟合成奸,本夫与父母不知情也。([清]王又槐:《办案要略》)"黄宗智还认为,"和奸"不可能意指妇女"在男人的同意下与他犯奸",而只能是男人"在女人的同意下与她犯奸",或妇女"同意男人对她犯奸"。和略、和诱及和卖也都是如此。从这一观点看,把和奸理解成"经双方同意的非法性行为",把它归因于双方平等的抉择,乃是对清律的误解。这违反清代法典有关妇女意愿的整个概念结构。参见黄宗智:《法典、习俗与司法实践:清代与民国的比较》,上海书店出版社2003年版,第155页。
[4] 该条的律后注说:"刁奸,谓奸夫刁诱奸妇,引至别所通奸,亦和奸也。"黄六鸿认为:"有计赚唇勾而毁贞丧节,如此者谓之刁奸。"([清]黄六鸿:《福惠全书·刑名·奸情总论》)。

夫，其罪亦无可复加，所以也依凌迟处死。未婚妻因奸杀死本夫，要分不同情形来处置。

即使对于未婚妻、童养未婚妻因奸杀死本夫，例文也有治罪明文，即《大清律例·刑律·人命》"杀死奸夫"条条例规定："聘定未婚妻因奸起意，杀死本夫，应照妻妾因奸同谋杀死亲夫律，凌迟处死。如并未起意，但知情同谋者，即于凌迟处死律上，量减为斩立决。若奸夫自杀其夫，未婚妻果不知情，即于奸妇不知情绞监候律上，减为杖一百、流三千里，倘实有不忍致死其夫之心，事由奸妇破案者，再于流罪上减为杖一百、徒三年。至童养未婚妻因奸谋杀本夫，应悉照谋杀亲夫各本律拟断。"①此两条在道光二十三年拟定。

律例对奸妇因奸杀夫及奸夫知情同谋有治罪明文，而奸妇自行杀夫，奸夫不知情时，例也有治罪明文，即《大清律例·刑律·人命》"杀死奸夫"条条例规定："奸妇自杀其夫，奸夫果不知情，止科奸罪。"②该条例与其他加重对奸夫治罪的条例相比，未免轻重不一。乾隆三十年，刑部在覆江西按察使廖瑛奏时，还与江西按察使对该条例进行一番讨论，但最终该条例还是未能修改。

江西按察使指出，律文言明，奸夫自杀其夫，奸妇虽不知情，绞监候。例文还规定：奸妇自杀其夫，奸夫果不知情，止科奸罪。律与例之所以规定不同，主要是因为本妇与本夫恩义甚重，而奸夫与本夫无关名

---

① 薛允升认为："此二条未免过重，以未婚究与已婚不同也。"（[清]薛允升：《读例存疑》卷三十二，"杀死奸夫－35"。）

② 此条是律后小注。雍正三年改为条例。薛允升认为该条例从宽惩处奸夫，太过宽纵："因奸致奸妇被杀，尚应将奸拟徒、流、绞候，因奸致本夫被杀，反止科以奸罪，此等奸淫之徒，既污人妇女，又致人夫妻二命一死、一抵，仅止与因奸并未酿命者，同拟枷杖罪名，殊觉宽纵。若谓奸妇自杀其夫，非该犯意料所及，岂本夫杀死奸妇，即为该犯意料所能及乎。且本夫因妻与人通奸羞忿自尽之案，奸夫尚拟徒罪，被杀较自尽情节为重，止科奸罪，太觉宽纵。因奸杀死本夫之案，例多从严，惟此条从宽，致与各例互有参差。"（[清]薛允升：《读例存疑》卷三十二，"杀死奸夫－03"。）

分。但是，依据乾隆二十七年经贵州按察使条奏，奸妇因奸情败露，羞愧自尽，是奸夫酿命所致，请将奸夫拟杖一百，徒三年，奏准通行在案。奸妇自杀其夫，实由奸夫与其通奸所致，且奸妇身死凌迟，奸夫因奸业已酿成二命，与奸妇羞愧自尽只害一命相比，其情更重，而例文仅将奸夫科以奸罪，枷责完结，似乎不能惩奸淫而维风化。据此，江西按察使认为："应请嗣后凡有奸妇自杀其夫，奸夫果不知情，比照奸夫自杀其夫，奸妇虽不知情绞律酌减一等，杖一百，流三千里，庶淫恶之徒知儆而情罪更昭平允。"①

刑部从奸夫、奸妇与本夫的伦常亲疏不同、"例称止科奸罪，所包甚广"及已定科条不必轻议更张的考虑下，不同意修改该条例。刑部认为，律与例之所以情似相等而科罪不同，是因为妇人以夫为天，伦常系重，奸夫之与本夫，则视其分谊之亲疏以为断。律例规定极为允当。江西按察使奏称奸妇自杀其夫，奸夫虽不知情，实由通奸所致，请将奸夫照奸妇绞罪减一等拟流等语，所意在惩创奸淫，但例称止科奸罪，包含的内容很多，奸夫和奸之罪，自杖枷以至军流斩绞，各有本条，若以枷责之犯逾越数等加至满流，将导致本犯军流加不至死，而原犯死罪无可复加的情况。因此，此等情节相同之案，既不能一有新案就要改例加刑，又不能畸轻畸重，致使聚讼纷纭。承审官秉公审事，应按照律例以其应得之罪以罪之，即或有可以酌量的情节，必应酌量加等，也可随案声明以昭惩劝，而不必随意更改已经确定的科条。

如嘉庆二十一年，"浙抚题：蒋金氏毒死本夫蒋正友"一案，"案内之许昌智因向蒋金氏续奸不从，经本夫撞遇查问。许昌智心妒蒋金氏与蒋春男奸好，即以前往捉奸之言向本夫蒋正友抵饰，致蒋金氏受责怀

---

① ［清］祝庆祺等编：《刑案汇览三编》（二），"奸妇自杀其夫奸夫并不知情"，第847页。

恨,毒死本夫"①,许昌智妒奸肇衅以致奸妇谋杀本夫,比照"因奸酿命例"满徒。

(六)与性生活有关

与夫因"性生活不遂意"而杀妻相比,妻多是因对性生活的无奈而杀夫。如乾隆三十一年,广西司"贵县僮妇覃氏谋杀亲夫李均朋身死一案"②,覃氏平日干活,常被夫骂,又因是石女,不能与夫同房,被夫缠绕骂苦,又恐其夫将其打死,因而谋杀夫,覃氏依妻谋杀夫已杀者凌迟处死律,凌迟处死。再如,嘉庆二十五年,案中李王氏右膝下患疮疼痛,其夫李二胖拉其两腿求欢,李王氏被拉疮处,负痛难忍,两脚猛伸,误行踢伤李二胖小腹而误毙夫命。李王氏被拟斩立决,且随案声明,九卿议奏,改为斩候。③

(七)夫不欲生,逼妻杀死图赖

嘉庆二十五年说帖,"陕抚题:小白张氏因伊夫白万良起意自刎图赖,促令该氏代抹,拟斩立决一案",查"白万良因与堂兄白万金争殴,与妻小白张氏并其嫂大白张氏商谋欲自行刎,死在白万金门首图赖。该犯用剃刀抹伤其领颏,手软不能再抹,令该氏等代抹,该氏不肯下手,白万良不依,促令代抹,该氏勉强拾刀,轻抹腮颊,畏惧弃刀跑回。嗣大白张氏狠割白万良咽喉殒命。"④陕西巡抚将小白张氏依妻谋杀夫已行律拟斩立决。

刑部首先援引嘉庆十七年"湖北省题曹徐氏听从伊夫曹镇臣装伤

---

① [清]许梿、熊莪编:《刑部比照加减成案》,何勤华等点校,法律出版社2009年版,第190页。
② 郑秦、赵雄主编:《清代"服制"命案——刑科题本档案选编》,中国政法大学出版社1999年版,第141页。
③ [清]许梿、熊莪编:《刑部比照加减成案》,何勤华等点校,法律出版社2009年版,第219页。
④ [清]祝庆祺等编:《刑案汇览三编》(二),"夫欲寻死图赖其妻代抹伤轻",第822页。

图赖,致夫因伤身死一案",案中曹徐氏并非有心逼凶干犯,援照卑幼误伤尊长至死罪斩决,审非逼凶干犯之例夹签声明,奉旨改为斩监候。然后,刑部认为:本案中小白张氏只是听从同往,且该氏不肯下手,因其夫不依,才勉强轻抹腮颊,即畏惧奔回,当大白张氏割伤其夫身死时,该氏并未在场,与上案中徐氏并非有心逼凶干犯,援例夹签之案情事相同,也应夹签声明,恭逢恩诏。因此,刑部拟断,小白张氏是听从谋杀其夫,名分攸关,所拟斩罪应不准援免,其情节可原之处,于夹签内声明。

综上,妻犯夫的方式包括背夫逃亡、和诱、逼迫夫自缢身死、告夫、杀夫等五种,究其缘由,或因生活所迫,或受他人裹挟,亦有妻逞凶行恶,而其中最常见的是被奸情所困与被夫虐待、欺骗、强迫等。结合本节梳理的相关案例,下表将"妻犯夫的原因"和"妻犯夫的方式"纳入一起进行比较,探寻妻犯夫的深层原因:

表四　　　　　　　　妻犯夫的方式与原因

妻犯夫原因 妻犯夫方式	妻主动犯夫			妻被动犯夫						其他
	妻有奸情	生活所迫	逞凶行恶	① 受人裹挟	夫的原因					妻有疯疾
					生活琐事	被夫虐待	被夫欺骗	被夫强迫	夫不孝	
背夫逃亡	√	√								
和　诱	√									
逼迫夫自缢身死	√		√							
告　夫	√			√						
杀　夫	√			√	√	√	√	√	√	√

通过表四显示的"妻有奸情"列、"杀夫"行的密集分布,可以得出三个结论:一是妻犯夫乃至杀夫最主要的原因是奸情所致;二是妻犯夫的

---

① 此栏表示:非因夫的原因。

原因表面上比较分散,但大多属于被动受迫;三是妻被动犯夫的行为多因夫在先的侵犯行为。

首先,妻犯夫乃至杀夫最主要的原因是奸情所致。上表"妻有奸情"列下对应的五种妻犯夫的方式都有"妻有奸情",占到了100%的比例。表明妻有奸情是清代社会所无法避免的,也是清律所无法禁止的。笔者从以下四点来解释这一现象:

第一,在中下层家庭,妻常因为日常生活物品的短缺需向左邻右舍借用,不可能将自己封闭在家庭范围之内,与异性的来往是不可避免的,从刑科档案中描述男女之间交往"相不避忌"说法可知。

第二,中下层家庭女性还缺乏严守闺训的经济基础,有很大一部分妇女是迫于生存压力而与人通奸。因此"至少,在城市平民和乡野农民的思想观念中,'两性'伦理或者禁忌,并非人们想象的那么牢不可破。"[1]

第三,夫亡再嫁的普遍性冲击妻的贞节观念。清代社会不时宣传妇女以贞节为性命,旌表节妇,但与此同时,寡妇特别是年轻寡妇选择再嫁的人数也十分可观。如王跃生认为在社会中下层家庭中,迫于生存的压力,丧偶妇女改嫁的情况较多。[2] 苏成捷(Matthew H. Sommer)认为,清代下层社会妇女面临的生存危机迫使她们想方设法度日生存,到19世纪初,政府也不得不陆续取消了严禁改嫁的法律条款。[3] 这种夫亡再嫁的普遍性表明传统贞节观正受到严重的挑战,当然也冲击着妻的贞节观念。

---

[1] 徐忠明:《案例、故事与明清时期的司法文化》,法律出版社2006年版,第165页。
[2] 王跃生:《清代中期婚姻行为分析——立足于1781—1791年的考察》,《历史研究》2000年第6期。
[3] Matthew H. Sommer, *Sex, Law, and Society in Late Imperial China*, Stanford University Press, 2002, p. 319.

第四,妻的情感追求所致。既有案例中,夫遗妻独处,或长期外出,是造成妻有奸情的一个较为常见的原因。而且聘娶婚下,妻婚姻自主权与离婚权的缺失,致使婚姻一经聘定很难变更的现实下,夫妻一旦相互嫌弃,夫可选择的排解空间还是存在的,但是,妻却无法排解,因此往往难以抵挡外来的感情诱惑,通奸便成为冲破婚姻枷锁的冒险选择。

其次,妻犯夫的原因表面上比较分散,但大多属于被动受迫。从全部妻犯夫的方式来看,除了"妻有疯疾"无所谓主动被动外,只有三种妻主动犯夫的行为,分别是"妻有奸情"、"生活所迫"和"逞凶行恶",却有六种妻被动而犯夫的行为,包括"受人裹挟"、"生活琐事"、"被夫虐待"、"被夫欺骗"、"被夫强迫"、"夫有不孝"等,说明妻在夫妻生活中的弱势地位,除因奸犯夫甚至杀夫的主动行为之外,妻犯夫的行为多因夫或他人侵犯或胁迫。此外,妻主动地因奸杀夫,也与清代统治者重惩奸罪,通过律例鼓励捉奸杀奸的规定有关。(详见第五章第二节法律分析的相关内容)。

再次,妻被动犯夫的行为多因夫的侵犯行为在先。表四"妻被动犯夫"列下对应的六种妻犯夫的原因中,除"受人裹挟"之外,都是因为夫的殴骂、虐待、欺骗和强迫行为所造成。此外,除因奸杀夫的原因之外,妻杀夫都是因夫恣意滥用夫权的行为而导致,这也间接印证了第二章所揭示的夫权之下,夫对妻的肆意侵犯以及清律对夫纵容的现实。

第二节 夫的反应

前文分析指出,妻被动犯夫的行为多因夫在先的侵犯行为,然而妻一旦实施了针对夫的侵害行为,夫也会表现出不同的反应,包括顺受、贪利纵容、杀死奸夫奸妇与自尽等。从案例中考察夫的上述反应,可以进一步分析夫妻相犯的动态联系,也可以从承审官的拟断中,分析法律适用的过程。

一、顺受

夫的顺受,多是对妻有奸情的隐忍,其顺受的原因有多种:

其一,顾惜颜面。如嘉庆十八年,"贵抚咨:杨开贤与黄田氏通奸,被本夫黄红太撞获,因顾惜颜面,经劝寝事。"①

其二,其父知情纵容。如"龚奴才在原籍义乌县营生,有童养未婚妻陈氏随伊父龚加红寄居常山。陈氏与童和尚通奸,龚加红知情纵容,嗣龚奴才将陈氏接回义乌成亲,询出奸情,无奈隐忍,禁止陈氏不许再回常山。"②

其三,恐到官拖累。如道光七年说帖,"猺民盘蒸民因伊妻奉氏与王毛苟通奸,被拐同逃,撞遇带回,时值王毛苟因行窃拒杀事主李文求被获,究出奸拐情事,饬差黄林等查拿奉氏质审,该犯恐到官拖累,不愿究办,经黄林等将奉氏拿获,该犯起意夺回,邀弟盘蒸锡等赶上,将黄林等殴伤,夺回奉氏。"③

其四,畏奸夫强横。如嘉庆二十四年,福建司"提督咨送:王二先与袁杨氏通奸,追本夫袁大同袁杨氏移居避匿,该犯辄敢找往不依,并向袁大索诈钱文,致袁大畏其强横,欲将袁杨氏嫁卖。情近扰害,惟系本夫纵奸,且仅止图诈,并无殴打行强情事,将王二依'棍徒'量减拟徒。"④

---

① [清]许梿、熊莪编:《刑部比照加减成案》,何勤华等点校,法律出版社 2009 年版,第 242 页。
② [清]祝庆祺等编:《刑案汇览三编》(一),"误伤父母拟斩改缓后请留养",第 42—43 页。
③ 同上书,(一),"猺民夺犯杀差酌量迁徙家口",第 205 页。
④ [清]许梿、熊莪编:《刑部比照加减成案》,何勤华等点校,法律出版社 2009 年版,第 89 页。

其五，奸夫家人央求。如嘉庆十七年说帖，"已死潘钲加寻获奸拐伊妻之田红溃，欲行送究。田红溃之父田世盛闻知，同邻人萧棕俸、颜添荣往向央求，潘钲加将田红溃剪辫释放，禁绝往来息事。"①

虽然上述原因造成本夫隐忍妻的奸情，但本夫捉奸之后隐忍不报则要被科以私和之罪，如乾隆五十三年说帖，方亮因妻汪氏与汪地通奸捉获，后方亮于奸事和息之后索赔衣饰，引起相互争执辱骂，致汪地被旁人殴死。刑部认为，此案奸妇以和奸例拟处枷杖，交与本夫领回，听其去留。至于本夫私和奸事，就不能只惩以纵妻犯奸之罪，而是要科其私和之罪。②

综上所述，面对妻有奸情，夫的顺受多迫于无奈。但是，针对妻有奸情，夫若听从私和则却科其私和之罪，此处的"私和之罪"是否是《大清律例·刑律·杂律》"私和公事"律条规定的"私和公事"之罪呢？笔者分析律文发现，《大清律例·刑律·杂律》"私和公事"律条规定："凡私和公事，（各随所犯事情轻重）减犯人罪二等，罪止笞五十（若私和人命、奸情，各依本律，不在此止笞五十例）。上述律文明确指出，私和奸情不能仅仅依据"私和公事"律处以笞刑，而应"各依本律"进行处罚，而此处适用的本律，即指私和奸情的"犯奸"律。因为《大清律例·刑律·犯奸》"犯奸"律条规定："（如人犯奸已露，而代）私和奸事者，各减（和、刁、强）二等。"可见，如果夫私和奸事，将依不同情况照和奸、刁奸、强奸罪减二等处罚。

从对上述案件拟断及律例分析可见，清律对夫处理奸情的权利有明确的规定：第一，允许本夫"在奸所亲获，登时杀死奸妇奸夫"而不予处罚；第二，和奸之妻听从夫的意愿嫁卖。同时，杀奸行为必须呈送报

---

① ［清］祝庆祺等编：《刑案汇览三编》（一），"知人获奸放走吓诈本夫自尽"，第663页。
② 同上书，（三），"本夫获奸寝息科其私和之罪"，第1949页。

官,经官拟断后才能"勿论",夫的嫁卖权也必须经官拟断后才允许行使。故"私和奸事"绝非本夫的权利,因而受到清律的禁止。通过清律禁止"私和奸事"并依据"犯奸"之罪进行惩处的规定,可知清代统治者在重惩奸罪的同时,又牢牢地掌握着本夫处理奸事的权利范围和程度,维护着律例的尊严及皇权至上裁断的权威。

二、知情纵容

清代王又槐在《办案要略》中指出:"若一知情而不禁其往来,不加以防闲,则为纵容通奸;或本夫与父母知先有奸,而后受奸夫之贿,任其出入,亦曰纵奸。"在中下层社会,夫困于生计时,往往会贪利于奸夫资助而纵容妻通奸,这也就是俗称的"招夫养夫"。美国学者苏成捷有类似的观点,他认为,贫困是导致一对夫妻招募外来男子的主要原因。即便在那名男子提供经济支持之前,妻子内心的激情可能已经诱发了通奸行为。这些人通常也都是穷人,正是外来男子承诺提供食物、现金或其他资源,丈夫才会同意妻子与他发生关系。贫困有时还伴随着疾病或残疾——丈夫无法劳动,这就迫使该家庭寻求其他男子的帮助。[①]《大清律例·刑律·犯奸》"纵容妻妾犯奸"律条规定:"凡纵容妻妾与人通奸,本夫、奸夫、奸妇,各杖九十。"

本夫知情纵容,依律应离异归宗,但是,在具体案件中,法司常会衡情酌断。如道光元年,苏抚咨:石周氏系本夫纵容与人通奸,本应离异,惟该犯妇父故母嫁,无宗可归,若将其断离,未免失所,应仍给领回。[②]再如道光四年,陕西司"提督咨送:韩升与张二之妻张童氏通奸,本夫知

---

① 〔美〕苏成捷:《性工作:作为生存策略的清代一妻多夫现象》,载〔美〕黄宗智、尤陈俊主编:《从诉讼档案出发:中国的法律、社会与文化》,法律出版社2009年版,第130页。

② 〔清〕许槤、熊莪编:《刑部比照加减成案》,何勤华等点校,法律出版社2009年版,第308页。

情纵容,律应离异归宗。但该氏子甫周岁,女仅七龄,官府提讯时襁抱提携,情殊可悯,若使遽离其母,势必冻饿待毙。且该氏讯明并无亲属可归,伊夫张二供称情愿将其领回管束,衡情酌断,仍应将该氏给本夫张二领回,以示矜恤。"①

本夫对妻之奸情知情纵容的后果主要有以下几种:②

第一,本夫被奸夫、奸妇杀伤,这是本夫知情纵容最严重的后果。

若奸夫奸妇商同谋杀纵奸本夫,无论何人起意,奸妇俱拟斩立决,奸夫俱拟斩监候,因为"伊夫纵奸无耻,夫妻名分已乖"③,所以要从轻处罚奸夫与奸妇。即《大清律例·刑律·人命》"杀死奸夫"条条例所规定:"凡因奸同谋杀死亲夫,除本夫不知奸情,及虽知奸情而迫于奸夫之强悍,不能报复,并非有心纵容者,奸妇仍照律凌迟处死外,若本夫纵容,抑勒妻妾与人通奸,审有确据,人所共知者,或被妻妾起意谋杀,或奸夫起意,系知情同谋奸妇,皆拟斩立决。奸夫拟斩监候。"薛允升对此条例对奸妇减轻惩处颇有不满:"妻妾谋杀夫,本应凌迟处死,虽因奸亦无可加,乃因有纵奸一层,遂将谋杀夫之妻妾改为斩决,似嫌未协,以此稍轻奸夫之罪可也,奸妇何得轻减。盖妻妾之本罪不能因犯奸而始加,又何能因纵奸而忽减耶。奸夫自杀其夫,此等不知情之奸妇,从轻可也。同谋将夫杀死,似不在末减之列。"④

如乾隆元年,安徽司"汪氏与门四通奸致门四杀死亲夫李三一案":

缘李三同妻汪氏当身于门四家,门四时向调戏,汪氏不允,告李三,答以无银偿还听你与他缠去之语。嗣门四乘李三外出,向汪

---

① [清]许槤、熊莪编:《刑部比照加减成案》,何勤华等点校,法律出版社2009年版,第718页。

② 笔者在此只是阐述本夫对妻之奸情知情纵容引发严重后果的情形,若本夫、奸妇、奸夫相处和谐,则不会在法律案件的记述中留下任何痕迹。

③ [清]祝庆祺等编:《刑案汇览三编》(二),"斗杀纵奸本夫奸妇并未在场",第837页。

④ [清]薛允升:《读例存疑》卷三十二,"杀死奸夫-07"。

氏求奸,汪氏因夫已允,亦不拒绝。诓门四遂萌谋命之念,向汪氏吐露。汪氏又诉知伊夫。李三痴愚不悟,反谓伊妻妇道无知。后门四叫同李三夫妇进山摘茶而回,行至河滩僻处,门四取刀乘李三不备,连砍额头额角偏右,立时殒命。汪氏惊见拦阻,四又以如敢声扬并行杀害恐吓,汪氏畏惧,随门四潜匿。①

刑部据此认为,本夫李三贪利纵妻与门四通奸,审有确据,汪氏应依"纵妻通奸审有确据,知情致死亲夫,奸妇斩决例",拟斩立决,并不准援赦。

《大清律例·刑律·人命》"杀死奸夫"条条例规定:"若奸夫自行杀害纵奸本夫,奸妇果不知情,奸妇仍依纵容抑勒本条科断。"如道光九年,"河抚题:张仲魁谋勒纵奸本夫牛三桂身死"②一案,案内之牛秦氏讯非知情同谋,该氏于张仲魁告知,即向伊翁备述实情报验,牛秦氏合依"奸妇不知情、仍依纵容本条科断、于纵容妻妾与人通奸、奸妇杖九十律"杖九十。但是,刑科案件中,承审官必须审明确实有纵奸确据,才能将起意谋杀之奸夫拟斩监候,不知情之奸妇仍以纵奸本律只科奸罪。若只有奸夫奸妇口供,并无实在证据,即应严究确情,将起意之奸夫拟斩立决,不知情之奸妇拟绞监候。③

但是,若奸夫自行杀害纵奸本夫,奸妇并无同谋加功,但是却当场目击被吓,并不救阻首告、事后又因奸夫缠绕,任其奸淫。例内并无对此的治罪明文,若仅照纵容抑勒条科杖,未免轻纵,刑科案件中,多比照"奸夫自杀其夫、奸妇并不知情绞律"酌减问拟。如道光十一年,"直督

---

① 中国第一历史档案馆藏,内阁汉文题本刑科命案类婚姻奸情专题缩微胶卷编号1—5,2全宗27卷1号。
② [清]许槤、熊莪编:《刑部比照加减成案》,何勤华等点校,法律出版社2009年版,第529页。
③ 参见[清]祝庆祺等编:《刑案汇览三编》(二),"谋杀纵奸本夫驳审纵奸确据",第841页。

题：灵寿县民妇张氏与孙七通奸，以致纵奸本夫张老被杀，讯无同谋加功"①一案，张氏比照"奸夫自杀其夫、奸妇并不知情绞律"上，量减一等，杖一百，流三千里。只不过张氏恋奸忘仇，情节较重，不能被收赎，实发各省驻防给官兵为奴。

第二，奸妇被奸夫强占，本夫情急妄告。

如嘉庆十八年，安徽司"江督奏：周泳太先与孙帼柱之妻傅氏通奸，系孙帼柱纵容。孙帼柱因其不能多给钱文，屡次争闹，控县传讯，孙帼柱因系纵奸，不敢到案。旋即外出，追后回家，周泳太与傅氏不肯留住，孙帼柱怀忿，捏以周泳太'习教谋逆'重情控告。"②

第三，将奸妇卖休给奸夫。

《大清律例·刑律·犯奸》"犯奸"律条规定："若嫁卖与奸夫者，奸夫、本夫各杖八十，妇人离异归宗，财物入官。"如嘉庆二十二年，江苏司"提督咨送：杨二先与周氏通奸，系本夫李仁纵容，嗣李仁将周氏卖休与杨二为妻，其幼女喜儿，周氏带往抚养，并非李仁一并卖与杨二。周氏系卖休之妇，律应离异，伊女喜儿与杨二应同凡论。"③

第四，奸夫诱拐奸妇同逃。

奸夫诱拐奸妇同逃，本夫纵容与否，大清律例并没有治罪明文。但通常情况下，本夫纵奸以致奸妇被拐之案，也应量减拟断。如道光二年通行已纂例，"纵奸之案奸妇携带子女同逃"一案，任潮栋与袁氏通奸，本夫任春范及其父利其资助，知情纵容。其后任春范因向任潮栋索钱未得，便禁止袁氏与任潮栋往来，袁氏不听，任春范将其殴打，随外出佣

---

① ［清］许梿、熊莪编：《刑部比照加减成案》，何勤华等点校，法律出版社2009年版，第521页。
② 同上书，第32页。
③ 同上书，第103—104页。

工。任潮栋又与袁氏续奸,并起意拐逃,向袁氏商允,袁氏便携带幼子及女与任潮栋同逃。刑部据此认为:"奸夫既与妇女通奸,又复诱拐同逃,自应照和奸知情为首例拟军。若系本夫纵容妻妾与人通奸,致被拐逃,则本夫先以无耻,自启其恋奸诱拐之端,且系有干律拟之人,而奸妇又应离异,自不得与本夫不知奸情奸妇,仍应给领者并论。若将奸夫亦照例拟军,殊觉漫无区别,参观纵奸本夫被杀之例,奸夫奸妇罪名既得轻减,则本夫纵奸以致奸妇被拐之案,亦应量减拟断,以昭情法之平。"①因此,任潮栋于军罪上量减一等,杖一百,徒三年,袁氏于满徒上量减一等,杖九十,徒二年半,属于犯奸之妇,杖决徒赎,离异归宗。任春范仍照纵奸本律杖九十。

第五,奸夫因争奸将本夫殴伤致毙。

如乾隆四十二年,湖广司"钟祥县民萧举贤纵妻彭氏与沈国寅通奸、被沈国寅殴伤身死一案",本夫萧举贤纵容妻彭氏与沈国寅通奸,后因本夫奸夫争睡,口角殴打,沈国寅将萧举贤殴伤致毙。湖北巡抚陈辉祖认为,沈国寅除与彭氏通奸轻罪不议外,应以斗杀律拟绞监候,彭氏拟杖。但是,刑部却认为:"彭氏于伊夫被殴之后,辄听从沈国寅同逃躲避,即系和诱知情。"②因此,彭氏依"被诱之人减等满徒"律,杖一百,徒三年。

第六,纵奸本夫听从奸夫将父私埋匿报。

如道光十二年,四川司"川督题:简州谢泗海纵容伊妻罗氏与张汶连通奸,致伊父瞥见捉拿,被张汶连起意殴死,复听从张汶连私埋匿报"③一案,例无治罪明文,谢泗海比照"子孙有犯奸盗、父母并未纵容、

---

① [清]祝庆祺等编:《刑案汇览三编》(一),"纵奸之案奸妇携带子女同逃",第715页。
② [清]全士潮等编:《驳案汇编》,"纵奸本夫被殴奸夫殴死",第166页。
③ [清]许槤、熊莪编:《刑部比照加减成案》,何勤华等点校,法律出版社2009年版,第688页。

被人谋故杀害绞决例"上,量减一等,杖一百,流三千里。

第七,纵奸本夫听从奸夫谋杀奸妇。

如嘉庆二十年说帖,"河抚题:邹景科纵奸听从奸夫吴玉华谋勒奸妇身死一案"①,邹景科因纵妻吴氏与吴玉华通奸,而吴氏正与吴正纪奸好情密,将吴玉华拒绝。吴玉华气忿,起意致死,商同邹景科将吴氏谋勒毙命。刑部指出,邹景科纵奸无耻,又听从奸夫谋毙妻命,实属凶残,但其只是纵奸而并非抑勒卖奸,按例仍应以谋杀妻为从减等。

第八,因别情杀死奸夫、奸妇。

《大清律例·刑律·人命》"杀死奸夫"条条例规定:"其纵奸之本夫,因别情将奸夫奸妇一齐杀死,虽于奸所登时,仍依故杀论。若本夫抑勒卖奸故杀妻者,以凡论。其寻常知情纵容,非本夫起意卖奸,后因素诈不遂,杀死奸妇者,仍依殴妻至死律拟绞监候。"

在刑科案件中,"别情"包括奸夫欠钱不还。如乾隆四十一年,湖广司"祁阳县审解张云衢砍伤陈亚长身死一案",湖南巡抚将张云衢依"罪人不拒捕而擅杀,以斗杀论。外姻尊长殴缌麻卑幼至死者,绞"律拟绞监候。经刑部驳议之后,湖南巡抚认为:"陈亚长虽系张云衢外姻缌麻表弟,但张云衢贪钱,纵令伊妻与陈亚长奸宿,已失尊长之义。今因纵奸欠钱无还,将陈亚长立时杀死。事犯到官,又教令伊妻污指陈亚长冒奸,未便仍按服制科断,应依律拟斩监候。"②因此,张云衢依"故杀者,斩"律拟斩监候,秋后处决,照例刺字。

"别情"还包括奸夫欺辱纵奸本夫。如嘉庆十五年说帖,"奉尹题王泳立纵奸杀死奸夫林杰并伊妻石氏一案",刑部认为:"查已死林杰恃强霸奸石氏,固属凶横,惟王泳立究系贪利纵容在先,其因被奸夫欺辱难

---

① [清]祝庆祺等编:《刑案汇览三编》(二),"纵奸本夫听从奸夫谋杀妻",第922页。
② [清]全士潮等编:《驳案汇编》,"故杀",第264页。

堪,气忿致死,自难与并未纵容之本夫因捉奸义忿而杀者并论,该省将该犯依纵奸本夫因别情将奸夫奸妇一齐杀死,仍依故杀论律拟斩监候,与例相符。"①

若本夫纵奸悔过后,又殴毙逼奸奸夫,则对其的惩处将不同于纵奸本夫因"别情"杀死奸夫。如道光六年,"晋抚咨:汾阳县何成先经贪利纵妻高氏与孙淀祥通奸,后因丑声外扬,即与妻悔过拒绝,亦不受其资助,有尸母及房主供证确凿。嗣因孙淀祥持枪向伊妻逼奸,将其殴毙"②一案,刑部认为,何成虽纵奸在先,后即知耻悔过,与因纵奸需索不遂或衅起他故殴毙奸夫,应以凡斗拟断者不同。而本夫悔过殴毙逼奸之奸夫,其知耻悔过与本妇悔过拒奸者事同一辙,何成应比照"妇女和奸之后悔过拒绝、将奸夫杀死者、照擅杀罪人律"减一等,杖一百,流三千里。

三、杀死奸夫奸妇

妻有奸情,夫完全可以承控告官,断以离异。但是,在案件中很少有夫承控告官的案件。③ 这或许与娶妻不易有关,但是,清律的捉奸规定也助长了夫捉奸而杀的气焰(参见第五章的法律分析)。《大清律例·刑律·人命》"杀死奸夫"律条规定:"凡妻妾与人奸通,而(本夫)于奸所亲获奸夫、奸妇,登时杀死者,勿论。"因为"杀奸各例重在登时,原其忿激之情,仓猝之际,刻不容缓,故本夫得予勿论"。④ 该律条赋予夫

---

① [清]祝庆祺等编:《刑案汇览三编》,"纵奸本夫杀死奸夫奸妇",第921页。
② [清]许槤、熊莪编:《刑部比照加减成案》,何勤华等点校,法律出版社2009年版,第531页。
③ 嘉庆元年说帖,"浙省邱阿三因奸和诱祝李氏同逃,将祝李氏卖与汪正来为妻,嗣因本夫祝元忠控告差拘,该氏羞愧自缢身死"案中提到本夫承控告官。([清]祝庆祺等编:《刑案汇览三编》(一),"妇女被诱逃出转嫁并非背夫",第714页。)
④ [清]祝庆祺等编:《刑案汇览三编》(二),"奸所杀奸分别登时",第909页。

对犯奸之妻与奸夫生命的予夺权利,不能不说是夫权扩张到了极致。

(一)本夫杀死奸妇

本夫奸所登时杀死奸夫、奸妇,律得勿论。本夫只杀死奸夫,律亦勿论。但是,本夫只杀死奸妇,应否勿论,律无明文,因此有"杀死奸妇,奸夫脱逃之例",以补律之未备。即《大清律例·刑律·人命》"杀死奸夫"条条例规定:"如本夫奸所获奸,登时将奸妇杀死,奸夫当时脱逃,后被拿获到官,审明奸情是实,奸夫供认不讳者,将奸夫拟绞监候,本夫杖八十。若奸所获奸,非登时将奸妇杀死,奸夫到官供认不讳,确有实据者,将奸夫拟杖一百、流三千里。本夫杖一百。其非奸所获奸,或闻奸数日将奸妇杀死,奸夫到官供认不讳,确有实据者,将本夫照已就拘执而擅杀律拟徒。奸夫杖一百、徒三年。"根据条例原意,笔者拟从奸所获奸,登时杀死奸妇;奸所获奸,非登时杀死奸妇;非奸所获奸或闻奸数日杀死奸妇等三种情形来分析:

第一,本夫奸所获奸,登时杀死奸妇。

《大清律例·刑律·人命》"杀死奸夫"条条例规定:"如本夫登时奸所获奸,将奸妇杀死,奸夫当时脱逃,后被拿获到官,审明奸情是实,奸夫供认不讳者,将奸夫拟绞监候,本夫杖八十。"本夫奸所获奸,登时杀死奸妇,奸夫拟处绞监候为奸妇抵偿,"盖因本夫之杀出于义忿,而奸妇之死由于奸夫之恋奸,即不啻奸夫杀之,故罪坐奸夫以抵奸妇之命,所以惩邪淫而宽义忿,非谓以本夫之罪移坐奸夫也。"[①]薛允升认为,在此情况下对本夫处以杖罪,似可不必,"盖既予本夫以杀奸之权,自无庸再科以擅杀之罪也。假如本夫将奸妇杀死,奸夫已经受伤,捆送到官,供认不讳;本夫仍拟杖罪,是多杀一人,律得勿论。少杀一人,即干杖责,

---

① [清]祝庆祺等编:《刑案汇览三编》(二),"杀死犯奸之妾奸夫一律治罪",第920页。

似非律意。"①

如乾隆六十年，安徽司"貎应瑞因妻张氏与王幅通奸杀死奸妇一案"，安徽巡抚将貎应瑞依"非奸所获奸，杀死奸妇之本夫"照"已就拘执而擅杀"律，杖一百、徒三年。王幅依奸夫例，杖一百、徒三年。刑部则认为："本夫杀奸之案，奸夫罪分绞、徒，总以杀奸之是否奸所、登时为断。"②此案王幅于奸情败露之后不知悔惧，又至巷道内与张氏同坐，显然是为恋奸欲续情事。律文规定"非奸所"一条，非谓行奸必有定所，亦不必两人正在行奸之时。因此，巷道之内，奸夫奸妇同坐一处，巷道就是奸所；经本夫撞获，当即忿激将奸妇殴毙，就是登时。安徽巡抚王幅拟以杖徒，是将登时、奸所杀死奸妇之本夫，与闻奸数日、杀死奸妇之本夫不加区别，一律科断。同时，将奸情败露、恋奸无忌之奸夫仅拟杖徒，亦属轻纵。因此，安徽巡抚将王幅改照"本夫奸所获奸，将奸妇杀死，奸夫到官供认不讳"例，拟绞监候。貎应瑞改拟杖责。

第二，本夫奸所获奸，非登时杀死奸妇。

《大清律例·刑律·人命》"杀死奸夫"条条例规定："若奸所获奸，非登时将奸妇杀死，奸夫到官供认不讳，确有实据者，将奸夫拟杖一百、流三千里。本夫杖一百。"此条例是道光四年改定。之所以作出改定，是因"本夫杀死奸妇例义，宽本夫义忿之情，严奸夫淫邪之罪"③，所以本夫"奸所获奸，非登时杀死奸妇"的罪责自应比"非奸所获奸或闻奸数日杀死"者为轻，奸夫之罪也应于满徒上从严以示有所区别。而且本夫、本妇有服亲属捉奸，登时杀死奸妇，例应将奸夫拟流。本夫捉奸比

---

① [清]薛允升：《读例存疑》卷三十二，"杀死奸夫—01"。
② [清]全士潮等编：《驳案汇编》，"本夫奸所获奸将奸妇杀死奸夫到官不讳"，第669页。
③ [清]许桂、熊莪编：《刑部比照加减成案》，何勤华等点校，法律出版社2009年版，第522页。

亲属更加忿激,因此,本夫奸所获奸,非登时将奸妇杀死,即应比照"亲属登时杀死奸妇之例",将奸夫拟流,才符合情理。

道光四年之前,本夫"奸所获奸,非登时杀死奸妇",例内并无明文规定,一般情况下,本夫与奸夫皆拟满徒。如嘉庆二十四年,"川督咨:魏机匠与吴世柏之妻吴樊氏通奸,经氏翁撞见逃跑。迨氏翁向吴世柏告知,吴世柏气忿,将吴樊氏勒毙。"①魏机匠、吴世柏均比照"奸所获奸杀死奸妇,奸夫到官供认不讳例"各杖一百,徒三年。但是若本夫听从父命,奸所获奸非登时将奸妇杀死,则应酌减科断。如嘉庆二十一年,"苏抚咨:冯水与黄氏通奸,被本夫王存捉获,将奸妇黄氏非登时勒死"②一案,冯水照"本夫闻奸数日杀死奸妇",奸夫拟徒。王存勒死奸妇,属于奸所获奸,杀由义忿,又是听从父命,承审官酌减科断,照"不应律",从轻处以笞刑。

道光四年之后,该类案件则按照新例拟断。如道光四年说帖,"卓明远捉奸杀死伊妻梁氏,弃尸不失一案",卓明远奸所获奸,非登时将奸妇梁氏杀死后,又弃尸灭迹,因此刑部认为:"按照通行新例,应将卓明远改拟杖一百。惟该犯于殴死梁氏后将尸身用篾篓装好,于夜间背至邓沈顺蕨箕林内丢弃,核其情节,系有心弃尸灭迹,与仅止挪移他处希图掩饰者不同,将该犯从重依夫弃妻尸比律拟杖六十,徒一年。"③

若本夫初次获奸,再次闻奸时,才杀死奸妇,也视为"奸所获奸,非登时将奸妇杀死"。如道光十二年说帖,王桃赖因与谢荣林之妻刘氏在房续奸,被谢荣林撞见,王桃赖逃跑,谢荣林将刘氏责打,禁绝往来。王

---

① [清]许槤、熊莪编:《刑部比照加减成案》,何勤华等点校,法律出版社2009年版,第139页。
② 同上书,第141页。
③ [清]祝庆祺等编:《刑案汇览三编》(二),"移尸与弃尸其情罪各有不同",第744页。

桃赖探知谢荣林外出，又潜赴刘氏房内谈笑，图续旧好。恰好谢荣林推开前门回家，王桃赖听闻，即开房后小门逃出。谢荣林瞥见后门半开，刘氏从房内走出，形色慌张，料有奸私，立即向刘氏盘知前情，谢荣林气忿，取刀砍伤刘氏左额角等处殒命。江西巡抚将谢荣林、王桃赖依"本夫非奸所获奸，将奸妇杀死，本夫奸夫拟徒例"，拟满徒。刑部驳议认为，王桃赖与刘氏在房行奸，被本夫谢荣林撞获逃跑，实属奸所获奸，后来王桃赖复图续旧，恰逢谢荣林外归，王桃赖听闻逃逸，谢荣林向刘氏盘出奸情，用刀将刘氏杀死，虽杀于此次闻奸之后，与登时而杀者不同，亦应依"奸所获奸，非登时杀死奸妇例"将奸夫王桃赖问拟满流，本夫谢荣林问拟满杖。但是江西巡抚轻率引用"本夫非奸所获奸，将奸妇杀死之例"将王桃赖、谢荣林拟满徒，实属错误。①

若本夫奸所获奸，非奸所逼死奸妇，也以"奸所获奸非登时"杀死奸妇论。如道光十四年说帖，夏得均因乘刘须外出佣工，与其妻刘张氏调戏成奸，即留刘张氏在家奸宿，刘须回家查知，赶往捉获，夏得均畏惧逃避，刘须将刘张氏领回，盘出奸情，声言刘张氏败坏门风，即谕令刘张氏自缢，刘须亦羞忿莫释，投缳殒命。刑部驳议认为，刘张氏自尽并非因奸情败露羞忿轻生，而是被本夫逼令致死，与本夫获奸杀死奸妇无异。刘须奸所获奸后逼令刘张氏自缢身死，应以非登时杀死论，按例应将夏得均拟以满流。山东巡抚将夏得均于"奸妇因奸情败露羞忿自尽，奸夫满徒例"上加等拟流二千里，实属错误，夏得均应改照"本夫奸所获奸，非登时将奸妇杀死，奸夫到官供认不讳，确有实据者"，将奸夫拟流例杖一百，流三千里。②

但是，若本夫"获奸寝息多年后，因奸夫与伊妻口角争骂，嚷破奸

---

① [清]祝庆祺等编：《刑案汇览三编》(二)，"初次获奸二次闻奸始杀奸妇"，第884页。
② 同上书，(四)，"本夫获奸逼死奸妇复行自尽"，第220页。

情,向伊妻斥骂不服,气忿杀死,较之奸所获奸、杀非登时迥不相同",且"本夫杀死奸妇,情事既属不同,则拟罪不能不示以区别。"①

第三,本夫非奸所获奸或闻奸数日杀死奸妇。

《大清律例·刑律·人命》"杀死奸夫"条条例规定:"其非奸所获奸,或闻奸数日,杀死奸妇,奸夫到官供认不讳,确有实据者,将本夫照已就拘执而擅杀律,拟徒,奸夫仍科奸罪。"该条例的表述不甚清楚,因为在捕亡门内,罪人已就拘执而擅杀,律应拟绞,而夜无故入人家,已就拘执而擅杀,律止拟徒。因此,该条例应在"已就拘执"之后,添上"夜无故入人家"一句。②

乾隆三十年,河南司"县民石克俭与李应元之妻方氏通奸、被本夫殴死奸妇一案"③,李应元外出,石克俭与方氏调戏成奸。李应元与母张氏均不知情。石克俭潜入行奸时,恰好李应元撞获喊嚷,石克俭力挣而逃逸。李应元将方氏詈骂欲殴,经邻佑李成连等劝止。而后李应元又詈骂方氏丑行,方氏犟嘴,李应元气愤至极,遂拾取木橛殴伤方氏殒命。河南巡抚将石克俭依律拟绞。刑部驳议认为,李应元获奸虽在奸所,但杀奸已非登时。如李应元获奸之时,激于义忿迫欲杀奸,就不会因邻佑劝阻而隐忍。次日因方氏犟嘴殴伤致毙,需要核其情节,看是否还有别情,才能定拟。遭到刑部驳议之后,河南巡抚查明李应元杀妻并没有别情,并将石克俭改照"闻奸数日杀死奸妇"例,杖一百、徒三年,李应元改依"已就拘执而擅杀"例杖一百、徒三年。

但是,若本夫盘问奸妇属实,奸妇持刀撒泼,将本夫戳伤,致被夺刀戳毙的话,若将本夫"问拟满徒,与闻奸杀死并未刃伤本夫之奸妇无所

---

① [清]许槤、熊莪编:《刑部比照加减成案》,何勤华等点校,法律出版社2009年版,第524页。
② [清]薛允升:《读例存疑》卷三十二,"杀死奸夫-01"。
③ [清]全士潮等编:《驳案汇编》,"奸夫自杀其夫奸妇奉旨减等发落",第229页。

区别"①,因此,本夫应比照擅杀应死罪人律杖一百。若本夫闻奸数日谋杀奸妇、误毒子媳,则"今因激于义忿,欲害其妻,而误杀其媳,情殊可原"②,将本夫比照"故杀子妇律",量减一等,杖一百,徒三年。奸夫仍比照"本夫闻奸数日、杀死奸妇杖一百、徒三年例"杖一百,徒三年。

(二) 杀死奸夫

在各类刑部案件汇编的服制"人命"案件中,以"杀死奸夫"案为最多。仅以《刑案汇览》为例,"谋杀祖父母父母"只有 1 卷,而第 24 卷至第 27 卷皆为"杀死奸夫"案,其中第 26 卷虽名为"杀死妻夫",但内容却以"杀死奸夫"为主。

本夫杀死奸夫,视不同的情形,有勿论及杖、徒、绞候之分。"本夫之于奸夫予与擅杀之权者,原因妻被奸污,一时忿激所致,是以获奸分别奸所非奸所,杀死在登时非登时定罪名之轻重。在奸所获奸,杀系登时,律得勿论,奸所获奸非登时而杀,拟以杖徒。捉奸已离奸所,非登时杀死不拒捕奸夫,方照擅杀律拟绞。"③《大清律例·刑律·人命》"杀死奸夫"条条例规定:"本夫于奸所登时杀死奸夫者,照律勿论。其有奸夫已离奸所,本夫登时逐至门外杀之者,照不应重律杖八十。若于奸所获奸,非登时而杀。并依夜无故入人家已就拘执而擅杀律,杖一百、徒三年。如捉奸已离奸所,非登时杀死不拒捕奸夫者,照罪人不拒捕,及已就拘执而擅杀律拟绞监候。若虽系捕获奸夫,或因他故致毙者,仍以谋故论。至于已经犯奸有据,又复逞凶拒捕,虽非登时,俱依罪人拒捕科断。"

---

① [清]祝庆祺等编:《刑案汇览三编》(二),"本夫闻奸杀死撒泼刃伤之妻",第 890 页。
② [清]许梿、熊莪编:《刑部比照加减成案》,何勤华等点校,法律出版社 2009 年版,第 524 页。
③ [清]祝庆祺等编:《刑案汇览三编》(二),"应捕之人擅杀应死罪人通行",第 891—892 页。

此外，本夫杀死奸夫，若奸夫为本夫有服亲属（其中又区分为有服尊长与有服卑幼），例文的治罪亦有不同。因此，根据例义并结合案例，笔者拟从本夫奸所获奸，登时杀死奸夫；奸所获奸，非登时杀死奸夫；捉奸已离奸所，非登时杀死不拒捕奸夫；以他故致毙捕获奸夫；非登时杀死已经犯奸有据，又复逞凶拒捕之奸夫、本夫杀死有服奸夫等六种情形来分析：

第一，本夫奸所获奸，登时杀死奸夫。

《大清律例·刑律·人命》"杀死奸夫"律条规定："凡妻妾与人奸通，而（本夫）于奸所亲获奸夫、奸妇，登时杀死者，勿论。若止杀死奸夫者，奸妇依（和奸）律断罪，当官嫁卖，身价入官。（或调戏未成奸，或虽成奸已就拘执，或非奸所捕获，皆不得拘此律。）"《大清律例·刑律·人命》"杀死奸夫"条条例还进一步规定："本夫于奸所登时杀死奸夫者，照律勿论。"即只要是本夫奸所获奸，不论只是登时将奸夫杀死还是将奸夫与奸妇一起杀死，都勿论。

如嘉庆二十五年，"直督咨：武绪撞捉田文明与伊妻张氏在炕行奸，往唤伊弟武全等，将其捉获。田文明持刀拒捕，武绪等将刀夺获，揿按迭殴致伤，越日身死。系属奸所登时，又系拒捕罪人，应均免置议。"[①]

第二，本夫奸所获奸，非登时杀死奸夫。

《大清律例·刑律·人命》"杀死奸夫"条条例规定："若于奸所获奸，非登时而杀，并依夜无故入人家已就拘执而擅杀律，杖一百、徒三年。"该条例是乾隆五十三年对旧例修改而成，旧例原为："奸夫已就拘执而殴杀，或虽在奸所捉奸，非登时而杀，并须引夜无故入人家已就拘执，而擅杀至死律。"旧例"因系两层，是以有并须引等语。乾隆五十三

[①] ［清］许槤、熊莪编：《刑部比照加减成案》，何勤华等点校，法律出版社2009年版，第138页。

年,将两层修并为一,将须字删去,并字仍存,例内看去不甚分明,似应一并删去。"①之所以将本夫奸所获奸,非登时而杀,依夜无故入人家已就拘执而擅杀律,是因为推究例义,夜无故入人家,并非真"无故",而且不外乎奸盗两事,故虽拘执而擅杀律不拟以绞抵。②

乾隆五十三年新例改定之前,对于本夫仍是照旧例"奸夫已就拘执而擅杀"办理。如乾隆三十三年,广东司"乐昌县郑三苟戳伤熊蓝佑身死一案"③,郑三苟撑船营生,娶妻邓氏,熊蓝佑与邓氏调戏成奸。郑三苟知觉查问,因邓氏不承认,便将邓氏责骂,并称欲致死,邓氏才说出通奸实情。房主李连士劝解,郑三苟杜绝邓氏与熊蓝佑往来。其后蓝佑又到邓氏家,图续旧好。邓氏恐邻妇知觉,遂与熊蓝佑同至村外金鸡岭脚坐地密谈,告以其夫识破奸情,移居拒绝,令勿再来。刚好郑三苟回家撞见喝骂,熊蓝佑起身欲走,郑三苟向前扭住,用脚横踢致伤熊蓝佑左臁肋。熊蓝佑欲拔身佩小刀,郑三苟用力夺过。熊蓝佑复向夺取,郑三苟用刀背打伤熊蓝佑左胳膊,随即退开。熊蓝佑又扑前抢刀,郑三苟又用刀抵去戳伤熊蓝佑左肋,熊蓝佑仰跌田内,当时殒命。广东巡抚钟音将郑三苟依本夫非登时杀死奸夫,照"罪人不拒捕而擅杀律"拟绞监候。刑部进行驳议,认为"金鸡岭脚即属奸所",而郑三苟已将熊蓝佑扭住,广东巡抚没有援引"奸夫已就拘执"本例,而引"罪人不拒捕而擅杀"律拟绞,对案情、律意的认识都不正确。最终,广东巡抚接受刑部驳议,将郑三苟改依"奸夫已就拘执而擅杀"例,拟徒。

乾隆五十三年新例改定之后,对于本夫则是照"奸所获奸,非登时而杀例"办理。如道光六年说帖,"云抚咨李魁杀死奸夫奸妇一案",李魁因孙成林与其妻唐氏通奸,被其撞获,孙成林逃走,李魁追拿无获,当

---

① [清]薛允升:《读例存疑》卷三十二,"杀死奸夫-02"。
② [清]祝庆祺等编:《刑案汇览三编》(二),"黑夜殴贼问系奸夫复殴致毙",第964页。
③ [清]全士潮等编:《驳案汇编》,"奸夫已就拘执而擅杀",第233页。

将唐氏斥责,称欲告究,唐氏跪求悔过拒绝,邻人陈帼扬等亦在旁解劝,李魁隐忍息事。嗣李魁路过篱笆坡地方,瞥见唐氏与孙成林在路旁树下坐地嬉笑,赶往捉拿,孙成林不服,李魁拾石掷伤孙成林囟门倒地,孙成林称欲杀害报复,李魁忿起杀机,拔刀割伤孙成林咽喉食气嗓,唐氏拢护,李魁亦用刀割伤其咽喉,孙成林唐氏先后身死。云南巡抚将李魁依"本夫奸所获奸,非登时而杀例",拟杖一百,徒三年。但是,臬司却认为,孙成林与唐氏同在树下共坐仅止嬉笑,并非行奸,该处不得谓之奸所,所以将李魁照"本夫捉奸已离奸所,非登时杀死例",拟绞监候。他们的分歧主要是对"奸所"的认定上,刑部支持了云南巡抚的拟断,刑部认为:

> 该犯前次在家获奸,追捕奸夫未得,嗣复在途见伊妻与奸夫共聚嬉笑,虽此时唐氏与孙成林并未行奸,揆诸本夫,目睹忿激之情,实与奸所获奸无异,且为知非唐氏与孙成林因不能在家续奸,遂为田野草露之约,是唐氏等此时虽未行奸,亦犹之奸夫在奸妇家饮酒嬉乐,虽未行奸,被本夫撞获杀死,不得不以奸所论也。该省将李魁拟徒系属衡情酌断,似可照覆,所有该司议请驳令拟绞之处,应毋庸议。①

若本夫奸所获奸,杀死逃脱几日后的奸夫,也应照"奸所获奸,非登时而杀"例拟徒。如道光十四年说帖,赵贺奸所获奸,杀死逃脱几日后之奸夫张玉科一案,河南巡抚将该犯依"罪人不拒捕而擅杀律"拟绞。刑部认为,此案赵贺因其寻殴之时距获奸之时已经隔日,与登时而杀者不同,应照"奸所获奸,非登时而杀之例"问拟满徒,而河南巡抚置本夫杀奸之例于不论,将该犯依罪人不拒捕而擅杀律拟绞,实属错误。②

---

① 〔清〕祝庆祺等编:《刑案汇览三编》(二),"获奸逃走别处撞遇复行杀死",第888页。
② 同上书,(四),"奸所获奸逃脱越日杀死奸夫",第219—220页。

若奸夫奸妇通奸,本夫畏凶隐忍年余,后来听说奸夫商同奸妇欲谋害自己,而杀死奸夫奸妇泄忿,则不同于登时忿激杀死奸夫奸妇,但本夫明知奸情,因迫于奸夫之强悍,无奈隐忍,也与甘心纵奸不同,因此,应将本夫比照"奸所获奸、非登时而杀"例拟徒。如道光四年,奉天司"吉林将军咨:贺学因马成与伊妻李氏通奸,以马成强横淫恶,不能力擒送官。嗣闻伊女姐头告知马成商同伊妻谋害情由,心生气忿,用石将奸夫、奸妇杀死,实属奸所获奸,例应勿论。惟隐忍通奸年余之久始行杀奸泄忿,与实在登时奸所杀奸者微有区别,自应酌量问拟,贺学应比照'奸所获奸、非登时而杀、依夜无故入人家、已就拘执而擅杀律'拟杖一百,徒三年。"①

如果本夫奸所获奸,非登时不是将奸夫杀死而是将奸夫致伤的话,则会照"擅伤罪人减斗伤二等例"杖九十,徒二年半。如嘉庆二十五年,四川"江油县审解民人徐贵戳伤尚贵身死,并秦德潚刃伤徐贵,于取供后在押病故一案","秦德潚讯无知情纵奸情事,惟获奸虽在奸所,戳伤并非当时,按其擅杀之罪照例应拟满徒。今秦德潚将徐贵戳伤,尚未平复,第已至刃伤,保辜限外,自应仍照擅伤罪人例减二等问拟。秦德潚应于刃伤人者杖八十,徒二年律上减二等,应杖六十,徒一年。业已病故,应毋庸议。"②

第三,本夫捉奸已离奸所,非登时杀死不拒捕奸夫。

《大清律例·刑律·人命》"杀死奸夫"条条例规定:"如捉奸已离奸所,非登时杀死不拒捕奸夫者,照罪人不拒捕,及已就拘执而擅杀律拟绞监候。"如乾隆三十二年,江西司"安义县民范人杰因奸谋勒涂土水身

---

① [清]许梿、熊莪编:《刑部比照加减成案》,何勤华等点校,法律出版社2009年版,第523页。
② 杜家骥主编:《清嘉庆朝刑科题本社会史料辑刊》,天津古籍出版社2008年版,第1118页。

死一案"①,本夫范人杰询出奸情后,即欲投报邻保送官追究,因为其妻张氏跪求,声言寻死,范人杰害怕丑声外扬,于是隐忍。后来范人杰反被奸夫涂士水恃强辱骂,因而忿恨,起意致死。江西巡抚将范人杰依"谋杀人造意"律拟斩监候,刑部驳议之后,江西巡抚认为,涂士水与张氏通奸,已是有罪之人。范人杰既非知情纵容,其与妻商谋勒死实由义忿所激,与"奸夫已离奸所,本夫杀非登时,依'不拒捕而杀之'例"相符。范人杰改依"罪人不拒捕而擅杀"律拟绞监候。

本夫逼令妻诓诱奸夫至家而谋杀时,本夫要依"奸夫已离奸所,本夫杀非登时,依'不拒捕而擅杀'律"拟绞监候。如乾隆四十年,山东司"墨县民宋坤因妻张氏与高哲通奸、逼令张氏帮同杀死高哲一案"②,山东巡抚因木夫宋坤激于义忿,而略其谋杀之罪,将其照"奸夫已离奸所,本夫杀非登时,依'不拒捕而擅杀'律"拟绞监候。该拟断得到刑部的认可。

当本夫向妻盘出奸情,杀死奸夫奸妇时,也依"奸夫已离奸所,非登时杀死不拒捕奸夫例"拟绞监候。如嘉庆二十年说帖,"东抚题崔大安闻奸杀死奸夫高红绪并伊妻崔李氏身死一案"③,刑部认为,崔大安闻奸杀死奸妇,按例罪止拟徒,但其杀死奸夫,获奸既非奸所,杀死又非登时,山东巡抚将其依"本夫捉奸已离奸所,非登时杀死不拒捕奸夫例"拟绞监候,拟断正确。

当本夫奸所获奸,奸夫逃跑,本夫责妻隐忍。其后奸夫欲与奸妇续旧,刚进门,即被本夫杀死时,也以"本夫捉奸已离奸所,非登时杀死不拒捕奸夫"拟绞监候。如嘉庆十七年说帖,"川督题:曹思能杀死奸夫王刚、奸妇余氏一案","曹思能因王刚与伊妻余氏通奸,被伊撞获,王刚挣

---

① [清]全士潮等编:《驳案汇编》,"本夫杀奸已离奸所",第221页。
② 同上书,"奸妇被本夫逼令帮同杀死奸夫",第260页。
③ [清]祝庆祺等编:《刑案汇览三编》(二),"向妻盘出奸情杀死奸夫奸妇",第888页。

脱逃跑,曹思能告知妻母王氏,同向余氏查问,认奸不讳。曹思能常欲控究,经王氏劝止,常将余氏责处,禁其往来。嗣王刚夤夜复至曹思能门外低唤余氏开门,曹思能闻知系王刚来与伊妻续旧,心怀气忿,携斧开门,王刚走进,曹思能将其砍伤跌地,余氏赶拢夺斧,曹思能亦用斧将余氏砍倒,后取菜刀将王刚、余氏头颅一并割落。"①刑部认为,曹思能杀死奸夫奸妇既非奸所又非登时,自应仍依擅杀罪人科断。

第四,本夫以他故致毙捕获奸夫。

《大清律例·刑律·人命》"杀死奸夫"条条例规定:"若虽系捕获奸夫,或因他故致毙者,仍以谋故论。"如嘉庆二十年说帖,"苏抚题胡成殴伤李岸身死一案",刑部认为,"已死李岸奸拐胡成之妻张氏同逃,固系罪人,惟胡成先将李岸殴伤互控,业已经人调处寝息,嗣李岸与该犯之弟胡淋口角,该犯因而携叉将其殴戳,并非捉奸起衅,使李岸致死胡成未便科以拒捕杀人之罪,则该犯殴死李岸亦未便科以擅杀罪人之条,该省将该犯依斗杀律拟以绞候,张氏照和诱为从拟徒,均与例相符,应请照覆。"②

第五,本夫非登时杀死已经犯奸有据,又复逞凶拒捕之奸夫。

《大清律例·刑律·人命》"杀死奸夫"条条例规定:"至于已经犯奸有据,又复逞凶拒捕,虽非登时,俱依罪人拒捕科断。"《大清律例·刑律·捕亡》"罪人拒捕"律条规定:"罪人本犯应死(之罪)而擅杀者,杖一百。(以捕亡一时忿激言,若有私谋,另议。)"

如道光十一年说帖,四川司"本夫杀死拒捕刃伤之奸夫"一案,张正年与王启盈之妻王王氏通奸,诱拐王王氏同逃佃房住耕。王启盈喊拿,张正年逃跑,王启盈捉获王氏领回,打算等拿获张正年一同送究。其后

---

① [清]祝庆祺等编:《刑案汇览三编》(二),"奸夫甫经进门本夫将其砍死",第896页。
② 同上书,(二),"妻被奸拐寝息后将奸夫殴死",第918页。

王启盈携棒撞遇张正年,赶拢捉拿,张正年拔刀拒捕,划伤王启盈左颔颊,王启盈用棒殴伤殒命。四川总督将王启盈依"罪人本犯应死而擅杀律"拟杖一百。刑部最初不同意该拟断,认为"罪人本犯应死而擅杀之律",是专指官司差人捕亡而言,而王启盈是本夫追捕奸拐罪人,并非官司差人可比,而死者如罪应死,捕者将其杀毙,皆可照擅杀应死罪人律拟杖。四川总督将王启盈照擅杀应死罪人律只拟满杖,实属错误,应照"擅杀罪人律"拟绞。①

遭刑部驳回之后,四川总督援引成案即"嘉庆三年天全州民柳聋子与李氏通奸,被本夫李仲义戳伤李氏身死一案",李仲义比照擅杀应死罪人律杖一百,并且认为该案与柳聋子之成案,事异而情相等,因此再次呈请刑部。刑部最终同意了四川总督最初的拟断:"虽然寻常应捕之人擅杀罪人,与官司差人擅杀罪人情事略有不同,而其忿激行殴则并无二致,似可援照定断。况王启盈系本夫捉奸,擅杀奸夫,尤非寻常擅杀之案可比,若必拘泥律文,不准仅拟杖责,诚不足以昭情法之平"。②

若妻与人通奸、后经悔过拒绝、奸夫复往图奸被本夫致死,由于律例无治罪明文,即不应援照"捉奸杀死奸夫之例"科断。若照"图奸未成罪人"问拟,死者又究系拒绝之奸夫,自应比例拟断,本夫应比照"夜无故入人家、已就拘执而擅杀律"杖一百,徒三年。

第六,本夫杀死有服奸夫。

本夫捉奸,若奸夫为本夫有服尊亲属,则《大清律例·刑律·人命》"杀死奸夫"条条例规定:"本夫捉奸,杀死犯奸有服尊长之案,除犯时不知,依凡人一例拟断,及止殴伤者,仍予勿论外,若于奸所亲获奸夫奸妇,登时杀死者,或奸所而非登时,及非登时又非奸所,或已就拘执而

---

① [清]祝庆祺等编:《刑案汇览三编》(二),"本夫杀死拒捕刃伤之奸夫",第891页。
② 同上书,(二),"应捕之人擅杀应死罪人通行",第893—894页。

杀,如系本宗期功尊长,均照卑幼殴故杀尊长本律拟罪,法司夹签声明。奉旨敕下九卿核拟,量从末减者,期亲减为拟斩监候,功服减为杖一百、流三千里。若杀系本宗缌麻及外姻功缌尊长。亦仍照殴故本律拟罪。法司于核拟时,随本声明量减为杖一百、流二千里。恭候钦定。"①本夫捉奸,若奸夫为本夫有服卑亲属,则《大清律例·刑律·人命》"杀死奸夫"条条例也有明文规定:"本夫捉奸,杀死犯奸有服卑幼之案,除犯奸卑幼罪犯应死,或卑幼犯奸罪不应死,而杀系奸所登时者,均予勿论外,如卑幼犯奸,罪不至死,本夫于奸所获奸,非登时而杀者,于常人满徒上减二等,杖八十、徒二年。如捉奸已离奸所,非登时而杀者,于常人绞候上减二等,杖一百、徒三年。若按其殴杀卑幼,本罪止应拟流者,应再减一等。"此条是乾隆六十年,刑部议准定例。嘉庆六年修改,十四年改定。② 这两条条例表明清代统治者重惩奸罪的意旨。下面举例示之:

本夫捉奸,只殴伤犯奸有服尊长勿论。如乾隆年间,"苏抚题:蔡奕凡与胞侄蔡通之妻卢氏通奸,被蔡通撞遇,用刀砍伤奸夫,并杀死奸妇一案",苏州巡抚将蔡奕凡依"奸兄弟子妻律"拟绞立决,蔡通依"刃伤胞叔律"拟绞立决,并声明蔡通情有可原。刑部则认为,本夫捉奸致伤尊长者可不被惩处:

> 查律载:本夫于奸所亲获奸夫奸妇,登时杀死者勿论。此言本夫捉奸杀死奸夫,统得勿论。即至杀死有服尊长,亦无另有治罪之条。若本夫因捉奸致伤尊长,则更可无论也。又杀奸例载:本夫本

---

① 薛允升认为该条规定不妥:"妻与有服尊长通奸,舍休弃别无善全之法,否则,隐忍而已。责以控告在官,已属干名犯义,而其妻亦终不免断异,似不如自行休弃之,尚能保全不少也。观干名犯义律被尊长侵夺财产,或殴伤其身,并听卑幼陈告而无奸情,亦准陈告之语,其义可见,控告尚不忍言,况杀伤乎。若气忿将妻杀毙,则人命攸关,按今例科断尊长奸罪应死者,不得照律拟罪。即奸罪不应死者,亦不得不照凡人例拟抵。而伊只一杖完结,情法固应如是耶。古何尝无此事,而从未立此等科条,概可知矣。"([清]薛允升:《读例存疑》卷三十二,"杀死奸夫-23"。)

② [清]薛允升:《读例存疑》卷三十二,"杀死奸夫-24"。

妇有服亲属皆许捉奸,但卑幼不得杀尊长,犯则依故杀伯叔母姑兄姊科断。此则专言应许捉奸之两家卑幼服属,不得干犯尊长,亦止言杀而不言伤,而本夫之捉奸致伤尊长者则尤可无论也。是以乾隆六年臣部议覆河南按察使条奏本夫捉奸杀死尊长,当随时酌量议拟在案。是因奸而杀尊长,尚在矜疑之列,若致伤未死,自应照律勿论。盖尊长内乱,律干斩绞重辟,既予本夫以捉奸之权,自难禁其必不致伤。详查律例,检阅条议,从无本夫获奸致伤有服尊长,仍应科罪之文。此案蔡通因胞叔蔡奕凡与伊妻卢氏白日行奸撞获,登时互殴致伤,并未致死,该抚遽将蔡通援照刃伤胞叔律拟以绞决,殊未允协。臣等详绎案情,折衷成例,蔡通既无科罪之条,自应予以勿论。①

本夫捉奸,杀死犯奸有服尊长,虽仍照卑幼殴故杀尊长本律拟罪,但可得法司夹签声明,奉旨敕下九卿核拟,量从末减惩处。如光绪二年说帖,"皖抚题太湖县民王育材因捉奸砍伤大功堂兄王美之身死一案",王育材因大功服兄王美之与其妻余氏通奸,盘知奸情,经劝隐忍,嗣复撞获王美之在余氏房内调笑,登时砍伤王美之殒命。刑部认为,"死系犯奸尊长,杀由激于义忿,自应量从末减,应将该犯王育材依例拟杖一百,流三千里。"②

本夫捉奸,杀死犯奸有服卑幼,于常人满徒减等惩处。如嘉庆二十一年,"南抚咨:外结徒犯内郭钲开因缌麻服侄郭景璞与伊妻通奸,当于奸所捕获,逐至门外,将郭景璞殴毙"一案,刑部认为,例内并无本夫捉奸、登时逐门外、杀死犯奸有服卑幼的治罪明文,但例内捉奸非登时杀死犯奸卑幼于常人罪上减二等,则登时逐至门外杀死犯奸卑幼,亦应于

---

① [清]祝庆祺等编:《刑案汇览三编》(二),"捉奸致伤尊长照律应予勿论",第873页。
② 同上书,(四),"捉奸杀死大功堂兄",第613页。

常人罪上减等问拟。郭钲开依"应于奸夫已离奸所、本夫登时逐至门外杀之、应照不应重杖",减二等,杖六十。①

四、自尽

(一)因与妻口角而自尽

夫妻口角,导致妻自尽的案件很多,但是,几乎没有单纯因为夫妻口角,夫自尽,而对妻惩处的案子。不过,从道光四年,"南抚题:周均友因伊母与伊父口角致令伊父自尽,听从私埋匿报"②一案中,我们可以看到夫因与妻口角而自尽的情形。该案没有提及对妻的处置,只是将子依"父为母所杀、其子隐忍、于破案后供明者、照不应重例"杖八十。

(二)因妻有奸情而羞忿自尽

夫因妻有奸情而羞忿自尽,对妻的惩处要以夫是否纵容而有所区别。即《大清律例·刑律·人命》"威逼人致死"条条例规定:"妇女与人通奸……其本夫并未纵容,一经见闻,杀奸不遂,因而羞忿自尽者,奸妇拟绞监候。奸夫俱拟杖一百、徒三年……本夫纵容通奸,后因奸情败露,愧迫自尽者,奸夫、奸妇止科奸罪。如父母本夫虽知奸情,而迫于奸夫之强悍,不能报复,并非有心纵容者,奸夫、奸妇仍照并未纵容之例科断。"此条系乾隆三十年,刑部奏准定例,五十六年修改,嘉庆九年改定。③

---

① [清]许槤、熊莪编:《刑部比照加减成案》,何勤华等点校,法律出版社2009年版,第142页。
② 同上书,第367页。
③ 薛允升认为,该例将奸夫罪名改轻,而反将奸妇罪名加重,罪罚实不平衡。他认为,杀死奸妇,奸夫即要拟抵,本夫及父母自尽,奸夫却仅拟徒罪。而且本妇自尽,已应抵徒,今因奸致酿二命,亦拟徒罪,未免太宽。考察本夫杀死奸妇之罪,宽本夫而严奸夫,而和奸导致本夫羞忿自尽,又宽奸夫而严奸妇。调奸妇女未成,致其夫与父母亲属自尽,俱拟绞候,而和奸已成,致其夫与父母自尽,反拟徒罪,可见,例文愈多,愈发混乱。参见[清]薛允升:《读例存疑》卷三十四,"威逼人致死-03"。

由该条例可以看出，当妻有奸情，夫羞忿自缢后，对奸夫奸妇的惩处要以本夫是否纵奸而有所不同。

本夫并未纵奸时，如嘉庆二十四年，"安抚咨：张文召与顾倪氏通奸，本夫顾泳林奸所撞获，张文召当时逃逸，顾泳林追寻无获，羞忿自尽。顾倪氏亦因奸情败露，羞愧自缢殒命"①一案，奸情导致本夫与奸妇二人自缢身死，则奸夫当然要加等处罚。奸夫张文召依"奸妇与人通奸、本夫并未纵容、一经见闻、杀奸不遂、因而羞愧自尽者、奸夫满徒例"上，酌加一等，杖一百，流二千里。

本夫纵奸而自尽时，奸夫奸妇被减轻惩处。如嘉庆十八年说帖，"川督咨：龙念才奸拐简张氏潜逃，致纵奸本夫简明星气忿自缢身死一案。又咨谢正华奸拐张高氏同逃，致伊夫张兴朋愧迫，自行服毒身死一案"②，这两个案件中，龙念才与简明星之妻简张氏通奸，谢正华与张兴朋之妻张高氏通奸，均是本夫贪图钱财纵妻犯奸。此后，龙念才、谢正华各将奸妇诱拐同逃，才致本夫愧忿自尽。按照例文，本夫纵容通奸，后因奸情败露愧迫自尽者，奸夫奸妇止科奸罪，但是案中奸妇听从奸夫诱拐同逃，以致纵奸本夫愧忿轻生，因此，奸夫奸妇应仍照和诱例问拟。

（三）因奸夫或奸妇威逼而自尽

《大清律例·刑律·人命》"威逼人致死"条条例规定："凡因奸威逼人致死人犯，务要审有挟制窘辱情状，其死者不论本妇、本夫、父母、亲属，奸夫亦以威逼拟斩。若和奸纵容，而本妇、本夫愧迫自尽，或妻妾自逼死其夫或父母、夫自逼死其妻、女，或奸妇以别事致死其夫，与奸夫无

---

① ［清］许槤、熊莪编：《刑部比照加减成案》，何勤华等点校，法律出版社2009年版，第184页。
② ［清］祝庆祺等编：《刑案汇览三编》（二），"奸拐同逃纵奸本夫气忿自尽"，第1221—1222页。

干者,毋得概坐因奸威逼之条。"

如嘉庆十八年说帖,晋洪秀与康氏通奸,屡将本夫余忝务殴辱,逼令休弃,图娶康氏为妻,余忝务声言控告,晋洪秀回以控告不过杖责,将来逐日殴打。康氏亦称任凭告官总不愿随其过度,以致余忝务忿激自尽。江苏巡抚将晋洪秀照因奸威逼人致死律拟斩监候,康氏照妻妾悍泼逼迫其夫自尽例拟以绞决。刑部同意江苏巡抚的拟断,并认为,康氏被奸无耻,又帮同逼辱,实属淫恶。本夫因杀奸不遂,羞忿自尽,奸妇照例拟绞候,但如妻妾悍泼逼迫夫自尽,例应绞立决。①

第三节 和奸之人的反应

考察清代妻犯夫的命案,大多数案例都与妻有奸情有关,这就势必引出奸夫这一特殊的夫妻关系之外的"第三者",自然在夫妻之外,产生了另一类严重影响夫妻关系的主体——奸夫和奸妇。为了全面剖析妻犯夫,特别是因奸犯夫的各种促动因素,深入了解清代犯奸之妻的具体境遇,本节通过刑科档案,对和奸之人(包括奸夫与奸妇)的反应作出考察。此外,通过对案例的剖析,我们亦可明晰律例的治罪明文及司法实践中的审断程序。

一、奸妇的反应

前文已经分析了妻犯夫的方式与原因,也阐释了夫的相关反应,正是夫的各种反应,促使奸妇作出进一步回应,从而形成了夫妻相犯相互循环的动态联系。奸妇的反应有羞忿自尽、商谋与奸夫同死、逃向奸

---

① [清]祝庆祺等编:《刑案汇览三编》(二),"奸夫奸妇威逼殴辱本夫自尽",第1217—1218页。

夫、杀伤奸夫、谋害碍眼或阻碍其通奸之人、诱令或勒逼家人犯奸等,究其原因主要是为受礼束缚、为情所困、图谋钱财、淫恶所趋等。

(一)羞忿自尽

当奸情败露,奸妇羞忿自尽的情况发生时,清律主要是要惩治奸夫。"查例载:和奸之案,奸妇因奸情败露,羞愧自尽者,奸夫杖一百,徒三年。"①

在司法实践中,依据不同情节有酌量加减拟断的情况。如道光五年,"河抚咨:鹿邑县完颜高武奸拐刘柳氏同逃,罪应拟军。惟甫将柳氏拐至家内,即经伊母谭氏查知,将柳氏送还本夫完聚。"②刑部认为,完颜高武虽未到官自首,但究与始终拐匿者不同,应于军罪上酌减一等,拟以满徒,而柳氏因奸情败露,羞愧自尽,完颜高武亦罪应满徒。最终,完颜高武依"奸妇因奸情败露、羞愧自尽、奸夫杖一百、徒三年例",杖一百,徒三年。

若奸妇羞忿自尽,是因奸夫张扬奸情,被他人听闻所致,承审官则对奸夫量加一等处罚。如嘉庆二十五年,"晋抚咨:乔邓氏与乔金保则通奸,被房主乔李氏窥破,令搬出另住。即嘱乔金保则觅房,并令资助,嗣因乔金保则未给钱物,又未为觅房,不允续奸,并非悔过拒绝。其投井自尽,系由乔金保则与之争吵、欲张扬奸情、被乔李氏听闻所致。"③刑部认为,乔金保则因续奸不遂吵嚷,并称张扬奸情,致使乔邓氏愧忿自尽,应照"和奸之案奸妇因奸情败露羞愧自尽者、奸夫满徒例"上,量加一等,杖一百,流二千里。

---

① [清]祝庆祺等编:《刑案汇览三编》(一),"事主窘迫自尽照因奸酿命例",第604页。
② [清]许槤、熊莪编:《刑部比照加减成案》,何勤华等点校,法律出版社2009年版,第595页。
③ 同上书,第183页。

若奸妇羞愧自尽,其婆母也气忿自尽,则对于因奸败露致酿二命之奸夫,"致死二命从一科断"。如道光四年,"川督咨:渠县汤万镒与张李氏通奸,其姑张黄氏并不知情。嗣因奸情败露,张李氏羞愧投缳自尽。张黄氏因伊媳作此丑事,无颜见人,气忿莫释,亦即投缳殒命。"①汤万镒被拟杖一百,徒三年。

如果奸妇携带幼子、幼女同时投井殒命,则对于因奸败露致酿母子三人同遭非命之奸夫要按例加等问拟。如道光十一年,"直督咨:实坻县王殿沅与高张氏通奸,系本夫纵容。后经拒绝,辄起意商允逃走。甫经出门,即被本夫之侄瞥见喊回,致氏被夫村骂,又被外人谈论,羞忿交加,携带幼子、幼女投井殒命"②一案,王殿沅于"和奸之案奸妇因奸情败露、羞愧自尽者、奸夫杖一百、徒三年例"上,加一等,杖一百,流二千里。

奸夫的身份特殊,对其处置也会不同。若奸夫为家奴,对其的处置要量加一等。如道光八年,"江西抚咨:石西斗仔系石姓家奴,与家长无服族人石偕询之妻通奸,致氏自缢身死"③一案,刑部认为,虽例无作何治罪明文,但犯奸既有加等之律,则因奸酿命,亦未便转同凡论,致使良贱无分。石西斗仔是奴奸良人妇,应依"和奸之案奸妇因奸情败露、羞愧自尽、奸夫满徒例"上,量加一等,杖一百,流二千里。但是,"人之出身,贵贱本之于父,不本之于母",如果奸夫之母属本夫故祖母契买婢女,奸夫之父乃是本夫故祖母雇工,则将奸夫照"凡人"科断。由此看出清律中夫尊妻卑的典型特征。

---

① [清]许梿、熊莪编:《刑部比照加减成案》,何勤华等点校,法律出版社 2009 年版,第 595 页。
② 同上书,第 597 页。
③ 同上书,第 596 页。

（二）商谋与奸夫同死

《大清律例·刑律·人命》"威逼人致死"条条例规定："奸夫奸妇商谋同死，若已将奸妇致死，奸夫并无自戕伤痕同死确据者，审明或系谋故或系斗杀，核其实在情节，各按本律拟以斩绞，不得因有同死之供，稍为宽贷。若奸夫与奸妇因奸情败露，商谋同死，奸妇当即殒命，奸夫业经自戕，因人救阻，医治伤痊，实有确据者，将奸夫减斗杀罪一等，律杖一百、流三千里。如另有拐逃及别项情节，临时酌量，从重拟断。"该条例文规定存在诸多模棱两可之处，正如薛允升指出的那样，该条例似指奸夫奸妇应死在一处，若死在两处，是否还能按此条例拟断呢？而且，条例中也未说明商谋同死是何人起意，如是奸妇起意，例文中"已将奸妇致死"，是指奸夫下手致死。若奸夫并未下手，死由奸妇自刎，奸夫伤而未死，经救得生，则与奸夫代为下手者不同，或仅科奸罪，或加等拟徒，均无不可。若不论是自尽还是代为下手概拟满流，似觉无所区别。再如商谋同死之案，奸夫已殒命，奸妇经救得生，是否也对奸妇拟流罪，条例中也无从推断。①

该条例是乾隆二十九年，"南抚题：罗常五奸拐匡氏败露，匡氏逼令该犯代割身死一案"后，由刑部奏准定例。该案罗常五与匡氏通奸拐带逃走，经罗常五之兄罗才五盘问得知拐逃情由，欲行投保送官。匡氏畏惧，与罗常五相商同死，匡氏授刀与罗常五，逼令代割咽喉倒地，罗常五亦自割二刀，匡氏伤重殒命，罗常五救治未死。湖南巡抚将罗常五依"谋杀人从而加功律"拟绞。刑部建议，"嗣后凡奸夫奸妇商谋同死，若已将奸妇致死，奸夫并无自戕伤痕同死确据者，审明或系谋故或系斗杀，核其实在情节，各按本律拟以斩绞，不得因有同死之供稍为宽减。

---

① 参见［清］薛允升：《读例存疑》卷三十四，"威逼人致死－15"。

若奸夫与奸妇因奸情败露商谋同死,奸妇当即殒命,奸夫亦业经自戕,或因人救阻医治伤痊,实有确据者,将奸夫照犯罪时雇人伤残因而致死减斗杀一等律,杖一百,流三千里。如另有拐逃及别项情节,临时酌拟从重改发,倘蒙俞允,所有罗常五一案即照此办理,并载入例册等因。"①

(三)逃向奸夫

奸妇害怕本夫责打而逃向奸夫,与本妇因奸而被奸夫拐逃不同,因为这是奸妇的主动行为。如嘉庆十九年,"安抚咨:外结徒犯内崔恺因与石登书之妻通奸,该氏畏夫责打逃出,崔恺容留在家奸宿。"②嘉庆二十三年,"直督咨:刘根诚与张孝之妻何氏通奸,何氏因伊夫禁止往来,央求伊父何九生带领同逃,寄信刘根诚前往居住,非该犯起意拐逃,将刘根诚依'和诱知情为首军罪'上,量减一等,满徒。何氏于刘根诚例上,减一等,杖九十,徒二年半。"③

(四)杀伤奸夫

刑科档案中也有奸妇因索钱不遂致伤奸夫的例子。如道光十二年,"西安将军咨:蒋佳氏先与常德保通奸,嗣因索钱不遂,致将常德保舌尖咬落"④一案,奸妇因索钱不遂,致伤奸夫,刑部认为,蒋佳氏既非悔过拒绝奸情,则常德保就不能被视为罪人拒捕,应照"斗伤本律"问拟,应于"断人舌杖一百、流三千里律"上,减一等,杖一百,徒三年。

至于妇女拒奸之案,若妇女将起意图奸之人临时杀死者,一向依照"拒捕格杀"律勿论。但是,本妇先经通奸后复拒绝、致死奸夫之案,因

---

① [清]祝庆祺等编:《刑案汇览三编》(二),"奸夫奸妇商谋同死",第1329页。
② 同上书,第94页。
③ 同上书,第101页。
④ 同上书,第605页。

本妇失节于先,且"此等拒奸杀命之案,情节各有不同,有先因贪利与之通奸,后以无力资助拒殴致死者;有先经和奸,后复与他人通奸情密,因而拒绝殴毙者;亦有通奸后业已悔过自新,因奸夫逼其续好不从,情急拒殴致死者。"①因此,司谳者应多就案情,详核其拒杀情由,量为区别,以昭平允。

在乾隆四十七年,直隶司"南和县张魏氏拒奸殴伤魏贤生身死一案"之后,确立了新例:"和奸之案,本妇悔过拒绝,确有证据,后被逼奸,将奸夫杀死者,照擅杀罪人律减一等,杖一百,流三千里。"在该案中,张魏氏先与魏贤生通奸,被本夫张认宗窥破,向魏氏究出奸情,即将其责打,魏氏发誓不与魏贤生往来。魏贤生乘本夫外出贸易,复往逼奸,并以欲将其夫杀死、陷害之言恐吓。张魏氏因被逼情急,将魏贤生殴打致死。直隶总督将张魏氏依"罪人不拒捕而擅杀"律拟绞监候。刑部驳议认为:"张魏氏殴死魏贤生实因被其逼奸情急所致,张魏氏固未便照'未经失节之妇杀死图奸之人'依律勿论,亦未便仍照'擅杀罪人'例拟以绞抵……应请即照'擅杀罪人'律量减一等,改拟杖一百、流三千里。系曾经犯奸之妇,杖罪的决,余罪照律收赎。并请嗣后妇人拒奸杀死奸夫之案,除因他故拒杀者仍依谋故斗殴等律例拟断外,其有和奸之后悔过拒绝有据,后被奸夫逼奸因而杀死者,均照此例办理。俟命下,臣部载入例册,并通行各省督抚、府尹、将军一体遵行。"②

(五)谋害碍眼或阻碍其通奸之人

本妇与人通奸,其碍眼或阻碍其通奸之人多是与其一起生活的有服尊长或卑幼。

---

① [清]全士潮等编:《驳案汇编》,"和奸后悔过拒奸有据杀死奸夫新例",第582页。
② 同上书,"和奸后悔过拒奸有据杀死奸夫新例",第583页。

1.奸妇谋杀碍眼之有服尊长

奸妇因奸谋杀有服尊长时,奸夫或不知情。如嘉庆十九年,雷曾氏因奸谋杀伊翁,奸夫李允忠不知谋情,四川总督将其拟以枷杖。刑部驳议指出,雷曾氏酿成逆伦重案,由与该犯通奸所致,死者为奸妇之翁,较本夫名分尤重,将李允忠比照"妇女与人通奸、致酿逆伦重案、奸夫发驻防例",发新疆官兵为奴。① 依照清律,本案中的奸妇,一定会被凌迟处死。

奸妇因奸谋杀有服尊长时,奸夫或听从加功。如道光八年,"河抚奏:李孙呢与李郑氏通奸情热,李郑氏被翁李吉察知喊骂,禁止往来,心怀忿恨。迨郑氏往李吉地内摘梨,又被辱骂,郑氏气忿莫遏,起意将伊翁谋杀,密与伊子李二妮及该犯商允,该犯听从前往,将李吉推倒,致郑氏等将李吉迭扎毙命。"②李孙呢比照"奸夫听从奸妇、并纠其子谋杀本夫、奸夫斩决例"拟斩立决。

奸妇因奸谋杀有服尊长时,奸夫或是主使人。如嘉庆二十五年说帖中,称谋杀夫之小功尊属并未同行的奸妇,"该氏身犯邪淫,乃因尊长碍眼,辄听从奸夫谋害其命,乃至下毒不遂,复又听从奸夫在其搭毙,实属淫恶。该氏前次行而未伤,罪止拟徒,其后次谋而不行,若仍照凡人拟流收赎,殊不足以儆淫凶而重名分。应将该氏拟流,实发驻防给兵丁为奴,不准收赎,似得情法之平。"③

2.奸妇因奸谋杀卑幼

奸妇因奸谋杀的卑幼多为子或媳,奸妇因奸将子女及媳致死灭口,以及因媳碍眼,强迫其同陷邪淫不从,商谋致死灭口的情形,例皆有治

---

① [清]许槤、熊莪编:《刑部比照加减成案》,何勤华等点校,法律出版社2009年版,第303页。
② 同上书,第536页。
③ [清]祝庆祺等编:《刑案汇览三编》(二),"谋杀夫之小功尊属并未同行",第817页。

罪明文。

第一,因奸将子女及媳致死灭口。

《大清律例·刑律·斗殴下》"殴祖父母父母"条条例规定:"因奸将子女致死灭口者,无论是否起意,如系亲母,拟绞监候,不论现在有无子嗣,入于缓决,永远监禁。若系嫡母,拟绞监候。继母嗣母,拟斩监候。查明其夫只此一子,致令绝嗣者,俱入于秋审情实。若未致绝嗣者,入于缓决,永远监禁。至姑因奸将媳致死灭口者,如系亲姑嫡姑,拟绞监候。若系继姑,拟斩监候,均入于缓决,永远监禁。奸夫仍各分别造意、加功,照律治罪。"此例原为二条,一条是乾隆二十六年,吏部会议覆准广东巡抚条奏定例,另一条是乾隆三十七年,遵旨纂辑为例。乾隆四十二年修改,嘉庆四年修并,十六年修改,道光二年改定。①

虽婆媳与母子之间,生养之恩、尊卑之分并重,但从该例看出,因奸将媳致死灭口与将子女致死灭口,奸妇所受到的惩处不同。因为"惟是姑媳之与母子分虽相同,而天性之与人合究有区别……母子为天性之亲,与姑媳之义以人合者本属有间。若以子死之故,令其母缳首抵偿,于情理究为不顾。"②

奸妇因奸将媳致死灭口的案件,如嘉庆二十一年说帖,"川督题李陈氏因奸勒死养媳宋氏灭口一案",李陈氏因与张世贵通奸,被养媳宋氏窥破奸情,将宋氏勒毙。四川总督将李陈氏比照继母因奸致死子女例拟以斩监候。刑部援引四川省十二年许氏一案③,认为李陈氏并非

---

① [清]薛允升:《读例存疑》卷三十七,"殴祖父母父母−06"。
② [清]全士潮等编:《驳案汇编》,"因奸勒毙其子改发伊犁为奴",第467页。
③ "许氏与伍泳元通奸,经伊媳张氏撞见,将伍泳元詈骂,许氏向斥不服,用火钳连烙张氏右腮倒地,复举脚踢伤其肚腹,张氏喊称许氏偏护奸夫,定将通奸之事向人告知,许氏虑其说破,起意致死灭口,将张氏擒住掐伤殒命。该省声明许氏并无抑媳同陷邪淫不从致死情事,将许氏比照继母因奸致死子女例科以斩候。"[[清]祝庆祺等编:《刑案汇览三编》(二),"姑因养媳窥破奸情将媳勒死",第813页。)

强迫其媳同邪陷淫,亦无与奸夫商谋致死灭口情事,也就不能援引常人谋杀之律问拟。

嘉庆二十二年说帖,"河抚题郭孙氏因奸谋毒子媳刘氏身死一案",此案孟吉祥与郭孙氏通奸,被孙氏之媳刘氏窥破斥骂禁止,因此起意商同奸妇孙氏将其谋毒毙命。河南巡抚援引因媳碍眼,抑令同陷邪淫不从,商谋致死例科以平人加功绞候。刑部认为该抚所拟"殊未允协",因为"详绎例意,必系抑媳同陷邪淫不从,因而谋死灭口,方与平人谋杀同论。若仅止谋杀灭口,并未抑令同陷邪淫,固不应竟依故杀子媳科罪,亦未便援引平人谋杀之律问拟……虽绞候较轻于斩候,而实抵则重于缓禁,应将孙氏改依因奸将子女致死灭口,系继母例斩候,入于缓决,永远监禁。"①

但是,在道光二年改定该例之前,各省办理奸妇致死伊媳灭口之案,"有比照嫡母致死子女例拟以绞候入于缓决,永远监禁者,有比照继母致死子女例拟以斩候,入于缓决,永远监禁者,虽同一缓决,永远监禁,而罪名究未画一,且以亲姑嫡姑比照继母,亦未确当。"②因此,在道光二年,"晋抚题李贾氏因奸殴烙童养媳李乔氏致死灭口一案"中,题准通行已纂例:"因奸致死子媳分别斩绞通行",即"嗣后奸妇致死伊媳灭口之案,系亲姑嫡姑即照嫡母例拟绞监候,系继姑即照继母例拟斩监候,均入于缓决,永远监禁,以昭画一。"③

奸妇因奸将子女致死灭口的案件,如乾隆三十六年,河南司"罗山县民潘九思与王李氏通奸,主使王李氏将伊子王孟隆勒死一案",河南巡抚将王李氏照"谋杀人从而加功"律拟绞监候,经过刑部驳议,据皇帝谕旨,将王李氏改发伊犁给与兵丁为奴。皇帝的谕令为:

---

① [清]祝庆祺等编:《刑案汇览三编》(二),"姑听从奸夫将子媳谋死",第813—814页。
② 同上书,"因奸致死子媳分别斩绞通行",第815页。
③ 同上书,"因奸致死子媳分别斩绞通行",第815页。

凡故杀子孙,定例原以子孙先有违犯或因其不肖,一时愤激所致,是以照例科断。若其中别有因事起意致死,情节较重,不得复援寻常尊卑长幼之律定罪从前,是以改拟发遣为奴,成案具在……嗣后凡遇尊长故杀卑幼案件内有似此等败伦伤化、恩义已绝之罪犯,纵不至立行正法,亦应照平人谋杀之律拟断监候,秋审时入于"情实",以儆无良而昭法纪。著将此通谕中外问刑衙门知之。①

此外,奸妇因奸将子女致死灭口,其杀死亲生之子与杀死继子,律例对其的惩处不同。如嘉庆二十二年说帖,"东抚题:高潘氏因奸谋死伊夫前妻之子高小陇灭口,复挟嫌勒死夫兄之女小春姐泄忿一案"②,继母高潘氏因奸谋杀子并侄女二命,处斩监候。同是奸妇因奸杀子,杀死亲子拟绞监候,杀死继子拟斩监候,"同一行为,导致不同的法律后果,这一规定从另一方面反映了儒家思想对中国法律的影响。根据儒家理论,生身父母与子女有着极为紧密的亲属关系,因而对于子女有着较为广泛的控制权;法律允许生身父母在较为广泛的范围内行使这种控制权;但继母与生身母亲相比,则稍逊一筹。"③

如果因子媳窥破奸情,两相争闹,奸妇迳避致毙子媳,则不能同于奸妇因媳碍眼致死灭口之案。如乾隆五十七年说帖,老焦刘氏与焦菊弟通奸,被其媳小焦刘氏窥见道破,与之争吵,则用拨火铁叉戳伤小焦刘氏胸膛殒命。老焦刘氏因夫焦更生在旁查问,恐怕小焦刘氏说出其奸情,致被夫嗔怪,因此用铁叉吓唬小焦刘氏让其噤声,以致小焦刘氏毙命。在刑部说帖中,"是杀死子女及媳,例应抵命者,系专指因奸碍眼,谋故致死之案,若因子媳窥破奸情,两相争闹,迳避致毙,审无谋故

---

① [清]全士潮等编:《驳案汇编》,"因奸勒毙其子改发伊犁为奴",第467页。
② [清]祝庆祺等编:《刑案汇览三编》(二),"继母因奸谋杀子并侄女二命",第812—813页。
③ 〔美〕D. 布迪,C. 莫里斯:《中华帝国的法律》,朱勇译,江苏人民出版社2003版,第211页。

别情,自不便概拟重辟。"①因此,该案中的老焦刘氏依"非理殴子孙之妇致死满徒律"上,加一等,拟杖一百,流两千里,并请实发不准收赎。

第二,奸妇因媳碍眼,抑令同陷邪淫不从,商谋致死灭口。

《大清律例·刑律·人命》"谋杀祖父母父母"条条例规定:"凡尊长故杀卑幼案内,如有与人通奸,因媳碍眼,抑令同陷邪淫不从,商谋致死灭口者,照平人谋杀之律,分别首从拟以斩绞监候。"②此条是乾隆三十六年,河南巡抚何煟审题林朱氏与林朝富通奸,因伊媳黄氏碍眼,商谋毒死黄氏一案,钦奉上谕,恭纂为例。该案乾隆皇帝的谕旨如下:

> 刑部等衙门议覆河南巡抚何煟审拟林朱氏与林朝富通奸、商谋买药毒死伊媳黄氏一本,将林朝富照该抚所拟定以斩候,系属按律定拟。其林朱氏拟发伊犁等处给厄鲁特兵丁为奴之处,虽比该抚原拟发驻防兵丁为奴稍为加重,而核其情罪,实不足以蔽辜。凡故杀子孙,定例原以子孙先有违犯或因其不肖,一时愤激所致,是以照例科断。若其中别有因事起意致死,情节较重,不得复援寻常尊卑长幼之律定罪从前,是以改拟发遣为奴,成案具在。若林朱氏因与林朝富通奸,为伊媳黄氏撞见,始则欲污之以塞口,及黄氏不从,复虑其碍眼商谋药死。其廉耻尽丧,处心惨毒,姑媳之恩至此已绝。不但无长幼名分可言,又岂可仅照发遣完案,俾得腼颜存活,使伦常风化之大闲罔知惩创,而贞坚之烈妇无人抵命、含冤地下,将明刑弼教之谓何?嗣后凡遇尊长故杀卑幼案件内有似此等败伦伤化、恩义已绝之罪犯,纵不至立行正法,亦应照平人谋杀之律定拟监候,秋审时入于"情实",以儆无良而昭法纪。著将此通谕

---

① [清]祝庆祺等编:《刑案汇览三编》(二),"虑媳张扬奸情吓打一伤适毙",第811页。

② 薛允升认为:"惟斗殴门内姑因奸将媳致死灭口,如系亲姑、嫡姑,拟绞监候。继姑,拟斩监候,均入于缓决,永远监禁,与此又不相同。均系因奸谋杀子媳之案,而科罪互有参差,似应修并一条,以归画一。"[清]薛允升:《读例存疑》卷三十二,"谋杀祖父母父母—02"。

中外问刑衙门知之。所有林朱氏一案即著三法司照此改拟,具题完结。钦此。①

若奸夫抑媳同陷邪淫,致媳情急自尽,奸妇则改发各省驻防为奴。即《大清律例·刑律·人命》"威逼人致死"条条例规定:"若奸夫抑媳同陷邪淫,致媳情急自尽者,改发各省驻防为奴。"此条是乾隆五十七年,钦奉上谕,纂辑为例。嘉庆六年修改,二十二年改定。该"威逼人致死"条条例中奸妇强迫媳同陷邪淫,致媳情急自尽,故发遣为奴,而"谋杀祖父母父母"条条例中奸妇因媳碍眼,强迫同陷邪淫不从,商谋致死灭口,则媳被谋杀身死,因此,要分别首犯从犯,拟以斩绞监候。

如乾隆三十年,湖广司"桂阳县民何元三因与何先佑之母朱氏通奸,并欲图奸何先佑之妻孙氏,不从羞忿自缢身死一案"②,何元三是孙氏之夫何先佑之师长,因先与何先佑之母朱氏通奸,被孙氏撞见,即与朱氏私商,朱氏嘱令并奸孙氏,希图塞口。何元三随向孙氏用言戏探,继又捏腮调戏,两经孙氏喊骂拒绝。何元三毫不畏惧,复敢听从朱氏,搂抱图奸,因孙氏喊扭,辄行逞凶殴辱,何先佑闻喊去看,始行奔逸,以致孙氏自尽殒命。刑部认为,何元三屡次挟制逼奸,致孙氏自尽,与因奸威逼致死之例相符。但湖南巡抚将何元三依"强奸未成本妇羞忿自尽"例拟以绞,情罪不符。且朱氏灭伦伤化,与寻常奸案不同,仅拟杖枷,不足示儆,应将朱氏改拟实遣发往乌鲁木齐给与兵丁为奴。

(六)诱令或勒逼家人犯奸

刑科档案中也有奸妇诱令夫妹一同奸宿的案例,如嘉庆二十年③,"川督咨叙沪厅审详:罗允应至杨郑氏房内奸宿,被郑氏之夫妹杨么妹

---

① [清]全士潮等编:《驳案汇编》,"因奸勒毙其子改发伊犁为奴",第 466—467 页。
② 同上书,"因奸威逼人致死",第 339 页。
③ 亦有"嘉庆十二年案"的记载。见[清]祝庆祺等编:《刑案汇览三编》(二),"和奸自尽二命一成奸一未成",第 1322 页。

撞破。杨郑氏诱令杨么妹一同奸宿,杨么妹止以恐人知觉为词,虽未成奸,而同坐共语,其意业已从。迨被杨邹氏撞获奸情,以致杨郑氏、杨么妹各怀羞愧,同时缢死,均由罗允应与该氏通奸所致。"①由于例无因奸致奸妇自尽二命治罪明文,应从一科断,罗允应依"和奸之案奸妇因奸情败露、羞愧自尽例"拟徒。

还有奸妇教令伊女亦与奸夫通奸的案例。如嘉庆二十一年,"江苏抚题:任学秦捉奸,戳伤妻母尼普真身死"②一案,任学秦因伊妻母普真与僧人旭亮通奸,后教令其妻与旭亮奸好,被其撞获,持剪捉拿,被普真抱住,致奸夫脱逃,任学秦将普真戳伤身死。刑部认为,普真教令其女犯奸,与任学秦实已义绝。任学秦应依"罪人不拒捕而擅杀例"拟绞监候。僧人旭亮与人母女通奸,致酿人命,一死一抵,应比照"本夫登时捉奸、误杀旁人、脱逃之奸夫例"拟以满徒。

上述奸妇的反应不同,其原因亦不同,从表面上看,主要是表现为受礼束缚、为情所困、图谋钱财、淫恶所趋等,如表五所示:

表五　　　　　　　　奸妇的反应与原因

原因	客观无助		主观恶性	
	受礼束缚	为情所困	图谋钱财	淫恶所趋
奸妇反应	羞忿自尽			
		商谋同死		
		逃向奸夫		
			杀伤奸夫	
				谋害他人
				逼迫同奸

---

① [清]许槤、熊莪编:《刑部比照加减成案》,何勤华等点校,法律出版社 2009 年版,第 192 页。
② 同上书,第 327 页。

笔者将案例中奸妇的六种反应,对应在四类具体原因之下,可以发现,奸妇的反应主要表现为两种:一是客观无助,二是主观恶性。

首先,妻有奸情以后,或因伦理教化和社会评价的巨大压力而自尽,也或因为情所困(案例中多称"恋奸情热")而与奸夫商谋同死,或逃向奸夫,这几种反应可以归于一点,就是妻有奸情之后的"客观无助"。前文提到妻有奸情的各种主观及客观原因,而且,当奸情发生以后,妻的名号即被"奸妇"取代,在刑科档案中,从皇帝的谕旨、刑部的驳议,到督抚的拟断,诸如"败伦伤化"、"失节犯奸"、"人道绝矣"、"寡廉鲜耻"、"玷辱门风"等针对奸妇的评价,更是极尽贬损之能事。奸妇在这样的社会压力与清律惩处的恐惧中,无助之下选择自尽就成了奸妇最直接的反应。刑科档案中往往表现出对自尽奸妇的认可,此种认可绝非旌表节妇的认可,而是对奸妇奸情暴露后的自尽行为本身的认可。另外,在"夫妇之名已绝"的情况下,奸妇更面临着本夫及有服亲属捉奸而杀的风险,"商谋与奸夫同死"或"逃向奸夫"的行为,更是为这种无助增加了悲情的注脚。

其次,刑科档案中多见奸妇因图谋钱财而杀伤奸夫的情况,更有因奸情而谋害碍眼尊长和卑幼的行为,更有甚者,亦有因奸情而逼迫子媳与奸夫通奸的行为。奸妇的这些行为除因于生计的一面外,还有对奸情败露后受到惩处的恐惧,但这些行为与"自尽"、"商谋同死"相比,其主观恶性非常明显。承审官拟断此类案件时不但会对奸妇处以最高刑罚凌迟,对奸夫的惩处也多由"满徒"量加为"发遣为奴"。由于笔者无法全部搜集清代相关案例进行量化分析,也就无法统计案件中,奸妇的主观恶性与客观无助的比例,但仅从笔者已经搜集的刑科档案来看,此类案件只占少数。这或许说明在夫权至上的清代,在清律重惩奸罪的重压下,妻因奸情败露后,更加肆无忌惮地宣淫逞恶的现象并不普遍。

二、奸夫的反应

奸夫是夫妻之外的"第三者",然而,这一角色又因与妻"和奸"而对夫妻相犯造成巨大的影响。一旦妻因奸情而犯夫,考察奸夫的反应更能全面地透视夫妻因奸情相犯的全貌。虽然奸夫自身的反应包括因畏罪或悔恨而自尽的行为,因为自尽行为纯粹属于作为夫妻关系之外"第三者"之奸夫的独立反应,因此,本文不再详细考察奸夫自尽[①],而将分析的视角集中在奸夫针对本夫、奸妇而采取的行动。

(一)奸夫针对本夫的行动

奸夫针对本夫的行动有杀死本夫、致使本夫自尽、诬告本夫等。

1. 奸夫杀死本夫

(1)奸夫自行杀死本夫

《大清律例·刑律·人命》"杀死奸夫"律条规定:"奸夫自杀其夫,斩监候。"还规定:"若奸夫自杀其夫者,奸妇虽不知情,绞(监候)。"奸夫自杀本夫,处斩监候,在刑科案件中,得到了很好的执行。但是,对于律条"若奸夫自杀其夫者,奸妇虽不知情,绞监候"的规定,却要考虑奸妇与人通奸是否出于夫之纵容逼迫,奸妇有无致死其夫的主观意愿,也即是否"当时喊救、事后即行首告"、奸妇是否已经悔过拒绝等情节,在量

[①] 笔者在刑科档案中见到两例,其一,奸夫因畏罪而自尽。如乾隆元年,河南司"韩氏与朱有才通奸一案",朱有才是韩氏姊妹之子,韩氏夫故,与朱有才通奸。被韩氏夫兄奸所捉奸后,朱有才惧罪,即在韩氏卧房自缢殒命。朱有才缢死不议,韩氏依"奸母之姊妹奸夫奸妇律"绞决。(郑秦、赵雄主编:《清代"服制"命案——刑科题本档案选编》,中国政法大学出版社1999年版,第19页。)其二,奸夫因悔恨自尽。如嘉庆二十一年,贵抚奏:王阿保因伊父王大才与雷金氏通奸,被获捆缚,虑及到官问罪,吓逼该犯代割咽喉,装伤搪抵,冀免送究一案。该犯被伊父逼迫后在割伤其喉下之皮。后伊父因悔恨而自杀殒命,贵州巡抚依例内并无子听父命、代为伤戕治罪明文,将王阿保比照"子殴父者"拟斩立决。但王阿保年十二岁,幼稚无知,被逼勉从,而且是图脱父罪,与有心干犯及年已成岁罔知名义者不同,因此声明恭候钦定。([清]许槤、熊莪编:《刑部比照加减成案》,何勤华等点校,法律出版社2009年版,第233页。)

刑上因情而定,差异很大。

在乾隆四十二年纂例之前,对于"奸夫自杀本夫,奸妇虽不知情",但尚有不忍致死其夫之心情况,清律对该奸妇的处置并没有统一的标准。在具体刑科案件中,对于奸妇的处置有以下三种情况:

其一,奸夫自杀其夫,奸妇奉旨减等发落。

如乾隆二十四年,贵州司"婺川县民吕明善因奸杀死吕明弼一案",贵州巡抚周人骥将吕明善依"奸夫起意杀死亲夫"例拟斩立决,卢氏依"军民相奸"例拟以枷杖。刑部的驳议中,认为该抚将吕明善依"奸夫起意杀死亲夫"例拟斩立决"殊未允协",应改依"奸夫谋杀亲夫,复将奸妇拐逃为妻妾"例拟斩立决;还认为将卢氏依"军民相奸"例拟以枷杖"亦未允当"。因为卢氏捡藏凶刀,以冀报复,一经乡约访查,即哭诉前情。尚有不忍致死其夫之心。乾隆二十四年十二月二十日奉旨:"吕明善著即处斩。卢氏本不知情,见夫被杀,当即哭喊,因迫于凶悍,勉强隐忍,密藏凶刀。一闻乡约访查,即交出凶刀,将吕明善拿获以雪夫冤。实有不忍致死其夫之心。著从宽免死,照例减等发落。"①

其二,奸夫自杀其夫,奸妇不知情拟杖。

乾隆二十七年,云南司"川民殷从仁奸拐李氏殴死本夫肖天贵一案",奸夫殷从仁依律拟斩监候。至于奸妇李氏,云南巡抚将其依"奸妇虽不知情,绞监候"律拟绞监候,刑部则认为,"查李氏始则被吓成奸,继因被胁随逃。迨伊夫被害之夜,既夺斧喊救于前,复又鸣约报官指获凶犯于后,俾夫冤得雪。细阅招供,该犯妇前后情节显有不忍致死其夫之心,例应止科奸罪,未便率拟,以致供罪不符。"②最终,李氏依"军民相奸者枷号一个月、杖一百"例枷号一个月、杖一百。

---

① [清]全士潮等编:《驳案汇编》,"奸夫自杀其夫奸妇奉旨减等发落",第213页。
② 同上书,"奸夫自杀其夫奸妇不知情拟杖",第223页。

其三,奸夫自杀其夫,奸妇虽不知情拟绞。

乾隆三十四年,贵州司"遵义县民刘士海因奸谋杀亲夫饶仕仪一案",贵州巡抚宫兆麟认为,刘士海起意杀死饶仕仪并未与杨氏同谋,依律拟斩监候,杨氏拟徒。刑部则认为,"刘士海之致死饶仕仪系属谋杀。杨氏当时并未在场,事后告知地邻。自有'奸夫自杀其夫,奸妇虽不知情'本条,未便援引'奸夫情急拒捕杀死本夫,奸妇止科奸罪'之例,致滋轻纵。"①遭刑部驳议之后,贵州巡抚认为,杨氏虽有不忍夫死之心,但饶仕仪之死由该氏通奸所致,未便轻纵,将杨氏依律拟绞监候。

乾隆四十二年,遵照雍正三年原奉谕旨,恭纂为例,即《大清律例·刑律·人命》"杀死奸夫"条条例规定:"凡奸夫自杀其夫,奸妇虽不知情,而当时喊救与事后即行首告,将奸夫指拿到官,尚有不忍致死其夫之心者,仍照本律拟断。该督抚于疏内声明,法司核拟时夹签请旨。"因为"如当时喊救,事后首告,得准夹签减流,原其尚不忘旧也。"②且"以此等当时喊救,指拿奸夫之妇人,若仍照律拟绞,恐将来有犯转致畏罪不肯出首,是以谕令夹签声明,量予减等。"③薛允升指出:"伊夫之被杀,实由伊与人通奸所致,虽不知情,律亦拟绞,严之至也。例改从宽典,虽系衡情办理,惟一经夹签,即可免死减等,则所得流罪应照律收赎。此等免罪收赎妇女,是否仍给夫家亲属领回,抑系勒令归宗,或从宽免死当官价卖之处,例内均无明文,存以俟参。"④

该条例在具体刑科案件中得到了较好执行。如嘉庆二十年,"北抚题:陈万得与李王氏通奸,谋杀本夫李惠达身死一案",刑部认为,"设该州并未访拿,地主亦未报验,则该氏始将奸情隐匿,伊夫终含冤地下。

---

① [清]全士潮等编:《驳案汇编》,"奸夫自杀其夫奸妇虽不知情拟绞",第238页。
② [清]祝庆祺等编:《刑案汇览三编》(二),"奸夫杀死本夫奸妇不肯与谋",第838页。
③ 同上书,"亲属通奸拒杀本夫奸妇喊救",第839页。
④ [清]薛允升:《读例存疑》卷三十二,"杀死奸夫一05"。

乃以经官访拿,事已败露之案,辄因该氏于到官后恳验伸冤,遂指为事后首告,尚有不忍致死其夫之心,率行声请,实属与例不符。"①因此,李王氏虽不知情,但却没有"不忍致死其夫"之心,因此拟绞监候,且不准夹签声请。

《大清律例·刑律·人命》"杀死奸夫"律条及条例并没有对悔过拒绝之奸妇做出减等规定。但是在案件审理中,承审官多认为,奸妇若悔过拒绝,就不应再与奸妇并论,因为"至悔过拒绝之奸妇,于奸夫谋杀本夫,其奸情既已改悔,例应与良妇同科,则其不忘仇之心,未便仍与奸妇并论。虽例无明文,似亦不可不示以区别。即如妇女悔过拒奸,杀死奸夫,例准于擅杀绞罪上减一等,与其洁也不保。其往定例自有深意。"②如嘉庆二十二年,"晋抚题:史正花③因与史正耀之妻邢氏通奸,被史正耀禁令拒绝,该犯续奸不遂,挟恨将史正耀砍死"④一案,邢氏先已悔过拒绝,与始终恋奸、致本夫被害者不同,因此,邢氏应于"奸夫自杀其夫、奸妇不知情事、后即行首告减流例"上,再减一等,满徒。⑤

(2)奸夫起意,商同奸妇谋杀本夫

《大清律例·刑律·人命》"杀死奸夫"条条例规定:"凡奸夫起意杀死亲夫之案,除奸妇分别有、无知情同谋,照例办理外,奸夫俱拟斩立决。如奸夫虽未起意,而同谋杀死亲夫之后,复将奸妇拐逃,或为妻妾,或得银嫁卖,并拐逃幼小子女卖与他人为奴婢者,亦均斩决。(本夫纵

---

① [清]祝庆祺等编:《刑案汇览三编》(二),"奸妇虽不知情不准夹签声请",第 845 页。
② 同上书,"拒绝后奸夫谋杀本夫奸妇首告",第 838 页。
③ 该案又有"史振花"一说。参见[清]祝庆祺等编:《刑案汇览三编》(二),"拒绝后奸夫谋杀本夫奸妇首告",第 838 页。
④ [清]许梿、熊莪编:《刑部比照加减成案》,何勤华等点校,法律出版社 2009 年版,第 137 页。
⑤ 同上书,第 137 页。

奸者，不用此例。）"①此例原为二条。一条是雍正五年福建巡抚题吴高与林管之妻王氏通奸，谋死林管，复诡名谋娶王氏一案，纂定此例；另一条是雍正七年定例。乾隆五年并为一条，十六年修改，五十七年改定。

如乾隆三十六年，湖广司"永顺县详报潘文科与彭氏通奸，谋死本夫彭金贵一案"②，该案彭氏依"妻妾因奸同谋杀死亲夫者，凌迟处死"律应凌迟处死，而奸夫潘文科依"奸夫同谋杀死亲夫，系奸夫起意者，斩"例拟斩立决。而且，清律对妻妾起意而奸夫知情同谋，与奸夫起意而妻妾知情同谋，科罪均同。③

（3）奸夫情急拒捕而杀死本夫

奸夫情急拒捕而杀死本夫没有专门拟罪之条，要照罪人拒捕杀人之律惩处。《大清律例·刑律·犯奸》"犯奸"条条例规定："凡奸夫拒捕，刃伤应捉奸之人，照窃盗拒捕，殴所捕人，至折伤以上者，拟绞监候（纵容抑勒，不用此例）。"④此条是乾隆十二年，刑部议覆江南道御史杨朝鼎条奏定例。而《大清律例·刑律·捕亡》"罪人拒捕"律条规定："凡犯罪（事发而）逃走（及犯罪虽不逃走，官司差人追捕，有抗）拒（不服追）捕者，各于本罪上加二等。罪止杖一百，流三千里。（本应死者，无所加。）殴（所捕）人致折伤以上者，绞（监候）。杀（所捕）人者，斩（监候）。

---

① 薛允升认为该条例加重了对奸夫的惩处，与律意不符。他指出，谋杀非涉及服制名分及图财等原因，均拟绞监候，并不拟斩立决。因奸杀律，不分起意还是胁从，均拟斩候，已较凡人谋杀律为重，例又将起意及非起意而有拐逃情节者，俱加拟绞立决，这种惩处比律又加重了。参见[清]薛允升：《读例存疑》卷三十二，"杀死奸夫-06"。

② [清]全士潮等编：《驳案汇编》，"因奸同谋杀死亲夫"，第238页。

③ [清]薛允升：《读例存疑》卷三十二，"杀死奸夫-07"。

④ 此条例的规定存在许多问题，因为按照窃盗刃伤事主的律例，如临时盗所及护赃格斗，则拟斩候，弃财逃走，未得财产，则拟绞候，事后拒捕，则加等拟杖流。该条例规定，照窃盗拒捕律，拟绞监候，则未分是否临时，及是否奸所。律例规定杀死奸夫，应以是否奸所登时来区别本夫及奸夫的罪名轻重，那么，奸夫拒捕，也应以是否临时奸所为斩绞监候之别，况且，奸与盗分列两门，罪名不相等，此条例既照窃盗例定拟，又彼此互相参差，标准不一，给法律适用带来问题。参见[清]薛允升：《读例存疑》卷四十三，"犯奸-06"。

为从者,各减一等。"

奸夫情急拒捕,拒伤本夫并戳伤奸妇身死。如道光四年,"广西抚题:李亚德先与唐甘氏通奸,本夫唐振凝并不知情。嗣该氏途遇李亚德,相约续旧,即在空寮行奸,经唐振凝瞥见,赶进寮内,该犯用刀拒伤唐振凝跌地。该氏见夫受伤,抱住该犯喊人捉拿,该犯图脱,用刀戳伤该氏身死。"[1]刑部认为,奸妇唐甘氏见其夫受伤,即将奸夫抱住,喊人帮捕,即与捕人无异。该犯恐被拿获,将该氏杀死,李亚德应依"犯罪拒捕杀所捕人者斩律"拟斩监候。

当奸夫情急拒捕杀死本夫,而非谋杀本夫的情况下,对奸妇的惩处,要以其是否在场、在场是否当时喊救、事后是否即行首告等情形而或"止科奸罪"或处"绞监候"。《大清律例·刑律·人命》"杀死奸夫"条条例规定:"凡奸夫并无谋杀本夫之心,其因本夫捉奸,奸夫情急拒捕,奸妇已经逃避,或本夫追逐奸夫,已离奸所,拒捕杀死本夫,奸妇并未在场,及虽在场而当时喊救,与事后即行首告,并因别事起衅,与奸无涉者,奸妇仍止科奸罪外,其奸夫临时拒捕,奸妇在场并不喊阻救护,而事后又不首告者,应照奸夫自杀其夫,奸妇虽不知情律,拟绞监候。"[2]此条系乾隆十四年,刑部议覆湖南按察使周人骥条奏定例。嘉庆二十二

---

[1] [清]许槤、熊莪编:《刑部比照加减成案》,何勤华等点校,法律出版社2009年版,第744页。

[2] 此条例的规定也存在许多问题,首先,既有罪人拒捕杀人之律,此条例就没必要另行专论奸妇罪名。其次,该条例对奸妇拟杖,未免太轻。拒杀虽与谋杀不同,而其为因奸致夫被杀,则情事相等,一拟绞,一拟杖,相差悬殊。且因奸致夫杀奸不遂,羞忿自尽,奸妇尚拟绞罪,因奸致夫被奸夫杀死,仅拟杖责,似嫌轻纵,至以奸妇喊救首告为生死之分,亦未尽平允,假如当本夫捉奸,奸夫尚未拒捕之时,奸妇当经逃往别处,奸夫于拒杀本夫之后,即被旁人拿获,将科奸妇以何罪呢。查因奸致夫被谋杀之案,其是否是奸夫所为,奸妇或难信为必然。因奸致夫被拒杀之案,明是奸夫所为,奸妇断难诿为不知。奸夫当被捉拒捕之时,生死届在呼吸,非此则彼,虽难责以救阻。惟事后并不首告,则代奸夫隐匿重罪,致夫命无抵偿,忍心害理,莫此为甚,拟以绞罪,原不为苛。但一经喊阻首告,即拟杖罪,未免太轻。参见[清]薛允升:《读例存疑》卷三十二,"杀死奸夫-13"。

年,刑部认为:"若奸夫系拒捕杀死本夫,并非谋杀,奸妇当时喊救,事后首告,则止科奸罪,是奸妇于本夫被杀之案,以曾否喊救首告为生死区分,而奸妇喊救首告之案,又以奸夫之是否谋杀为流杖区分,情不一致,故罪有差等。"① 之所以有这样的定罪区别,是因为"捉奸拒杀,并非因不便十奸,预存谋害之心,议将奸妇当时喊救与事后即行首告者仍止科奸罪,其在场并不喊阻救护,而事后又不首告者,此等妇女既失节犯奸于前,而当本夫危险之际,又毫无眷顾之心,恩义全泯,情理难容,未便轻纵,应照律拟绞监候。"②

如嘉庆十八年说帖,"陈元顺奸拐罗氏同逃,被本夫周思成追捕,拒戳周思成身死"③一案,陈元顺因情急拒捕,并非蓄意谋杀,罗氏当时并未在场,事后曾经首告,因此,陈元顺仍照"罪人拒捕杀所捕人律"拟斩监候,罗氏照例本应科奸罪,因是被拐奸妇,照"被诱之人本例"拟徒。

(4)听从另一奸夫,谋害本夫

听从另一奸夫,谋害本夫,又因加功与不加功而处罚不同。

奸夫听从另一奸夫,谋害本夫,从而加功。《大清律例·刑律·人命》"杀死奸夫"条条例有治罪明文:"因奸谋杀本夫之案,除奸妇及起意之奸夫照例办理外,其为从加功之人,如亦系奸夫,仍拟斩监候。若系平人,照凡人谋杀加功律拟绞监候。"即不论本夫是否纵奸,奸夫只要听从加功,均拟斩监候,该条例如此规定,是为重惩奸罪。其实,若奸夫只是同谋而未加功,则不应被处斩监候。④ 上述条例是嘉庆二年,刑部议覆湖南巡抚题准定例,即"南抚题:陈七、曾二与陈柳氏通奸,陈七起意商同陈柳氏并曾二将纵奸本夫陈上与谋杀身死一案"。在该案中,湖南

---

① [清]祝庆祺等编:《刑案汇览三编》(二),"拒绝后奸夫谋杀夫奸妇首告",第838页。
② 同上书,"亲属通奸拒杀本夫奸妇喊救",第840页。
③ 同上书,"拐犯拒杀本夫奸妇事后首告",第837页。
④ 参见[清]薛允升:《读例存疑》卷三十二,"杀死奸夫-08"。

巡抚将陈柳氏照本夫纵容通奸,奸夫起意谋死,奸妇知情同谋例,拟斩立决、陈七拟斩监候、"听从加功之奸夫"曾二照凡人谋杀加功律拟绞监候。但刑部认为湖南巡抚对曾二的拟判不妥,刑部指出,因奸谋杀与寻常谋杀不同,知情加功即应斩候,不得依"平人加功律"分别首从拟断。至于听从奸夫起意谋杀本夫的加功奸夫,例内虽无明文,但既然同是因奸谋命的加功犯,应同样照例拟斩监候。此案曾二同陈七均与陈柳氏通奸,本夫陈上与知情纵容,陈七起意将陈上与谋杀,该犯听从加功,若仅照"平人加功律"拟绞监候,不能反映因奸谋命加功的特殊性,不但情理不通,亦与定例不符,曾二应改依"奸夫斩候例"拟斩监候。①

奸夫听从另一奸夫,谋害本夫,从而不加功。《大清律例》并没有奸夫谋死本夫,从而不加功之奸夫作何治罪明文。从相关律例来看,因奸谋杀本夫的规定均无分别加功不加功明文,只有此条载有"为从加功"字样,是指一案内有两奸夫的情况,两奸夫均应拟斩,以示不同于寻常谋杀。但例内并未注明不加功者的奸夫应行减等的规定。"若谓谋杀律内已经载有不加功者拟流明文,不与加功者一概论死,则一案内有两奸夫及数奸夫之案,如内有仅止与谋,并未在场下手之犯,似未便一概骈诛,以致无所区别。若俱照寻常谋杀之案,以是否下手加功分别生死,则案内仅一奸夫听从奸妇谋杀本夫,并未下手加功,或并未在场,亦得量从末减,又与此门律意似觉未符。检查成案,办理亦不画一。究竟是否但论同谋,不论加功不加功,抑系照谋杀本律分别加功拟断之处,毫厘千里,不可不慎也。"②如嘉庆二十四年,"陕督题:刘丙望与贺三均与苟孙氏奸好,嗣贺三起意谋害本夫,该犯同谋,临时并未同行"③一

---

① [清]祝庆祺等编:《刑案汇览三编》(二),"两奸夫商同将纵奸本夫谋杀",第865页。
② [清]薛允升:《读例存疑》卷三十二,"杀死奸夫-08"。
③ [清]许梿、熊莪编:《刑部比照加减成案》,何勤华等点校,法律出版社2009年版,第140页。

案,刘丙望比照"加功之人亦系奸夫于斩候例"上,量减一等,满流。

2.致使本夫自尽

奸夫主令媒人索取休书,本夫气忿自尽。如道光二年,"直督咨:程二厚脸与郭赵氏通奸,被本夫知觉,欲将赵氏休弃,辄敢主令原媒王史氏往向本夫郭洛有索取休书,以致郭洛有气忿自缢身死"[①]一案,刑部认为,程二厚脸实属情同威逼,只是该犯并无强迫羞辱本夫的情节,不应援引因奸威逼致死之条,而应酌减问拟,将其依"因奸威逼致死斩监候律"上,量减满流。

奸夫欲买奸妇不遂,逼死本夫。如道光十四年案,"直督题:王立名与韩高氏通奸,本夫韩俊梅先不知情,后经看破,畏凶隐忍。嗣韩俊梅因贫欲将高氏嫁卖,王立名闻知图买为妾,浼人媒说未允,该犯恋奸,起意强抢,即捏写卖妻字样,乘韩俊梅外出,纠人将高氏抢回,尚未成亲,韩俊梅回归查知,因妻被抢,不愿为人,该犯闻知畏惧,即将假契撕破,送还高氏,后复欲使韩俊梅知伊利害,持刀登门嚷骂,意图仍将高氏卖给为妾,有心挟制,诓韩俊梅被逼难堪,投缳殒命。"[②]王立名照"因奸威逼人致死律"拟斩监候,高氏虽不知情同谋,而韩俊梅自尽,究因该氏与王立名通奸被逼所致,因此,高氏比照"奸夫自杀其夫,奸妇虽不知情亦绞律"量减一等拟流,杖决流赎。

若本夫纵奸在先,而后被奸夫殴逼自尽,则不得以因奸威逼人致死律惩处奸夫。如道光七年说帖,"陕抚咨王幅殴逼林可金自尽一案","王幅因与林可金之妻傅氏通奸,林可金贪利纵容,陆续得钱无数。嗣林可金屡向王幅索钱,王幅乏钱未给,林可金不许奸宿,王幅令将前给钱文退还,林可金嚷骂,王幅用拳殴伤其左眼胞等处。林可金声言王幅

---

① [清]许槤、熊莪编:《刑部比照加减成案》,何勤华等点校,法律出版社2009年版,第175—176页。
② [清]祝庆祺等编:《刑案汇览三编》(四),"奸夫欲买奸妇不遂逼死本夫",第276页。

不肯给钱,反将伊殴伤,心内气忿,投缳殒命"。① 刑部认为,林可金纵容伊妻与王幅通奸,本属无耻,乃向王幅索钱起衅,致被王幅殴伤,又属辱由自取,例不坐。王幅以因奸威逼之罪亦无另有加等明文,陕西巡抚将王幅依"因事用强殴打,威逼人致死,既非致命又非重伤例"拟杖六十徒一年,经核与例案相符。

还有纵奸本夫欲行拒绝不遂而自尽的案件。如道光九年,"江西抚咨:胡安然与黄伍氏通奸,本夫黄金龄贪利纵容,后因无钱资助,黄金龄欲行拒绝另搬。胡安然藉以借项未还挟制,仍留奸宿,致黄金龄贫迫无奈,短见自尽"②一案,刑部认为,胡安然虽与奸占良家妻女不同,也与迫于奸夫强悍、不能报复的情节不同,不应仅科奸罪,应比照"棍徒生事扰害拟遣罪"上,酌减一等,拟杖一百,徒三年。

3. 诬告本夫

奸夫有因在奸所被捉奸,挟私报复诬指本夫为窃。如嘉庆十八年,"贵抚咨:杨开贤与黄田氏通奸,被本夫黄红太撞获,因顾惜颜面,经劝寝事。乃该犯辄因此挟嫌,计图报复,凭空诬指黄红太为窃"③一案,刑部认为,杨开贤并无捉拿拷打情节,即不应照"诬良为窃、捉拿拷打例"拟军,但若于军罪上量减拟徒,却情重法轻,因此,杨开贤改照"将奸赃事情、污人名节、报复私仇例"发附近充军。

还有奸夫起意与奸妇一起诬陷本夫听从逆犯的案例。如嘉庆二十一年,江苏司"钦差章奏:张丙南与张余容之妻邹氏通奸情密,起意商同奸妇诬陷本夫听从逆犯传给邪经,致张余容禁押拖毙"④一案,张丙南

---

① [清]祝庆祺等编:《刑案汇览三编》(二),"奸夫殴逼纵奸本夫自尽",第1218页。
② [清]许槤、熊莪编:《刑部比照加减成案》,何勤华等点校,法律出版社2009年版,第470页。
③ 同上书,第242页。
④ 同上书,第258—259页。

照"诬告人因而致死"拟绞监候,且该犯因奸起意诬陷本夫,情节可恶,请旨即行正法。

亦有奸夫起意教唆奸妇,捏造本夫诱令卖奸的案例。如道光二年,提督咨送:李张氏在母家与郝庆宾①通奸,之后本夫李骡子将其迎娶过门。郝庆宾因不能续奸,起意教唆该氏捏造其夫诱令卖奸,希图断离,仍续旧好。该氏听从捏造,属于"干名犯义",按律罪应绞,但因该氏属于妇女无知,听从教唆所致,将李张氏于"妻告夫诬告绞律"上,量减一等,拟流。郝庆宾则依"抑勒妻妾与人通奸律杖一百罪"上,加所诬罪三等,杖八十,徒二年。②

(二)奸夫对奸妇的行动

基于和奸的原因不同,和奸之后,奸夫对奸妇的行动有致使奸妇自尽、杀死奸妇、强抢强占奸妇、拐逃奸妇、诬告奸妇背夫逃亡改嫁、奸妇畏罪求死,奸夫给药毒毙等。

1. 致使奸妇自尽

第一,奸妇因奸情败露而自尽。

奸夫说破奸情,奸妇羞忿自尽。如道光六年,"陕抚咨:安九木与程李氏通奸,本夫知情纵容。嗣因该犯嚷破奸情,致程李氏羞愧投井身死"③一案,陕西巡抚以本夫纵容安九木与李氏通奸,将安九木于"和奸之案奸妇因奸情败露、羞愧自尽者、奸夫满徒例"上,量减一等,拟杖九十,徒二年半。刑部驳议则认为,奸妇因奸情败露而自尽的案件,不管本夫是否纵奸,即应将奸夫照例拟以满徒。

---

① 亦有"郝庆宝"一说,见[清]祝庆祺等编:《刑案汇览三编》(三),"教唆奸妇诬告本夫抑勒卖奸",第1796页。

② [清]许梿、熊莪编:《刑部比照加减成案》,何勤华等点校,法律出版社2009年版,第266页。

③ 同上书,第596页。

奸夫妒奸,致使奸妇因奸情败露而自尽。如道光五年,"河抚咨:虞城县孙盛彩妒奸殴伤奸妇赵李氏自缢身死"①一案,河南巡抚将孙盛彩比照"因奸威逼人致死斩候律"上,量减拟流。经刑部驳议后,孙盛彩被改照"奸妇因奸情败露、羞愧自尽满徒例"上,量加一等,杖一百,流二千里。

奸夫疑奸,妒忌争殴,致奸妇羞忿自缢。如道光元年,"苏抚咨:陈玉盛因与丁潘氏通奸,见陈玉瑰与该氏说笑,猜疑亦有奸情,妒忌争殴,说破奸情,致丁潘氏羞忿自缢"②一案,奸夫的行为较之寻常和奸败露酿命者为重,比照"因奸威逼人致死斩候罪"上,量减一等,满流。

若奸夫续奸遭奸妇拒绝,奸夫污蔑奸妇与他人通奸,致使奸妇羞忿自尽,则不能以诬奸致死例拟绞。如嘉庆七年说帖,"此案叶世豪与姚氏通奸,后姚氏因夫叶新章防闲严禁,恐被知觉,嘱勿再往。嗣姚氏赴井汲水,叶世豪复约通奸,该氏不允,叶世豪忆及陈一潍常与姚氏谈笑,疑其有奸,心怀嫉妒,随编造污词两张分贴,叶新章揭回查问姚氏,并用言埋怨,讵姚氏羞忿莫释,服卤殒命。"③刑部认为,叶世豪与姚氏通奸已非一次,因姚氏嘱勿再往,该犯怀疑,诬陷姚氏与陈一潍通奸,张贴污词,致姚氏愧迫自尽。浙江巡抚以诬奸致死例将姚氏拟绞,没有考虑到姚氏已不是良妇,因此,适用法律错误。

第二,奸妇被逼自尽。

乾隆四十四年,山东司"夏津县李化为殴逼李殷氏、赵梅氏等投身死一案"④,奸夫李化为与李殷氏、赵梅氏先后通奸,其后奸夫为讹诈钱财,殴打逼迫奸妇诬陷与师九通奸,以致奸妇李殷氏、赵梅氏被逼自尽,

---

① [清]许梿、熊莪编:《刑部比照加减成案》,何勤华等点校,法律出版社2009年版,第596页。
② 同上书,第179页。
③ [清]祝庆祺等编:《刑案汇览三编》(三),"和奸拒绝捏奸污蔑致妇自尽",第1706页。
④ [清]全士潮等编:《驳案汇编》,"比照因奸威逼人致死",第350页。

李化为比照"因奸威逼人致死者,斩监候"律,拟斩监候,秋后处决。

第三,奸妇因被奸夫殴伤而自尽。

道光十年,"江西抚咨:王佐光与蔡王氏通奸,被本夫撞获,禁绝往来。嗣复向王氏续旧,因王氏因恐夫回撞见,不允争闹,辄将王氏推跌致伤,以致抱忿轻生"①一案,刑部认为,奸夫因为奸妇拒奸而起争执,将奸妇推倒致伤,致使奸妇自尽,比较寻常殴打威逼人致死的情节要严重,若仅拟杖徒,则与"和奸之案奸妇羞愧自尽、奸夫拟徒之例"没有区别,因此,王佐光比照"因事用强殴打、威逼人致死、致命而非重伤、及重伤而非致命满徒例"上,酌加一等,拟杖一百,流二千里。

2. 杀死奸妇

第一,续奸不遂,杀死奸妇。

先经和奸,后因别故被拒绝,奸夫将奸妇杀死。如乾隆四十年,刑部因各省办理和奸杀命之案未能画一,奏请酌定新例,原奏文称:②

> 近来各省办理强奸杀死良家妇女子弟之案,照例拟以斩决,其和奸杀命之案,有按谋故斗杀本律问拟者,亦有和奸在先后因拒奸杀死,即照强奸之例问拟立决,各省办理多未画一,即臣部向来视其情节可恶者,亦间有照拟核覆之案。查因奸杀人,情罪本重,但不论强奸和奸概拟斩决,不惟情罪漫无区别,且以失节于先之人与守节而死之人视同平等,实无以励名节而维风化,应请嗣后除并未犯奸之妇女良人,若因强奸不从立时杀死,照例问拟斩决外,如既经和同相奸,继因别故拒绝,致被杀死者,本人既失节于先,即难与贞良并论,应仍照谋故斗殴本律问拟监候等因。

---

① [清]许梿、熊莪编:《刑部比照加减成案》,何勤华等点校,法律出版社2009年版,第581页。
② [清]祝庆祺等编:《刑案汇览三编》(三),"奸夫杀死悔过拒绝之奸妇",第1949—1950页。

其后便拟定新例:"凡强奸杀死妇女及良家子弟,仍按例问拟斩决外,其有先经和奸,后因别故拒绝,致将被奸之人杀死者,俱仍照谋故斗殴本律拟断。"①如嘉庆二十年奉天司说帖,"吉林将军咨张泳和谋杀乌苏氏一案"②,乌苏氏因贪利与张泳和通奸,后以张泳和索钱赎衣不允续奸,并非悔过拒绝,张泳和将其杀死,按谋杀律拟斩监候。

当然还有续奸不遂,奸夫杀死悔过拒绝奸妇的案例。如道光三年说帖,"湖广司核题田登魁因续奸不遂,故杀何观妹一案",刑部先对上文呈请定例的奏文进行解释:"详绎原奏内所称:本人失节于先即难与贞良并论二语,是定例之时原系将和奸在先之案,与强奸良人之案分别情节拟罪,其本例内既无杀死悔过拒绝之妇应拟斩决之文,则所添别故二字自统悔过拒奸者而言,不能拘泥例内别故二字,即谓和奸在先后因悔过拒奸,致被杀死之案,亦当问拟斩决也。"③刑部据此认为,田登魁因奸故杀何观妹,但何观妹是先与通奸后又拒绝,与守贞良妇不为强暴所污,因而被杀者不同,将田登魁依故杀律拟斩候,例案相符。

第二,疑奸致死奸妇。

如嘉庆十四年,福建司"余五妹谋杀小张黄氏身死一案",奸夫余五妹因小张黄氏和奸之后索钱未给被骂,心疑小张黄氏另有相好,因而将其致死。余五妹依"谋杀人造意者,斩"律,拟斩监候,秋后处决。且在"疑奸谋杀被奸之妇,情殊淫凶。余五妹应'情实'。"④

---

① 《大清律例·刑律·犯奸》"犯奸"条条例。据薛允升考证:"别故拒绝与悔过自新不同,原奏有秋审入于情实之语,定例时未经纂入。"([清]薛允升:《读例存疑》卷四十三,"犯奸-10"。)
② [清]祝庆祺等编:《刑案汇览三编》(二),"奸夫无力资助被拒杀死奸妇",第946—947页。
③ 同上书,(三),"奸夫杀死悔过拒绝之奸妇",第1950页。
④ [清]全士潮等编:《驳案汇编》,"奸妇索钱未给被骂心疑另好致死",第749页。

第三,因口角致死奸妇。

嘉庆十年,"绵竹县审解民人余文才戳伤韦王氏身死一案",余文才与韦王氏通奸,本夫韦刚并不知情。其后余文才向韦刚索欠,韦刚不在家,韦王氏央缓,余文才不允,韦王氏斥余文才薄情,口角争殴,余文才挣不脱身,一时情急,用刀连戳两下,伤着韦王氏肚腹倒地。余文才逃往各处躲避,韦王氏因伤身死。"余文才除与韦王氏通奸轻罪不议外,合依斗殴杀人者,不问手足、他物、金刃,并绞监候律,应拟绞监候,秋后处决。"①

第四,杀死奸妇灭口。

道光十四年案,"河抚题:王家富与卜宗孔之妻卜袁氏通奸,系本夫利资纵容,嗣因无力资助,卜袁氏被本夫殴逼不堪,遂起意商同王家富将本夫毒毙,王家富旋因闻拿紧急,复将卜袁氏谋杀灭口"②一案,刑部认为,卜袁氏与卜宗孔虽是一家,但卜袁氏已身犯死罪,与杀死非死罪一家二命者不同,将王家富"依因奸同谋杀死亲夫,若本夫纵奸,被妻妾起意谋杀者,奸夫斩候例"拟斩监候。

3. 抢占奸妇

有的奸夫因闻本夫将奸妇嫁卖,起意抢夺。如道光二年,"陕抚咨:史益元与阮胡氏通奸,因闻本夫阮太欣将胡氏嫁卖与骆荣贵之弟骆长贵为妻。骆荣贵雇骡送往与伊弟成亲,史益元起意纠允同添发等,赶至中途将胡氏抢至家内奸宿,致骆荣贵情急自尽"③一案,由于例文没有

---

① 杜家骥主编:《清嘉庆朝刑科题本社会史料辑刊》,天津古籍出版社 2008 年版,第 1055 页。

② [清]祝庆祺等编:《刑案汇览三编》(四),"商同谋死纵奸本夫复杀奸妇",第 223—224 页。

③ [清]许槤、熊莪编:《刑部比照加减成案》,何勤华等点校,法律出版社 2009 年版,第 30 页。

抢夺犯奸妇女、致其亲属自尽的治罪明文,史益元照"聚众伙谋抢夺犯奸妇女已成、首犯发烟瘴充军例"上,加一等,发新疆为奴。

有的奸夫欲将奸妇带逃被拒,强抢奸妇。如嘉庆二十三年,苏抚题:刘照吉与谢陈氏通奸,欲将谢陈氏带逃,谢陈氏不允。刘照吉邀同亦与谢陈氏奸好之张馨强抢拉走,同伙仅止二人,与聚众伙谋抢夺犯奸妇女不同,刘照吉照"强夺良家妻女奸占绞候律"上,量减一等,满流。①

有的奸夫因奸情热,起意强占奸妇。如嘉庆二十二年,福建司"提督咨送:屈大先与陈五之妻张氏通奸,陈五利资纵容。嗣屈大因奸情热,起意奸占为妻,遂吓逼陈五将张氏并子女送至伊家"②一案,陈五纵奸在先,与强占良家妇女为妻妾者有所区别,因此拟断于"强占良家妻女、奸占为妻妾"上量减一等,满流。

4. 拐逃奸妇

如道光七年,河南司"提督咨送:刘禄喊告郝二奸拐伊妻李氏同逃"③一案,刑部认为,李氏是刘禄买休之妇,按律应当离异,因此不应视为刘禄之妻。但郝二不知刘禄买休情由,其因刘禄纵奸,致被拐逃,应比照"本夫纵奸例"问拟,郝二依"本夫纵容妻妾与人通奸、致被拐逃者、奸夫于军罪上减一等例",处以杖一百,徒三年。若奸夫一旦听说被告官,即令奸妇回归,则会被量减处置。

5. 诬告奸妇

如道光二年,提督咨:刘成翔因与赵氏通奸,后来赵氏因夫亡改嫁。该犯即以赵氏是其聘娶之妻、窃物改嫁等情控告。刑部认为,如果控告

---

① [清]许梿、熊莪编:《刑部比照加减成案》,何勤华等点校,法律出版社2009年版,第30页。
② 同上书,第32页。
③ 同上书,第492页。

得实,赵氏应依"妻逃而辄自改嫁律"拟绞,然而查其控告实属虚诬,应按律反坐。赵氏虽非该犯之妻,但与该犯曾将通奸,将刘成翔于"诬告人死罪未决、满流加徒律"上,减一等,总徒四年。①

6.奸妇畏罪求死,奸夫帮同加功

如道光十年,"直督题:孙陇因与李孙氏通奸败露,致氏谋毒本夫身死,后因李孙氏畏罪欲图自尽,给与盐卤毒毙。"②例内并没有治罪专条,只是奸夫、奸妇商谋同死,若已将奸妇致毙,奸夫并无自杀伤痕同死确据,应按照"谋故本律"问拟斩绞。而李孙氏自欲求死,孙陇给与毒药,饮服毙命,即与谋杀加功无异,因此,孙陇被比照"谋杀人从而加功者绞监候律",拟以绞监候。

第四节 社会各方面的反应

从妻犯夫的方式及原因来看,妻犯夫大多与奸情有关,因此,社会各方面的反应也多围绕着奸情而展开,具体表现为夫家、妻家与他人的反应,但他们的具体反应又多有不同。

一、夫家的反应

围绕着妻犯夫之奸情,刑科档案中体现的夫家的反应主要有捉奸杀奸、羞忿自尽、恳请发遣奸妇、私和奸事、刁奸奸妇、讹诈奸夫、将奸妇卖与奸夫、听从将本夫埋尸灭迹、藉奸图产、逼令奸妇到奸夫家自缢身亡、本妇通奸致翁杀死本夫等。

---

① [清]许槤、熊莪编:《刑部比照加减成案》,何勤华等点校,法律出版社 2009 年版,第 261 页。

② 同上书,第 515 页。

(一)本夫(本妇)①有服亲属捉奸杀奸

清律赋予本夫有服亲属的捉奸权,可以说是夫权的延伸。但是,"有服亲属,无论期功缌麻,均不能与本夫及父母翁姑一例拟断者,诚以本夫事在切己,父母翁姑名分尊严,若伯叔兄弟其情稍疏于本夫,其分稍减于父母翁姑,是以杀奸之罪,亦有等差也。若非应许捉奸亲属,即依凡人谋故斗杀论,不得照擅杀罪人拟断。"②乾隆五年对本夫本妇有服亲属捉奸拟定条例,即《大清律例·刑律·人命》"杀死奸夫"条条例规定:"本夫之兄弟,及有服亲属,皆许捉奸,如有登时杀伤者,并依已就拘执而擅杀伤律。若非登时杀伤,依斗杀伤论。其妇人之父母、伯叔姑、兄姊、外祖父母,捕奸杀伤奸夫者,与本夫同。但卑幼不得杀尊长,犯,则以故杀伯、叔母、姑、兄、姊律科罪。尊长杀卑幼,照服轻重科罪。"该条例其后又一分为三条:

其一,《大清律例·刑律·人命》"杀死奸夫"条条例规定:"本夫本妇之伯叔兄弟及有服亲属,皆许捉奸。如有登时杀死奸夫及奸妇者,并依夜无故入人家,已就拘执而擅杀律,杖一百,徒三年。伤者,勿论。非登时而杀,依擅杀罪人律,拟绞监候。若捕获奸夫,或因他故致毙者,仍以谋故论。如犯奸有据,奸夫逞凶拒捕,虽非登时,俱依罪人拒捕科断。"此条是乾隆二十一年,从雍正三年本夫捉奸例内分出。五十三年、嘉庆六年修改,咸丰二年改定。③

其二,《大清律例·刑律·人命》"杀死奸夫"条条例规定:"本夫、本妇之有服亲属捉奸,杀死犯奸卑幼之案,如非登时而杀,无论谋故,各按

---

① 本妇有服亲属与本夫有服亲属一样有权激于义忿杀死犯奸本妇,以维护家族荣誉,而且清律赋予本妇有服亲属与本夫有服亲属一样的捉奸权,因此,为了避免重复,笔者将本妇及本夫有服亲属捉奸杀奸放在本部分一起梳理。
② [清]祝庆祺等编:《刑案汇览三编》(二),"胞兄捉奸非登时杀死奸夫",第931页。
③ [清]薛允升:《读例存疑》卷三十二,"杀死奸夫—25"。

服制于殴杀卑幼本律例上减一等。如杀系登时,按其殴杀本罪在满徒以上者,即于捉奸杀死凡人满徒上减一等。如殴杀本罪亦止满徒,应递减二等定拟。"此条是乾隆六十年定例,嘉庆六年修改,咸丰二年改定。①

其三,《大清律例·刑律·人命》"杀死奸夫"条条例规定:"本夫、本妇之有服亲属捉奸,杀死犯奸尊长之案,除犯时不知,依凡人一例定拟,及止殴伤者,仍予勿论外。如杀死本宗期功尊长,无论是否登时,皆照卑幼殴故杀期功尊长本律拟罪,法司夹签声明。奉旨敕下九卿核拟,量从末减者,期亲及本宗大功小功均减为拟斩监候。若杀系本宗缌麻及外姻功缌尊长,亦仍照殴故杀本律拟罪。法司于核拟时,如系登时杀死者,亦夹签声明。奉旨敕下九卿核拟,减为杖一百、流三千里。若杀非登时,各依本律核拟,毋庸夹签声明。"嘉庆六年,又将杀死尊长分出为一条。道光十四年改定。咸丰二年,于本夫、本妇有服亲属句内,添一之字。②

乾隆五十三年,刑部还议准定例:"凡本夫本妇之祖父母、父母,如有捉奸杀死奸夫者,其应拟罪名,悉与本夫同科。若止杀奸妇者,不必科以罪名。"③

鉴于律例对"本夫本妇有服亲属捉奸"的具体规制不同,笔者将"本夫(本妇)有服亲属捉奸"分为三个方面来阐述,即:本夫(本妇)有服亲属捉奸,杀死奸夫、奸妇;本夫(本妇)有服亲属捉奸,杀死犯奸卑幼;本夫(本妇)有服亲属捉奸,杀死犯奸尊长。

---

① [清]薛允升:《读例存疑》卷三十二,"杀死奸夫-26"。
② 同上书,"杀死奸夫-27"。
③ 据薛允升考证:"钦奉谕旨,系专指父母殴死犯奸之女而言。例始添入夫之祖父母、父母。"[清]薛允升:《读例存疑》卷三十二,"杀死奸夫-28"。

1. 本夫(本妇)有服亲属捉奸,杀死奸夫、奸妇

本夫本妇有服亲属杀奸与本夫杀奸相比,本夫登时杀奸例得勿论,而有服亲属则罪应满徒;本夫非登时杀奸应视其是否奸所,分别处置,而有服亲属则无论是否奸所,都拟绞监候。也即本夫杀奸以是否奸所与登时分不同的情况以作区分,而有服亲属杀奸,只以是否登时为区别。笔者根据条例,将本夫本妇有服亲属之杀奸分为登时与非登时两种情形来分析:

第一,登时杀死奸夫、奸妇。

嘉庆二十一年说帖,乔进玉因小功堂侄之妻李氏与朱全保通奸,纠人将朱全保奸所捉获,推倒之后殴毙。李氏因奸败露,旋即羞愧自尽。河南巡抚认为,乔进玉将奸夫"推倒后殴毙"等同于"捆缚致毙",即捉奸殴毙于倒地之后以"非登时"论,将乔进玉照"非登时而杀律"拟绞,以奸妇畏累自尽,将乔进玉减等拟流。刑部在咨覆中认为"殴跌倒地例不与捆殴并论",并认为"杀奸之案情节百变,全在司谳者详绎例内即时非即时字样,悉心核拟,不得以忿激即时殴毙之案牵引捆殴致毙之例,尤不得以杀死奸夫之案牵引追捕窃贼倒地叠殴之例比附拟断,致开畸轻畸重之渐。"①最终,乔进玉改依"有服亲属捉奸、登时杀死奸夫例"拟徒。

第二,非登时杀死奸夫、奸妇。

《大清律例·刑律·人命》"杀死奸夫"条条例规定:"本夫本妇之伯叔兄弟及有服亲属,皆许捉奸……非登时而杀,依擅杀罪人律,拟绞监候。"②即只要有服亲属"非登时"杀奸,不论是否"奸所"获奸,则皆依擅杀罪人律,拟绞监候。本夫杀奸以是否奸所与登时分不同的情况以作区分,而有服亲属杀奸,只以登时与非登时为区别,乾隆二十一年条例

---

① [清]祝庆祺等编:《刑案汇览三编》(二),"奸所杀奸分别登时",第911页。
② [清]薛允升:《读例存疑》卷三十二,"杀死奸夫-25"。

将有服亲属捉奸与本夫捉奸分开,相对加重了对有服亲属杀奸的处罚,因为本夫与有服亲属杀奸,"均系激于义忿,其情既有亲疏,故罪名即有区别"①,这说明了清律对有服亲属杀奸相对限制的态度。

虽然乾隆二十一年,已将"本夫本妇之伯叔兄弟及有服亲属捉奸"从雍正三年本夫捉奸例内分出,但是,在乾隆年间,还是有一些案件仍依旧例拟断,将应许捉奸之亲属的捉奸与本夫捉奸视为一样。如乾隆三十八年,福建司"闽清县池体文砍伤无服族兄池能京身死一案"②,该案为驳案且经过刑部的两次驳议,但是刑部与福建巡抚之分歧不在"奸所获奸、非登时而杀"的量刑上,而在"登时"与"非登时"的认定上。福建巡抚认为,池体文虽是应得捉奸之人,但池能京已经逃跑,该犯追至树下砍伤致死,既非奸所,又非登时,情同擅杀,将池体文依"罪人不拒捕而擅杀"律拟绞监候。刑部则认为,池体文是陈氏夫弟,例许捉奸,一经开门,即与池能京撞遇,属于奸所获奸。池能京持杖拒捕证据确凿,但池能京已经逃跑,池体文仍追砍致死,应照"奸所获奸,非登时而杀"的例文拟断。然而,福建巡抚并没有完全接受刑部的驳议,只是将池体文改照"罪人不拒捕而擅杀,绞"律量减一等拟流。于是刑部进行了第二次驳议,指出池体文在奸所获奸,确有实据,因池能京负伤逃跑,该犯追至树下将其砍死,应视为未离奸所,应照"奸所获奸,非登时而杀,罪应徒杖"。然而福建巡抚却照"擅杀罪人,绞"律量减一等拟流,属适用法律不当。池体文应改依"本夫及亲属奸所获奸,非登时而杀,照'夜无故入人家例',杖一百、徒三年。刑部的驳议最终得到了皇帝的同意。

再如乾隆三十七年,贵州司"独山州民黎情贵等捉奸殴伤张克进身

---

① [清]祝庆祺等编:《刑案汇览三编》(二),"奸夫已走出门外被亲属杀死",第932页。
② [清]全士潮等编:《驳案汇编》,"亲属奸所获奸非登时而杀拟徒",第253页。

死一案"①,该案也是驳案,而且刑部与贵州巡抚之分歧也不是对"奸所获奸、非登时而杀"的量刑,而是对"登时"与"非登时"的认定。贵州巡抚认为,黎情贵是奸妇阿闷大功堂兄,按例准许捉奸,但其捉奸之时张克进与阿闷尚未奸淫。黎情贵将张克进棍殴致死与"奸所、登时杀死者"不同,应依"罪人不拒捕而擅杀,仍依'斗杀'"问拟。刑部驳议认为,据张克进之父张三元的口供,"伊子带伤归家,自认与奸好之阿闷到塘麦坡坐地,被黎情贵等打伤",说明麦坡即属奸所,供证确凿,毫无疑义。黎情贵又是应许捉奸之人,符合"应许捉奸之亲属奸所获奸,非登时而杀"的规定。贵州巡抚将黎情贵依"罪人不拒捕而擅杀"例拟断,属于适用法律不当。题驳之后,贵州巡抚接受了刑部的驳议,将黎情贵依"应许捉奸之亲属奸所获奸,非登时而杀,仍照'夜无故入人家已就拘执而擅杀'律"杖一百、徒三年,至配所折责四十板。黎阿补是阿闷大功服兄,例许捉奸,所殴张克进右后肋一伤并非致命,照例勿论。

笔者发现,自嘉庆朝之后,该类案件皆适用新例,新例被承审官较好地执行。如嘉庆十七年说帖,"东抚题:沙仲明杀死奸夫沙二流、奸妇沙朱氏身死一案"②,刑部认为,沙二流与沙朱氏通奸,沙仲明杀死奸夫奸妇,均在已经被捆之后,捉奸虽在奸所,却不是登时杀死,山东巡抚将沙仲明依本夫之兄弟捉奸杀死奸夫奸妇,非登时而杀,依擅杀罪人律拟绞监候,与例相符。

当奸夫已走出门外而被捉奸的本夫(本妇)有服亲属杀死,承审官的拟断多以"非登时"论。如嘉庆二十年说帖,"北抚题周逢恒戳伤周世

---

① [清]全士潮等编:《驳案汇编》,"亲属奸所获奸杀死奸夫",第241页。
② [清]祝庆祺等编:《刑案汇览三编》(二),"父获奸捆缚后子将奸夫杀死",第932页。

第身死一案"①,刑部认为,周逢恒是本妇之有服亲属,窥见奸情,并未捕获,而在奸夫通奸结束走出门外才戳伤致死,应以非登时论。河北巡抚将该犯照"非登时而杀依擅杀罪人律"拟绞监候,与例相符。

2. 本夫本妇有服亲属捉奸,杀死犯奸卑幼

《大清律例·刑律·人命》"杀死奸夫"条之"本夫、本妇之有服亲属捉奸,杀死犯奸卑幼之案"条例于乾隆六十年被分出,嘉庆六年修改,咸丰二年改定。薛允升认为,此条专门针对本夫有服亲属而言。新例添入本妇有服亲属一层,未免混杂不清。② 笔者将本夫本妇有服亲属捉奸放在一起分析,也正是因为条例将本夫本妇有服亲属捉奸放在一起来规制。下文分析本夫本妇有服亲属捉奸,杀死犯奸卑幼之案,分为"登时"与"非登时"两种情形:

第一,登时杀死犯奸卑幼。

如嘉庆二十年,"川督咨:王思恭因小功堂弟王思连与伊未过门之媳魏丁女通奸,将王思连殴毙"③一案,王思恭比照"卑幼图奸有服亲属、被尊长忿激致死、于殴杀小功卑幼罪"上,减等拟流。

第二,非登时杀死犯奸卑幼。

嘉庆十七年说帖,"陕抚题:王起贵纠同王庆先等捉奸活埋奸妇王胡氏,并纵奸之本夫王友江身死一案"④,刑部认为,王友江贪利纵妻与人通奸,实属无耻伤化。该犯王起贵是王友江有服亲属,将其夫妇一并杀死,照尊长杀死犯奸卑幼例问拟,虽杀二命仍从一科断。陕西巡抚将

---

① [清]祝庆祺等编:《刑案汇览三编》(二),"奸夫已走出门外被亲属杀死",第932—933页。
② [清]薛允升:《读例存疑》卷三十二,"杀死奸夫—26"。
③ [清]许槤、熊莪编:《刑部比照加减成案》,何勤华等点校,法律出版社2009年版,第141页。
④ [清]祝庆祺等编:《刑案汇览三编》(二),"捉奸活埋纵妻卖奸卑幼夫妻",第879—880页。

王起贵依"有服亲属杀死犯奸卑幼,如非登时而杀,无论谋故,各按服制于殴死卑幼本律"上减一等例,拟杖一百,流三千里。因该犯年逾七十,照律收赎。胁从的王庆先等依"余人律"拟杖,陕西巡抚的拟断情罪相符。

3. 本夫本妇有服亲属捉奸,杀死犯奸尊长

《大清律例·刑律·人命》"杀死奸夫"条之"本夫、本妇之有服亲属捉奸,杀死犯奸尊长之案"条例于嘉庆六年定例,道光十四年改定,咸丰二年,于本夫、本妇有服亲属句内,添一之字。薛允升认为:"既定有本夫杀死尊长之例,即不得无有服亲属之例。后来例文多系如此,不知旧例俱有明文矣。此数条未免复杂,即以本妇亲属而论,所杀之尊长,大抵均系姑姊等项,与外人通奸杀死外人可也,杀死姑姊等尊长,其意何居。此而可宽,殊无情理。以本夫亲属而论,尊长犯奸固属有干例议,而有服卑幼公然逞凶杀害,在本夫尚情有可原,在亲属则法难宽恕。然期功虚拟斩罪,量从末减尚不失之太宽,缌麻直拟流罪,则轻纵矣。"[1]

第一,杀死本宗期功尊长,勿论是否登时。

乾隆四十五年,甘肃司"李存义于奸所杀死期亲婶母孙氏并奸夫薛武魁二命一案"[2],本夫李照才奸所获奸,但因病久无力,喝令侄子李存义将奸夫奸妇一并杀死,并称若不速杀,即自行碰死,随低头向碰。李存义迫于叔命,随登时杀死奸夫奸妇。李存义依律凌迟处死,声明听候夹签。

道光八年说帖,"陕抚题陈继有于奸所非登时殴死胞姊叶陈氏一案"[3],陈继有因出嫁胞姊陈氏与龚苟子通奸,气忿喊捉,龚苟子开门逃

---

[1] [清]薛允升:《读例存疑》卷三十二,"杀死奸夫-27"。
[2] 郑秦、赵雄主编:《清代"服制"命案——刑科题本档案选编》,中国政法大学出版社1999年版,第243—244页。
[3] [清]祝庆祺等编:《刑案汇览三编》(二),"捉奸杀死犯奸胞姊拟罪夹签",第871页。

跑,陈继有追赶不上,转回向陈氏斥责,陈氏骂其多管,其一时忿激,即取木棍殴伤陈氏殒命。陕西巡抚将陈继有依"擅杀罪人律"拟以绞监候。刑部认为,但凡捉奸杀奸的案例,区别常人与有服卑幼各有专条,拟断时不能混淆。陕西巡抚以卑幼杀死犯奸尊长之案而援引擅杀罪人之条,属于适用法律错误。凡捉奸杀死尊长,仍应按本律问拟。本案陈继有因捉奸杀死出嫁胞姊陈氏,按其本罪律应斩决,但由于属于激于义忿而捉奸,即与夹签声明之例相符。

第二,杀死本宗缌麻及外姻功缌尊长,分别是否登时。

有服亲属捉奸杀死本宗缌麻及外姻功缌尊长,虽仍照殴故杀本律拟罪,但法司于核拟时,要分别是否登时科断。如登时杀死者,亦夹签声明。奉旨敕下九卿核拟,减为杖一百、流三千里。若杀非登时,各依本律核拟,毋庸夹签声明。薛允升认为:"至本夫捉奸,杀死犯奸缌麻尊长,既可随本声请减流。有服亲属事同一例,似亦无庸夹签声请。盖殴故杀缌麻尊长,律止斩候,与期功尊长应拟斩决者不同,期功尊长非夹签不能量改斩候,缌麻本系绞候罪名,本夫既无夹签明文,有服亲属似未便办理,两歧余说见上条。"①

如嘉庆二十年说帖,"陕抚题余在邦砍伤朱万明身死一案"②,余在邦因外姻缌麻表兄朱万明与其胞姊余氏通奸,余在邦瞥见,登时将朱万明扎伤殒命。刑部认为,余在邦杀死与其姊通奸之朱万明,虽属奸所登时,但死者是其外姻缌麻表兄,服制攸关,应仍按本律拟罪夹签,待奉旨敕下九卿核拟后,再行减为杖一百,流三千里。

此外,"杀死奸夫"条条例规定,卑幼捉奸仅止殴伤犯奸尊长者,

---

① [清]薛允升:《读例存疑》卷三十二,"杀死奸夫－27"。
② [清]祝庆祺等编:《刑案汇览三编》(二),"登时杀死与胞姊通奸之表兄",第868－869页。

勿论。① 如道光二年说帖,"北抚题谭正纪等捉奸殴伤小功服叔谭综第身死一案"②,谭正纪因小功服叔谭综第与伊妻邓氏通奸,邀允伊兄谭正伦、堂兄谭正刚帮捉,各带木棍打开房门,谭综第欲逃,谭正纪等各用木棍将其殴伤,谭综第辱骂,谭正纪又殴谭综第伤重殒命。河北巡抚将谭正纪依"殴死小功尊属律"拟斩,声明并非无故逞凶干犯,谭正伦、谭正刚照"殴伤小功尊属本律"上量减一等,分别拟以徒杖具题。刑部驳议认为,谭综第被殴毙命,是本夫谭正纪下手重伤致死,谭正伦、谭正刚二犯是例许捉奸的本夫亲属,帮同本夫捉奸,殴伤犯奸小功尊属,例得勿论。而河北巡抚将该犯照寻常殴伤小功尊属律上量减定拟,属适用法律错误,应将二犯改依"本夫有服亲属捉奸,杀死犯奸尊长之案,止殴伤者勿论例",勿论。

从以上三个方面本夫本妇有服亲属捉奸来看,《大清律例·刑律·人命》"杀死奸夫"条条例所赋予的本妇亲属与本夫亲属相同的捉奸权,貌似在刑科案件中得到了执行。但是,在具体案件中,刑部对于本妇亲属与本夫亲属皆可捉奸杀奸时,明显流露出"女子出嫁,义当从夫"的价值倾向,从而强调夫家权利的重要性。对此,从吴坛对清律颇有微词的言论中我们也可得知:"本夫亲属捉奸,拟定罪名,分别拘执、斗杀科断,而于妇人之亲属捉奸,则云与本夫同,是等亲属也,而夫与妇相去悬殊矣。"

如乾隆五十九年,四川司"罗其中因小功侄女李罗氏与李怀玉通奸,主使罗洪氏勒伤李罗氏身死一案"③,李怀玉与李罗氏通奸,本夫李

---

① 薛允升认为此规定不妥:"殴大功以下尊属至笃疾者绞,刃伤期亲尊长亦然,罪名极重。而一经犯奸,则殴伤不论轻重,均予勿论,情法尤未允协。"([清]薛允升:《读例存疑》卷三十二,"杀死奸夫-27"。)
② [清]祝庆祺等编:《刑案汇览三编》(二),"捉奸殴死功尊帮殴之亲勿论",第870页。
③ [清]全士潮等编:《驳案汇编》,"出嫁侄女犯奸主使勒死照罪人已拘而擅杀",第658页。

添锡撞获后，李怀玉挣脱逃跑。次日，李添锡赴县控告。罗其中因小功侄女李罗氏与人通奸而赴李罗氏家斥骂，起意将李罗氏勒毙，以免到官出丑，又因自己年老不能致死，嘱令罗洪氏将李罗氏勒毙。四川总督认为，罗其中主令罗洪氏勒毙，究因李罗氏玷辱祖宗，将罗其中依"尊长殴缌麻卑幼致死"律绞罪上减一等拟流。刑部则认为应惩罗其中以擅杀之罪。因为若在室之女及夫家休回之女犯奸，经其母家有服尊属杀奸致死，应按照有服尊长忿激致毙之条拟断。而女子出嫁，义当从夫，即应斟酌案情分别办理。本案李罗氏出嫁后在夫家与人通奸，经本夫于奸所撞获，赴县控告，并未休弃回家，自应听本夫作主控告处理。如果李罗氏犯奸后本夫甘心纵容，并不告官申理，罗其中激于义忿，将该氏勒毙，尚可照服制减等拟断。现本夫既已控告，自有官法处治，罗其中不等官审而杀，即应治以擅杀之罪，不应适用尊长忿激致死减等的规定。刑部的说理过程体现了"女子出嫁，义当从夫"的价值倾向。最终，罗其中依"罪人已就拘执而擅杀"律拟绞监候。

此外，本夫本妇之有服亲属捉奸，杀死奸妇或奸夫时，对另外一个和奸之人如何处置，例文中也有明确规定。《大清律例·刑律·人命》"杀死奸夫"条条例规定："本夫、本妇之有服亲属捉奸，登时杀死奸妇者，奸夫拟杖一百、流三千里。如非登时而杀，将奸夫杖一百、徒三年。其杀奸之亲属止杀奸夫不杀奸妇者，仍依登时、非登时各本例，分别拟断。奸妇仍止科奸罪。"此条是乾隆五十九年，刑部议准定例。[①]

---

① 薛允升认为该条例有不妥："本夫杀奸之案，例分三层，奸所登时一层。奸所非登时一层。非奸所又非登时，及闻奸数日一层。有服亲属只有登时非登时二层，并将奸所二字删去。设遇非奸所又非登时，及闻奸杀死奸夫奸妇之案，转无例文可引。杀死奸妇之后，奸夫亦无罪名可科。以此条而论，登时杀死者拟流，非登时者拟徒，则非奸所，亦非登时，奸夫即应只科奸罪矣。奸所获奸以登时、非登时科杀者之罪，已属无谓，更以此分奸夫之罪，尤觉未协。且与因奸酿命一条，亦嫌参差。本夫杀死奸妇，而以奸夫拟罪，本属牵强，又推及于亲属，则更无情理矣。"（[清]薛允升：《读例存疑》卷三十二，"杀死奸夫－29"。）

本夫有服亲属捉奸、登时杀死奸妇,对奸夫的惩处,如道光十年,"陕抚咨:西乡县民人李栋与张吴氏通奸,系本夫知情纵容,今被本夫小功叔祖张奉业奸所获奸,登时将奸妇杀伤身死"[①]一案,因本夫纵容,陕西巡抚将李栋比照"本夫本妇有服亲属捉奸、登时杀死奸妇杖流例"上,量减一等,杖一百,徒三年。刑部认为,本案夫之小功叔祖张奉业登时奸所获奸,将奸妇杀死,应依例拟流。不应因本夫纵奸,而量减处罚,以致轻纵。李栋改依"本夫本妇有服亲属捉奸、登时杀死奸妇者",奸夫杖一百,流三千里。

本夫有服亲属捉奸、非登时杀死奸妇,对奸夫的惩处,如道光十一年,"东抚咨:杨柱因程青山与伊嫂杨胡氏通奸,欲行寻殴,嗣瞥见程青山与杨胡氏之子杨双成同睡场囤,即向殴打,不期误伤杨双成身死"一案,刑部认为,杨双成死由程青山与杨胡氏通奸所致,"该犯既奸其母,复致误杀其子,若照亲属捉奸误杀旁人,该犯止科奸罪,而误杀其子亦非旁人可比,惟亲属捉奸杀死奸妇,如非登时而杀,奸夫罪应拟徒,母子情同一体,将程青山比照本夫有服亲属捉奸杀死奸妇,如非登时而来,将奸夫拟徒例杖一百,徒三年。"[②]

(二)自尽

夫家的自尽行为几乎是对本妇犯奸行为的反应,或因羞忿自尽,或因气忿自尽,或因畏累自尽。由于自尽的原因不同,律例对于奸夫、奸妇的惩处也不同。

乾隆三十三年,山东司"张陈氏与彭八通奸败露、致伊姑张王氏气

---

① [清]许梿、熊莪编:《刑部比照加减成案》,何勤华等点校,法律出版社2009年版,第535页。
② [清]祝庆祺等编:《刑案汇览三编》(四),"亲属杀奸误杀奸妇之子",第218—219页。

忿投河身死一案"①,张陈氏照"妇女与人通奸,本夫与父母并未纵容,一经见闻杀奸不遂因而羞忿自尽者将奸妇拟绞例"拟绞,秋后处决。彭八依"奸夫杖一百徒三年例",杖一百,徒三年。

道光八年,"川督咨:王杨氏因与袁成青通奸,被伊姑王贺氏撞见,令伊子王启柏告知王杨氏之父杨维贵管教,既无杀奸之意,又无忧忿欲死之心。嗣因杨维贵之子杨应俸反称王贺氏捏奸污蔑,欲行控告,致王贺氏畏累自缢。"②王杨氏犯奸,其兄护短,致王贺氏自尽。王贺氏既非因其媳犯奸而自尽,若将王杨氏拟绞,则与"杀奸不遂、羞忿自尽,并因子孙身犯邪淫、忧忿自尽者"无所区别。王杨氏应依"妇人与人通奸、致并未纵容之父母、一经见闻、杀奸不遂、羞忿自尽绞决例"上,量减一等,杖一百,流三千里,仍依"纵容通奸愧迫自尽例"实发驻防给兵丁为奴。袁成青减一等,杖九十,徒二年半。

(三)恳请发遣奸妇

道光二年,"陕督咨:严孙氏与夫大功堂兄严六娃通奸,伊祖姑刘氏前往捉奸,该氏不服顶撞,经伊祖姑刘氏恳请发遣"一案,陕西总督将严孙氏比照"呈送子孙及子孙之妇一并签发例",实发驻防为奴。刑部驳议认为,不应将该妇发遣:"以父母将子孙呈送发遣之案,如有将子孙之妇一并呈送,始将被呈之妇一并签发。若子孙已故,其妇若有违犯事情,例无舅姑呈送实发之条。该氏系属孺妇,若因顶撞祖姑,辄令其只身远戍,与例不符。惟与伊夫堂兄通奸,应依'奸内外缌麻以上亲律'满徒,杖决,徒赎。该氏淫乱不贞,又复顶撞祖姑,已干七出之条,应勒令

---

① 郑秦、赵雄主编:《清代"服制"命案——刑科题本档案选编》,中国政法大学出版社1999年版,第154页。
② [清]许槤、熊莪编:《刑部比照加减成案》,何勤华等点校,法律出版社2009年版,第579页。

归宗。"①

(四)私和奸事

嘉庆十五年说帖,"查何有能于熊廷元与伊子媳曹氏通奸,经伊子何发祥奸所撞获,何有能并不送官究治,辄得受熊廷元钱文寝息,是其私和奸事律有应得之罪,不得谓系平人。"②前文已经提及"私和奸事"要依据《大清律例·刑律·犯奸》"犯奸"律条加以惩处,此处不再赘述。

(五)刁奸奸妇

乾隆十九年题准案,"湖抚题蔡文龙刁奸弟妇汤氏一案"③,汤氏与罗尚云通奸,被夫兄蔡文龙撞遇捉拿,罗尚云逃跑,蔡文龙顿萌淫念,即向汤氏求奸不允,出言恐吓,硬逼成奸,蔡文龙依奸弟妻律拟绞立决;汤氏因通奸事露,吓逼成奸,与自愿私通者不同,应于绞决上量减一等,拟流。

(六)讹诈奸夫

道光十一年说帖,"恐吓奸匪财物诬告奸匪谋命"④一案,董温因其堂兄董读之妻黄氏病故,听说董吕与黄氏之媳李氏有奸,便起意讹诈,邀同其子董茧并族人董淙包至董吕家,称董吕因奸谋命,将董吕捆缚,并称欲送官。董吕害怕到官究出奸情,便给番银七十圆,让董温等人分用。

(七)将奸妇卖与奸夫

《大清律例·刑律·犯奸》"犯奸"律条规定:"若嫁卖与奸夫者,奸夫、本夫各杖八十,妇人离异归宗,财物入官。"律条并没有对本夫之父

---

① [清]许槤、熊莪编:《刑部比照加减成案》,何勤华等点校,法律出版社2009年版,第272页。
② 同上书,"诬告致令自尽死贿私和罪人",第1716页。
③ 同上书,"弟妻与人通奸夫兄挟逼成奸",第1971页。
④ 同上书,(一),"恐吓奸匪财物诬告奸匪谋命",第681页。

将奸妇卖与奸夫的惩处,应比照拟断。如嘉庆十九年,"奉尹咨:孙富有与大功弟妻通奸,经氏翁孙忠卖与孙富有为妻,孙富有照'奸缌麻以上亲之妻'拟军,系旗人,不准折枷。孙忠罔顾伦纪,应以凡论,比照'媒合人'减一等,满徒。"①

(八)听从将本夫埋尸灭迹

嘉庆十九年,"川督题:孙癸娃因伊嫂与陈纬通奸谋杀伊胞兄,该犯被胁听从埋尸灭迹。查毁缌麻以上尊长死尸,罪应拟较斩;弃而不失,减一等;为从,又减一等,应拟满徒。惟该犯于伊嫂杀死胞兄,并不首告,反随从弃尸,应酌加一等,杖一百,流二千里。"②

(九)藉奸图产

嘉庆二十四年,直隶司"本部咨:善庆因觊觎故兄缘庆财产,乘伊孀嫂边氏与人有奸,即藉捉奸为名,将边氏捉获,锁禁呈送。查该犯系藉奸图产,并非激于义忿,将善庆比照'谋占资财抢卖兄妻拟绞例'上,量减一等,满流。"③

(十)逼令奸妇到奸夫家自缢身亡

道光八年,"晋抚咨:崞县民张幅幅因与张双双之妻王氏通奸败露,致氏翁张顺奇屡至张幅幅家打闹。张幅幅赴县呈控,张顺奇恐到县出丑,逼令王氏至张幅幅家自缢身死,自应比例问拟,张幅幅应比照'闻奸数日、杀死奸妇、奸夫到官供认不讳、确有实据者',奸夫拟杖一百,徒三年。"④

---

① [清]许槤、熊莪编:《刑部比照加减成案》,何勤华等点校,法律出版社 2009 年版,第 310 页。
② 同上书,第 108 页。
③ 同上书,第 34—35 页。
④ 同上书,第 524—525 页。

(十一)本妇通奸致翁杀死本夫

道光十年说帖,马王氏与僧余生通奸,本夫马大虽曾撞获,但迫于奸夫的强悍,畏凶不敢禁止,并非贪利纵容。马大之父马忝保怀疑其子纵妻通奸,将马大杀死。江苏巡抚以例无专条咨请刑部。刑部认为,本夫被杀,终究是本妇犯奸所致,如果本夫被奸夫杀死,有奸夫抵命,奸妇尚且拟绞。若本夫被父杀死,已无抵偿之人,则更不能宽宥奸妇之绞罪。马大被父致死,既然难以比照奸夫自杀其夫奸妇不知情之律问拟,而衡情酌断,因奸致父母被人殴毙与父母羞忿自尽罪名相等,那么,因奸致本夫被人殴毙,也可比照妇女与人通奸,本夫并未纵容,羞忿自尽例拟以绞监候。①

二、妻家的反应

对于妻犯夫的行为,基于不同的考虑,妻家的反应有捉奸、羞忿自尽、庇护本妇、知情纵奸、因别情杀死本妇及帮护本夫等。

(一)本妇有服亲属捉奸

清律赋予本妇亲属与本夫亲属同样的捉奸权,为了避免行文重复,笔者将本妇有服亲属捉奸放入本夫有服亲属捉奸部分一起阐述。详见前文"本夫(本妇)有服亲属捉奸杀奸"部分。

(二)羞忿自尽

本妇通奸致未纵容父母羞忿自尽,例有治罪明文。《大清律例·刑律·人命》"威逼人致死"条条例规定:"妇女与人通奸,致并未纵容之父母一经见闻,杀奸不遂,羞忿自尽者,无论出嫁、在室,俱拟绞立决。"该例是乾隆五十六年"河抚题:陈张氏与王杰通奸被拐,致伊父张起羞忿

---

① [清]祝庆祺等编:《刑案汇览三编》(二),"妇人与人通奸致夫被翁杀死",第1219—1220页。

自尽,将陈张氏依妇女与人通奸,父母并未纵容,一经见闻,杀奸不遂,因而羞忿自尽例拟绞监候一案"[①]后,刑部奉旨纂例。此外,若本妇通奸致其他亲属羞忿自尽,则多比照加减拟断,如嘉庆二十三年,"直督咨:吴栗氏听从义父栗三教令,与赵祥通奸败露,以致栗三愧迫自尽,将吴栗氏比照'教令子孙犯奸、后因发觉畏罪自尽、将犯奸之子孙拟徒例'满徒。"[②]

(三)庇护本妇

乾隆三十七年,"嘉应州民妇温潘氏毒死伊婿潘兴来一案"[③],潘兴来之妻温氏与人有奸,但其岳母温潘氏并不知情。潘兴来听闻其妻与人有奸,因未查出奸情,将温氏责打,并准备将温氏带到其做生意之处。因温氏在别处等奸夫给宿奸的钱文,潘兴来找寻其不见,就怀疑是岳母温潘氏藏匿卖奸,将潘氏斥骂,令其交出温氏,否则将告官拼命,并称寻获温氏即行打死。岳母潘氏则因潘兴来嗜酒好赌、不顾妻子,又疑其藏女卖奸、欲行告究,更加怨恨,起意毒死潘兴来,将女另嫁。温潘氏依"谋杀人,造意者斩"律拟斩监候,秋后处决。

(四)知情纵奸

嘉庆二十一年,"浙抚咨:外结徒犯内周三老知情纵容伊姊曹周氏与人通奸"[④]一案,浙江巡抚将周三老比照"纵容妻妾与人通奸律",与曹周氏各杖九十。经刑部驳议,曹周氏改依"军民相奸例"枷杖,周三老改依"容止人在家通奸、减犯人罪一等律",于曹周氏满杖上,减一等,杖九十。

---

① 该案笔者将之放入第四章"以新例破旧例"中详细阐述。
② [清]许梿、熊莪编:《刑部比照加减成案》,何勤华等点校,法律出版社2009年版,第272页。
③ [清]全士潮等编:《驳案汇编》,"比照奸夫自杀其夫",第242页。
④ [清]许梿、熊莪编:《刑部比照加减成案》,何勤华等点校,法律出版社2009年版,第305页。

妻家的知情纵奸还表现为听从奸夫谋害本夫,而且又分为"从而加功"与"从而不加功"两种情形:其一,听从奸夫谋害本夫,从而加功。如道光三年,"河抚题:张二狗纵容伊妹张氏与杜老四通奸,嗣杜老四欲行谋害本夫,图奸张氏,向该犯告知情由,嘱将前买毒虫砒霜找出,交给张氏得以乘机下手,旋经张氏将夫毒毙"[1]一案,河南巡抚将张二狗依"从而不加功律"拟流。刑部则认为,张氏毒死本夫之时,张二狗虽未在场帮助,但知情给药,砒霜毒药既已入口,就应认定为"加功"。因此张二狗改依"从而加功律"拟绞监候。其二,听从奸夫谋害本夫,从而不加功。如乾隆五十七年说帖,"陕督题甘黑狗儿谋杀纵奸本夫杜朵朵得儿一案"[2],杜朵朵得儿纵妻犯奸被奸夫杀死,妻母"从而不加功",刑部认为,李氏虽是杜朵朵得儿妻母,但既经纵女卖奸,又同谋致死其婿,实属凶狠无耻,依凡人谋杀人从而不加功律问拟满流,仍予收赎,实在是情重法轻,应酌拟发遣为奴。

(五)因别情杀死本妇

勒死赌博不守妇道之本妇,如乾隆四十六年,山西司"灵石县民妇赵张氏商同伊婿张翔鹄勒死伊女张赵氏一案"[3],山西巡抚认为,赵张氏因出嫁之女张赵氏聚赌,泼悍不守妇道,致其婿张翔鹄坚决想要休回,遂起意勒死。张赵氏已有违犯教令之罪,赵张氏依"子孙违犯令,父母非理殴杀"律杖一百。刑部驳议将赵张氏改依"尊长谋杀卑幼,依'故杀法'。故杀子孙,杖六十、徒一年"律应杖六十、徒一年。

毒毙犯奸本妇图赖,如道光五年说帖,"云抚咨:王添锡与义子王小

---

[1] [清]许槤、熊莪编:《刑部比照加减成案》,何勤华等点校,法律出版社2009年版,第127页。
[2] [清]祝庆祺等编:《刑案汇览三编》(二),"婿纵奸被杀妻母从而不加功",第863页。
[3] [清]全士潮等编:《驳案汇编》,"听从妻母将妻勒毙",第329页。

庆童养之妻唐氏通奸,氏父唐荣闻奸后,将伊女唐氏毒毙图赖一案"①,唐荣因王添锡与其女通奸,败坏门风,心怀忿恨,起意将唐氏毒死,诬赖王添锡强奸不从,用药毒毙。云南巡抚将唐荣于故杀子孙图赖人军罪上,量减拟徒。刑部认为,应将唐荣改依不应重律拟杖。因为唐荣因女败坏门风,将其致死,与捉奸杀死者同出于义忿,且所诬赖者又是奸淫罪人,不同于寻常怀挟嫌隙而杀女图赖者,只不过因其诬赖强奸而意图泄忿,所以不便按照捉奸杀死条例,但衡情酌断,应将其以"不应"重律,杖八十。

杀死被人奸拐之本妇,如道光六年说帖,"东抚咨孔传礼杀死被人奸拐之女孔氏一案"②,孔传礼之女孔氏与周广通奸同逃,其子孔继昌找获,因丑隐忍。孔氏因夫家贫苦又逃出,请人找主改嫁,孔传礼得知,因孔氏玷辱祖宗气忿,逼令其子将孔氏砍死。山东巡抚将孔传礼依"尊长因玷辱祖宗忿激致毙卑幼例"减等拟杖。刑部驳议认为,父母殴杀子女拟以满杖之律,适用于父母非理殴杀而言。因子女玷辱祖宗,杀死罪不至死之卑幼减等之律,是对期功以下尊长杀死卑幼而言。若子女淫乱而被父母杀死,则不应视为非理殴杀,也不同于期功以下尊长杀死玷辱祖宗之卑幼。孔传礼因女犯奸玷辱祖宗,忿激起意逼令伊子将女杀死,与父母非理殴杀子女者不同。刑部又援引成案,认为孔传礼应免于惩处,山东巡抚适用法律错误,应即更正。

(六)帮护本夫

因本妇被本夫奸所获奸登时杀死而私埋匿报。如道光十二年,"北抚题:廖大斌因伊姑母廖氏与夫兄刘洪秀通奸,被本夫刘洪年奸所获

---

① [清]祝庆祺等编:《刑案汇览三编》(三),"与义子妇通奸氏父杀女图赖",第1997—1998页。
② 同上书,"父令长子杀死犯奸被拐之女",第1599—1600页。

奸，将奸夫奸妇登时杀死"[1]一案，廖大斌主令私埋匿报，与私和应抵人命不同，廖大斌比照"私和公事、罪止笞五十律"笞五十。

还有本妇与人通奸，本夫欲将其休回，妻家任由本夫处置的案例。如道光七年，"晋抚咨：赵宾五因佣工外出，伊妻郝氏与赵世业通奸"[2]一案，赵宾五回家见郝氏怀孕，向其究出通奸情由，将郝氏斥骂，欲行休回，并向妻母郝氏告知。郝氏因女犯奸而生气，让赵宾五自行作主，将其女或嫁或卖。

三、他人的反应

他人是较远离夫妻关系的一类主体，然而刑科档案中却有为数不少的，他人针对妻犯夫的行为，特别是对妻因奸犯夫行为的反应。这些反应包括：捉奸、讹诈、强奸、图奸或刁奸奸妇、杀死本夫、控告奸夫奸妇、为奸妇用药打胎、强抢奸妇、诱拐嫁卖奸妇等。考察他人对妻犯夫，尤其是妻因奸犯夫的反应，更能深刻体会清律重惩奸罪的意旨，并且能更全面还原当时的社会关系以及司法拟断的实际情况。

（一）捉奸

他人的捉奸行为，在清律中被称为"非应许捉奸之人"捉奸，包括自行捉奸与被本夫本妇及有服亲属纠往捉奸两种。《大清律例·刑律·人命》"杀死奸夫"条条例规定："凡非应许捉奸之人，有杀伤者，各依谋故斗杀伤论。如为本夫本妇及有服亲属纠往捉奸，杀死奸夫暨图奸、强奸未成罪人者，无论是否登时，俱照擅杀罪人律拟绞监候。若止殴伤者，非折伤勿论，折伤以上，仍以斗伤拟断。"此例专指"非应许捉奸之

---

[1] ［清］许梿、熊莪编：《刑部比照加减成案》，何勤华等点校，法律出版社2009年版，第728页。

[2] 同上书，第522页。

人"捉奸。从该条例可知,非应许捉奸之人自行捉奸,不被清律鼓励,因此要"各依谋故斗杀伤论",但若非应许捉奸之人被本夫本妇及有服亲属纠往捉奸,有杀伤行为时,清律予以鼓励,因此惩处相对较轻。

1. 非应许捉奸之人自行捉奸

《大清律例·刑律·人命》"杀死奸夫"条条例规定:"凡非应许捉奸之人,有杀伤者,各依谋故斗杀伤论。"这条是律后小注,雍正三年,改为条例。乾隆五年、嘉庆十四年、十五年修改。乾隆五年改为:"凡非应许捉奸之人,有杀伤者,并依斗杀伤论。"嘉庆十五年七月,刑部奏明"将条例内依斗杀伤论一句改为各依谋故斗杀伤论等因在案。"①

如乾隆五十九年,云南司"寻甸川民马受贵捉奸致伤戴里吉身死一案",戴里吉与马受贵邻人马元之妻姜氏通奸,马受贵窥破后,屡次相劝,戴里吉不依。马受贵因听说外人传扬马姓妇人偷汉,清浊难以分辨,所以起意并邀同邻人往捉,图免丑名。最后,马受贵奸所伤毙奸夫。云南巡抚认为,马受贵是非应许捉奸之人,应照例以斗杀论,将马受贵依律拟绞监候。刑部对案情的真实性表示了怀疑,认为马受贵杀死奸夫,"尤难保无妒奸忿恨之情"②,由此可见刑部对"非应许捉奸之人"自行捉奸的不鼓励态度。遭到刑部驳议之后,云南巡抚认为,此案如果有心故杀及有心妒奸等情节,自应按律拟斩,但马受贵确实因与姜氏之夫马元同姓近邻,被外人传扬,该犯欲避丑名,起意捉奸而致毙奸夫,因此将马受贵仍照前拟依律拟绞监候。姜氏拟以枷杖。该拟断得到了刑部的同意。

2. 非应许捉奸之人,被本夫本妇及有服亲属纠往捉奸

《大清律例·刑律·人命》"杀死奸夫"条条例规定:"如为本夫本妇

---

① [清]祝庆祺等编:《刑案汇览三编》(二),"非应许捉奸之人藉奸讹诈杀人",第971页。
② [清]全士潮等编:《驳案汇编》,"同姓捉奸致伤奸夫",第675页。

及有服亲属纠往捉奸,杀死奸夫暨图奸、强奸未成罪人者,无论是否登时,俱照擅杀罪人律拟绞监候。若止殴伤者,非折伤勿论,折伤以上,仍以斗伤拟断。"①该条例是乾隆四十五年,刑部奏准定例。道光四年,改定二条,一附此律,一移于罪人拒捕门内。清律鼓励非应许捉奸之人被本夫本妇及有服亲属纠往捉奸,因此,纠往捉奸之人杀死奸夫,不同于凡人科罪,虽谋故亦照擅杀定拟。而且杀奸案内,奸情确凿,本夫及应许捉奸亲属起意杀死奸夫,非应许捉奸之人实系激于义忿、听从加功者照"共殴余人"律杖一百。

其一,非应许捉奸之人,被本夫本妇及有服亲属纠往捉奸,杀死奸夫。

嘉庆七年通行,"查不应捉奸之人听从本夫及有服亲属谋杀奸夫,实系激于义忿者,应照擅杀拟断。至先止听从往捉,后因死者辱骂,或声言日后报复,临时起意致毙,是致毙虽由诟骂,诟骂究由捉奸,其起衅亦无别故,与例内挟嫌护奸,乘机杀死图泄私忿,应照谋故问拟者不同,且死者究系因奸罪人,自应仍以擅杀论。"②如道光九年,"河抚咨:滑县程良因班第三之妻班胡氏与冯化陇通奸,听从班第三胞侄班喜妮纠往捉奸,扎伤奸妇胡氏身死"③一案,例内没有"非应许捉奸之人,为本夫本妇及有服亲属纠往捉奸,杀死奸妇"的治罪明文,刑部认为,奸夫、奸妇均属罪人,该犯既为有服亲属纠往捉奸,则杀死奸妇与杀死奸夫相

---

① 薛允升认为该条例惩处太宽:"律有本夫奸所登时杀死奸夫无论之文例,遂分别奸所、登时、有拟杖者,有照夜无故入人家律拟徒者,有照罪人不拒捕而擅杀拟绞者。后遂由本夫而推及亲属,又由亲属而推及外人。并将谋杀之案,亦照擅杀,其听从下手加功者,只杖一百,则太宽矣。"([清]薛允升:《读例存疑》卷四十三,"犯奸一10"。)
② [清]祝庆祺等编:《刑案汇览三编》(二),"听从亲属纠邀杀奸以擅杀论",第970页。
③ [清]许槤、熊莪编:《刑部比照加减成案》,何勤华等点校,法律出版社2009年版,第529页。

同,自应比例问拟,程良比依"非应许捉奸之人、为本夫有服亲属纠往捉奸、杀死奸夫、无论是否登时、照擅杀罪人律"拟绞监候。

其二,奸情确凿、本夫及应许捉奸亲属起意杀死奸夫,非应许捉奸之人激于义愤、听从加功。

乾隆四十四年,广东司"合浦县民陈万财等谋杀奸夫王文哲身死一案"与乾隆四十三年,湖广司"宜都县民向万友等捉奸捆溺许添佩身死一案",都涉及非应许捉奸之人,帮同例许捉奸之人捉奸致死奸夫的处罚问题。虽然律例内捉奸致死各条已属周详,但本夫及例许捉奸亲属起意杀奸,纠约他人帮同下手致死,此种帮同下手者非例许捉奸之人,应作何治罪却没有明立专条。因此,"外省问刑衙门遇看此等案件,其例应捉奸之正犯依擅杀罪人律拟绞监候,至同谋助力之人有照共殴余人律拟杖者,又有照寻常谋杀加功拟绞者。适轻适重,各省往往参差,不能画一。"①例如湖广司"宜都县民向万友等捉奸捆溺许添佩身死一案"中,许添佩与向万友孀嫂丁氏通奸、向万友邀同堂叔向宗理并张安邦等捉拿、将许添佩弃水溺毙,湖北巡抚郑大进将正凶向万友依"擅杀罪人"律拟绞,帮殴死之向宗理照"共殴余人"律拟杖,张安邦依"刃伤"本律拟徒。而广东司"合浦县民陈万财等谋杀奸夫王文哲身死一案中,王文哲与陈万财之妻吴氏通奸、被陈万财撞获、邀同黄殿才杀王文哲一案,广东巡抚李湖将正凶陈万财依"擅杀罪人"律拟绞,声明黄殿才非例许捉奸,照"凡人谋杀加功"律亦拟绞监候。

同样是非应许捉奸之人,帮同例许捉奸之人捉奸致死奸夫,一个拟杖,一个拟绞监候,轻重可谓迥别。刑部建议:"应请嗣后凡奸情确凿、本夫及应许捉奸亲属起意杀死奸夫案,无论应许捉奸之亲属及不应捉奸之外人实系激于义忿、听从加功者悉照'共殴余人'律杖一百。如有

---

① [清]全士潮等编:《驳案汇编》,"杀奸案内加功照余人律",第270页。

挟嫌妒奸谋故别情、乘机杀害图泄私忿者,仍照'谋故'本律问拟。庶情法各得其平,而引断不致歧误,问刑衙门亦永远得所遵循。"①此后便确立了新例,即"奸情确凿、本夫及例许捉奸亲属起意杀死奸夫案内,无论不应捉奸之外人实系激于义愤、听从加功者,悉照'共殴余人'律杖一百。"但是,承审官员在适用该条例时,还需要诸多考量,例如,非应许捉奸之人实系激于义忿、听从加功者照"共殴余人"律杖一百,必须是在"奸情确凿",本夫及亲属捉奸杀死奸夫的案件中,若本夫有服亲属疑奸,杀死奸夫、奸妇,他人误信加功的话,则该非应许捉奸之人就不能仅拟满杖。如道光四五两年说帖,"云抚奏:杨洸淙疑奸故杀胞叔杨汶中身死、勒毙子媳胡辛姑,并杨皮二哇误信奸情,听从加功一案",杨皮二哇因杨洸淙捏称其媳胡辛姑与杨汶中通奸撞获,起意致死,央令帮同动手。该犯先不应允,后被杨洸淙吓逼,勉从帮同揿按,以致杨洸淙将胡辛姑勒死。刑部认为,"该犯虽属被逼勉从帮同揿按,自应照本年九月内奏准通行谋杀案内加功之犯不得以被逼勉从率行量减,今该抚因尚未接准通行,将杨皮二哇于谋杀人从而加功绞候律上量减一等拟流,核与通行不符。案情既据查讯明确,毋庸驳令覆审,自应照律更正。杨皮二哇应改依谋杀人从而加功律拟绞监候。"②

(二)讹诈

《大清律例·刑律·贼盗下》"恐吓取财"条条例规定:"凡刁徒无端肇衅,平空讹诈,欺压乡愚,致被诈之人因而自尽者,拟绞监候……若刁徒吓诈逼命之案,如讯明死者实系奸盗等项,及一切作奸犯科有干例议之人,致被藉端讹诈,虽非凶犯、干己事情,究属事出有因,为首之犯,应于绞罪上量减一等,杖一百、流三千里。为从者,杖一百、徒三年。"此条

---

① [清]全士潮等编:《驳案汇编》,"杀奸案内加功照余人律",第271页。
② [清]祝庆祺等编:《刑案汇览三编》(二),"疑奸杀死胞叔外人误信加功",第968页。

是嘉庆九年,刑部议准定例,道光二十年改定。

他人吓诈本夫,致其自尽。如道光十四年,"河抚咨:舒文陇因姚文照将妻陈氏卖休,纠同周文秀等藉端讹诈,致令姚文照情急自尽"[①]一案,刑部认为,姚文照卖休其妻,舒文陇本有可乘之机,并非平空讹诈,于"刁徒无端肇衅、平空讹诈、致被诈之人因而自尽、绞候例"上,量减一等,杖一百,流三千里。周文秀听纠讹诈,杖一百,徒三年。

他人讹诈奸夫、奸妇,致其自尽。再如嘉庆二十五年,"安抚咨:檀赏宗见檀陈氏与檀思定在家晤谈,因知其平日有奸,遂起意藉端讹诈。辄捏续奸污屋,逼令陈氏给钱改换门梁。檀陈氏叩求饶恕,檀赏宗坚执不允,檀陈氏被诈情急,投缳殒命。"[②]刑部认为,檀赏宗属起意讹诈逼死人命,与因事威逼致死者不同。檀陈氏犯奸属实,该犯讹诈属无端滋事,檀赏宗比照"刁徒讹诈、致被诈之人自尽绞监候"上,量减一等,拟以满流。

在"讹诈奸妇,致奸妇被诈情急而自尽"与"讹诈奸夫,却致奸妇羞忿自尽"案件中,清律对于讹诈之人的惩处不同。这两类案件,虽然都因讹诈引起,但情节却不同。在"讹诈奸妇,致奸妇被诈情急而自尽"案件中,奸妇本身是被诈许钱之人,因逼索无措而自尽,而在"讹诈奸夫,却致奸妇羞忿自尽"案件中,奸妇因奸败露而自尽,并非被诈之人。因此,"讹诈奸夫,却致奸妇羞忿自尽"案件中,讹诈之人应照棍徒扰害拟军例,量减一等拟徒。如道光六年说帖,"东抚咨:王学常捉奸,图诈奸夫钱文,致奸妇羞忿自尽一案"[③],王学常因杜清辉与刘路氏通奸,起意

---

① [清]许槤、熊莪编:《刑部比照加减成案》,何勤华等点校,法律出版社2009年版,第475页。
② 同上书,第85页。
③ [清]祝庆祺等编:《刑案汇览三编》(一),"图诈捉奸奸妇因奸败露自尽",第680页。

捉奸讹诈，随纠邀王凝等前往捉拿，将杜清辉剥衣捆缚，欲讹诈钱财。刘路氏因奸败露，投井身死。王学常照棍徒扰害拟军例，量减一等拟徒。

（三）强奸、图奸或刁奸奸妇

"查犯奸妇女与良妇有别，故定例因奸杀伤犯奸妇女均于杀伤良妇罪名上减一等，至强奸图奸犯奸妇女未成致令自尽，从前例内均无治罪明文，有犯者均于良妇自尽绞候例上减一等拟流"，而在嘉庆十四年，刑部纂修强奸杀死犯奸妇女条例时，将"强奸"未成致犯奸妇女自尽流三千里一条附纂入例。但该例仍未对"图奸"犯奸妇女未成致令自尽作出规定，在具体拟断时，"例内但经调戏致良妇自尽与强奸未成致良妇自尽同科绞候，则犯奸妇女自尽案内图奸未成之犯亦应与强奸未成者同拟满流。"①

他人图奸犯奸之妇未成，致奸妇自尽。如嘉庆二十四年说帖，"晋抚咨：韩思伏因闻知李氏向与李添保有奸，该犯亦欲与其奸宿，随黉夜推门入室，向其调戏。李氏不依，扭住该犯撞头，该犯掌批其颊并嚷破奸情，诋李氏因奸情败露，又被欺辱殴打，羞忿自尽"②，韩思伏比照"强奸犯奸妇女未成致令自尽例"杖一百，流三千里。李氏之自尽，由于韩思伏之欺辱，并非奸情败露所致，将李添保仍科奸罪。

他人刁奸犯奸之妇未成，致奸妇自尽。如道光四年案，"直督咨：正犯病故册内王米贵撞见王长春与王孙氏通奸，欲向刁奸未成，致王孙氏因奸情败露羞愧自尽"③一案，王米贵比照强奸犯奸妇女未成致本妇羞愧自尽拟流例量减一等，杖一百，徒三年。王长春依奸妇因奸败露羞愧

---

① ［清］祝庆祺等编：《刑案汇览三编》（二），"图奸犯奸之妇未成致奸妇自尽"，第1271页。
② ［清］许槤、熊莪编：《刑部比照加减成案》，何勤华等点校，法律出版社2009年版，第306页。
③ ［清］祝庆祺等编：《刑案汇览三编》（二），"撞破奸情刁奸不从本妇自尽"，第1272页。

自尽例杖一百,徒三年。

(四)杀死本夫

妻因奸犯夫时,在利益的驱动下,他人会有殴杀本夫的行为。如乾隆四十六年,广东司"梁亚尾与关氏通奸败露贿买梁明毓杀死本夫钟礼接一案"①,梁亚尾与关氏通奸败露后,害怕本夫钟礼接寻殴,而自己脚瘸,难以匹敌,遂起意将钟礼接杀死,且得与关氏续好。考虑到族弟梁明毓体壮力大,时常借给钱米,并未讨还,就与之商谋。梁明毓受贿独自携刀将本夫杀死。梁明毓依谋杀人从而加功律,拟绞监候,照例先行刺字。

(五)控告奸夫奸妇

道光十一年,"贵抚咨:普定县伍潮林控罗树林与伍王氏通奸,将本夫伍阿满谋毒毙命"一案,刑部认为,"罗树林与伍王氏通奸属实,惟伍阿满因病身死,并非罗树林等毒毙,应照律坐诬。惟该犯因伍阿满卒病身死,伍王氏与罗树林本有奸情,怀疑妄告,与凭空诬告者不同"②,伍潮林于"告人二事以上、轻事得实、重事招虚、至死罪未决者杖流律"上,量减一等,杖一百,徒三年。

(六)为奸妇用药打胎

《大清律例·刑律·人命》"威逼人致死"条条例规定:"妇人因奸有孕,畏人知觉,与奸夫商谋用药打胎,以致堕胎身死者,奸夫比照以毒药杀人知情卖药者,至死减一等,律杖一百、流三千里。若有服制名分,本罪重于流者,仍照本律从重科断。如奸妇自倩他人买药,奸夫果不知

---

① 郑秦、赵雄主编:《清代"服制"命案——刑科题本档案选编》,中国政法大学出版社1999年版,第271页。
② [清]许梿、熊莪编:《刑部比照加减成案》,何勤华等点校,法律出版社2009年版,第669页。

情,止科奸罪。"①此条是乾隆五年,刑部议准定例。该条并未规定他人买药为奸妇堕胎致奸妇身死的责任。承审官多比依《大清律例·刑律·诈伪》"诈病死伤避事"律条予以惩处:"其受雇情为人伤残者,与犯人同罪。因而致死者,减斗杀罪一等。"如嘉庆二十二年,"苏抚咨:赵李氏因冯徐氏与人通奸,浼令买药打胎。该氏贪利允从,以致冯徐氏因此殒命"一案,刑部认为,"查堕胎事类伤残系属受雇,核与受雇情为人伤残因而致死之律相符"②,赵李氏应比照"受雇为人伤残因而致死者、减斗杀罪一等律",于绞罪上减一等,拟以满流,是妇人,照律收赎。

(七)强抢奸妇

他人强抢奸妇未成,致奸夫、奸妇自尽。道光十二年,"安抚咨:高士美纠抢被田梦奸拐之妇刘陈氏未成,致田梦、刘陈氏自戕身死"③一案,刑部认为,刘陈氏、田梦是奸拐罪人,其自尽皆由该犯纠抢所致,若仍照"抢夺未成本例"科断,未免与"抢夺犯奸妇女未成、并未致酿人命"无所区别,将高士美依"聚众伙谋抢夺犯奸妇女未成杖流例"上,加一等,发附近充军。

他人强抢卖休未成之妇。如道光十二年案,"安徽司咨刘海淋纠同

---

① 薛允升认为:"曰畏人知觉,曰与奸夫商谋,自系指奸妇起意者而言,若奸夫起意,是否亦照此例科罪,尚未分晰。诈伪门内受雇为人伤残,与同罪,至死者,减斗杀罪一等,有犯,正可援引,似不必另立专条。况案情千奇万变,例文万难赅备,一事一例,殊觉烦琐。"([清]薛允升:《读例存疑》卷三十四,"威逼人致死—11"。)此外,吴坛认为:"因奸致死各条,已极明晰,惟服药打胎因而致死者,律例均未之及。若照因奸威逼致死律将奸夫拟断,则事起和奸本非威逼,如仅止科奸罪,则死实因奸而致。堕胎药,性皆酷烈,受其攻逼,十无一生。在奸妇虽孽由自作,而奸夫既戕其节,又戕其命,未使竟从宽典。惟因例无明文,是以各省理颇不划一。乾隆五年馆修,将酌纂例款,以便引用。"(马建石、杨育裳主编:《大清律例通考校注》,中国政法大学出版社1992年版,第811页。)

② [清]许梿、熊莪编:《刑部比照加减成案》,何勤华等点校,法律出版社2009年版,第297-298页。

③ 同上书,第392页。

卫安太等抢夺卖休未成之妇潘戴氏已成一案"[①]，刑部认为，潘戴氏经其夫因贫卖休而甘心改嫁，已不属良妇，但尚未过门成婚，并未失节，所以不应惩以犯奸之名，例无专条，将刘海淋比照"聚众伙谋抢夺兴贩妇女已成为首例"拟绞监候。

（八）诱拐嫁卖

如嘉庆十五年说帖，"山东司查：此案许进贵与毕张氏通奸，将张氏诱拐，同赴别境，捏为夫妇，赁房居住。嗣张氏因受苦不过，不愿跟随，逃至董元家中，将被拐情由向其哭诉，央求作主。董元随起意转拐嫁卖，商同孙玉、纪泳太，令张氏认为伊戚使女，卖与马中郊为妾"[②]一案，董元依"和诱知情为首例"，量减拟以满徒，为从之孙玉拟徒二年半。

小　　结

本章全面展示了妻犯夫的方式与原因，并对夫、和奸之人、夫家妻家及他人等各方面的反应进行了梳理。我们可以明显看出妻犯夫与夫犯妻方式的不同，其方式有背夫逃亡、和诱、逼迫夫自缢身死、告夫、杀夫等五种，究其原因，或因生活所迫、或受他人裹挟、亦或妻逞凶行恶、而最主要的原因是妻有奸情及被夫所迫。清律对妻犯夫行为皆给予严处。

针对妻犯夫的不同方式，夫的反应有顺受、贪利纵容、杀死奸夫奸妇与自尽等；为了全面剖析妻犯夫，特别是因奸犯夫的各种促动因素，深入了解清代犯奸之妻的具体境遇，笔者对和奸之人（包括奸夫与奸妇）的反应也做出考察。奸妇的反应有羞忿自尽、商谋与奸夫同死、逃

---

① ［清］祝庆祺等编：《刑案汇览三编》（四），"强抢奸拐妇女未成致令自尽"，第61页。
② 同上书，（一），"被人拐逃之妇乘机诱拐转卖"，第713页。

向奸夫、杀伤奸夫、谋害碍眼或阻碍其通奸之人、诱令或勒逼家人犯奸等,究其原因主要是为受礼束缚、为情所困、图谋钱财、淫恶所趋等。奸夫针对本夫的行动有杀死本夫、致使本夫自尽、诬告本夫等,奸夫对奸妇的行动有致使奸妇自尽、杀死奸妇、强抢强占奸妇、拐逃奸妇、诬告奸妇背夫逃亡改嫁、奸妇畏罪自死、奸夫给药毒毙等。

从妻犯夫的方式及原因来看,妻犯夫大多与奸情有关,因此,社会各方面的反应也多围绕着奸情而展开。夫家的反应有捉奸杀奸、羞忿自尽、恳请发遣奸妇、私和奸事、刁奸奸妇、讹诈奸夫、将奸妇卖与奸夫、听从将本夫埋尸灭迹、藉奸图产、逼令奸妇到奸夫家自缢身亡、本妇通奸致翁杀死本夫等;妻家的反应有捉奸、羞忿自尽、庇护本妇、知情纵奸、因别情杀死本妇及帮护本夫等;对于妻犯夫,他人的反应有捉奸、讹诈、强奸、图奸或刁奸奸妇、杀死本夫、控告奸夫奸妇、为奸妇用药打胎、强抢奸妇、诱拐嫁卖奸妇等,除帮同捉奸外,多受贪财或受贪色的驱动。

综合刑科档案中显示出来的夫、奸妇、奸夫、夫家、妻家及他人等各方面对妻犯夫反应,特别是妻因奸犯夫的反应,笔者按照反应程度由弱到强的标准,将其分为六个层次,即隐忍私和、自尽身死、纵容加功、呈控告官、借机图利、杀伤人命等六个层次。如表六所示:

首先,在"隐忍私和"类下,夫、夫家、妻家皆有反应。因妻之奸情使得这三类主体成为所谓的"受害者",而作为"加害者"的奸夫奸妇以及本无关系的他人不会作出隐忍私和的反应。不论是夫的顺受,还是夫家的私和,抑或妻家的庇护本妇及帮护本夫的反应,这些行为表现出这三类主体处理妻犯夫(主要是因妻有奸情)时,都有隐忍的一面。但清律却未给这种隐忍处理的方式预留空间。以夫的顺受为例,不论是其顾惜颜面、恐到官拖累,还是畏奸夫强横,夫的顺受常被视为"私和奸事"。从《大清律例》与刑科档案来看,妻有奸情时,夫可"在奸所亲获,登时杀死奸妇奸夫"而不予处罚,也可以经官拟断后将其嫁卖,唯独不

表六　　　　　　　　各方面对妻犯夫的反应

反应方式 \ 反应主体		夫	夫家	妻家	奸妇	奸夫	他人
自弱到强的反应程度	隐忍私和	顺受	私和奸事	庇护本妇 帮护本夫			
	自尽身死	自尽	自尽	自尽	自尽	自尽	
	纵容加功	纵容	卖与奸夫 听从埋尸	知情纵容	逃向奸夫 商谋同死 诱逼犯奸	拐逃奸妇 抢占奸妇 奸夫加功	帮助打胎
	呈控告官	告官	恳请发遣			诬告本夫 诬告奸妇	控告奸夫 控告奸妇
	借机图利	讹诈奸夫	讹诈奸夫 藉奸图产 刁奸奸妇				讹诈钱财 讹诈图奸 诱拐嫁卖 强抢奸妇
	杀伤人命	杀奸	捉奸杀奸 杀死本夫	捉奸杀奸	杀伤奸夫 谋害他人	杀死本夫 杀死奸妇	捉奸杀奸

能顺受私和,否则将依据《大清律例·刑律·犯奸》"犯奸"律条加以惩处。由此可知清律掌控着一些主体处理奸事的权利范围,维护着律例的至上权威。

其次,在"自尽身死"类下,除事不关己的他人之外,夫、奸妇、奸夫、夫家、妻家都有该类情形。本文第二章已经论及妻的自尽多是对痛苦人世的一种逃避,而本章因妻有奸情而引发多类主体的自尽原因则各有不同。例如,夫的自尽,除极少数因夫妻口角之外,大多数是因妻的奸情而羞忿主动自尽,也有因奸夫或奸妇威逼而被动自尽。夫家及妻家之人皆有因子女犯奸而羞忿自尽。可见清代的贞节观念已经根深蒂固,人们为逃避奸情而带来的羞辱甚至不惜以结束生命为代价。

第三,在"纵容加功"项下,夫、奸妇、奸夫、夫家、妻家及他人等各类主体都有反应。除本夫贪利纵奸,夫家和妻家为财将奸妇卖与奸夫,或为掩盖奸情听从埋尸灭迹之外,他人亦有帮助奸妇打胎的行为。最有代表性的是和奸之人的反应,不论是奸妇逃向奸夫、商谋与奸夫同死,还是为隐匿奸情而诱逼子媳犯奸,当奸情发生后,妻的身份已经被界定为"奸妇",在"客观无助"之下,如其确实为情所困,则只能选择上述方式来缓解社会及清律严惩的压力。奸夫则通过拐逃奸妇、抢占奸妇甚至协助奸妇自杀的行为方式"纵容加功",这些行为又多与奸妇的反应有密切的联系。清律对"知情纵容"有明确的惩处规定,但由于各类主体对纵容奸罪的利益期待,以及和奸之人"客观无助"的无奈选择,致使"知情纵容"行为屡禁不止。

第四,在"呈控告官"项下,各方反应比较特别。首先,对于妻家来说,女既出嫁,义当从夫,况且奸情丑事,毕竟辱没门风,或许还因亲情所系,因此没有告官的行为。其次,刑科档案中对本夫捉奸之后意图告官亦有体现,但这种告官意图随即便被更为激烈的杀奸行为而取代,这除与担心呈控告官损毁名誉,且奸夫奸妇只被惩以杖徒之刑外,还与清律为重惩奸罪,鼓励捉奸杀奸密切相关。

第五,在"借机图利"项下,作为奸情"受害人"的本夫及夫家之人,会因奸情而实施图利行为,而作为"加害人"的奸夫或奸妇则是被图利的对象。"受害人"借清律赋予的捉奸之权,借捉奸之名,本夫即有可能向奸夫图财,夫家之人除向奸夫图财外,更有可能向奸妇图奸,还会因此而图谋家产。更为典型的是,他人"借机图利"的表现包括:讹诈钱财、讹诈图奸、诱拐嫁卖、强抢奸妇等情形,"借机图利"是他人最主要的反应方式。由此可见,在该类情况下,清律非但没有制止奸情(因为奸情已经发生),反而促使本夫、本夫有服亲属乃至他人讹诈图财及借机图奸犯罪行为的发生。

第六,在"杀伤人命"项下,夫、奸妇、奸夫、夫家、妻家及他人等全部主体都有反应。在刑科档案中,本夫、夫家、妻家和他人多为因捉奸而杀奸,包括杀死奸夫和奸妇,也有夫家因本夫纵奸而杀死本夫的特例。奸夫和奸妇则表现为谋害奸夫、谋害他人,以及相互杀害的情形(本章第一节已经详细阐述妻因奸杀死本夫的行为,故在此不再赘述)。由此可见,各类主体因奸情而几成擅杀之风,但造成这一现象的法律原因,其实正是律例所规定的捉奸杀奸之文。(详见第五章的法律分析)

第四章 清代夫妻相犯的法律适用

基于法律文本与刑科档案，运用清律的表达方式及社会学的分类比较方法，笔者在前三章对清代的夫妻关系、夫妻相犯的方式与原因、夫或妻及社会各方面的反应进行考察，勾勒还原了清代夫妻相犯的原貌，体察了清代的时代背景、社会与家庭环境。在本章，笔者拟考察清代夫妻相犯的法律适用，在律例有治罪明文时，我们可以得知"国法"《大清律例》在夫妻相犯案件中的实际运作情形及对社会的实际控制情况，而且还能知悉"习惯"与"情理"等在清代皇帝和以刑部为代表的中央司法机关那里所处的地位；在律例无治罪专条时，笔者分析承审官吏比附加减的技巧、标准以及成案的效力。

第一节 律例有治罪明文时的适用

清代的基本法律形式是律和例，律，指大清律，例，则是指条例。清王朝建立后，曾于顺治四年（1647年）、雍正三年（1725年）和乾隆五年（1740年）分别颁布了《大清律集解附例》、《大清律集解》和《大清律例》三部正式的成文法典。最后的定本律为436条，附条例1049条。[1]自

---

[1] 关于学术界对顺治律的颁布时间及雍正律的颁行时间的争议，详见何勤华：《清代法律渊源考》，载《中国社会科学》2001年第2期。

乾隆五年定本以后,至清王朝解体,律文基本不再有增损①,而例顺应社会的发展不断调整变化,至同治年间已增至1892条。②

对于《大清律例》法律文本自身真实可靠性的考证十分必要,正如田涛、郑秦指出:"研究清律,切忌随意援引条例,因为对于所论的课题,这一条例,可能已是删除了的,也可能是尚未纂修的。因此,引证清律,特别是条例,一定要考其颁行年代,才能确认其法律效力和价值。"③但是,对法律文本的研究,不能停留在就文本而论文本的阶段。要了解一个法律文本对一段历史时期的影响,必须看它在实际操作运行的状况。"因为任何一项法律颁布后,即使它在条文上再完美无瑕,但如果没人去执行遵守,或者不被多数人所认可接受,那它很可能成为空文。而一个法律文本的实际效力从文本内容上是无论如何也发现不出来的。"④正如郑秦所强调,在研究方法上,要"力求作动态地而不是静态地考察,不能就制度论制度,就律例条文论律例,那样,清朝的法制无疑就是"完美无缺"的了。事实当然不是这样,我们不但要看法律是如何规定的,更要看是如何实行的,既要找到清廷官方的表述又要找到其与社会法律生活的实际差别,努力描述出客观实际的情况。"⑤

因此,在律例有治罪明文时,考察清代夫妻相犯案件的法律适用,有助于我们认识《大清律例》这一法律文本对社会的实际控制情况、分

---

① 郑秦先生通过研究(即"顺治三年律考——律例的继续和变化"、"康熙现行则例考——律例之外的条例"、"雍正三年律考——律文规整和集解"、"乾隆五年律考——律例定型与运行中的条例")发现,《大清律例》的律文即使在乾隆五年以后,也还是有一些细微变化的,并不能绝对地看待"万世成宪,不再更易"的说法。参见郑秦:《清代法律制度研究》,中国政法大学出版社2000年版,第1—72页。

② "嘉庆以降,按期开馆,沿道光、咸丰以迄同治,而条例乃增至一千八百九十有二。"(《清史稿·志一百十七·刑法一》。)

③ 《大清律例》,田涛、郑秦点校,法律出版社1999年版,"点校说明"。

④ 孙家红:《〈大清律例〉百年研究综述》,载《法律文献信息与研究》2008年第2期。

⑤ 郑秦:《清代法律制度研究》,中国政法大学出版社2000年版,"自序"。

析"习惯"、"情理"与《大清律例》的关系,探讨司法实践与官方和民间表述之间的可能背离。据笔者的考察,律例有治罪明文时,夫妻相犯案件基本上严格援引律条,少数引用条例,即以律为主,以例为辅,个别情况下,以例改律、以例废律、以新例破旧例等。

一、律为主导,例为补充

何勤华教授指出:"在清代,律是基础,例是补充,一般情况下,某个案子呈送到审判官面前时,他首先适用的是律,只有在律文明显落后于形势发展或没有律文可适用时,才会适用例。那种认为例的地位高于律,在律例并存的情况下首先适用例的观点,与清代的审判实践并不相符。"[①]夫妻相犯案件的法律适用恰好印证了该观点。

(一)律为主导

律为主导,即指律文被严格适用,这在清代夫妻相犯案件中尤为突出。从刑部的这些案例汇编来看,承审官在定罪量刑时首先出现的用语往往是"查律载……"、"又律载……"、"依……律,拟……"、"自应按律问拟"等。以下仅举两个较特殊的案子加以说明:

如"妻妾失序"律条的适用,虽在"独子承祧两房,两房各为娶妻,本夫与后娶之妻有犯"的适用中经过一番波折,但最终得以被严格适用。《大清律例·户律·婚姻》"妻妾失序"律条规定:"若有妻更娶妻者,亦杖九十,(后娶之妻)离异(归宗)。"虽然律条规定后娶之妻应离异归宗,但是若后娶之妻与夫及夫之亲属互犯杀伤时,仍要以服制科罪,其原因及其在"本夫并未承祧两房与后娶之妻有犯"案件中的严格适用,笔者在第二章"有妻更娶"部分已有阐述。但是,该"妻妾失序"律条却在"独子承祧两房,两房各为娶妻,本夫与后娶之妻有犯"的适用中经过一番周折,这主要涉及后娶之妻的地位问题。最初嘉庆十九年礼部"余万全

---

① 何勤华:《清代法律渊源考》,载《中国社会科学》2001年第2期。

丁忧案"将后娶之妻雷氏比照妾论,而刑部在较长时间内断案皆援引礼部成案,认为:"至承祧两房之人,愚民多误以为两房所娶皆属嫡妻,故将女许配,议礼先正名分不便,使嫡庶混淆,而王法本乎人情,原毋庸断令离异,有犯应以妾论,情法俱得平"①。在道光三年说帖中也这么认为:"查有妻更娶,与其夫及夫之亲属有犯,仍按服制拟断之例,系指其夫并未承祧两房,后娶之妻律应离异者而言。若承祧两房,各为娶妻,冀图生孙续嗣,是愚民罔知嫡庶之礼,与有妻更娶不同。止宜别先后而正名分,未便律以离异之条。"②一直到咸丰元年,在直隶司的王廷庸一案,刑部才最终做出了不同于礼部的解释:"礼部议覆河南学政余万全丁忧请示案内,以礼无二嫡,将后娶之妻作为妾论,系专指夫之子女为后娶之妻持服而言。至于后娶之妻与夫之亲属有犯,倘竟作妾论,则案关人命,罪名轻重悬殊,办理转多窒碍。自应比依'有妻更娶'之律,有犯仍按服制拟断。"此案最终依律判决,并纠正了先前援引成案而不遵循律文的错误,维护了律文的权威性、连续性和重要性。

若一旦条例的表述与律文稍有不符,刑部则依律文判决,将不妥条例删除,或另拟新例以适用律文。如第三章"山阳县民妇倪顾氏逼迫伊夫倪玉自缢身死一案",江苏巡抚吴坛将倪顾氏依例拟绞监候。刑部在驳议中,阐述了律与例对于该类案件惩处的不一致之处,即律文规定"妻殴夫至笃疾者绞决",而条例只规定"妻妾逼迫夫致死者,比依妻殴夫至笃疾律拟绞",而没有明确规定"绞决",这样就为各问刑衙门拟断绞监候留下了余地,以致适用时非常容易牵混。因此,刑部认为江苏巡抚将倪顾氏拟绞监候,与律不符。倪顾氏应依妻逼迫夫致死者,比依"殴夫至笃疾绞决"律拟绞立决。皇帝同意刑部的意见,并且颁布谕令

---

① [清]祝庆祺等编:《刑案汇览三编》(二),"两房各为娶妻后娶之妻作妾",第1460页。
② 同上书,"两房各为娶妻后娶之妻作妾",第1459页。

授权刑部将"引用牵混,殊未妥协"之例文"另行妥议,改正通行"。① 刑部秉承谕旨,除了通行各省督抚之外,还将与律文不完全相符的原例文删去,另立了"妻妾逼迫夫致死者拟绞立决"专条以与律文相适应。

《大清律例·刑律·断罪引律令》律条明确规定:"凡(官司)断罪,皆须具引律例,违者,笞三十。"《大清律例·名例律下》"断罪无正条"条例还规定:"若律例本有正条,承审官任意删减,以致情罪不符及故意出入人罪,不行引用正条,比照别条以致可轻可重者,该堂官查出,即将承审之司员指名题参,书吏严拿究审,各按本律治罪。其应会三法司拟断者,若刑部引例不确,许院寺自行查明律例改正。倘院寺驳改犹未允协,三法司堂官会同妥议,如院寺扶同朦混或草率疏忽,别经发觉,将院寺官员一并交部议处。"因此,各级承审官吏在审理案件时,会反复推敲案情,审慎地援引最为"允协"的律文,否则将会被追究责任。如乾隆四十四年,山东司"夏津县李化为殴逼李殷氏、赵梅氏等投身死一案",刑部认为,所有错拟罪名的承审各官,应交送吏部照例办理。乾隆四十五年三月十一日奉旨:"依议。其错拟罪名之承审各官著交部察议。钦此。"②再如"山阳县民妇倪顾氏逼迫伊夫倪玉自缢身死一案"上谕中,皇帝对审理此案失于宽纵的官员进行追究:"此案系吴坛审拟具题,吴坛在刑部司员任内办理案件最为谙练,不应援引失当。若此使其尚在,必将伊交部严加议处。至皋司为刑名总汇,塔琦亦由刑部出邑司员简放,审拟此案,失于宽纵,殊属非是。塔琦著传旨严行申饬,并将此通谕知之。钦此。"③

(二)例为补充

关于例的来源,主要有两个方面:一是皇帝的诏令,以及皇帝对臣

---

① [清]全士潮等编:《驳案汇编》,"比依殴人至笃疾绞决律",第355页。
② 同上书,"比照因奸威逼人致死",第353页。
③ 同上书,"比依殴人至笃疾绞决律",第356页。

下奏议等文件做出的批示(上谕);二是从刑部就具体案件所做的并经皇帝批准的判决中抽象出来的原则。① 没有律文可引或律文规定有不足时,承审官一般以条例为准。如"查例载……"、"又例载……"、"依例……,拟……"、"自应按例问拟"、"自应照例拟罪"等也是承审官在定罪量刑时的基本用语。例为补充主要表现为补律之不备、对律做扩张解释及补充律意等。

1. 补律之未备

例如,从第三章本夫"杀死奸夫奸妇"部分可知,律条规定本夫奸所登时杀死奸夫、奸妇,勿论。律条还规定本夫只杀死奸夫,亦勿论。但是,本夫只杀死奸妇,应否勿论,律条却无明文规定,因此就有"杀死奸妇,奸夫脱逃之例"以补律之未备。《大清律例·刑律·人命》"杀死奸夫"条条例将本夫杀死奸妇,奸夫供认不讳的情形分为三种:奸所获奸,登时杀死奸妇;奸所获奸,非登时杀死奸妇;非奸所获奸或闻奸数日杀死奸妇等,承审官吏在断案时,如遇上述律无规定而例有补充的情形,自然会照例拟断。

再如,童养媳"早在宋代业经出现,以后浸淫发展,到清代已相当普遍。"② 清代童养婚姻的普遍化,在很大程度上反映了人们为制止溺婴、补救日后婚娶困难所作的努力。③ 童养媳的最大好处,一是生女有人抚养,二是遣嫁婚礼简约,均是为了减少经济开支。童养媳制度对减少溺女的作用也是明显的,不少地方志的记载均可证明这一点,可以说童养媳制度是一种社会发明,是古代中国生育行为自我调节的一种机制。④ 然而,律条却没有任何有关童养媳的内容,徐忠明教授曾指出:"把《大

---

① 何勤华:《清代法律渊源考》,载《中国社会科学》2001年第2期。
② 郭松义:《伦理与生活——清代的婚姻关系》,商务印书馆2000年版,第251页。
③ 同上书,第6页。
④ 常建华:《清代的国家与社会研究》,人民出版社2006年版,第315—316页。

清律例》翻检一过,居然没有提到童养媳的内容。……作为一种在社会上相当普遍的婚姻实践,清代法律竟然没有作出明确规定,不是咄咄怪事吗?"①他还引用王跃生教授的观点:"在传统中国社会条件下,婚姻的缔结不是一种政府参与的事务,而完全是民间行为。一般来讲,只要未婚男女有人主婚,就可视为合法婚姻。从清代法律来看,除了对指腹割衫为亲者加以禁止外,童养婚行为政府不加干预。"②因此,徐忠明教授认为正是由于"政府不加干预",因而法律对童养媳制度没有相应的规定。

其实,由于清代童养的普遍性,《大清律例·刑律·人命》"杀死奸夫"条条例已经"舍礼从俗",补充了律条之不备。该条例规定:"凡童养未婚之妻,与人通奸,本夫及夫之祖父母、父母并有服亲属捉奸,杀死奸夫奸妇者,均照已婚妻例问拟。"此条是嘉庆六年,安徽按察使恩长条奏,未婚妻本夫之父母、伯叔、兄弟有服亲属捉奸,杀死奸夫,请定条例一折,奏准定例。《大清律例·刑律·人命》"杀死奸夫"条条例还规定:"至童养未婚妻因奸谋杀本夫,应悉照谋杀亲夫各本律拟断。"③薛允升认为:"童养妻系送至夫家,尚未完婚者。童养之名不见于古,民间贫乏之家安于简陋,遂至相习成风,到处皆然,舍礼从俗,盖亦不得已之意也。"④然而,对于这些条例,薛允升还认为,"未免过重,以未婚究与已婚不同也。"⑤如嘉庆二十二年,"直督咨:魏九杀死与伊童养未婚妻高氏通奸之缌麻服侄高风光。查高风光出继高姓,例应归宗。魏九系高风光缌麻服叔,因见高风光与童养未婚妻高氏通奸,前往捉拿,致被挣

---

① 徐忠明:《情感、循吏与明清时期司法实践》,上海三联书店2009年版,第256页。
② 王跃生:《十八世纪中国婚姻家庭研究——建立在1781-1791年个案基础上的分析》,法律出版社2000年版,第145页。
③ 该条是道光二十三年,安徽巡抚程雷採奏宋忠因奸谋杀未婚夫查六寿身死二案,附请定例。参见[清]薛允升:《读例存疑》卷三十二,"杀死奸夫-35"。
④ [清]薛允升:《读例存疑》卷三十二,"杀死奸夫-21"。
⑤ 同上书,"杀死奸夫-35"。

脱,并不鸣官究治,辄将高凤光擅行杀死"①一案,律文并无对该案惩处专条,因此,刑部的审断完全遵照条例的规定。刑部认为,魏九获奸既离奸所,杀死奸夫又非登时,应依"童养未婚之妻与人通奸、本夫捉奸、照已婚妻例"拟断。只不过本夫捉奸、杀死犯奸有服卑幼案件中,如果卑幼罪不至死,且本夫捉奸已离奸所、非登时而杀,则于常人绞罪上减二等,因此魏九被拟处杖一百、徒三年。

2.对律做扩张解释

《大清律例·刑律·人命》"杀死奸夫"律条规定:"凡妻妾与人奸通,而(本夫)于奸所亲获奸夫、奸妇,登时杀死者,勿论。"该律条赋予夫对犯奸之妻与奸夫生命的予夺权利,可谓是夫权扩张的一个极致。不过清代统治者也考虑到这种权利的存在可能会引起夫对妻与奸夫的滥杀,因此特别强调"奸所"、"登时"。如嘉庆六年,刑部议准,纂定例文对"登时"与"非登时"进一步做出区分:"凡本夫及有服亲属杀奸之案,如奸所获奸,忿激,即时殴毙者,以登时论。若非奸所而捕殴致毙,及虽在奸所,而非即时殴毙,或捆殴致毙者,俱以非登时论。"②然而,律例依然没有对"奸所"、"登时"做出明确的界定。"奸所"固然比较容易理解,但

---

① [清]许槤、熊莪编:《刑部比照加减成案》,何勤华等点校,法律出版社2009年版,第145页。

② 薛允升认为:"此例虽系明立界限,究竟不甚妥协"及"此处非登时一层,似应删去。"其原因是"律内奸所亲获,登时杀死,系一串说下,并未分为两层,尤重奸所二字。盖以奸所获,即獲奸情确凿,律许专杀,是以有杀死勿论之文。其云登时者,以其时其势万难少缓须臾。若非登时杀死,必致乘空脱逃,且或反将本夫拒毙,非谓以登时、非登时为本夫罪名轻重之分也。后来例文愈修愈烦,奸所登时杀死者勿论,虽奸所而杀、非登时者拟徒。究竟登时、非登时界限未明,办理不无参差,是以定有此例。以即时殴毙者为登时,非即时殴毙,或捆缚致毙者为非登时。不知本夫等杀奸夫之案,正系夜无故人人家之条,即在奸所登时杀死,即照律勿论。若捆缚致毙,亦与已就拘执而擅杀之律相符,拟以城旦,亦不为过。至以何项为非登时,殊难臆断。此等案情但当论捉获之是否确在奸所,不当于奸所杀死后,覆问其是否即时。况夜无故人人家律内,只以登时及已就拘获为勿论,及拟徒之分,并无登时内又有非登时之别。盖拘执而杀,即非登时也,律意极明。此处非登时一层,似应删去。"[清]薛允升:《读例存疑》卷三十二,"杀死奸夫-17"。

在具体案件中，其含义也较为宽泛；而"登时"本身就含义模糊，在司法实践中更会产生较大的争议。这与清代统治者既赋予捉奸人杀奸之权，又不想开启滥杀之风有必然的联系。

笔者在整理刑科档案时发现，刑部为惩淫恶，对"登时"、"奸所"的解释多是扩张律文中"登时"、"奸所"的含义，并得到皇帝的批准，可以说是"从而创立了一项判例法规则，事实上完成了一项新的立法。"①下文依案件发生的时间顺序，举例以示之：

乾隆六十年"貊应瑞因妻张氏与王幅通奸杀死奸妇一案"，刑部对于"奸所"的扩大解释为："是同坐既属恋奸，巷道即属奸所。律载'非奸所'一条，非谓行奸必有定所，亦不必两人正在行奸之时。巷道之内，奸夫奸妇同坐一处，不可不谓之奸所；则经本夫撞获，当即忿激将奸妇殴毙，即不可谓非登时。"②

嘉庆四年说帖，本夫"登时获奸奸妇逃出揪回杀死"，以登时论。③

嘉庆五年集案，刑部认为："查杀奸例内所称奸所之与非奸所，总以本夫是否当场撞见奸情为断，登时之与非登时总以本夫有无过后转念为凭，奸所非独行奸之所，如本夫亲见奸夫奸妇同屋嬉笑，究问奸情是实，或奸夫乘间脱逃，或奸妇哀求免杀，或他人从旁解劝，事暂寝息，过后转念而杀之者，此杀非登时而不能谓非获在奸所也，登时亦非独行奸之时，如本夫外出，经祖父母、父母亲属窥见奸情，向本夫告知，究问属实，忿不可遏，并无过后转念，仓猝直前追捕奸夫，或至途中或至其家内杀之者，此获非奸所而不能谓杀非登时也。"④

---

① 何勤华：《清代法律渊源考》，载《中国社会科学》2001 年第 2 期。
② ［清］全士潮等编：《驳案汇编》，"本夫奸所获奸将奸妇杀死奸夫到官不讳"，第 669 页。
③ ［清］祝庆祺等编：《刑案汇览三编》（二），"登时获奸奸妇逃出揪回杀死"，第 894 页。
④ 同上书，"见闻确凿登时追捕杀死奸夫"，第 901 页。

嘉庆七年说帖,将拐所视为奸所,捉奸之人"拐所杀奸与奸所杀奸同"。①

嘉庆十七年说帖,"登时系指获奸之时,忿起于触目之余,杀激于刺心之怒,自应原情勿论。若业经捆缚则事已稍缓须臾,并非出于仓猝,故例内指明捆殴致毙以非登时论。"②

嘉庆二十二年说帖,"妻被奸拐本夫追捕将妻殴死",与奸所登时无异。③

嘉庆二十二年说帖,河南巡抚请求刑部"将登时非登时界限详晰核明指示,俾得有所遵循",刑部在咨覆中对"登时"与"非登时"之区别作了部分澄清,认为殴跌倒地致死不同于捆殴致死:"详绎杀奸例文,载有即时非即时字样,是杀奸之案总以是否奸所临时忿激致毙,并殴打时有无间断以为登时非登时之别,至倒地后殴伤致死以非登时论之语。另见捕殴贼犯例内盖事主因贼犯偷窃,登时追捕,其未经倒地之前尚虑其抵拒,故捕殴致死,既已离盗所亦拟城旦。若已被殴跌倒地,不难拘执送官,辄复叠殴致死,既无忿激可言,故即照擅杀律拟绞。而杀奸例内仅有捆殴致毙以非登时论之语,并无倒地后殴伤致死即以非登时论之文,诚以妇女与人通奸,捉奸者羞恶难遏之情有不容自己之势,其殴跌倒地例不与捆殴并论者,例文俱有深意,不能与捕贼之案一例而论也……总之杀奸之案情节百变,全在司谳者详绎例内即时非即时字样,悉心核拟,不得以忿激即时殴毙之案牵引捆殴致毙之例,尤不得以杀死奸夫之案牵引追捕窃贼倒地叠殴之例比附拟断,致开畸轻畸重之渐,所有

---

① [清]祝庆祺等编:《刑案汇览三编》(二),"拐所杀奸与奸所杀奸同",第914页。
② 同上书,"登时获奸捆缚被骂勒毙奸夫",第894—895页。
③ 同上书,第916页。

该抚咨请分晰登时非登时界限之处,应毋庸议。"①

道光五年说帖,"至例内何者为即时,总以殴打时有无间断为断,如无间断虽倒地叠殴致毙,应以登时论,若有间断,虽非倒地叠殴,亦不得为登时。"②

道光七年说帖,本夫"究出因奸怀孕即同奸所获奸"。③

道光十年说帖,本夫"杀奸殴未间断即属登时"。④

道光十二年说帖,本夫"追赶奸夫无及回家杀死奸妇",因本夫并未稍缓须臾,即没有间断,就属奸所获奸,登时而杀。⑤

此外,《大清律例·刑律·人命》"杀死奸夫"律条,最多时有32条条例,其条例皆由律义权衡折中而成,并多对律条做出扩张解释。正如清末吉同钧所认为:"律言'登时'、'奸所'勿论,例则推及登时而非奸所,或奸所而非登时,或既非登时又非奸所。事后杀死或伤而未死者,虽不能勿论,亦止分别科以流徒杖罪各法。又,律止言本夫杀奸,例又推出本夫之父母、祖父母杀死媳之奸夫,与本夫同论;又于本夫而外推出本夫之有服亲属,均准捉奸,若杀死奸夫或伤者,按本夫分别略加杖徒之罪。又律言本夫杀奸以其有义忿也,例又推及本夫纵容其妻犯奸,若杀死奸夫即应照常人抵命。又律中杀死奸夫系指他人而言,例又推出若奸夫并非他人,如系本夫之有服尊长或卑幼,另有加重减轻之法。此外,又有子捉母奸、杀死奸夫,及妾合同奸夫杀死正妻或男子拒奸杀人各条,以广律意。又律所称奸妇系指已婚之妻,例又推出聘定未婚之妻或童养妻与人通奸,如本夫杀死奸夫或奸夫杀死本夫,另外加重减轻

---

① [清]祝庆祺等编:《刑案汇览三编》(二),"奸所杀奸分别登时",第911—912页。
② 同上书,"杀奸分别登时与杀贼例不同",第907页。
③ 同上书,"究出因奸怀孕即同奸所获奸",第885页。
④ 同上书,"本夫杀奸殴未间断即属登时"第913页。
⑤ 同上书,"追赶奸夫无及回家杀死奸妇",第882—883页。

之条。种种因奸相杀之案,不可枚举。"①

3. 言明律意

例如,《大清律例·刑律·犯奸》"纵容妻妾犯奸"律条规定:"抑勒妻妾及乞养女与人通奸者,本夫、义父各杖一百,奸夫杖八十,妇女不坐,并离异归宗。"然而律条并没有明确对"夫逼妻卖奸后,又故杀妻"的惩处。前文所述乾隆四十一年,奉天司"张二即张丕林扎伤伊妻徐氏身死一案",皇帝认为,刑部核拟张二即张丕林扎死伊妻徐氏一案,将张二照"夫故杀妻"律拟以绞候,并不妥当。刑部奉旨后认为:"请嗣后凡以妻卖奸之夫故杀妻者以凡论,其非本夫起意卖奸者仍悉依律例办理,庶廉耻足励而情法得平矣。"②此后拟定了新条例,即《大清律例·刑律·人命》"杀死奸夫"条条例所规定:"若本夫抑勒卖奸故杀妻者,以凡论。"该条例补充了"纵容妻妾犯奸"律条虽未明言但却内含之意,因为"纵容妻妾犯奸"律条规定逼妻与人通奸,奸妇不坐,但要离异归宗。那么,本夫杀死律应离异之妇,就应按照凡人杀伤惩处,新条例的规定属于罪罚较允当。

再如,《大清律例·户律·婚姻》"出妻"律条规定:"若(夫无愿离之情)妻(辄)背夫在逃者,杖一百,从夫嫁卖;(其妻)因逃而(辄自)改嫁者,绞(监候)。其因夫(弃妻)逃亡,三年之内不告官司而逃去者,杖八十;擅(自)改嫁者,杖一百。"该律条规定了夫对"背夫逃亡"之妻的嫁卖权,也从另外一个侧面说明了妻从夫而居的义务。律条既然规定妻"因夫(弃妻)逃亡,三年之内不告官司而逃去者,杖八十",则"本夫逃亡三年不还",妻或可别行改嫁,则是其律意之所含。因此,"出妻"条条例体察律意,对该律条做出了合乎人情的补充:"期约已至五年,无过不娶,

---

① [清]吉同钧:《书旧律杀死奸夫门后》,载《乐素堂文集》卷七,北平杨梅竹斜街中华印书局铅印本。转引自闫晓君:《唐律"格杀勿论"渊流考》,载《现代法学》2009年第4期。

② [清]全士潮等编:《驳案汇编》,"以妻卖奸复故杀其妻同凡论",第401页。

及夫逃亡三年不还者,并听经官告给执照,别行改嫁,亦不追财礼。"因为"本夫逃亡不回,其妻无所依倚。夫之生死不知,归期无望,必令终守,则非人情所堪,许令改嫁,则非法令所宜,特于此微示其意曰'三年之内',则三年之外不同矣。"①

(三)"情理"时而突破律例的适用

何为"情理"呢?"情理"并不是指"人情和天理",而是指"摆得上桌面来讲的日常道理",是人情所堪,不必躲躲闪闪的。"人情"是指摆不上桌面的私情。"天理"就是伦理纲常。②苏亦工教授认为:"所谓理者,当指基于一定意识形态所形成的道理;所谓情者,当指情理,而非指情面或当今所谓的人情关系。"③日本学者滋贺秀三教授认为,情理只不过是一种修辞,并非是具有明确定义的术语。法官并非只是根据某种特殊的意图,在某些场合使用这一用语,而在其他场合避免使用。无论口头上说与不说,情理经常在法官心中起作用。④

马克斯·韦伯认为,中国社会如同其他社会一样,都没有类似于西方社会中形式理性化的法律观和法律文化,其法律制度的特点是没有确定的成文法律,法官常常依据社会上的一般公正观念为准则,依据他个人对世态人情的洞察、个人化的知识积累断案,因此常常只注重具体个别案件结果的是非公正,不注意总体制度上"合理";注重解决具体纠纷,而不注意抽象的法律条文和原则;注重个别案件结果的合乎情理,而不注意通过公共化的、形式化的逻辑思辨来发展和系统化法律的原

---

① [清]沈之奇:《大清律辑注》(上),怀效锋、李俊点校,法律出版社2000年版,第287—288页。
② 范忠信、郑定、詹学农:《情理法与中国人——中国传统法律文化探微》,中国人民大学出版社1992年版,第20、27页。
③ 苏亦工:《明清律典与条例》,中国政法大学出版社2000年版,第286页。
④ 〔日〕滋贺秀三:《清代诉讼制度之民事法源的概括性考察》,载王亚新、梁治平编:《明清时期的民事审判与民间契约》,法律出版社1998年版,第36页。

则(形式)。① 顾元教授则有不同的观点,他提出中国传统的"衡平司法"②概念,并认为:"古代的司法官尽管没有受到过系统的职业化的法律训练,但是他们生于斯、长于斯,了解中国传统社会的规则和习惯,洞悉本土的人情世故和社会风习,掌握着一套独特而又行之有效的解决社会纠纷和冲突的方法,从而形成了在形式和价值上根本不同于西方(也不尽同于其他东方社会)的法律观、秩序观以及法律运行模式。"③他还指出:"在这些司法官的眼里,司法关注的并非是程序,并非是一个忠实、刻板地适用法律于具体案件的过程,而更重要的是裁判的结果。这个结果必须是最大限度地符合社区民俗、合乎情理习惯,必须是有利于恢复或者维系一种和谐的社会秩序和人际关系,即必须要'衡平'的,而不一定是合乎成文法律的。……因此,在很大程度上,衡平司法的结果是对国家实定法律规则的'合理性'的、或者说是'技术性'的规避。更准确地说,衡平理念支配下的传统社会的司法审判,实质上是司法官作为'公正无私的人',尽其可能地权衡他所面临的所有社会条件,而作出的能够最大限度地达到和谐与均衡的判断过程。"④

恰如清代汪辉祖所说,"幕客佐吏,全在明习律例。律之为书,各条具有精蕴,仁至义尽,解悟不易,非就其同异之处,融会贯通,鲜不失之

---

① 苏力:《市场经济需要什么样的法律?——关于法律文化的一点思考》,载苏力:《法治及其本土资源》,中国政法大学出版社1996年版,第79页。

② 顾元教授认为,中国传统的"衡平司法",乃为司法官在天理、国法、人情、风习等的支配和作用下,对案件作出合于现实理性需要的适当性处理,是司法官在以儒家伦理为主流的多元思想、意识指导下,受到诉讼的特定技术限制之条件下的必然选择。(顾元:《中国传统衡平司法与英国衡平法之比较——从"同途殊归"到"殊途同归"》,载中国政法大学法律史学研究院编:《比较法律文化论集》,中国政法大学出版社2007年版,第329页。)

③ 顾元:《中国传统衡平司法与英国衡平法之比较——从"同途殊归"到"殊途同归"》,载中国政法大学法律史学研究院编:《比较法律文化论集》,中国政法大学出版社2007年版,第326页。

④ 同上书,第329页。

毫厘,去之千里。……故神明律意者,在能避律,而不仅在引律。如能引律而已,则悬律一条以比附人罪一刑,胥足矣,何藉幕为。"①在他看来,精通律例乃是司法官员必须具备的基本能力,但是,对于一名优秀的司法官员来说,仅仅熟悉律例,依然是不够的,他还必须领悟律例背后的意蕴——"律意"。那么,所谓"律意"又是什么呢?汪辉祖认为的"律意",既包括了作为律例精神的"经义",也包括了"人情"和各处地方的"风俗":

> 幕之为学,读律尚已。其运用之妙,尤在善体人情。盖各处风俗往往不同,必须虚心体问,就其俗尚所直,随时调剂。然后传以律令,则上下相协,官声得著,幕望自隆。若一味我行我法,或且怨集谤生。古云利不百不兴,弊不百不除。真阅历不可不念也。②

在清代,承审官吏为了顾及"情理",直接实现结果上的"公道"、"合理",有时会不惜以牺牲律例的普遍适用效力为代价。在刑科案件中,尤其是在因贫买休卖休案件中,"情理"时而突破律例的适用效力。在该类案件中,承审官吏总会流露出"与无故卖休者有间"或"实因贫病交迫,出于无奈"等同情之心。一些学者认为:"这种体恤之情,产生于司法程序中,而不是出自立法者;它来自处理该案件的刑部官员,而不是《大清律例》本身所具有。司法官吏不依据法律条款确定刑罚,必然是他们认为这一类型案件中被告不应获得该条款所规定的刑罚。在这个问题上,表现于《大清律例》中的不现实的僵硬性,可能是出于对一个无法实现于清代的理想的假道学的执著。"③

《大清律例·刑律·犯奸》"纵容妻妾犯奸"律条规定:"若用财买

---

① [清]汪辉祖:《佐治药言·读律》。
② 同上,《佐治药言·须体俗情》。
③ 〔美〕D.布迪,C.莫里斯:《中华帝国的法律》,朱勇译,江苏人民出版社2003年版,第325页。

休、卖休(因而)和(同)娶人妻者,本夫、本妇及买休人,各杖一百;妇人离异归宗,财礼入官。"但是,对于因贫买休卖休,承审官吏常常会衡情酌量,以"情理"破律例。如嘉庆二十三年,"河抚咨:王黑狗将妻扈氏卖与李存敬为妻,讯因贫病交加,穷急无奈所致,与无故卖休者有间。扈氏系因前夫不能养赡,将其嫁卖,母家又无亲属可依,若照律离异,势必又将失节转嫁。且该氏在后夫李存敬家已生一女,尚在襁褓,自应衡情酌断。"①由于本夫"贫病交加,穷急无奈",因此,刑部酌情将被卖休之妇扈氏由后夫李存敬领回,即免其离异,并免追卖休本夫所得财礼。

如乾隆六十年说帖,"全羽高因贫,欲将伊妻刘氏嫁卖,向氏兄刘德说知,自写婚书卖与袁士禄为妻"一案,河南巡抚将刘氏依卖休律杖一百,并断其离异归宗。然而"卖休之妇与夫家恩义俱绝,是以断令归宗,不准仍回夫族,此系专指本夫自行卖休,女家并未知情者而言,若女家均属知情,则给与领回,仍得遂嫁卖之私,似与律义未协。"②该案全羽高虽自称将嫁卖刘氏的事情告诉刘德,然因刘德并未承认,而河南巡抚也并未查明刘氏有无父母且是否知情,因此刑部认为,若刘氏娘家只有其兄刘德一人,且经其允许而被嫁卖,则不能断刘氏归宗;若刘氏仍有父母或别的尊亲属,且不知嫁卖之事,则刘氏应归宗而不得被官卖。

再如嘉庆十七年奉天司说帖,"盛京刑部题李中搂殴伤李富润身死一案"③,金荣因于生计,将妻张氏卖休给董世彬为妻,收受财礼后又起意将张氏抢回另行嫁卖,且张氏之兄张元春是知情卖休之人。刑部认为,若将张氏离异归宗,张氏则被知情卖休之兄张元春领回,而张元春势必将其妹再行改嫁,张氏则屡易其夫,情殊可悯。因此,刑部衡情将

---

① [清]许梿、熊莪编:《刑部比照加减成案》,何勤华等点校,法律出版社2009年版,第307—308页。
② [清]祝庆祺等编:《刑案汇览三编》(三),"卖休之妇亲属知情未便归宗",第1960页。
③ 同上书,(一),"将妻休卖复思再卖纠抢未得",第245—246页。

张氏断给董世彬完聚。

刑部有时还酌情将卖休之妇断给卖休本夫。如道光二年,"西城移送:王五因私向马氏借当其后夫脱僧衣物,经脱僧查知,逼令马氏取讨无偿,将马氏打骂,马氏被殴难堪,起意逃走,仍跟前夫黄玉过度"①一案,马氏最初被断离归宗,但由于其无宗可归,故应当官嫁卖。刑部则认为,马氏是卖休之妇不值得体恤,但马氏所生幼子刚满周岁,若将马氏当官嫁卖,则势必母子分离,且马氏前夫卖休之由,确实由于贫病交迫,出于无奈。因此,刑部将马氏断给前夫黄玉,显示出其矜恤之情。

实际上,上述四个考虑"情理"的判决,明显违背"纵容妻妾犯奸"律条的规定,同时也显示了"情理"时而对律例适用的突破。

二、以例改律,以例废律

《大清律例》本身是一个多层面的混合体。一般来讲,它的436条律比较道德化、理想化,而它在清末的将近2000条的例则比较实际。② 苏亦工教授认为:"明清律因大量承袭《唐律》,其中的有些条文,特别是有关婚姻、家庭、继承等条文仍僵化地坚守儒家礼教的信条,与明清社会的实际情形不免有些脱节,明清朝廷为因应这些变化不得不在正律之外制定许多条例予以适当的变通。当这些条例与律文的规定相冲突时,明清官方采取的适用原则是'断罪依新颁律'③,此条明文载在律

---

① [清]许槤、熊莪编:《刑部比照加减成案》,何勤华等点校,法律出版社2009年版,第102页。
② 〔美〕黄宗智:《清代的法律、社会与文化:民法的表达与实践》,上海书店出版社2001年版,"重版代序",第4页。
③ 当律例对同一问题的规定不一致时,《大清律例·名例律下》"断罪依新颁律"律条规定:"凡律自颁降日为始,若犯在已前者,并依新律拟断。(如事犯在未经定例之先,仍依律及已行之例拟断。其定例内有限以年月者,俱以限定年月为断。若例应轻者,照新例遵行。)"

典,由来已久。"①

乾隆五年以后,由于清政府几乎不再对律文进行修改、补充,律文无法根据社会的发展变化适时作出调整,有时确实不能适应社会发展的需要,而条例则可以更好地解决律的制定者所未能预料到的特殊事情。因此,以例改律、以例废律的情况在夫妻相犯的刑科案件中还是偶有发生,这在很大程度上也反映出承审官吏更加注重顺应情理与习惯。

(一)以例改律

例如,《大清律例·刑律·人命》"杀死奸夫"律条规定:"若奸夫自杀其夫者,奸妇虽不知情,绞(监候)。"本夫被杀,实由本妇与人通奸所致,因此,奸妇虽不知情,律亦拟绞,不可谓处罚不严重。但是,在实际生活中,往往出现奸妇虽不知情,但其当时喊救与事后即行首告,将奸夫指拿到官,属尚有不忍致死其夫之心,如果仍将其照律拟绞,从情理上就说不通了。因此,乾隆四十二年,遵照雍正三年原奉谕旨,恭纂条例,修改了律条规定之不妥:"凡奸夫自杀其夫,奸妇虽不知情,而当时喊救与事后即行首告,将奸夫指拿到官,尚有不忍致死其夫之心者,仍照本律拟断。该督抚于疏内声明,法司核拟时夹签请旨。"因为"如当时喊救,事后首告,得准夹签减流,原其尚不忘旧也。"②且"以此等当时喊救,指拿奸夫之妇人,若仍照律拟绞,恐将来有犯转致畏罪不肯出首,是以谕令夹签声明,量予减等。"③

再如,《大清律例·名例律上》"犯罪存留养亲"律条规定:"凡犯死罪非常赦不原者,而祖父母(高、曾同)父母老(七十以上)、疾(笃、废)应侍(或老或疾),家无以次成丁(十六以上)者(即与独子无异,有司推问

---

① 苏亦工:《明清律典与条例》,中国政法大学出版社2000年版,第287页。
② [清]祝庆祺等编:《刑案汇览三编》(二),"拒绝后奸夫谋杀夫奸妇首告",第838页。
③ 同上书,"亲属通奸拒杀本夫奸妇喊救",第839页。

明白），开具所犯罪名（并应侍缘由）奏闻，取自上裁。若犯徒流（而祖父母、父母老疾无人侍养）者，止杖一百，余罪收赎，存留养亲（军犯准此）。"该律条规定了死罪犯存留养亲同时要具备的三个条件。由于清代统治者鼓励妇女夫亡后守贞，为对孀妇从一而终给予特殊优待，嘉庆六年，《大清律例·名例律上》"犯罪存留养亲"条条例规定："……核其情节，秋审时应入可矜者，如有祖父母、父母老疾应侍及孀妇独子，伊母守节二十年者，或到案时非例应留养之人，追成招时，其祖父母、父母已成老疾，兄弟、子侄死亡者，该督抚查取各结声明，具题法司随案核覆，声请留养。"该条例部分修改了律条的规定，其一，条例规定了守节二十年的孀妇之子可"存留养亲"；再者，条例的孀妇守节二十年，独子留养时，勿论其老疾与否的规定，突破了律条规定罪犯之亲只有老疾方可留养的局限。

此外，《大清律例·户律·户役》"别籍异财"律条规定："凡祖父母、父母在，子孙别立户籍分异财产者，杖一百。（须祖父母、父母亲告，乃坐。）若居父母丧而兄弟别立户籍分异财产者，杖八十。（须期亲以上尊长亲告，乃坐，或奉遗命，不在此律。）"此乃明律，顺治三年增修。"别籍异财"属十恶之不孝。表面看起来，清代法律不允许父母在世的时候分家，但现实生活中，小农家庭比较普遍，兄弟成婚之后就分家。因此，《大清律例·户律·户役》"别籍异财"条条例对律文做出修改，即："祖父母、父母在者，子孙不许分财异居。（此谓分财异居，尚未别立户籍者，有犯，亦坐满杖。）其父母许令分析者，听。"这样，律条不许分财异居，条例接受社会习惯，又以"其父母许令分析者，听"对律条做出了修改。

（二）以例废律

例如，《大清律例·户律·婚姻》"尊卑为婚"律条规定："若娶己之姑舅、两姨姊妹者，（虽无尊卑之分，尚有缌麻之服。）杖八十。并离异。

（妇女归宗，财礼入官。）"此乃明律，顺治三年修改并添小注，乾隆五年删定。该律条从制订颁布之时起，就未能有效地执行，法律上的禁忌只是具文，因为民间娶姑舅、两姨姊妹为婚在许多地方是正常习惯。最终，清代统治者不得不屈从于习惯，明定条例规定："其姑舅两姨姊妹为婚者，听从民便。"①《集解》曰："凡条例大都严于律文，此条独揆乎情法，姑开一面，亦王道本乎人情也。"薛允升也认为："姑舅两姨姊妹为婚，较同母异父姊妹为婚罪名虽轻，而一系有服，一系无服，亦有差等。律系均禁为婚，例则不禁此而禁彼。明洪武十七年，帝从翰林侍诏朱善言，其中表相婚已弛禁矣。特未纂为专条，仍不免人言人殊，迨雍正年间，有听从民便之例，议论始归画一矣。"②条例之所以能屈从于习惯，从而废律，是因为"清代习惯与法律的关系比较和谐，没有出现像西方那样的冲突和对立，或者习惯法与制定法之间的二元对立，主要原因在于清代习惯与国家法律的背后都是传统儒家伦理精神，二者在维持和谐统一的社会现状、控制社会上也是一致的。"③

此外，从"同姓为婚"与"居丧嫁娶"的案件中，我们可看出条例顺应习惯与人情而废律的情形。《大清律例·户律·婚姻》"同姓为婚"律条规定："凡同姓为婚者，（主婚与男女）各杖六十，离异。（妇女归宗，财礼入官。）"此乃明律，其律目律文小注，均顺治三年添入，乾隆五年删改。但是，民间并没有能够严格遵行，常出现同姓为婚之事。《清律例汇辑便览》注云："同姓者重在同宗，如非同宗，当援情定罪，不必拘文。"所说可代表一般人对同姓为婚律的态度。④ 瞿同祖还认为："自从姓氏失去

---

① 《大清律例·户律·婚姻》"尊卑为婚"条条例，雍正八年定例，乾隆五十三年修并。
② ［清］薛允升：《读例存疑》卷十一，"尊卑为婚—01"。
③ 沈大明：《〈大清律例〉与清代的社会控制》，上海人民出版社 2007 年版，第 195 页。
④ 瞿同祖：《中国法律与中国社会》，中华书局 2003 年版，第 101 页；商务印书馆 2010 年版。

原来的意义,同姓并不一定是同血统的标志时,同姓不婚的禁忌也就失去原义,逐渐成为历史上的陈迹了。法律上仍旧保留这种规定,实际上已与社会脱节,渐成具文。从《刑案汇览》中我们可以发现许多妻与夫同姓的例子,更重要的是法律所采取的不干涉主义。法律自法律,人民自人民的情形。没有一个个案是单纯为同姓不婚而涉讼的,即因其他案件而被发现,问官对此也不加追问,并不强其离异。"①如直隶各县习惯,"向有同姓结婚之事,案牍中如李李氏,刘刘氏等,数见不鲜。查同姓为婚,律所不许,但此种习惯行之既久,已为社会上普遍之惯例。然皆以不同宗为限制条件。大概此种习惯,不仅直隶一省为然,即长江以北省份,亦多如是也。"②

再如,《大清律例·户律·婚姻》"居丧嫁娶"律条规定:"凡(男女)居父母及(妻妾居)夫丧而身自(主婚)嫁娶者,杖一百;若男子居(父母)丧(而)娶妾,妻(居夫丧)女(居父母丧而)嫁人为妾者,各减二等。"在现实生活之中,"诚以僻壤愚民不能尽谙例禁其居丧嫁娶各条,往往违律者甚多,固不能因乡愚易犯而遽废违律之成规,亦不得因有违律婚娶之轻罪,而转置夫妇名分于不问。要在谳狱者体会谕旨,随案斟酌,核其情节轻重分别拟断。"③刑部说帖云:"盖律设大法而例本人情,居丧嫁娶虽律有明禁,而乡曲小民昧于礼法,违律而为婚姻者亦往往而有。若必令照律离异,转致妇女之名节因此而失,故例称揆于法制似为太重,或于名分不甚有碍,听各衙门临时斟酌,于曲顺人情之中仍不失礼法之意。凡承办此等案件,原可不拘律文断令完聚。若夫妻本不和谐,则此

---

① 瞿同祖:《中国法律与中国社会》,中华书局2003年版,第99页;商务印书馆2010年版。
② 前南京国民政府司法行政部编,胡旭晟、夏新华、李交发点校:《民事习惯调查报告录》(下册),中国政法大学出版社2000年版,第759页。
③ [清]祝庆祺等编:《刑案汇览三编》(二),"殴死居丧改嫁后复背逃之妻",第1449页。

等违律为婚既有离异之条,自无强令完聚之理。"①

基于"同姓为婚"律条与"居丧嫁娶"律条对社会的失调,《大清律例·户律·婚姻》"嫁娶违律主婚媒人罪"条条例做出规定:"凡嫁娶违律,应行离异者,与其夫及夫之亲属有犯……若止系同姓及尊卑,良贱为婚,或居丧嫁娶,或有妻更娶,或将妻嫁卖,娶者果不知情,实系明媒正娶者,虽律应离异,有犯,仍按服制定例。"此条是嘉庆十三年,四川总督勒保题,彭韦氏殴伤彭世德身死一案,议准定例。一方面,律文不承认"同姓为婚"与"居丧嫁娶"等的效力,另一方面,条例又不肯否认基于这种婚姻而有的亲属关系,以名分为重。该条例所注意到的与其说是"同姓为婚"与"居丧嫁娶"等的法律效力问题,不如说是杀伤罪发生以后的名分问题,该例的适用实际上是"以例废律"。如前文在"居丧嫁娶"部分提到的道光时周四居丧娶周氏一案,刑部的说帖只是重视居丧嫁娶可以断令完聚,对于同姓为婚根本不曾过问。再如前文提到的"永顺县详报潘文科与彭氏通奸,谋死本夫彭金贵一案",刑部对彭金贵娶同姓之彭氏没有过问,只是将彭氏依"妻妾因奸同谋杀死亲夫者,凌迟处死"律拟凌迟处死,奸夫潘文科依"奸夫同谋杀死亲夫,系奸夫起意者,斩"例拟斩立决。还有乾隆五十四年说帖,此案唐化经娶同姓不宗之唐氏为妻,已经生有子女,夫妻名分已确定,后因口角争殴,唐化经殴死唐氏。湖南巡抚因唐化经与唐氏同姓为婚,照律应离异,所以略其夫妻名分,而以凡人斗杀问拟。刑部则认为该抚拟断错误,将唐化经改依夫殴妻至死律拟绞监候。②

三、以新例破旧例

例如,乾隆五十六年,"河抚题:陈张氏与王杰通奸被拐,致伊父张

---

① [清]祝庆祺等编:《刑案汇览三编》(一),"居丧娶妻可以原情免其断离",第251页。
② 同上书,(二),"同姓为婚夫将妻殴死",第1450页。

起羞忿自尽,将陈张氏依妇女与人通奸,父母并未纵容,一经见闻,杀奸不遂,因而羞忿自尽例拟绞监候一案",陈张氏与王杰通奸,致使其父张起羞忿自尽,河南巡抚因陈张氏是已嫁之女,照例问拟绞监候,刑部亦照拟核覆。乾隆皇帝则认为,河南巡抚与刑部的拟断虽然属于照例办理,但陈张氏却不能因其出嫁而被从宽惩处,应拟绞立决,理由如下:

> 但张起之死由于伊女陈张氏与人通奸所致,与子孙因奸因盗致祖父母父母忧忿自尽者情罪相同,自应一律问拟绞决。夫服制已嫁未嫁分轻重尚可,若一关父母之生死,则不可如寻常罪犯照出嫁降服之例稍从轻减也。且明刑所以弼教,父母天伦不得因已未出嫁遂有区别,设使已嫁之女致死父母,岂可免其凌迟,概从宽典耶,嗣后妇女通奸致父母羞忿自尽者,无论已嫁在室之女俱着问拟绞立决,交刑部纂入例册。所有陈张氏一犯即照此办理。①

刑部奉旨纂例,即《大清律例·刑律·人命》"威逼人致死"条条例所规定:"妇女与人通奸,致并未纵容之父母一经见闻,杀奸不遂,羞忿自尽者,无论出嫁、在室,俱拟绞立决。"在这里,皇帝的谕旨上升为新例,废止了旧例的适用效力。

再如,乾隆四十三年,刑部议覆云南巡抚裴宗锡题"文山县客民申张保即申忠义殴死高应美情事败露,以致伊父申茂盛、伊母胡氏先后服毒身死一案"(下文皆称"申张保案")。申茂盛娶妻胡氏,所生三子,长子申张保另在他地耕种,居住相距十里。高应美打算回原籍,将店顶给别人,但因账未收清,寄住在申茂盛家,与胡氏不避嫌疑,屡为申茂盛撞见,二人因此反目。申张保劝过几次,申茂盛都隐忍不说,但是却郁结成疾。申张保再次去看视时,申茂盛才将情由偷偷告知。申张保欲接

---

① [清]祝庆祺等编:《刑案汇览三编》(二),"妇女与人通奸致父羞忿自尽",第1219页。

母同住,就先回去收拾。其后,胡氏被夫责逐,就至其子申张保家居住。申张保携棍往山挑柴,路上遇到高应美欲往其家,申张保用言语阻止,高应美责其不应,互相詈骂。高应美拾石向掷,申张保闪过,顺用所带挑柴木棍还殴,致伤高应美囟门倒地。高应美又顺手摸取石块,申张保恐其起身殴打,又用棍头向戳,致伤高应美肾囊殒命。事发之后,申茂盛、胡氏忿激羞愧,先后服毒身死。

云南巡抚认为,申张保杀死奸夫高应美,罪应论死,且因奸情败露,以致其父母先后服毒自尽,较之父母一人自尽者情罪尤重,将申张保拟以绞立决。刑部核覆同意。但是,乾隆皇帝却认为"实未允协"、"未得事理之平":

> 将申张保问拟绞决固系按律议罪,而揆其情节,实未允协。凡子犯罪致令父母自尽拟以立决者,原为其子违犯教令及身犯不端之事,致累其亲忿恨自戕,此等孽种断不可复留于人世,例意显然……是此案衅由伊母胡氏与高应美有奸,淫恶欺凌,实为为子者所宜恨。且申张保始而劝解其父,继复接母同居,并无不合。迨后奸夫欲往其家,明系图奸其母,此而再不心生忿恨,任听其母与人苟且,则竟无复廉耻之心,且将置其父于何地乎?是申张保之殴死高应美实出于义愤,殊堪矜悯。而申茂盛、胡氏之死由于奸情败露,忿愧轻生,并非申张保贻累。若变予以立决,未得事理之平。但非于奸所杀死奸夫自不能免罪,拟以绞候亦足矣。此本著交九卿,会同该部另行妥酌定例具奏。嗣后遇有此等案情,即照新例办理。①

刑部遵照上谕,拟定新例,即《大清律例·刑律·人命》"杀死奸夫"条条例规定:"凡母犯奸淫,其子实系激于义忿,非奸所登时将奸夫杀死,父母因奸情败露忿愧自尽者,即照罪人不拒捕而擅杀绞监候本例问

---

① [清]全士潮等编:《驳案汇编》,"杀死伊母奸夫致父母自尽",第266页。

拟，不得概拟立决。"对于"申张保案"，按照原有条例，子孙罪犯应死及谋故杀人事情败露，致使其祖父母、父母自尽者，应拟以绞立决，因此，云南巡抚照例将申张保拟绞立决，刑部也同意了该抚拟断。但是乾隆皇帝的谕旨却突破了旧例的适用，并成为新例。

由上述两例，我们还可看出两点：首先，一般情况下，皇帝的意见都能得到刑部的重视和执行，创设新例废弃旧例，主要是由皇帝意志所定。这种以新例修改旧例的判例，"实际上是通过颁布新例开创了一项新的判例法原则，有时还会从这种以新例破旧例中诞生一系列新的条例。"① 其次，还能看出例的优势所在。但与此相联系的是，"例的存在又常引起法律适用上的混乱和困难。一方面，例通常仅适用于某些特定的事项，越此一步，即失去适用意义；但另一方面，例一旦被收入法典，它也会像律一样具有某种稳定性，结果有时例在其针对性已经丧失之后还保留在法典之中。"② 如《清史稿·志一百十七·刑法一》所称："盖清代定例，一如宋时之编敕，有例不用律，律既多成虚文，而例遂愈滋繁碎。其间前后抵触，或律外加重，或因例破律，或一事设一例，或一省一地方专一例，甚至因此例而生彼例。不惟与他部则例参差，即一例分载各门者，亦不无歧异。"的确，如"申张保案"后拟定的新例，以后再没有得到适用，难怪薛允升会说："此条专为杀死奸夫后，父母忿愧自尽而设。第云非奸所登时照例拟绞，不得加至立决，则奸所登时之案，自可无庸拟绞也，与诉讼门条例参看……然究系绝无仅有之件。"③

此外，虽然皇帝的意见都能得到刑部的重视和执行，但案件通过地方到中央层层的审转，已经让皇帝改变原审法律意见的情况减到最低

---

① 何勤华：《清代法律渊源考》，载《中国社会科学》2001年第2期。
② 〔美〕D. 布迪，C. 莫里斯：《中华帝国的法律》，朱勇译，江苏人民出版社2003年版，第47页。
③ 〔清〕薛允升：《读例存疑》卷三十二，"杀死奸夫－09"。

的程度,而且刑科题本又是经过精心制作高度格式化的公文,其对案件事实的描述往往能与法律意见构成切合的因果关系,以及面对数量庞大的刑科题本,皇帝完全不可能事必躬亲地逐案审核,与刑部官员一较长短。因此,在一般性的夫妻相犯刑案中,若非是确实事出有因,或出现足以推翻原案情的新事证,或出于敦清伦理风气、情法得以允协的需要,皇帝通常相当尊重刑部官员的意见。正如郑秦认为:"作为封建社会末期专制权力极端强化的清代,皇权对于司法的作用,又有其独特之处:概括起来说,就是清代大多数皇帝始终牢固地把国家最高司法权掌握在自己手中,保证亲自行使,但又大体上能使其权力的行使'符合'法定的程序。"[①]皇帝还常常提醒各级司法官吏体察其维护法律尊严、保证执法公正的良苦用心。在"申张保案"中,乾隆皇帝批示:"朕综理庶狱,无论案情钜细,悉为反复权衡,折中至当。如其子自作罪恶,致亲忿激轻生,则当立正典刑,以申明刑弼教之义。若似此案之杀奸因雪耻而成,亲死非波累所致,则不宜即予缳首,致乖明慎用刑之文。内外问刑衙门并当深体朕意,慎重听谳,并将此通谕知之。钦此。"[②]

第二节 律例无治罪专条时的适用

律例无治罪专条时,承审官吏审断夫妻相犯案件,或直接适用其他律例、或援引其他律例比照加减适用或援照成案。这其中多反映出情理、伦理之重要。

[①] 郑秦:《清代法律制度研究》,中国政法大学出版社 2000 年版,第 73 页。
[②] [清]全士潮等编:《驳案汇编》,"杀死伊母奸夫致父母自尽",第 266 页。

一、直接适用其他律例

对于有些行为,律例"宽之不可,罪之不忍,故不明立科条也"①。该类案件多涉及服制,承审官吏直接适用其他律例以断案。

刑科档案资料中,子在母犯父案件中的反应除了少许几案②以外,都表现为捉奸,但是律例却只规定了本夫本妇有服亲属捉奸,而没有子捉母奸之文。"诚如钧谕:子捉母奸则彰母之秽行致父有丑名,宽之不可,罪之不忍,故不明立科条也。"③但是,在现实生活中,子捉母奸,杀死奸夫的案件还是会发生,对本妇之子应如何治罪呢?乾隆五十七年说帖提到:"但为人子者,目击其母与人苟且,愤恨交集,自较寻常亲属为尤切,若因而致毙奸夫,自应仍按擅杀罪人例是否奸所登时分别拟断。"④因此,对于子捉母奸案件,也区分登时或非登时拟断。

其一,本妇之子捉奸,登时杀死奸夫,拟杖一百,徒三年。

"溯查乾隆五十七年本部议覆河南省尤贵登时杀死伊母奸夫之案⑤,议令依'夜无故入人家本律'拟徒,毋庸引用'亲属捉奸'字样,并

---

① [清]祝庆祺等编:《刑案汇览三编》(二),"撞遇其母与人通奸殴死奸夫",第955—956页。
② 如道光四年,"南抚题:周均友因伊母与伊父口角致令伊父自尽,听从私埋匿报"一案,参见[清]许梿、熊莪编:《刑部比照加减成案》,何勤华等点校,法律出版社2009年版,第367页;又如道光十年,"安徽司题:江王氏掐死伊夫江相明,逼令伊子移尸图赖一案",参见[清]祝庆祺等编:《刑案汇览三编》(四),"父被母杀不报听从移尸图赖",第306页。再如嘉庆二十二年,"直督咨:辛花子与魏东贵之母韩氏通奸,经魏东贵窥破,羞忿莫遏,服毒殒命"一案,参见[清]许梿、熊莪编:《刑部比照加减成案》,何勤华等点校,法律出版社2009年版,第191—192页。
③ [清]祝庆祺等编:《刑案汇览三编》(二),"撞遇其母与人通奸殴死奸夫",第955—956页。
④ 同上书,"撞遇其母与人通奸殴死奸夫",第956页。
⑤ "此案尤贵自外佣工回家,瞥见李文存在伊母吴氏房内赤身下床,气忿拦住,用锄殴伤李文存身死。详核案情,吴氏与李文存通奸,该犯初不知情,适值撞遇,忿激殴毙,与寻常亲属起意捉奸不同,该抚依亲属捉奸例定拟,与例义情理均有未协,而死者实属罪人,当场现获致毙,似应即照夜无故入人家本律拟以满徒,毋庸引用捉奸之例。"([清]祝庆祺等编:《刑案汇览三编》(二),"撞遇其母与人通奸殴死奸夫",第956页。)

于山东省王锦元案内声明通行各省,历久遵办在案。"①如嘉庆二十五年,"贵抚咨:陆钟奎奸所获奸、登时殴砍挌伤与伊母通奸之杨愈芳身死一案"②,此案陆钟奎因伊母胡氏与杨愈芳通奸而杀死奸夫。贵州巡抚将该犯照"本夫、本妇、有服亲属捉奸登时杀死奸夫例"拟徒。刑部认为,该抚将陆钟奎拟徒,罪名尚属相当,"惟以母子而比照本夫亲属,于名义实属未协",陆钟奎应改照"夜无故入人家、已就拘执而擅杀律"杖一百,徒三年。

其二,本妇之子捉奸,非登时杀死奸夫,拟绞监候。

如乾隆五十七年,江苏司"上海县僧德见砍死僧文照弃尸不失一案",此案僧人德见因母张王氏与其师僧人文照通奸,劝阻不止而将其杀死,并将尸体投弃河中。江苏巡抚拟断,僧德见除弃尸不失轻罪不议外,依"亲属捉奸非登时而杀死奸夫"例拟绞监候。但是,刑部认为,江苏巡抚泛引"凡亲属捉奸,非登时而杀"之文,适用法律错误,将僧德见改依"罪人不拘捕而擅杀"例拟绞。乾隆皇帝谕旨也认为:"德见情忿难堪,用斧将文照连砍毙命,实属出于义忿,其情甚为可悯。此问拟绞候,则淫恶者罔知顾忌,义忿者转无以自伸,于情法殊未允协。此案僧德见著交刑部改照'秋审可矜'之例减等发落。"③

若子捉母奸,误杀旁人,则比依"亲属捉奸,误杀旁人,照误杀律科断"。如道光十三年,"东抚题:孙山因无服族叔祖孙佃与伊母尹氏通奸,登时追捕,孙佃逃回家内,该犯追及,黑暗中用刀将孙佃砍伤,孙佃

---

① [清]许槤、熊莪编:《刑部比照加减成案》,何勤华等点校,法律出版社2009年版,第502—503页。
② 同上书,第117页。
③ [清]全士潮等编:《驳案汇编》,"师奸伊母泄忿砍死改依罪人不拒捕而擅杀例",第274页。

之妻孙任氏在旁拦护,致被误砍伤顶心等处身死"①一案,孙山比依"亲属捉奸误杀旁人、照误杀律科断、因斗殴而误杀旁人者以斗杀论、斗杀者绞律"拟绞监候。

若子捉母奸、杀死奸有服尊长,则比照"本夫捉奸杀死有服尊长之例"科断。如道光五年,"陕抚题:邰阳县王均文因王衰稳与伊母张氏通奸,又乘间勾引张氏至家续奸,实属淫恶无忌。该犯因其诱奸伊母,一时忿恨,登时将其杀死"②一案,刑部认为,王均文实属激于义忿,应比照"本夫捉奸、杀系本宗缌麻尊长、仍照殴故杀本律"拟罪,夹签声请,减为杖一百,流三千里。

二、援引其他律例比照加减适用

《大清律例·名例律下》"断罪无正条"律条规定:"凡律令该载不尽事理,若断罪无正条者,(援)引(他)律,比附应加应减,拟断罪名,(申该上司),议定奏闻。若辄断决,致罪有出入,以故失论。"该条例还补充规定:"其律例无可引用,援引别条比附者,刑部会同三法司公同议定罪名,于疏内声明律无正条,今比照某律某例科断,或比照某律某例加一等、减一等科断,详细奏明,恭候谕旨遵行。"此外,《大清律例·总类》"比引律条"律条还规定:"律无正条,则比引科断。今略举数条开列于后,余可例推。"③之所以有"断罪无正条"与"比引律条"的规定,是因为"案情百出多歧,律例岂能尽备,是以名例律内特设有断罪无正条援引他律他例比附加减拟断之通例,惟在谳狱各官临时斟酌情节折衷比拟,

---

① [清]许槤、熊莪编:《刑部比照加减成案》,何勤华等点校,法律出版社2009年版,第531页。
② 同上书,第533页。
③ 薛允升认为:"前明律例之外又有比附律六十余条,系嘉靖年间奏准纂入。盖因例无专条,即可援此以定罪也。国朝屡次增删,只存三十条,仍其名为比引律条。"([清]薛允升:《读例存疑》卷五十二,"比引律条"。)

期无枉纵。"①日本学者中村茂夫认为:"旧律的法规范本身不是抽象的,而是具有详细区分的构成要件,对犯罪所适用的刑罚的种类、分量都具有法官没有任何酌量余地的法定的、绝对性法定刑的法律构造。不论构成要件区分的多么详细,也无法囊括所有事件。这就产生比附的必然性。"②此外,瞿同祖先生指出:"古人认为罚必当罪,各种情况,各种身份,特别是服制,必须加以区别,而定罪名,力求确切不移,情罪相当,以便执法者依律例判罪,不致有出入分歧,不采取概括主义,而采取列举主义。"③清代所采取的律例列举主义的立法技术,必然导致"断罪无正条"现象的出现。因此,承审官吏在既无合适的律文,又无相应的条例可以适用时,一般就会寻找最为接近的律例比照加减适用,而且对于律例未作明确规定而承审官吏比照加减适用相关条款确定刑罚时,该项判决必须经过皇帝批准方得生效。当然,也有人认为,承审官员采用比照适用法律的方式,只是为了解脱继续寻找与案情更接近的法律条款的责任。④

　　承审官吏在比照加减拟断时,不仅要顾及律例罪名与犯罪行为的类似,为了实现情罪相符的终极目标,承审官吏必须注重案情与相关律例恰当的对应关系。其中,出于维护律例适用结果的整体和谐,承审官员们在适用过程中需要在相关律例之间不断比较,以确认适用法。⑤承审官员还比较注重"情理",总是在酌量情与法之间的平衡。在刑科

---

　　① 〔清〕祝庆祺等编:《刑案汇览三编》(二),"被诱同逃并无奸情致夫自尽",第1217页。
　　② 〔日〕中村茂夫:《比附的功能》,载杨一凡主编:《中国法制史考证丙编第四卷:日本学者考证中国法制史重要成果选译——明清卷》,中国社会科学出版社2003年版,第282—283页。
　　③ 瞿同祖:《瞿同祖法学论著集》,中国政法大学出版社1998年版,第422页。
　　④ 参见〔美〕D.布迪,C.莫里斯:《中华帝国的法律》,朱勇译,江苏人民出版社2003年版,第334页。
　　⑤ 参见王志强:《法律多元视角下的清代国家法》,北京大学出版社2003年版,第74页。

题本中，常能见到刑部或皇帝对地方承审官员的拟断驳议时，提到"情轻法重"或"情重法轻"之语，而刑部的驳议或皇帝的谕旨最终是为了达致"情法得平"的状态。下文仅举数例以示之：

在第二章本夫"因贫卖休"妻的案件中，由于律例皆无明文，承审官员只有依律比照拟断。不过，有的依"纵容妻妾犯奸"律，照"卖休买休"惩处，有的照"不应为"律，按事理重者，杖八十惩处，还有的比照"将妻妾作姊妹嫁人律"惩处，这些体现了清代官员在比照加减拟断时依据案情而酌情断案的一面。

律例内并没有"奸夫自杀其夫伤而未死，奸妇并不知情"治罪之条，因此乾隆三十九年，直隶司"威县穆本现因与穆怀德之妻贾氏通奸、毒死本夫未死，误毒贾大姐、贾二姐身死一案"中，直隶总督将贾氏照"奸夫自杀其夫，奸妇虽不知情，绞"律拟绞监候。刑部驳议认为："'奸夫自杀其夫，奸妇虽不知情，亦坐以绞罪'者，盖因本夫之被杀实由奸妇而起，故虽非知情同谋，亦不得宽其死罪。至奸夫谋害本夫伤而未死，自与业被杀死者有间。若将不知情之奸妇概拟缳首，反与本夫已被杀死、不知情之奸妇无所区别。"①最终，直隶总督接受刑部的驳议，将贾氏比照"奸夫自杀其夫，奸妇虽不知情，绞监候"律上量减一等，杖一百，流三千里。

在奸情确凿、本夫及应许捉奸亲属起意杀死奸夫的情况下，非应许捉奸之人激于义愤、听从加功，例有治罪专条，即"奸情确凿、本夫及例许捉奸亲属起意杀死奸夫案内，无论不应捉奸之外人实系激于义愤、听从加功者，悉照'共殴余人'律杖一百。"该例虽然确立了对非应许捉奸之人，帮同本夫及应许捉奸亲属起意杀死奸夫的刑罚，但是，却没有规定杀伤奸妇怎么惩处。"惟奸夫、奸妇事同一律"，因此，在非应许捉奸

---

① ［清］全士潮等编：《驳案汇编》，"因奸误杀比照杀二人例"，第259页。

之外人、听从有服亲属纠往捉奸、杀伤奸妇的案件中,应将非应许捉奸之外人比照该例拟断。如嘉庆二十二年,"苏抚题:陈日林因嫂王氏与史仲发通奸,纠同石老五等捉获,将王氏勒死"①一案,石老五等听从陈日林纠往捉奸帮同勒死王氏,因此比照"有服亲属杀死奸夫案内听从加功例"拟杖一百。再如嘉庆二十一年,"苏抚咨:张四听从捉奸,戳伤奸妇。查张四听从李潘氏,起意将前夫之女郑张氏致死,令张四相帮,用刀将郑张氏戳伤,复经李潘氏将郑张氏勒毙"②一案,张四比照"应许捉奸亲属起意杀死奸夫、案内听从加功不应捉奸之外人、依共殴余人律"拟杖一百。

道光六年,"广督奏:傅三招因与曾刘氏通奸,起意商同奸妇谋毒本夫,以致误中本夫之父曾柱石身死"③一案,刑部认为,"律例内并无作何治罪明文,惟本夫之父杀死奸夫,例与本夫同科,则奸夫谋杀本夫之父亦当与本夫并论。该犯因奸起意谋毒本夫,如将本夫谋毙,例应斩决,今误杀本夫之父,自应比例问拟",因此,傅三招比照"奸夫起意杀死亲夫例"拟斩立决。

道光九年,"东抚题:杜临因在李耿氏家佣工,与李耿氏通奸,被氏姑李邹氏撞见,贪利纵容。嗣因李邹氏索钱未遂,将伊撵逐,该犯心怀忿恨,独自起意将李邹氏谋杀毙命"④一案,律例内没有奸夫谋杀纵奸氏姑的治罪明文,因此要比例问拟。由于杜临与李耿氏没有主仆名分,应同凡人谋杀惩处,杜临被比依"本夫纵容妻妾与人通奸、审有确据、人所共知者、被奸夫起意谋杀、奸夫拟斩监候例"拟斩监候。

---

① [清]许槤、熊莪编:《刑部比照加减成案》,何勤华等点校,法律出版社 2009 年版,第 139 页。
② 同上书,第 142 页。
③ 同上书,第 528 页。
④ 同上书,第 529 页。

道光六年,"东抚咨:赵二因出嫁胞妹刘赵氏与李三通奸,被夫撞遇,向该犯告知休弃,赵二央恳未允,忿激难堪,将刘赵氏致勒毙命"①一案,刑部认为,赵二虽非捉奸而杀死刘赵氏,但确实因本夫刘奇告述刘赵氏犯奸欲行休弃所导致,律例内没有恰合的治罪明文,因此要比例问拟,赵二比照"本妇有服亲属捉奸、杀死犯奸卑幼、非登时而杀、无论谋故、按服制于殴杀卑幼本律例上减一等拟断,应于故杀大功堂妹杖一百,流三千里律"上,减一等,拟以杖一百,徒三年。

道光十三年,"安抚题:汪昭因李亮与伊义母汪郑氏通奸,该犯气忿,起意将李亮杀死"②一案,律例并没有义子杀死义母之奸夫的治罪明文,只不过汪昭被汪郑氏恩养已久,并为其配有童养妻室,视同汪郑氏之子,汪昭杀死汪郑氏奸夫即与有服亲属杀奸无异。汪昭杀奸并非登时,自应比照"本妇有服亲属杀死奸夫、非登时而杀、依擅杀罪人律"拟绞监候。

三、援照成案适用

"成案"之名,至迟在明代已经出现了。③ 成案"俱系例无专条、援引比附加减拟断之案"④。所称的"例无专条",是指在案件中出现某个情节需要考量,可能会对最终的"罪名"产生影响的情况;而"援引比附"则是需要通过援引其他法律条文或成案对此情节如何予以考量,来论证是否以及如何来考量此情节,并最终对"罪名"的加减产生影响。⑤

---

① [清]许槤、熊莪编:《刑部比照加减成案》,何勤华等点校,法律出版社2009年版,第534页。
② 同上书,第533页。
③ 苏亦工:《明清律典与条例》,中国政法大学出版社2000年版,第55页。
④ [清]祝庆祺等编:《刑案汇览三编》(一),"刑案汇览凡例",第3页。
⑤ 王瑞峰:《罪名、引断、案情——〈刑案汇览三编〉研究》,北京大学2005年博士学位论文,摘要。

D. 布迪、C. 莫里斯认为:"凡是比照判决的案件以及因案情特殊而改变法定刑的案件,都属于'成案'。"① 本文所指成案,是指广义上的所有高层司法机关(主要是中央刑部)批准或办理的旧案。

成案在清代司法中具有相当重要的地位。中央刑部的成案在司法实践中对地方和刑部自身处理类似案件都具有指导性的作用,在不少案件中具有法源的意义。② 苏亦工教授也认为:"成案是在制定法出现空缺时,可供司法当局援引的一种法源。这种法源的创造不是立法的产物,而是以往司法实践的结果,也就是由法官创造的法源。从这个意义上说,成案有点近似英美的判例法;所不同的是,明清政府没有像英美政府那样赋予它广泛、持久而又通行的效力。"③

对于成案,律学家有两种不同的评价,清代的许梿、熊莪对于成案的评价很高,许梿认为:

> 余读吕刑有上下比罪之文,盖三代时即有律而案情莽如不能尽入于律,故以上下比之。古言上下,犹近言加减也。今时律之外有例,则已备上下之比,而仍不能尽入于例,则又因案以生例而其法详焉,故断狱尤视成案……无小大狱,皆可依类折衷矣。虽然案者,狱之已成者也;狱者,案之未成者也。执已成之案,以断未成之狱,吾能必案之无畸重畸轻,而不能必狱之无有枉滥,则所谓哀敬折狱者又自有本矣。④

熊莪认为:

---

① 〔美〕D. 布迪,C. 莫里斯:《中华帝国的法律》,朱勇译,江苏人民出版社2003年版,第112页。
② 参见王志强:《法律多元视角下的清代国家法》,北京大学出版社2003年版,第98页。
③ 苏亦工:《明清律典与条例》,中国政法大学出版社2000年版,第55页。
④ [清]许梿、熊莪编:《刑部比照加减成案》,许梿叙,何勤华等点校,法律出版社2009年版,第3页。

第卷帙浩繁，未易翻阅。其最善者，莫如比照加减成案，事略而尽，文简而核，可以辅律例之所未备，尝手录一过，以资省览。盖律例为有定之案，而成案为无定之律例。同一罪犯也，比诸重则过，比诸轻则不及，权轻重而平其衡，案也，律例也。同一轻重也，比诸彼则合，比诸此则否，汇彼此而析其义，案也，律例也。尝取而譬之，律例，题也；案，文也。题一而已，作文者不啻万焉。文不同而同如其题，案不同而同如其律例。题之所未言而见诸文，不读文无以尽题之蕴。律例之所未有而见诸案，不绎成案无以观律例之通……故曰：成案者，无定之律例也。①

但是，清代的汪辉祖则认为"勿轻引成案"：

成案如成墨然，存其体裁而已。必援以为准，刻舟求剑，鲜有当者。盖同一盗贼，而纠伙上盗，事态多殊，同一斗殴而起衅下手，情形迥别，推此以例，其他无不然。人情万变，总无合辙之事，小有参差，即大费推敲。求生之道在此，失人之故亦在此。不此之精辨而以成案是援，小则翻供，大则误拟，不可不慎也。②

援引成案，乃"同样问题同样处理"的思维方式使然，上述的这两种观点，其实是从不同角度而言。许槤、熊莪显然看到成案在维持罪刑均衡上的作用，正所谓"能必案之无畸重畸轻"，因此，"成案者，无定之律例"。但是，援引成案的前提必须要对相同性问题有正确的辨析、判断，否则稍有不慎，谬之千里，这也是汪辉祖所担忧的，所以他要提倡"勿轻引成案"。

在清代，成案始终没有获得中央制定法的正式认可。《大清律例·刑律·断狱》"断罪引律令"条条例明确规定："除正律、正例而外，凡属

---

① ［清］许槤、熊莪编：《刑部比照加减成案》，熊莪叙，何勤华等点校，法律出版社2009年版，第4页。
② ［清］汪辉祖：《佐治药言·勿轻引成案》。

成案未经通行、著为定例，一概严禁，毋得混行牵引，致罪有出入。如督抚办理案件，果有与旧案相合、可援为例者，许于本内声明，刑部详加查核，附请著为定例。"从成案与律例的关系来看，成案处于辅助律例的从属地位，"清代成案数量很多，在司法实践中具有一定的作用，但其地位和效力远不能与律例相比。律例的效力是不容怀疑的，而成案的引用及其效力的发生须经中央最高司法机关的严格审核方能成立。"①而且，成案的产生和适用常常受到诸多限制，"成案多为疑难之案件，其之判决，多以比附定案且涉及刑罚的修正，或可谓，在某种程度上乃突破常规的处理方式，未经国家立法所认可，即于司法中援引，容易出入人罪"②，因此"例案各有不同，原难强为牵合，且成案未经通行，按例亦不应援引。"③但是，从另一个方面来看，"对于成案的态度，上至最高统治者，下至普通的司法官员、士大夫，其态度显得比较矛盾和暧昧。"④条例虽根本性地否定了成案的效力，皇帝还常颁布谕旨重申类似原则，但皇帝又经常谕令刑部检查成案，显然在肯定成案的借鉴参考作用。例如，"如例无明文，并著通查成案，比照定拟，奏闻请旨"⑤、"因令刑部堂官查明旧例成案，详悉具奏"⑥。而且，在高层司法机关，尤其是中央刑部对成案的援用相当普遍。

从清代夫妻相犯案件来看，不乏刑部直接援引成案拟断案件的例子，下文拟举数例以说明：

《大清律例·刑律·人命》"杀死奸夫"条条例规定："与人聘定未婚

---

① 苏亦工：《明清律典与条例》，中国政法大学出版社2000年版，第55页。
② 陈新宇：《从比附援引到罪刑法定——以规则的分析与案例的论证为中心》，北京大学出版社2007年版，第20页。
③ [清]祝庆祺等编：《刑案汇览三编》(二)，"被诱同逃并无奸情致夫自尽"，第1217页。
④ 王志强：《法律多元视角下的清代国家法》，北京大学出版社2003年版，第116页。
⑤ [清]全士潮等编：《驳案汇编》，"子媳殴毙翁姑犯夫匿报及贿和分别拟罪"，第754页。
⑥ [清]祝庆祺等编：《刑案汇览三编》(二)，"因疯及误杀夫之案向不夹签"，第1191页。

之妻通奸,起意杀死其夫者,照奸夫起意杀死亲夫例,拟斩立决。如系为从同谋,仍照同谋杀死亲夫律,拟斩监候。若奸夫虽未起意,而同谋杀死未婚夫之后,复将奸妇娶为妻妾,或拐逃嫁卖者,亦照例斩决。"该条例规定了对奸夫的惩处,但相关律条与条例却都没有规定对"不知谋杀情事未婚妻"的处罚。在具体案件中,多援引成案,将其拟以枷杖,并得到皇帝的认同。如乾隆六十年说帖,黄名因奸起意将张氏丁腰未婚夫苏亚三谋死后,在对张氏丁腰的惩处上,广西巡抚先是援引乾隆五十年,安徽省汪二与吴舍未婚妻叶氏通奸,谋毒本夫吴舍身死,叶氏照军民相奸例拟以枷杖①,因此将该案张氏丁腰也拟以枷杖。刑部认为,广西巡抚的拟断与汪二等成案相符,因此同意核覆。该案援照成案的拟断,还得到乾隆皇帝的同意,"奉谕:查童养妻与人通奸,被奸夫谋杀未婚夫之案,比定等因遵复。"②

嘉庆二十一年说帖,"川督题李陈氏因奸勒死养媳宋氏灭口一案",李陈氏因与张世贵通奸,被养媳宋氏窥破奸情,将宋氏勒毙。四川总督将李陈氏比照继母因奸致死子女例拟以斩监候。刑部援引四川省十二年许氏一案,即"许氏与伍泳元通奸,经伊媳张氏撞见,将伍泳元詈骂,许氏向斥不服,用火钳连烙张氏右腮颊倒地,复举脚踢伤其肚腹,并取剪刀划伤其阴户,张氏喊称许氏偏护奸夫,定将通奸之事向人告知,许氏虑其说破,起意致死灭口,将张氏擒住搯伤殒命"③。刑部认为四川总督查照成案拟断,因此照覆。

道光六年说帖,"陕抚咨王泳娃奸拐郭袁氏同逃,郭袁氏投回一案",王泳娃与郭奉禄之妻袁氏通奸拐逃,其后袁氏想回夫家,王泳娃随

---

① 该案对犯奸不知情未婚妻叶氏的"枷杖"惩处,也是援引乾隆八年安徽省曾大猫及十二年直隶省单存等因奸谋害未婚夫身死,奸妇止科奸罪成案。
② [清]祝庆祺等编:《刑案汇览三编》(二),"奸夫谋杀未婚夫奸妇不知情",第853页。
③ 同上书,"姑因养媳窥破奸情将媳勒死",第813页。

将袁氏送至郭奉禄门口,然后逃逸。袁氏据实告知其夫郭奉禄,王泳娃很快被拿获。陕西巡抚认为王泳娃诱拐郭袁氏送回,并非出自该犯之意,且又经逃逸,与畏罪悔罪者不同,将王泳娃仍依和诱知情为首例拟军,郭袁氏由于赴案投首,照自首法免其被诱之罪,仍科奸罪。然而该臬司认为,王泳娃若无惧法悔罪之心,又怎肯将袁氏送回?王泳娃于送回袁氏后虽自行逃逸,但袁氏已归本夫,即与自首相同,因此将王泳娃改照军罪上减二等,拟以杖九十,徒二年半。刑部检查"嘉庆二十三年直隶省咨吴大有将奸妇许董氏诱拐至家,奸宿后闻本夫许添祥查知控告,即令董氏回归,将吴大有于和诱军罪上量减一等,拟以满徒"①的成案后,认为该案与吴大有成案情节相类,应照办理,将王泳娃于军罪上量减一等,拟以满徒。

但是,在律例有治罪明文时,承审官员若还援引成案,则会导致律例的效力实际上被暂时搁置。如前文阐述的"妻妾失序"律条,由于在具体刑案中援引礼部的成案,该律条的效力被搁置,直到咸丰元年直隶司的王廷庸一案中,刑部最终依律判决,做出不同于礼部的解释,纠正了先前援引成案而不遵循律文的适用。

此外,根据《大清律例·刑律·人命》"谋杀祖父母父母"律条的规定,妻谋杀夫已行,伤而不死,应斩立决。但该律条的效力也曾一度被搁置。最先是因为《大清律例·刑律·人命》"杀死奸夫"条条例规定:"伤而未死,奸妇拟斩监候,奸夫仍照谋杀人伤而不死律,分别造意、加功与不加功拟断。"②但是该条例规定不全面,并未议及奸妇谋杀本夫

---

① [清]祝庆祺等编:《刑案汇览三编》(一),"和诱将妇送回妇女赴案投首",第703页。
② 薛允升也曾认为该条例有所不允:"因奸谋杀本夫,奸夫起意者,斩决。非起意者,斩候。均无分别是否加功之文。本较凡人谋杀为重。而伤而未死之案,仍以凡人谋杀,分别是否起意,及下手加功,问拟流徒,并未加重,或系因本夫究未身死,略从宽典,尚不为纵,究不免彼此参差。"[清]薛允升:《读例存疑》卷三十二,"杀死奸夫-07"。

已行未伤，与奸夫从而不加功时的处置，因此，在乾隆五十三年被删除，即乾隆五十三年纂修条例时，刑部建议"设遇此等案件，自应仍须援引谋杀祖父母、父母及谋杀人各本律办理，奏请删除在案。"①但是，在一些情况下，旧例虽已删除，但依据旧例办理之案仍作为成案被援引。如嘉庆元年说帖，四川司"陈氏因与何文亮通奸，商同谋死本夫王廷扬，伤而未死"一案，刑部援引乾隆三十年、五十三年和五十七年成案，决定仍依原办法处理：

> 检查乾隆三十年广西省黄氏与谭扶化通奸，用药谋毒本夫韦扶培，伤而未死一案，将黄氏依谋杀夫已行律拟斩立决，谭扶化照因奸谋杀本夫伤而不死，从而加功例拟流。又五十三年广东省宋梁氏商同奸夫柯文光谋毒本夫宋潮进，伤而未死一案，又五十七年山东省刘任氏商同奸夫冯来安谋杀本夫刘慎，伤而未死一案，各该省均将奸夫照例拟流各在案。此案陈氏因与何文亮通奸，商同谋死本夫王廷扬，伤而未死，该省将陈氏照律拟斩，何文亮依谋杀人伤而不死，从而加功律拟以杖流，与旧例及办过成案均属相符，似应照覆。②

再如嘉庆二十三年说帖，"直督咨：王二小因奸商同奸妇姚氏谋杀纵奸本夫申月明，伤而未死一案"，姚氏照知情同谋，伤而未死例拟斩监候，王二小拟绞监候。道光六年说帖，"苏抚题：陈来宝商同奸妇叶周氏谋毒纵奸本夫未死，复行殴毙一案"，对于奸妇叶周氏，刑部则直接援引了直隶省姚氏一案：

> 至奸妇叶周氏被奸夫陈来宝吓逼，听从谋毒伊夫叶阿掌，如果伊夫被毒毙命，该氏应照知情同谋例拟斩立决，今该氏于伊夫喝粥

---

① ［清］祝庆祺等编：《刑案汇览三编》（二），"因奸商同谋杀本夫伤而未死"，第849页。
② 同上书，"因奸商同谋杀本夫伤而未死"，第849-850页。

数口后即向拦阻,并吐实情,叶阿掌死由被殴,并非毒毙,惟叶阿掌业经服食,即属受伤,系属已伤之案,与直隶省姚氏一案情节无二,即该氏尚有不忍致死其夫之心,只可俟秋审时酌核办理。现在该省将该氏照知情同谋,伤而未死例拟斩监候,应请照覆。[①]

刑部对这些案件的拟断,直接援引成案,在某种程度上规避了已经更改的条例,致使"谋杀祖父母父母"律条的效力被暂时搁置。

---

① [清]祝庆祺等编:《刑案汇览三编》(二),"谋毒纵奸本夫追悔赶救未死",第852页。

第五章 清代夫妻相犯的法律分析

以今人的价值观来看,清代规制夫妻相犯的律例多是我们所难以容忍和理解的,但它们的确存在而且运行不息。我们必须先接受事实,然后才能心平气和地体会当时的夫妻相犯情状。更重要的是,在认识相关律例如何规定及其纷繁复杂的缘由和潜在的动因后,我们才能够了解立法者的举措,以法论法,从而避免陷入错误的分析路径。笔者拟剖析律例夫尊妻卑特征的表现与原因,论证律例的夫尊妻卑特征正是清代无法遏制夫妻相犯的法律原因,以此为基础,进一步考察律例重惩奸罪意旨的表现及其对夫妻相犯所造成的影响。

第一节 律例的夫尊妻卑特征

笔者拟运用社会性别分析方法[①]来剖析律例的夫尊妻卑特征是清

[①] 社会性别一词用来指由社会文化形成的对男女差异的理解,以及社会文化中形成的属于女性或男性的群体特征和行为方式。(谭兢常、信春鹰:《英汉妇女与法律词汇释义》,北京中国对外翻译出版公司1995年版,第145页。)关于性别的成见和对性别差异的认识,并不是生理方面的必然结果,而是在家庭和社会环境中形成的。西蒙·波娃说过:"一个女人之为女人,与其说是'天生'的,不如说是'形成'的"。([法]西蒙·德·波娃:《第二性——女人》,桑竹影、南珊译湖南文艺出版社1986年版,第23页。)社会性别分析方法是女性主义法学一个最基本的分析研究工具,其虽然源于传统的妇女研究方法,但它弥补了传统的妇女研究方法的不足。因为传统妇女研究方法以女性为中心,或者以女性为出发点,在法学研究中局限于关注妇女的权利、妇女在法律上的地位、法律对妇女的影响。自20世纪80年代以来,社会性别分析方法已在联合国和许多国家成为一个研究人类社会与历史的一个基本的分析方法,在人文社科的各个学术领域,特别是在法学领域得到了广泛的运用。其研究核心是两性之间

代夫妻相犯具有不同方式及不能被遏制的法律原因,但笔者无意以现代法治的公平正义乃至人权平等的观念去评价它们,只是借用社会性别分析方法,考察清代夫妻相犯的相关律例普遍而深刻地隐藏的"男性偏见"或处处体现的"男女有别"及"夫妻有别"是否会对夫妻双方的行为方式产生不同的影响,进而探究造成或不能遏制夫妻相犯的法律原因。

一、律例夫尊妻卑的表现

考察清代社会夫妻关系的全貌,夫妻相犯而杀是少数,夫妻生活完满也是少数,而在夫尊妻卑之下平安相处则是通常的情形。这种夫尊妻卑的平安相处关系,建立在清律对夫妻权利义务极端不平衡的规制之上,从笔者在本文第一章对清代夫妻关系的阐述,及第二章第三章律例条文对夫妻的同罪异罚(即对夫犯妻行为的不罚与轻罚及妻犯夫的重罚)的归纳总结中,处处反映出律例夫尊妻卑的特征。

清代律例的夫尊妻卑特征是律例"男女有别"、"男尊女卑"在夫妻关系中的体现,律例的字词用法存在着明显的性别特征,以"和"字的用法最为典型。正如黄宗智教授所言,在涉及到妇女时,"和"意指同意。这样,"和略",同意被拐;"和卖",同意被卖;"和诱",同意被引诱;"和奸"即同意犯奸。男人略、卖、诱、奸,他没有"和",和的是妇女。用到男人身上,它字面上的意思是指男人在女人的同意下做什么事。这样,"和略",在其同意下略卖妇女;"和卖",在其同意下把妇女卖掉,如

的法律关系,它不仅要研究女性的权利,而且要研究男性的权利;不仅研究女性本身,而且也关注两性的不同特点,且重点在于两性之间的平等关系。虽然不同的女性主义法学流派的理论观点各异,对性别不平等原因的剖析及其所提出的实现平等的策略不尽相同,但都将社会性别理论应用到法学研究领域,对法律进行社会性别分析。法律的社会性别分析拓展了法学研究领域,为涉及性别歧视的法律问题提供了新的视角和思考路径。

此等等。① 他还认为,这些派生的"和"范畴所揭示的是清代法律对妇女的抉择和意愿的理解方式。在所有这些范畴中,男人被假定是积极的自主体,而女人的抉择只在同意或拒绝间进行。由此可见"清代法典在地位和意志上都把妇女看成是男人的附庸。它把妇女看作是消极的抉择实体。"②

再以清律对强奸行为的认定为例,因未考虑女性与男性体力的差距以及主动进犯与被动应对的差异,对女性尤为不利。《大清律例·刑律·犯奸》"犯奸"律条规定:"强奸者,绞(监候)。未成者,杖一百,流三千里。(凡问强奸,须有强暴之状,妇人不能挣脱之情,亦须有人知闻,及损伤肤体,毁裂衣服之属,方坐绞罪。若以强合以和成,犹非强也。如一人强捉,一人奸之,行奸人问绞,强捉问未成流罪。又如见妇人与人通奸,见者因而用强奸之,已系犯奸之妇,难以强论,依刁奸律。)"该律条的小注也就是认为,清代女性在告发强奸时必须有人证(有人听见她反抗时的声音、呼救,最好有人直接目击强奸过程)、物证(如肢体受到损伤,衣服被撕裂等),否则很难断定是"强"、是"和"、还是"刁",而一开始是强奸行为,最后女性因力尽或受威胁而放弃反抗,就将被认定"以强合以和成"。因此,若妻被人"先强后和",则会被认为不贞洁,等同是因奸而犯夫。

清人袁滨曾质疑这种"先强后和"的律文小注,他在《律例条辨》云:

律注内始强终和者,仍以和论。此本律所无,而增例未协也。按注曰:裂衣、损肤及有人闻知者为强。此说是也。然既以裂衣、毁肤、有人闻知为始强之据,又何所见衣破复完,肤创仍复,为终和

---

① 参见〔美〕黄宗智:《法典、习俗与司法实践:清代与民国的比较》,上海书店出版社2003年版,第153页。
② 〔美〕黄宗智:《法典、习俗与司法实践:清代与民国的比较》,上海书店出版社2003年版,第156页。

之据耶。夫相爱为和,女既爱之,又何恨之而诬以为强耶。在被奸者必曰以强终,在强者必曰以和终,信彼乎。信此乎。事属暗昧,讯者茫然,势必以自尽者为强,而不自尽者为和,是率众强而为和也。夫死生亦大矣,自非孔子之谓刚者,谁能轻死。女果清贞,偶为强暴所污,如浮云翳白日,无所为非。或上有舅姑,下有孩稚,此身甚重,先王原未尝以必死责之,而强者之罪,则不可不诛也。今之有司大抵宽有罪,诬名节以为阴德,然则不肖之人,逆知女未必能死,将惟强之是为,而到官后,诬以终和,则其计固已得矣。或曰终和之据,以叫呼渐轻,四邻无闻者为和,不知啼呼之声,果闻四邻,则奸且不成,而强于何。有强者大率荜门蓬户,四邻无闻,而后敢肆行者也。四邻即或闻之,又孰辨其声之始终乎。又谁质证之以陷人于死地乎。然则始强终和,亦终于无据而已矣。律曰,强者斩绞,未成者流。语无枝叶,何等正大。注中增以终和二字,而行险侥幸者,多按律文,强者诛,和者并杖,凌暴之徒,既已辱人,而又引与同杖,以众辱之,恶莫甚焉。就使妇志不坚,自念业已被污,而稍为隐忍,以免传播,其心亦大可哀矣,较夫目挑心许,互相钻逾者,罪当末减,是始强终和,就使确凿有据,而男子拟杖犹轻,女子拟杖已重。愚以为律贵诛心,强者女当死,调者女不当死。然而或死,或不死,则其所遭者异也,在强者之心,业已迫人于死,虽女子不自尽,其罪重,调者之心,本不欲迫人于死,虽女子自尽,其罪轻。今例注,重其所轻,轻其所重,似有可疑。①

---

① 薛允升认为:"所议极为允当,抑又有说焉。律注,只言以强合,以和成,犹非强也,应否以和奸科罪,抑或酌减拟断,并无明文。若竟以和论,是置初次强形而不问,一体同科,诚如此论所云,未免失平。假如强盗业已撞门入室,事主不敢声张,任其携掠,亦可谓先强后窃耶。总缘强奸罪名过重,又事涉暗昧,故为此调停之说耳。然亦当另立专条,或酌减一等,问拟满流,妇女仍照律不坐,方为允协。"([清]薛允升:《读例存疑》卷四十三,"犯奸"律条。)

以上清代律例条文明显的"夫尊妻卑"、"男尊女卑"特征,有着其独特的社会法律文化背景。在以家长制大家庭为基础、以身份等级为核心的中国传统社会,最基本的等级差别就是"男尊女卑"。①"夫尊妻卑"是男权社会的必然产物,其是"男尊女卑"的等级差别和社会观念在夫妻关系中的表现。② 班昭的《女诫》首先以女性的立场与角度接受、阐发了这一思想,③经过她的论证和阐发,夫尊妻卑的伦理规范和社会观念,被进一步理论化和世俗化,以往只是在贵族妇女中提倡的"妇德",降及后世,逐渐成为民间妇女也应遵从的准则,并一直延续、贯穿到清代。有清一代,朱子理学成为统治阶级所尊奉的正统学说,"夫为妻纲"、"夫尊妻卑"观念可谓发展到登峰造极。法律历来被视为"王者之政",在清代,既然从家庭到国家,在社会各个系统各个层次的决策位置上,都是男性掌权,而且社会上充斥着夫尊妻卑的伦理舆论观念,那么,男性所制定的清律必然代表男性的价值观,其根本任务就是维护男性掌权的社会政治家庭格局,而作为女性为人之妻,其法律地位总体低下便不足为奇了。用东晋谢安的夫人刘氏的话来讲,即是周婆不能治

---

① 《尚书·牧誓》曰:"牝鸡之晨,惟家之索",《诗经·大雅·瞻印》曰:"哲夫成城,哲妇倾城",《论语·阳货》曰:"唯女子与小人为难养也",皆表现出传统社会对女性的歧视。《易传》还对"男尊女卑"作了一系列哲学论证,如"乾道成男,坤道成女"、"天尊地卑,乾坤定矣;卑高以陈,贵贱位矣"、"阖户谓之坤,辟户谓之乾"(《系辞上》)即是将天地比附男女,认为男尊女卑、男主女从的地位符合自然法则。《列子·天瑞》更明确提出了"男尊女卑,故以男为贵"的说法。

② 《礼记·郊特牲》称:"男帅女,女从男,夫妇之义由此始也。"又称:"妇人,从人者也。幼从父兄,嫁从夫,夫死从子。"传统的"夫妇之道"使夫居于主导、支配的地位,而妻被置于依附、服从的地位;夫为天、君、父,妻则为地、臣、子;妻服从夫,就如地承载天、臣听命君、子孝顺父。

③ 如《卑弱篇》:"古者生女三日,卧之床下,弄之以瓦,而齐告焉。卧之床下,明其卑弱,主下人也;弄之以瓦,明其习劳,主执勤也。"《夫妇篇》:"夫不御妇,则威仪废缺;妇不事夫,则义理堕阙,方斯二者,其用一也。"《敬顺篇》:"阴阳殊性,男女异行。阳以刚为德,阴以柔为用,男以强为贵,女以弱为美,故鄙谚有云'生男如狼,犹恐其尪;生女如鼠,犹恐其虎'。"

礼的缘故了:"周公是男子,相为尔,若使周姥撰诗,当无此也。"①

二、律例夫尊妻卑特征对夫妻相犯的影响

清律基于女性"未嫁从父、出嫁从夫"的原则,把女性的人身权利,分为社会与家庭两个方面。一方面,对于非家庭成员侵犯女性人身权利的犯罪,清律采取严厉打击的态度,在一定程度上对女性的人身与贞节权利给予一定的保护,如《大清律例·户律·婚姻》"强占良家妻女"条、《大清律例·刑律·贼盗》"略人略卖人"条及"白昼抢夺"条、《大清律例·刑律·人命》"威逼人致死"条、《大清律例·刑律·犯奸》"犯奸"条等,都对强占、拐卖、强奸、威逼妇女等严重犯罪行为给予了应有的惩处。笔者发现,清律之所以制止非家庭成员侵犯女性人身权利的犯罪,是因为这些犯罪行为实际上构成了对男人财产权的侵犯,女性的父或夫作为这种权利的捍卫者,有权要求阻止这种侵犯行为的发生。

另一方面,对于家庭内部发生的侵犯女性人身权利的行为,特别是夫犯妻的行为,除非涉及贞节、人命或造成重大伤害,清律基本采取不予干涉的态度,哪怕是涉及贞节、人命或造成重大伤害,清律惩处夫犯妻的行为时,往往也减轻对夫的惩处(第二章的内容可以证明此点),清律对夫权的这种纵容及夫犯妻的宽宥,致使其为倡导"素相和好"②的

---

① 东晋谢安的夫人刘氏,不让谢安纳妾。谢安的侄儿、学生便拿《诗经·周南·螽斯》篇(该篇序称:"后妃子孙众多也,言螽斯不妒忌,则子孙众多也。")来请教刘氏,并且趁机表示:"正因为螽斯这种昆虫有不妒忌的美德,所以才能多子多孙。"刘氏一听,知道他们是在嘲讽自己,便问:"这首诗是谁写的?"他们回答:"周公!"刘氏于是以她的机智幽默,用该句话四两拨千斤地驳回了侄儿及学生的试探。

② 从大量的刑科档案中,可以发现夫妻相犯而成命案之前,对夫妻关系的描述,多用"素好无嫌"、"素相和睦"、"平日和好"、"素相和好"与"和好无嫌"等字眼,表明了清律倡导尊奉夫尊妻卑理念下所谓"和谐"的夫妻关系。

夫妻关系而试图约束夫犯妻的目的无法达致。

笔者先以最有代表性的《大清律例·刑律·斗殴下》"妻妾殴夫"[①]律条中夫与妻的罪罚差异为例,论证清代无法制约夫殴妻致折伤以上行为的法律原因。

表七　　《大清律例·刑律·斗殴下》"妻妾殴夫"条的罪罚差异

情　节	妻殴夫	夫殴妻
非折伤	(但殴即坐)杖一百	勿　论
至折伤以上	加凡斗伤三等	减凡人二等
至笃疾者	绞立决	
至死者	斩立决	绞监候
过失杀者	斩立决	勿　论
故杀者	凌迟	绞监候

表七所显示的清律夫妻同罪异罚规定纵容了夫权的肆意膨胀,强化了夫对妻施暴的倾向,弱化了妻的反抗意识,然而,却使得清律无法达到试图制约夫殴妻致折伤以上的目的。从既有的案例来看,夫犯妻大多源于生活琐事(见表二),其表现形式又大多是殴打行为,"妻妾殴夫"条规定的夫殴妻"非折伤勿论",促使夫在心理上对殴妻的行为无所顾忌,而且在常人看来,夫惩殴妻的行为很正常,是治家及振纲所不可避免的,就像父母殴责子孙,同样是合理的行为。但是,从客观上看,殴打是一种即时的动作,其轻重缓急的偶然性几乎无法控制,情势所激致使殴伤致死的情况多有发生。因此,在清代夫尊妻卑的律例规制下,虽有明文限制,却无法制约夫殴妻致折伤以上行为的多发。此外,因"生

---

① 该律条虽冠以"妻妾殴夫",但也规定了夫殴妻妾的内容,其中夫妻同罪异罚的情况尤为明显。从另一个角度来看,清律仅设"妻妾殴夫"条,而不设"夫殴妻妾"条,本身就未将夫殴妻视为应主动禁止的非法行为看待。因此,"妻妾殴夫"条中若干"夫殴妻"的条文就只是为维持家庭秩序和顾惜人命而顺带规范,实非属其立法要旨。

活琐事"而杀妻之夫,虽大多数依"夫殴妻致死"律判处绞监候,然而,杀妻之夫一般都不会被处死,他可以被存留养亲、可以留养承祀,还可以一次又一次地归入除"情实"以外的所有惩处类型,直至被减等或赦免,这样更加助长了夫殴妻时的肆无忌惮。

再如,律例将妻视为夫的财产,从将"略人略卖人"条及"白昼抢夺"条放在"贼盗"节中就可见一斑,因为清律隐晦地把妻等同于被偷盗的物品。因此夫常会拿妻去换取更大的利益,如夫犯妻之卖休、典雇及抑勒与人通奸等行为的起因多为图财,即使是杀妻还有图赖他人谋财的情形。而且,在夫因贫卖休妻时,承审官吏常会酌情衡量,承认该夫与因财卖休不同,实属无奈之举,因此而减轻对夫的惩处;而《大清律例·户律·婚姻》"典雇妻女"律条也几成具文,该条虽对夫迫妻失去贞节的典雇行为加以惩处,并将已出嫁的女性归宗,对妻的权益不再受到侵害提供一定的保护,但是,"典雇妻女"案件,民不告则官不究,而且只有在因典雇行为发生纠纷或犯罪而被捕获时,此条法律才被动地、消极地发生作用。上述种种律例的规定,都助长了夫犯妻行为的多发。

清代律例的夫尊妻卑特征对夫妻相犯的司法实践也产生极大影响,如因生活琐事而夫杀妻的案件中,即便事实是妻因为细小的缘故被夫无情地詈骂、惨无人道地殴打,最终被活活打死,但在清代刀笔吏的叙事中,往往将夫妻殴斗致伤人命的责任部分推向妻的一方,叙述中充满对妻的歧视和对夫所施行为的维护与辩解,最终呈现出因妻造成、激化了夫妻矛盾,所以才被夫所杀的景象。举例示之:

> 该河间府知府陈启唐审看的河间县民刘全殴死伊妻赵氏一案,录刘全幼失怙恃,孑然一身,雍正十三年三月内娶配赵氏为妻,夫妇素相和好。迨本年六月初六日,赵氏炊爨延烧灶旁麦稻,刘全理言不服,彼此推跌,刘全气忿,随用拳殴赵氏右肋,因氏扑打,复

用烧火木棍击伤胸膛左肋二处轻,邻人孙挣臣闻知赴劝而止,至初七日早晨,赵氏不先锅内放水,辄行架柴起爨,将锅爆碎,刘全理责其非,赵氏不服,刘全复持木棍殴击,适中赵氏左太阳处又轻,邻人孙挣臣程元劝等酌散。讵赵氏受伤身重即于午后殒命。①

该案的事实是:妻赵氏做饭烧火,把灶台旁边的麦稻给烧着了,夫刘全训斥赵氏,赵氏不服,二人彼此推跌,刘全气忿拳殴赵氏,并因赵氏的回击而复用烧火木棍击伤赵氏,虽被邻人劝止,夫妻已有积怨。次日,刘全又因赵氏做饭将锅烧爆而责其过错,由于赵氏不服气,又将其殴打成伤,经邻居劝解而息后,赵氏因伤重而殒命。但是,经过刀笔吏的描述,事情好似变成了这样:先是由于妻没有做好分内事而惹怒夫,夫责备她,妻并没有因此悔过,而是竟敢与夫推跌乃至扑打还手,这样就更加激怒夫,但是夫并没有杀妻,只是实施了在常人看来很正常的殴妻至轻伤的行为,而且经邻人劝解后,即停止了对妻的殴打。这种叙事手法,将夫殴妻至死的责任部分归于妻之过错,言外之意即是:如妻善持家务或劳作有失时被夫训斥,只需顺受并改过,就很可能不会被夫殴打至死了。刀笔吏行文的字里行间无不受着清律之夫尊妻卑的影响。而且,在该案中,承审官吏虽将夫依殴妻致死拟绞监候,但认为其殴死妻并非有心故杀,且自幼父母俱亡并无兄弟子侄,因家无承嗣,符合存留承祀的条件,于是在疏内声明,请旨将刘全照例枷号,两个月责四十板发落。而且,该案事犯在雍正十三年九月初三日恩赦以前相应援免。从这一起普通的夫殴妻至死的案件中可以发现,律例及其司法实践中贯行的夫尊妻卑理念对夫妻相犯有着直接的影响。

---

① 中国第一历史档案馆藏,内阁汉文题本刑科命案类婚姻奸情专题缩微胶卷第1—1,2全宗1卷1号。

第二节 律例的重惩奸罪意旨

通过对刑科档案的梳理，笔者发现，相比夫有奸情而杀妻[①]而言，妻有奸情而杀夫的案件非常多，且在杀夫案中占最大的比例。笔者在第三章已经分析了妻有奸情的原因，那么是否只要妻有奸情，就必然会发展为杀夫行为呢？律例的重惩奸罪意旨是否会对其产生影响呢？本节尝试探寻妻"因奸杀夫"的法律原因。

一、律例重惩奸罪的表现

为重惩奸罪，律例对女性不忠贞的惩处扩展至婚前、严惩亲属相奸、鼓励本夫及本夫本妇有服亲属及他人捉奸，某些规定甚至不惜冲击尊卑有序的服制。

（一）律例对女性不忠贞的惩处扩展至婚前

女性在婚前与他人通奸或者与未婚夫通奸皆要受到惩处。女性在婚前与他人通奸，面临着极大的风险，因为律例鼓励对她的捉奸杀奸行为，如父母捉奸仅杀奸妇勿论；聘定未婚夫捉奸而杀奸夫例有减轻治罪专条；童养未婚本夫及夫之祖父母、父母并有服亲属捉奸，杀死奸夫奸妇者，均照已婚妻例问拟等。

首先，女性在婚前与他人通奸，父母捉奸仅杀奸妇不受惩处，只是将奸夫拟徒。如嘉庆二十五年，"河抚咨：刘奉先与刘玉林之女刘女和

[①] 笔者只见到一个案件，即道光元年，"直督咨：高洪良因与杨王氏通奸谋勒伊妻，伤而未死"一案，刑部认为，"例无明文，惟妻之与夫其名分与子孙于祖父母父母并重，比照'尊长谋杀卑幼、依故杀法伤而未死减一等律、于夫殴妻致死故杀亦绞律'上，减一等，满流。该犯恩义已绝，且讯明伊妻，情愿离异，不准收赎。"（[清]许槤、熊莪编：《刑部比照加减成案》，何勤华等点校，法律出版社2009年版，第128页。）

奸,尚未成奸,被刘玉林撞获,刘奉先逃走。越日,刘玉林将刘女勒死"①一案,刘奉先比照"本夫非奸所获奸或闻奸数日杀死奸妇者,奸夫拟徒"例,拟以满徒。刘玉林则因忿激致死犯奸之女,不受任何惩处。再如道光元年,"苏抚咨:张还因与徐瑞陇之女贵姐通奸,产生私孩,经徐瑞陇将女殴死"②一案,张还比照"闻奸数日杀死奸妇,奸夫拟徒例",拟以满徒,徐瑞陇不予科罪。

其次,聘定未婚夫捉奸而杀奸夫,例有减轻治罪专条。女性只要被聘定,就算尚未被迎娶,也要为未婚夫守贞。乾隆三十四年"龙州客民梁亚受与黄宁嬋通奸、被卢将捉奸殴伤身死一案"后,条例规定了"凡聘定未婚之女与人通奸本夫杀奸例",即"凡聘定未婚之妻与人通奸,本夫闻知往捉,将奸夫杀死,审明奸情属实,除已离奸所,非登时杀死不拒捕奸夫者,仍照例拟绞外,其登时杀死,及登时逐至门外杀之者,俱照本夫杀死已就拘执之奸夫,引夜无故入人家已就拘执而擅杀律拟徒。其虽在奸所捉获,非登时而杀者,即照本夫杀死已就拘执之奸夫满徒例,加一等,杖一百,流二千里。如奸夫逞凶拒捕,为本夫格杀,照应捕之人擒拿罪人格斗致死律,勿论。"③此条例的规定并不全面,因为只规定了聘定未婚夫捉奸而杀奸夫,而没有言及杀死奸妇,并且只言及聘定未婚夫捉奸,而未言及其有服亲属杀奸。因此,薛允升认为:"有犯,殊难援引……后有未婚妻因奸谋杀亲夫之例,此处似应添纂杀死奸妇一层,缘

---

① [清]许槤、熊莪编:《刑部比照加减成案》,何勤华等点校,法律出版社2009年版,第140—141页。
② 同上书,第140页。
③ 薛允升认为:"旧例奸夫已就拘执而殴杀,引夜无故入人家已就拘执而擅杀律,拟徒。后经删除,此例所引,照本夫杀死云云,均系已经删除之例。"([清]薛允升:《读例存疑》卷三十二,"杀死奸夫—12"。)

尔时并无杀死奸妇之案,是以亦不立此条例也。"①该条例的拟定经过广西巡抚与刑部的一番讨论,案情如下:

> 缘卢将与梁亚受素识无嫌。卢将自幼聘定同村黄胜登之女黄宁婵为室,尚未婚配。黄胜登之女黄宁婵于乾隆三十四年四月初十日至梁亚受烟铺闲谈嬉笑,梁亚受调戏求奸,黄宁婵未允而散。十二日,梁亚受至黄宁婵家,适黄宁婵父母外出,梁亚受许给黄宁婵银镯,遂与成奸。嗣梁亚受以赴村买麦为名,至黄胜登家借宿。黄胜登令在堂屋宿歇。黄宁婵因奸情密将门虚掩等候。梁亚受俟黄胜登进房,潜与黄宁婵奸宿。讵卢将屡见黄宁婵与梁亚受来往,怀疑未释。是日从黄胜登门首经过,又见梁亚受在彼,复探知留宿,益加忿激,随起意捉奸。即密赴伊母舅陆文生家告知情由,邀令相帮,陆文生应允。卢将又往邀邻人赵弟、赵囊并携带木棍一根,陆文生等徒手随行。三更时分,齐抵黄胜登栏房下。卢将嘱令陆文生等守候,独自带棍上晒台叫门。黄胜登闻声启视,卢将进屋责问黄胜登。未及回答,黄宁婵听闻惊觉,将梁亚受推醒。梁亚受急起奔出房外。卢将瞥见气忿,即用棍向殴,致伤梁亚受左额顶。黄胜登上前拦劝,将灯带灭。梁亚受乘间逸至晒台,蹲身欲跳。卢将随后赶至,复举棍殴伤梁亚受顶心。梁亚受跌下晒台,并磕伤右额顶。卢将同陆文生等将梁亚受擒获。至二十日早,梁亚受因伤殒命。②

广西巡抚认为,黄宁婵虽是卢将聘定未婚妻,但毕竟尚未过门婚配,律例也并没有赋予未婚夫捉奸的权利,因此,卢将因捉奸致死未婚妻的奸夫,不能照"本夫捉奸,致死奸夫"拟断,只能照"罪人不拒捕而擅

---

① [清]薛允升:《读例存疑》卷三十二,"杀死奸夫-12"。
② [清]全士潮等编:《驳案汇编》,"捉获聘妻奸夫",第231页。

杀"律拟绞监候,黄宁嬗等拟以枷杖。刑部驳议认为,黄宁嬗早为卢将聘定,已有夫妇之名。奸情须以捉获为凭据,如果未婚夫只是听说聘定未婚妻与人通奸,而并非当场抓获,则属于没有凭据,这样既难承控告官,又难以对妻族交代。因此,未婚夫闻知奸情而捉奸,必定出于不得已,而且也在情理之中。如果奸夫已经脱逃或已经被擒获,未婚夫还敢逞凶殴毙他,则固然难于宽其擅杀之罪。在该案中,聘定未婚夫登时捉奸,追逐奸夫时将其殴死,这种情节对应许捉奸之亲属尚可以援照捉奸各条拟断,而广西巡抚竟将聘定之夫杀死奸夫同凡人拟断,实在有失平允。

刑部还出于"本夫捉奸已属周详,惟已经聘定尚未过门成亲之妻、本夫捉奸将奸夫杀死,例无明文。设遇此等案件,外省问拟易致参差。与其往返驳诘。临事更张,莫若预定科条,易于遵守"的目的,因此建议:

> 请嗣后凡有一经聘定未婚之妻与人通奸,本夫闻知往捉,将奸夫杀死,审明奸情属实,除已离奸所、非登时杀死不拒捕奸夫者仍照例拟绞;其登时杀死及登时逐至门外杀之者,俱照"本夫杀死已就拘执之奸夫,引'夜无故入人家已就拘执而擅杀'律拟徒";其虽在奸所捉获、非登时而杀者,即照"本夫杀死已就拘执之奸夫满徒"例加一等,杖一百,流两千里;如奸夫逞凶拒捕,为本夫格杀,照"应捕之人擒拿罪人格斗致死者"律得勿论。如此办理,罪名既各有区别,引断亦更加详密。①

最终,卢将改照"本夫杀死已就拘执之奸夫,引'夜无故入人家已就拘执而擅杀'律拟徒"例,杖一百,徒三年。黄宁嬗依军民相奸例,枷号一个月,杖一百,杖责四十板,由于是犯奸之妇,决杖罪,枷号收赎。

---

① [清]全士潮等编:《驳案汇编》,"捉获聘妻奸夫",第232页。

第三,童养未婚夫及其祖父母、父母并有服亲属捉奸而杀,均照已婚妻例问拟。第四章已经提及清代童养婚姻普遍化,以致条例"舍礼从俗"做出相应规定,从而补充了律条之不备。《大清律例·刑律·人命》"杀死奸夫"条条例规定:"凡童养未婚之妻,与人通奸,本夫及夫之祖父母、父母并有服亲属捉奸,杀死奸夫奸妇者,均照已婚妻例问拟。"如嘉庆二十二年,"直督咨:魏九杀死与伊童养未婚妻高氏通奸之缌麻服侄高风光。查高风光出继高姓,例应归宗。魏九系高风光缌麻服叔,因见高风光与童养未婚妻高氏通奸,前往捉拿,致被挣脱,并不鸣官究治,辄将高风光擅行杀死"①一案,刑部认为,魏九获奸既离奸所,杀死奸夫又非登时,应依"童养未婚之妻与人通奸、本夫捉奸、照已婚妻例"拟断,只不过本夫捉奸、杀死犯奸有服卑幼案件中,如果卑幼罪不至死,且本夫捉奸已离奸所、非登时而杀,则于常人绞罪上减二等,因此魏九被拟处杖一百,徒三年。

此外,女性未经成婚与未婚夫通奸的行为,也为清律所禁止。《大清律例·总类》"比引律条"条条例规定:"男女定婚,未曾过门私下通奸,比依子孙违犯教令律,杖一百。"如道光五年,"提督咨:胖儿与吉庆通奸,在业经立有庚帖以后,系属已定未婚"②,其二人比照"子孙违犯教令律"各杖一百,胖儿照律收赎。再如道光十四年,福建司"提督咨:花连布聘同院居住之大妞为妻,虽未送给聘财,惟已经伊母备酒邀大妞之母同饮面议,即与定婚无异。该犯不待伊母主令嫁娶,辄私下与大妞通奸,复一同逃出另住"③,律例没有治罪专条,花连布比依"子孙违犯教令律"杖一百,仍酌加枷号一个月。

---

① [清]许槤、熊莪编:《刑部比照加减成案》,何勤华等点校,法律出版社2009年版,第145页。
② 同上书,第765页。
③ 同上书,第683—684页。

不过，童养夫妻未婚通奸，虽被律例所禁止，但若被告发，是会被从轻处理的。之所以童养媳与未婚夫的性关系属于通奸，因为他们毕竟不是正式夫妻，而从轻处理，乃是因为他们具有"准"夫妻的名分。① 如道光二年广东司现审案，胡六五儿聘定戴张氏之女妞儿为妻，过门童养，胡六五儿与妞儿行奸。刑部认为，妞儿毕竟已经过门童养，与未经过门者有所区别，因此，将胡六五儿依"男女定婚，未曾过门私下通奸，比依子孙违犯教令，杖一百律"减一等，拟杖九十。②

(二)严惩亲属相奸

亲属相奸在清朝立法至严。《大清律例·刑律·犯奸》"亲属相奸"律条规定："凡奸同宗无服之亲，及无服亲之妻者，各杖一百。(强者，奸夫斩监候。)奸(内外)缌麻以上亲，及缌麻以上亲之妻，若妻前夫之女，同母异父姊妹者，各杖一百，徒三年。强者，(奸夫)斩(监候)。若奸从祖祖母、(祖)姑、从祖伯叔母、(从祖伯叔)姑、从父姊妹、母之姊妹及兄弟妻、兄弟子妻者，(奸夫、奸妇)各(决)绞。(惟出嫁祖姑、从祖伯叔姑，监候绞。)强者，(奸夫决)斩。(惟强奸小功、再从姊妹、堂侄女、侄孙女出嫁降服者，监候斩。若奸妻之亲生母者，以缌麻亲论之太轻，还比依母之姊妹论。)若奸父祖妾、伯叔母、姑、姊妹、子孙之妇、兄弟之女者，(奸夫、奸妇)各(决)斩。(强者，奸夫决斩。)"该条例还规定："凡奸同宗无服之亲，及无服亲之妻者，各枷号四十日，杖一百。"亲属相奸的律例表明：亲属相奸，血缘关系越近，服制越近，处罚就越重，而且，尊卑亲属要重于同辈亲属。张中秋教授曾经对汉唐宋元明清的亲属相奸法律列表作出比较③，我们可以从中看出清律对亲属相奸罪惩处的明显加重。

---

① 参见徐忠明：《情感、循吏与明清时期司法实践》，上海三联书店2009年版，第257页。
② [清]祝庆祺等编：《刑案汇览三编》(一)，"过门童养未婚之妻与之行奸"，第245页。
③ 张中秋：《中西法律文化比较研究》，南京大学出版社2000年版，第134—136页。

此外，亲属相奸律，"女不言出嫁，男不言出继，则出嫁仍依在室论，出继仍依本宗论矣。一重则无不重，律之体例也。"①然而，清代统治者并非一开始就是"出继仍依本宗论"，如在嘉庆年间，男子出继以后与本宗亲属有犯，要照降服科罪，②道光之后，才严格适用"出继仍依本宗论"③，这也看出清代统治者愈加注重对亲属相奸的惩处。

（三）律例鼓励捉奸

清代统治者为重惩奸罪，不惜将由其掌控的生杀大权下放，以勿论或减等罪罚的方式赋予本夫、本夫本妇有服亲属及他人在特定情形下捉奸杀奸之权。④ 从表八可以清晰地看出清律对本夫、本夫本妇有服亲属及他人捉奸杀奸的态度：

---

① ［清］沈之奇：《大清律辑注》（下），怀效锋、李俊点校，法律出版社2000年版，第921页。

② 如嘉庆二十三年，"晋抚题：李喜成与降服缌麻服婶李张氏通奸，致氏服毒身死"一案，刑部认为："例内并无为人后者与本宗小功服婶通奸作何治罪明文，查子之出继于本宗服制，皆降一等，与女之出嫁同。其于本宗亲属有犯，应照降服科罪，亦与女之出嫁，于母家亲属有犯同。律内指出奸从祖母各项，其服为大功小功，罪干内乱，故立于绞决。若出嫁之祖姑及从祖伯叔姑二项其服已降缌麻，律止减为绞候，并不照所降之服科以奸缌麻亲之罪。至出继之子奸本宗小功叔母，本干十恶内乱之条，即在律载绞决列，其服虽降缌麻，其分实为至亲，将李喜成比照'奸出嫁祖姑从祖伯叔姑律'拟以绞候。"（［清］许槤、熊莪编：《刑部比照加减成案》，何勤华等点校，法律出版社2009年版，第309页。）

③ 如道光九年，"广西抚咨：周文元因与胞弟之妻陈氏商约和奸未成败露，致陈氏羞愧自尽"一案，刑部认为，周文元虽出继胞伯为嗣，惟亲属相奸，并无因出继与本宗有犯降等明文，应仍以本宗论，因此，周文元依"亲属和奸、律应死罪者、若调奸未成杖一百，流三千里例"杖一百，流三千里。（［清］许槤、熊莪编：《刑部比照加减成案》，何勤华等点校，法律出版社2009年版，第719页。）

④ 薛允升对"杀死奸夫"条颇有微词，他认为："《唐律》无此名目，不为无见。窃谓妻犯奸淫，即在应出之列，不出之而遽杀之，安能免罪耶？律于出妻之法，最为详备，非但意存忠厚，亦且保全人命不少，此法不行，而杀奸之例日益增多，甚至尊卑相犯，骨肉残杀，有弟杀兄、侄杀叔者，又有杀及伯叔母、胞姑、胞姊者，皆纷纷纂入例内，而轻重亦不得其平，刑章安得不烦耶？"（［清］薛允升：《唐明律合编》，怀效锋、李鸣点校，法律出版社1999年版，第475－476页。）

表八　　清律对本夫、本夫本妇有服亲属及他人捉奸杀奸的规定

捉奸		情　节	处罚
本夫捉奸杀死奸妇	同时杀死奸夫	奸所登时	勿论
		本夫纵奸	依故杀论
	单独杀死奸妇	律无明文,但例增补如下	
		奸所登时,奸夫后被拿获,审明奸情,奸夫供认不讳	杖八十
		奸所非登时,奸夫到官供认不讳,确有实据	杖一百
		非奸所非登时,奸夫到官供认不讳,确有实据	杖一百、徒三年
本夫捉奸杀死奸夫	杀死奸夫的具体情形	奸所登时	勿论
		已离奸所,本夫登时逐至门外杀之	杖八十
		奸所非登时而杀	杖一百、徒三年
		非奸所非登时杀死不拒捕奸夫	绞监候
		捕获奸夫因他故致毙者	以谋故论
		非登时杀犯奸有据又复逞凶拒捕者	依罪人拒捕科断
有服亲属捉奸	不论是否同时是否奸所获奸	登时	杖一百、徒三年
		非登时	绞监候
非应许捉奸之人捉奸	杀伤	自行	各依谋故斗杀伤论
	杀死奸夫	被本夫本妇及有服亲属纠往	绞监候
	听从加功	被本夫本妇及有服亲属纠往,激于义愤	杖一百
	非折伤	被本夫本妇及有服亲属纠往	勿论
	折伤以上	被本夫本妇及有服亲属纠往	仍以斗伤拟断

从表八可见,律例鼓励捉奸,本夫非纵奸情形下,奸所登时杀死奸

夫奸妇勿论,本夫本妇有服亲属捉奸而杀减等惩处,他人被有服亲属纠往捉奸非折伤勿论,折伤以上减等处罚等。然而,清代统治者也考虑到这些权利的存在,可能会引起捉奸之人对奸夫奸妇的滥杀,因此,清律对捉奸杀奸的规定比较全面,刻意地去平衡鼓励捉奸与擅杀之间的矛盾,本夫、本夫本妇有服亲属或是他人捉奸的罪罚层次分明,依据同时或单独、登时①或非登时、奸所或非奸所、加功或不加功、本夫纵奸与否及奸夫是否供认不讳等情节,惩处亦有不同。当然,这与清代统治者对奸情零容忍,既赋予捉奸人杀奸之权,又不想开启滥杀之风有必然的联系。

(四)律例若干条文对尊卑有序服制的冲击

《大清律例》建构在五服制度的基础之上,而五服制度所据以确立的理念框架就是儒家学说的伦理观,全部亲属关系都是以男姓血缘关系为纽带兼及姻亲而建立。在五服制度中,即在当时的亲属法律关系中,在法律意义上,"人"不是一个独立权利的主体,人只是家族中人,不明白服制亲等关系,就不知道自己在哪里、自己是谁?② 清代统治者制定《大清律例》就是为了维护尊卑贵贱有序的五服制度,然而,为了重惩奸罪,律例的若干规定不惜对服制造成冲击。如卑幼杀伤犯奸尊长,或勿论或减等;特定情形下,女性无论出嫁或在室,受同等惩处。

第一,将本夫、本夫本妇有服亲属杀伤犯奸尊长与凡人杀伤尊长的律例进行比较,则可明显地看出,为重惩奸罪,律例对本夫及本夫本妇有服亲属杀伤犯奸尊长,或予勿论,或予减等惩处。

凡人杀伤尊长,律有治罪专条,即《大清律例·刑律·人命》"谋杀祖父母父母"律条规定:"凡谋杀祖父母、父母及期亲尊长,外祖父母,

---

① 虽然律例皆没有对"奸所"、"登时"做出明确的界定,但在司法实践中,刑部往往对其作出扩张解释,并且得到皇帝的批准。详见笔者第四章的相关阐述。

② 参见郑秦:《清代法律制度研究》,中国政法大学出版社2000年版,第271、274页。

夫,夫之祖父母、父母,已行(不问已伤、未伤)者(预谋之子、孙,不分首从),皆斩,已杀者,皆凌迟处死(监故在狱者,仍戮其尸。其为从,有服属不同,自依缌麻以上律论。有凡人,自依凡论。凡谋杀服属,皆仿此)。谋杀缌麻以上尊长,已行者,(首)杖一百,流二千里(为从杖一百,徒三年)。已伤者,(首)绞(为从加功、不加功,并同凡论)。已杀者,皆斩(不问首从)。"

本夫捉奸,若奸夫为本夫有服尊亲属,《大清律例·刑律·人命》"杀死奸夫"条条例规定:"本夫捉奸,杀死犯奸有服尊长之案,除犯时不知,依凡人一例拟断,及止殴伤者,仍予勿论外,若于奸所亲获奸夫奸妇,登时杀死者,或奸所而非登时,及非登时又非奸所,或已就拘执而杀,如系本宗期功尊长,均照卑幼殴故杀尊长本律拟罪,法司夹签声明。奉旨敕下九卿核拟,量从末减者,期亲减为拟斩监候,功服减为杖一百、流三千里。若杀系本宗缌麻及外姻功缌尊长。亦仍照殴故本律拟罪。法司于核拟时,随本声明量减为杖一百,流二千里。恭候钦定。"对于律例对本夫捉奸,杀死犯奸有服尊长的规定,薛允升认为对本夫的惩处过宽,他说:"夫妻本以人合,与伯叔兄弟等天性之亲不同,不幸而与尊长通奸,权其轻重,休弃之可也。因此而杀毙其命,并残杀尊长之命,在尊长固无人理,卑幼尚得谓有人理乎。后来因捉奸杀毙尊长之例,愈改愈宽,甚至杀死伯叔母及姑姊等项亲属,亦俱曲为宽解,殊非律意。唐律有亲属相奸之文,而杀死犯奸尊长等项,则不着其法,最为得体。"①薛允升的评价从另一个侧面印证了笔者的观点,即律例为重惩奸罪不惜冲击尊卑有序的服制。

本夫本妇有服亲属捉奸,若奸夫为有服尊亲属,《大清律例·刑律·人命》"杀死奸夫"条条例规定:"本夫、本妇之有服亲属捉奸,杀死犯奸

---

① 〔清〕薛允升:《读例存疑》卷三十二,"杀死奸夫—23"。

尊长之案,除犯时不知,依凡人一例定拟,及止殴伤者,仍予勿论外。如杀死本宗期功尊长,无论是否登时,皆照卑幼殴故杀期功尊长本律拟罪,法司夹签声明。奉旨赦下九卿核拟,量从末减者,期亲及本宗大功小功均减为拟斩监候。若杀系本宗缌麻及外姻功缌尊长,亦仍照殴故杀本律拟罪。法司于核拟时,如系登时杀死者,亦夹签声明。奉旨赦下九卿核拟,减为杖一百,流三千里。若杀非登时,各依本律核拟,毋庸夹签声明。"

本夫、本夫本妇有服亲属杀伤犯奸尊长的具体案件分析,笔者已经在第三章进行过详细梳理。下面以图表横向比较本夫、本夫本妇有服亲属杀伤犯奸尊长罪罚与凡人杀伤有服尊长的罪罚,孰轻孰重,一目了然:

表九　　"本夫、本夫本妇有服亲属杀伤犯奸尊长"
与"凡人杀伤有服尊长"的罪罚比较

服制[①]		本夫杀伤犯奸尊长的罪罚	凡人杀伤有服尊长的罪罚	本夫本妇有服亲属杀伤犯奸尊长	
期亲	已行	勿　论	斩立决	勿　论	
	已杀	斩监候	凌迟	斩监候	
功服	已行	勿　论	(为首)杖一百流二千里	勿　论	
	已伤	勿　论	(为首)绞立决	勿　论	
	已杀	杖一百流三千里	斩立决	斩监候	
缌麻	已行	勿　论	(为首)杖一百流二千里	勿　论	
	已伤	勿　论	(为首)绞立决	勿　论	
	已杀	杖一百流二千里	斩立决	登时	杖一百流三千里
				非登时	斩立决

① 该表未列"斩衰",是因为条例没有做出规定,盖因清代统治者不忍看到此种情形发生,故不明立科条。

从表九可以看出,清律为重惩奸罪,不惜冲击作为《大清律例》之构建基础的服制。例如,因尊长犯奸,本夫及本夫本妇有服亲属捉奸而杀,同凡人谋杀尊长相比,处罚轻到了极致。从表九对杀害期亲的已行行为来看,凡人即要斩立决,而本夫、本夫本妇有服亲属则勿论,从五刑之首的死刑到不予惩处,为重惩奸情,清律似乎淡忘了服制的约束;另外,杀死期亲,凡人凌迟,本夫、本夫本妇有服亲属捉奸而杀则斩监候;杀死功亲,凡人斩立决,而本夫仅拟杖一百,流三千里,本夫本妇有服亲属拟斩监候;杀死缌麻亲,凡人斩立决,而本夫仅拟杖一百,流二千里,本夫本妇有服亲属则登时杖一百,流三千里,非登时才拟斩立决。由此可见,同样的杀伤行为,因为犯奸之人是否尊长,杀奸之人受到的惩罚是死或不死,凌迟处死或杖流之刑的天壤之别。

按照常理来讲,在服制之下,清代统治者要以严苛的律例禁止杀伤有服尊长,然而在统治者重惩奸情的指导思想之下,律例对本夫、本夫本妇有服亲属捉奸而杀犯奸尊长,已从酷刑禁止放宽到只是不鼓励的程度。当然,笔者并非认为律例毫不顾忌服制,因为,本夫、本夫本妇有服亲属捉奸杀犯奸尊长与杀死犯奸凡人相比,他们承担的罪罚还是更重一些。

第二,特定情形下,女性无论出嫁或在室,受同等惩处。

从《大清律例·丧服图》可知,未嫁女及已嫁被出而返在室者,均为父母服斩衰丧。出嫁女则降为期丧。女子出嫁为母家各亲降服,母家各亲亦为出嫁女降服。这些均符合女性"未嫁从父,出嫁从夫"的观念。[1]

---

[1] 女子在室为父服斩衰三年,出嫁后则降为期。《仪礼·丧服》记载:"传曰:为父何以期也?妇人不二斩也。妇人不二斩者,何也?妇人有三从之义,无专用之道,故未嫁从父,既嫁从夫,夫死从子。故父者子之天也。夫者妻之天也。妇人不二斩者,犹曰不二天也,妇人不能二尊也。为昆弟之为父后者,何以亦期也,妇人虽在外,必有归宗,曰小宗,故服期也。"

但是，为重惩奸情，《大清律例·刑律·人命》"威逼人致死"条条例规定："若妇女与人通奸，致并未纵容之父母一经见闻，杀奸不遂，羞忿自尽者，无论出嫁、在室，俱拟绞立决。"①皇帝在上谕中强调"夫服制已嫁未嫁分轻重尚可，若一关父母之生死，则不可如寻常罪犯照出嫁降服之例稍从轻减也。且明刑所以弼教，父母天伦不得因已未出嫁遂有区别，设使已嫁之女致死父母，岂可免其凌迟，概从宽典耶"②，这种强调父母天伦，不得因已未出嫁而有区别的谕令，在一定范围内否定了《大清律例》早已确立的区别处理已嫁、未嫁女的原则。这样一来，出嫁女在其法律地位已经非常低下的情况下，又增加了一些负担。根据皇帝上谕所确立的新条例，出嫁女在完全服从其丈夫及丈夫家庭的基础上，还要在更广的范围内——原先仅限于未出嫁之时，现在则终其一生——对可能严重影响其父母的任何行为，负直接的法律责任。③

二、律例重惩奸罪意旨对夫妻相犯的影响

清代统治者本着"俾其畏而知警，免罹刑辟"④的宗旨，试图将《大清律例》作为社会治理的重要手段。在清代社会，对于女性来讲，从婚前到婚后，其自身感情和欲求是被严格禁止的，但这并不能代表女性没有情感和欲念的需求，若恰逢其时，一时的情欲催动或生存欲求往往促成其"和奸"的发生。清代社会对贞节有着至上要求，对奸情零容忍，为惩治妻对夫的不忠贞，清律设"和奸"条明文治罪杖刑，又通过鼓励本

---

① 该例是刑部在乾隆五十六年，"河抚题：陈张氏与王杰通奸被拐，致伊父张起羞忿自尽，将陈张氏依妇女与人通奸，父母并未纵容，一经见闻，杀奸不遂，因而羞忿自尽例拟绞监候一案"之后，奉旨拟定。皇帝的谕旨上升为新例。该案详细情况见第四章。

② [清]祝庆祺等编：《刑案汇览三编》（二），"妇女与人通奸致父羞忿自尽"，第 1219 页。

③ 参见〔美〕D. 布迪，C. 莫里斯：《中华帝国的法律》，朱勇译，江苏人民出版社 2003 年版，第 234 页。

④ 《大清律例》，田涛、郑秦点校，法律出版社 1999 年版，"圣祖仁皇帝上谕（康熙十八年）"，第 2 页。

夫、本夫本妇有服亲属、他人捉奸杀奸不罚或减等处罚的方式进一步惩治奸情犯罪。这样的律例设计，既未伤及清代统治者"轻其所轻"①的立法宗旨，且达到了重惩奸罪的目的。然而，清代统治者却没有充分考虑到，虽通过鼓励本夫、本夫本妇有服亲属、他人捉奸杀奸实现了对奸情的加重惩处，但律例"捉奸杀奸"的规定却造成了妻犯夫的另外恶果，即因奸杀夫案件的多发。因为律例捉奸杀奸的规定使得"和奸"之人面临巨大的死亡风险，为化解风险或平衡生存利益，"和奸"之妻多会选择因奸杀夫。

以下笔者拟以横向量化描述的方法，来逐步论证上述观点：

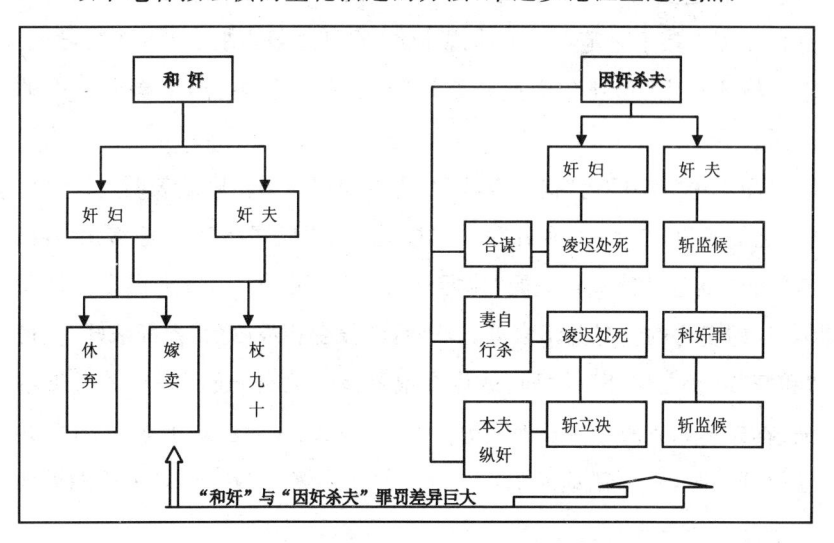

图一　"和奸"与"因奸杀夫"的罪罚比较②

首先，通过图一横向的直观比较，可以发现，清律对"和奸"与"因奸

---

① 《大清律例·刑律·犯奸》"犯奸"律条规定："凡和奸，杖八十；有夫者，杖九十。""和奸"条的规定似乎是沿袭明律"轻其所轻"、对无损国家社稷的轻罪不苛以重刑的考虑。
② 图一仅为比较"和奸"与"因奸杀夫"的罪罚，并未详细列明律例的全貌，相关律例明文分类，参见第三章的分析论证。

杀夫"行为的惩处差异极大。对于"和奸"之妻来讲,"和奸"行为面临着或被休弃或被从夫嫁卖或被杖九十的处罚①,而"因奸杀夫"则要被凌迟处死,即使是本夫纵容抑勒其与人通奸,还必须"审有确据,人所共知",方拟"斩立决",伤夫则被"斩监候",罪罚差异可谓巨大。横向比较清律对"因奸杀夫"行为的严酷刑罚,以及对"和奸"行为相对较轻的惩处,"和奸"之妻决不至于"因奸杀夫",因此,从表面上看,清律应该是能够遏制"和奸"之妻"因奸杀夫"的动机了。

既然"和奸"之妻在其利害选择中,不会仅因清律对其"和奸"行为的惩处而选择杀夫,那么,既有案件中,因奸杀夫案多发的法律原因又是什么呢?接下来笔者将清律规定的"捉奸杀奸"纳入分析视线,通过图二横向对比"和奸"与"捉奸杀奸"行为的罪罚差异,来探寻其中的原因。

图二中"和奸"与"捉奸杀奸"行为的罪罚差异清晰地表明:对于"和奸"之妻来讲,律例对"和奸"之人"杖九十"的刑罚相对较轻、威慑力亦有限。②而且从第一章夫的"休妻权"、"嫁卖权"可知,本夫因妻犯奸而休弃、嫁卖之情况并不多见。然而,清律变相鼓励的"捉奸杀奸"使得"和奸"之妻在被处以杖刑、被休弃或被嫁卖之外,还面临着随时被本夫、本夫本妇有服亲属及他人等捉奸而杀伤的风险。对于本夫来讲,其在捉奸之时,一时激愤通常不会考虑休弃或嫁卖"和奸"之妻所能得到

---

① 《大清律例·户律·婚姻》"出妻"律条规定:"凡妻(于七出)无应出(之条及于夫无)义绝之状,而(擅)出之者,杖八十。虽犯七出,(无子、淫佚、不事舅姑、多言、盗窃、妒忌、恶疾。)有三不去,(与更三年丧,前贫贱后富贵,有所娶无所归。)而出之者,减二等。追还完聚。"该条例补充到:"妻犯七出之状,有三不去之理,不得辄绝。犯奸者不在此限。"《大清律例·刑律·犯奸》"犯奸"律条规定:"奸妇从夫嫁卖,其夫愿留者,听。"

② 如嘉庆十八年说帖,奸夫奸妇威逼殴辱本夫休妻,以致本夫自尽。"苏抚题:……晋洪秀与康氏通奸,……被本夫余忞务撞见斥詈。……余忞务声言控告,晋洪秀回以控告不过杖责,将来逐日殴打,康氏亦称任凭告官总不愿随伊过度。晋洪秀走各散,余忞务乘间自缢殒命。"[清]祝庆祺等编:《刑案汇览三编》(二),"奸夫奸妇威逼殴辱本夫自尽",第1217页。

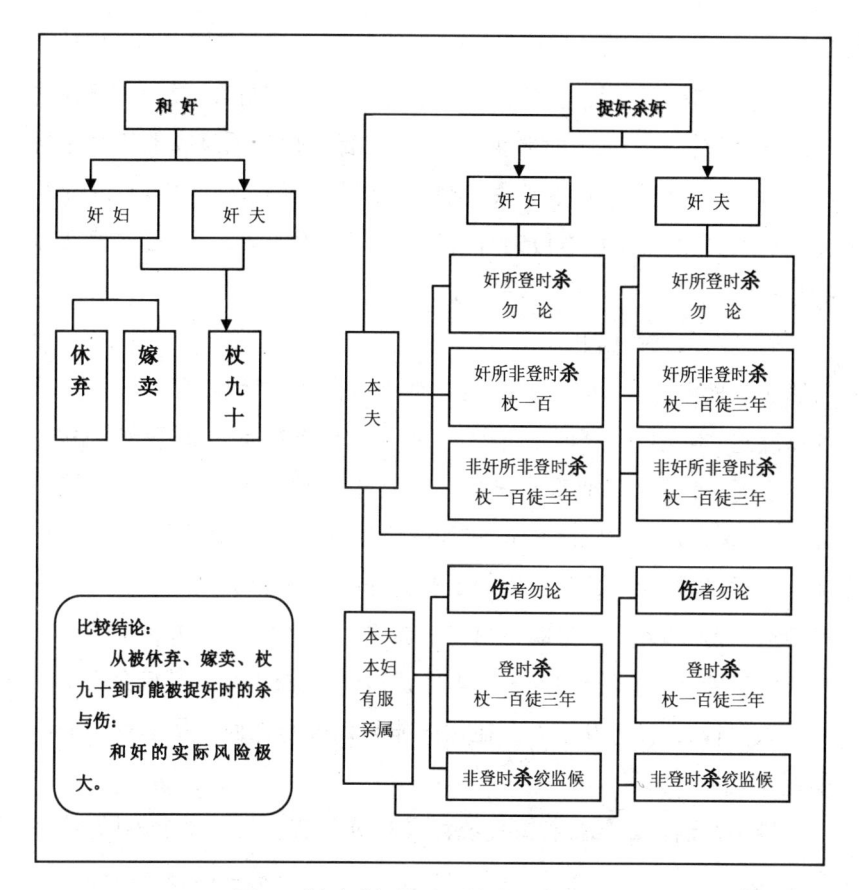

```
                    和奸                              捉奸杀奸
                  ┌───┴───┐                      ┌──────┴──────┐
                 奸妇    奸夫                    奸妇           奸夫
              ┌───┼───┐    │                ┌────┼────┐    ┌────┼────┐
             休  嫁  杖   杖          本    奸所登时杀   奸所登时杀
             弃  卖  九   九          夫      勿  论       勿  论
                    十   十
                                           奸所非登时杀   奸所非登时杀
                                            杖一百          杖一百徒三年

                                          非奸所非登时杀  非奸所非登时杀
                                           杖一百徒三年    杖一百徒三年

         比较结论:               本夫     伤者勿论         伤者勿论
         从被休弃、嫁卖、杖       本妇
         九十到可能被捉奸时的杀   有服     登时杀           登时杀
         与伤:                    亲属     杖一百徒三年     杖一百徒三年
           和奸的实际风险极
         大。                           非登时杀绞监候    非登时杀绞监候
```

图二　"和奸"与"捉奸杀奸"的罪罚比较

的经济利益。清律有关本夫奸所登时杀死奸夫勿论、非"奸所"、"登时"仅惩以杖徒之刑，而本夫本妇有服亲属捉奸伤奸夫奸妇勿论，杀死则减等惩处的规定，变相鼓励了本夫及本夫本妇有服亲属的捉奸杀奸行为。通过图二对"和奸"与"捉奸杀奸"行为罪罚的横向比较分析，可以看出：清律对"捉奸杀奸"行为的不罚或减等处罚，造成"和奸"之妻在清律惩处的杖刑之外，面临随时被杀的巨大风险。

既然清律所规定的捉奸条文使得"和奸"之妻面临被杀的极大风

险,而从民谚"捉奸捉双、擒贼要赃"之流行,①我们亦可以推知,"和奸"之妻必然知晓可能因被捉奸而杀的风险。既然"和奸"之妻能认识到这种风险,那么,基于求生的本性,"和奸"之妻为化解风险或平衡生存利益,是否会冒险选择"因奸杀夫"呢?下面通过图三,横向比较"因奸杀夫"与"本夫、本夫本妇有服亲属捉奸杀奸"行为的罪罚,看看这种推理能否成立?

通过图三,对"因奸杀夫"与"本夫、本夫本妇有服亲属捉奸杀奸"行为罪罚的横向比较,可以发现,同样是杀人行为,律例对妻"因奸杀夫"处以凌迟、本夫奸所登时杀奸勿论、本夫本妇有服亲属杀奸减等惩处。表面上看,凌迟之刑似乎能够吓阻妻因奸杀夫的行为,但是,对于"和奸"之妻来讲,不管是"因奸杀夫"而受凌迟,还是被捉奸而杀,横竖都是死,而且被捉奸而杀的死亡风险还是随时可能发生的。而且,不论何种原因造成的"和奸",一般既始则多不能收,为维持"和奸"并消除被捉奸而杀的风险,作为人趋利避害的本性,"和奸"之妻多会选择机会成本较小的杀夫行为,而且其杀夫时往往还能与奸夫合谋而有侥幸脱逃的可能性。

综上,笔者得出结论:清代统治者对贞节有着至上要求,对奸情零容忍,必然不愿见到"和奸"及"因奸杀夫"行为的发生,因此,清律通过鼓励本夫、本夫本妇有服亲属、他人捉奸杀奸勿论或减等处罚的方式重惩奸情犯罪。虽然重惩奸罪的目的达到了,但"捉奸杀奸"的规定,却导致"和奸"之妻过重地承担着随时被杀的死亡风险。"和奸"之妻为了化

---

① 沈家本在《论杀死奸夫》中认为:"独此例则杀人不必科罪,世俗更有杀奸杀双之说,于是既杀奸夫者,必杀奸妇。往往初意捉奸,不过殴打泄忿,迨奸夫毙命,即不得不并奸妇而杀之。奸妇即跪地哀求,矢誓悔过,在本夫初未尝有杀之之心,而竟有不得不杀之势。更有因他事杀人,并妻妾以求免罪者。自此例行,而世之死于非命者,不知凡几,其冤死者亦比比也。"[清]沈家本:《寄簃文存卷二》,载邓经元、骈宇骞点校:《历代刑法考》(四),第2086页。

解风险或平衡生存利益,势必"因奸杀夫"。这样一来,清律看似惩处较轻的"和奸"之文形同虚设,而"捉奸杀奸"的规定又导致"和奸"之妻"因奸杀夫"行为的多发。

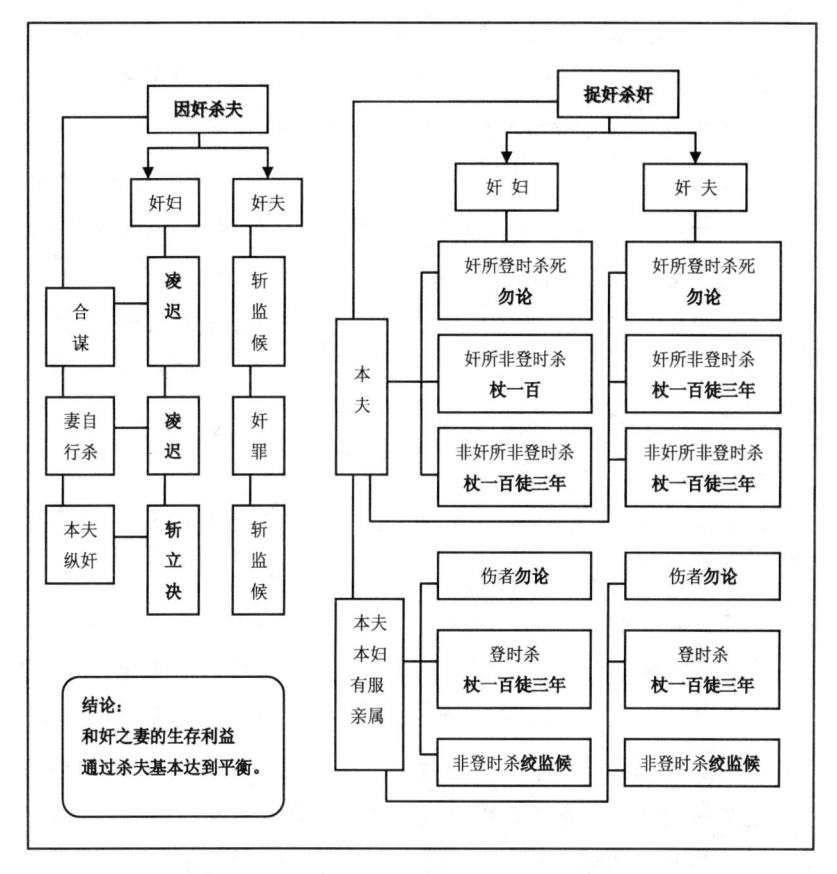

图三 "因奸杀夫"与"本夫、本夫本妇有服亲属捉奸杀奸"的罪罚比较

笔者在对清律夫尊妻卑的特征和重惩奸罪的条文进行法律分析之余,不禁感慨清代之妻在律例罪罚之下的境遇,拟用清人沈起凤的一则故事作为本章的结束语。故事中的福建老妇人从容地展示了自己内心情欲与传统礼教的斗争过程,显示了清律乃至社会对妇女"贞节"的推

崇及妇女内心承受的压力与痛苦：

> 荆溪某氏，年十七适仕族某，半载而寡，遗腹产一子。氏抚孤守节，年八十余，孙曾林立。临终，召孙曾辈媳妇，环侍床下，曰："吾有一言，尔等敬听。"众曰："诺。"氏曰："尔等作我家妇，尽得偕老百年，固属家门之福。倘不幸青年居寡，自量可守则守之，否则上告尊长，竟行改醮，亦是大方便事。"众愕然，以为昏耄之乱命。氏笑曰："尔等以我言为非耶？守寡两字，难言之矣。我是此中过来人，请为尔等述往事。"众肃然共听。曰："我居寡时，年甫十八。因生在名门，嫁于宦族，而又一块肉累腹中，不敢复萌他想。然晨风夜雨，冷壁孤灯，颇难禁受。翁有表甥某，自姑苏来访，下榻外馆。于屏后觑其貌美，不觉心动。夜伺翁姑熟睡，欲往奔之，移灯出户，俯首自惭，回身复入；而心猿难制，又移灯而出；终以此事可耻，长叹而回。如是者数次，后决然竟去。闻灶下婢喃喃私语，屏气回房，置灯桌上，倦而假寐，梦入外馆，某正读书灯下，相见各道衷曲。已而携手入帏，一人趺坐帐中，首蓬面血，拍枕大哭。视之，亡夫也，大喊而醒。时桌上灯荧荧作青碧色，谯楼正交三鼓，儿索乳啼絮被中。始而骇，中而悲，继而大悔。一种儿女之情，不知销归何处。自此洗心涤虑，始为良家节妇。向使灶下不遇人省，帐中绝无噩梦，能保一生洁白，不贻地下人羞哉？因此知守寡之难，勿勉强而行之也。"命其子书此，垂为家法，含笑而逝。①

---

① [清]沈起凤：《谐铎》卷九《节母死时箴》。

第六章 清代夫妻相犯对当代防控家庭暴力的启示

从清末到当代,西风东渐,中国社会由闭塞而开放、女性地位逐步提升,夫妻关系日渐平等,但是,从清末发端的妇女解放思潮仍未过时,彼时先进之士竞相宣说的"女权",百年之后,仍然响彻新世纪的天壤。[①] 夫殴打妻仍是一个人们习以为常的现象,在 1995 年第四次世界妇女大会召开前,中国学者根本不知道 Domestic Violence 一词如何翻译,甚至还有人说中国几乎没有家庭暴力存在。[②] 一直到 20 世纪 60 年代,随着国际妇女人权运动的推动,西方国家出现反对针对妇女的暴力运动以来,才逐渐地形成一个新的法律概念,即"家庭暴力"来规范这种严重的针对妇女的施暴行为。陈惠馨教授认为:"从传统视夫殴打妻子为先生合法的权利或天经地义的事情,转换成为是一个'家庭暴力'的犯罪行为是经过一连串的社会运动与反省"[③]。

在我国,关于家庭暴力概念虽无统一的法律规定,但在具体理解和使用上显然是倾向于狭义的家庭暴力概念。2001 年 4 月 28 日修正的《中华人民共和国婚姻法》(下文简称《婚姻法》)只有"禁止家庭暴力"的原则规定,没有进一步明确家庭暴力的概念。最高人民法院于 2001 年

[①] 参见夏晓虹:《晚清女性与近代中国》,北京大学出版社 2004 年版,第 4 页。

[②] 参见佟新:《女性的生活经验与女性主义认识论》,载《云南民族学院学报》(哲学社会科学版)2002 年第 3 期。

[③] 陈惠馨:《法律叙事、性别与婚姻》,元照出版有限公司 2008 年版,第 10 页。

12月24日通过的《关于适用〈中华人民共和国婚姻法〉若干问题的解释》第1条规定:"家庭暴力是指行为人以殴打、捆绑、残害、强行限制人身自由或其他手段,给家庭成员的身体、精神等方面造成一定伤害后果的行为。持续性、经常性的家庭暴力,构成虐待。"由此规定可以看出,在我国,家庭暴力特指发生于家庭成员之间的暴力,不包括未婚同居家庭等情况内的暴力;实施暴力的手段以殴打、捆绑、残害、限制人身自由为主;在暴力程度上,必须造成一定的伤害后果。著者认为,为更好保护家庭暴力受害者,家庭暴力的概念应采广义解释,即指家庭成员以暴力或胁迫、侮辱等其他手段,故意侵害其他家庭成员的人身权利包括身体上、精神上、经济上和性方面的权利,并造成一定损害后果的行为。

家庭暴力问题由来已久,究其缘由,既有深厚的历史根源、经济原因、社会原因及法律因素,也有旧的传统文化因素、旧家庭道德的观念及家庭成员之间的生活情趣、性格特质、人生追求等方面差异的因素。有些家庭暴力是单个原因作用的结果,而有些家庭暴力则是多项原因交织作用的结果。就其发生原因来讲,当代家庭暴力与清代夫妻相犯有不少相似之处。其一,社会的漠然态度是家庭暴力产生的社会根源。受"清官难断家务事"及"各人自扫门前雪,莫管他人瓦上霜"传统观念的影响,对家庭暴力认识不清,重视不够。在一些人看来,发生在家庭内部的暴力行为不能与社会上的暴力行为相提并论,家庭暴力属于家庭成员之间的内部事务,家庭成员之间任何形式的矛盾、冲突都应该由家庭成员之间自行处理和解决,一般情况下他人持不介入的态度。正是由于这种不负责任的不干预主义,导致家庭暴力成了邻居不劝,居委会不问,单位不管,不出人命执法机关不理的"四不管"真空地带,这实际上是姑息纵容了家庭暴力的肆虐。第二,经济收入的不平衡是家庭暴力产生的主要经济原因。在"男主外,女主内"的传统影响下,刻板的性别分工是男性在公共领域、女性在家庭领域,而在公共领域也就意味着有酬劳动,家庭领域则为无酬劳动。既使女性真正劳动付出比男性多,也没有得到应有的酬劳。这种劳动分工,强化了丈夫的支配与妻子的依附关系,逐渐使男女经济上分别处在统治和从属地位。在这样的家庭中,妇女的经济地位低下,经济上不能独立,容易使男方滋生"你是靠我养活的,自然应当听我的话"的霸道思想,打骂妻子便成为他们的特权。第三,在法律原因上,虽然现行法律消除了歧视女性的内容,注重男女平等,但是,如同《大清律例》受传统立法影响一样,现行法律明显缺失社会性别视角,未能真正实现男女平等,没能对女性权益的充分维护提供完善的保障体系等等。

家庭暴力是全球性的社会问题,是古今中外家庭一种带有普遍性的丑恶现象。家庭中的弱者,如妇女、儿童、老人、残疾人都有可能成为家庭暴力的受害人,而丈夫对妻子的暴力则毫无疑问地成为家庭暴力的主要方面。2008 年,"中国家庭暴力发生率为 29.7－35.7%,其中 90% 受害人是女性。"[1]2010 年,在整个婚姻生活中曾遭受过配偶侮辱谩骂、殴打、限制人身自由、经济控制、强迫性生活等不同形式家庭暴力的女性占 24.7%,[2]2012 年,根据北京红枫妇女心理咨询服务中心与网易女性频道对 1858 名受访者的调查,54.6% 的受访者曾遭遇家庭暴力,而女性是受家庭暴力的主体,占 90%。而且,中国每年有 10 万家庭因家庭暴力而解体;逾半数受访者曾遭遇家庭暴力;1/3 女性遭遇过家庭暴力,家庭暴力是导致妇女犯罪的重要原因之一[3]

2014 年 27 日下午,最高人民法院召开新闻发布会,公布法院司法

---

[1] 黄庆畅:《防止家庭暴力"人身保护令"接连出鞘》,载《人民日报》2008 年 10 月 7 日第 8 版。

[2] 全国妇联、国家统计局:2011 年《第三期中国妇女社会地位调查主要数据报告》。

[3] 黄蓉芳:《〈中国家暴现状〉报告称全国每年有 10 万家庭因家暴解体 54.6% 受访者曾遭遇家暴》,载《广州日报》2012 年 6 月 29 日第 AII2 版。

干预家庭暴力有关情况。记者从会上了解到,根据最高法的统计,涉及家庭暴力的故意杀人案件占到全部故意杀人案件的近10%。人民群众要求司法干预家庭暴力的呼声非常强烈。[①] 下一步,最高法将出台办理涉家庭暴力刑事案件规范性文件,探索建立涉及检察院、公安、司法、妇联等相关部门的反家庭暴力统筹联动机制,主动协调、充分发挥各方力量,共同预防和制止家庭暴力。

通过对清代夫妻相犯及其清律治理的研究,笔者认为在以下三个方面能为当今防控家庭暴力提供启示。

第一节 营造男女平权的社会文化氛围

当代夫对妻的暴力,正是一种历史延续下来的夫犯妻行为,这与当今社会夫尊妻卑的社会意识、夫控制妻的古老欲望、夫妻间不平等、不平衡的权力结构没有发生根本改变有关。性别不平等以及维持这种不平等的暴力行为并不简单地只是个人行为的问题,更是覆盖着我们全部生活的社会、经济和政治制度的问题。目前,男女平权意识还没有真正成为全社会的普遍意识。女性权利的争取不仅需要女性自身的努力,同时更需要建构相应的社会文化氛围,需要男性的理解和支持,女性解放更深层次的阻力来自于社会文化和价值观念。因此,为了防控家庭暴力,我们不仅需要将男女平等的观念深入人心、成为全社会的共识,更需要呼吁更多的男性参与,建构男女平权的社会文化氛围。

一、让男女平权成为全社会共识

新中国第一部《宪法》明确规定妇女在政治、经济、文化、社会和家

---

① 张年亮:《近10%故意杀人案件涉及家暴 最高法探索建立反家庭暴力统筹联动机制》,载《人民公安报》2014年2月28日第002版。

庭生活等各方面享有同男性平等的权利。1995年江泽民在北京召开的第四次世界妇女大会开幕式上的庄严承诺："实现男女平等是衡量社会文明的重要尺度。我们十分重视妇女的进步和发展,把男女平等作为促进我国社会发展的一项基本国策。"这是中国政府第一次公开向国际社会承诺,把男女平等作为一项国家基本国策。2003年胡锦涛在中国妇女第九次代表大会上要求坚决贯彻男女平等基本国策。党的十八大报告中更明确提出："坚持男女平等基本国策,保障妇女儿童合法权益。"这是在党的政治报告中首次完整表述男女平等基本国策。至此以后,我国形成了一套系统地解决男女平等问题的全局性、长期性、战略性对策体制,规定、制约和引导着一般具体政策的制定和实施,并为相关领域的政策协调提供上位依据。尤其值得一提的是,在促进男女平权方面,各级妇联组织与广大新闻媒体发挥了重要作用。

在促进男女平权方面,各级妇联组织发挥了桥梁纽带作用。各级妇联组织是国家政权的重要社会支柱,在促进妇女发展,维护妇女权益,推进男女平等方面具有独特的工作优势,肩负着独特的历史使命。一方面,妇联组织作为妇女利益的代言人,坚持把服务大局和服务妇女群众结合起来,把继承优良传统和积极开拓创新结合起来,把发挥自身作用和动员社会力量结合起来,不断提高工作水平。另一方面,妇联组织组织引导广大妇女积极投身改革开放和社会主义现代化建设的实践,为加快小康社会建设进程、推动社会各项事业的发展建言献策、建功立业。长期以来,各级妇联组织宣传男女平等基本国策,宣传保障妇女权益的法律法规和政策,宣传文明进步的性别平等观念,营造男女两性互相尊重、平等发展的社会环境。各级妇联组织从构建社会主义和谐社会的高度,充分认识男女平等基本国策的重要意义,进一步增强贯彻落实男女平等基本国策的紧迫感和责任感。

以黑龙江省各级妇联为例,据《中国妇女报》报道,黑龙江各级妇联组织大力开展男女平等基本国策宣传教育活动,通过项目化运作,推动男女平等。《省妇联男女平等基本国策宣传教育培训项目计划(2013—2017年)》(以下简称《项目计划》)已经在全省正式启动。《项目计划》以六大内容为主,计划采取项目化运作的方式积极推动男女平等基本国策深入人心。具体来讲,纳入主流媒体,创新载体,推动男女平等基本国策宣传触角延伸;纳入各级党校主体班课程,推动男女平等基本国策进决策主流;纳入大专院校必(选)修课程,推动大学生树立性别平等观念;纳入中小学德育教育活动,推动男女平等基本国策进基础教育;纳入妇女思想教育活动,推动男女平等基本国策进社区;纳入文化建设和道德教育体系,推动男女平等基本国策进家庭。据介绍,黑龙江计划在五年内不断延伸男女平等基本国策宣传触角,实现社会全覆盖,社会知晓率达到90%以上;男女平等基本国策进中小学、大专院校、各级各类党校(行政学院)教育框架体系基本形成;项目实施有政策支持,有配套读本、教材,有专(兼)职师资队伍(国策宣讲志愿者队伍),有工作阵地,有资金支持等,使男女平等基本国策深入人心,为实现男女平等提供思想、理论、舆论保障。①

在促进男女平权方面,广大新闻媒体也发挥了重要作用。2013年,在第103个"三八"国际妇女节到来之际,由中国妇女报发起,人民日报社、科技日报社、工人日报社、农民日报社、法制日报社、中国新闻社等中央新闻单位及相关部门负责人联合发出《贯彻男女平等基本国策媒体倡议书》,共同倡议广大媒体及从业者肩负宣传倡导责任,做男女平等的传播者;履行舆论监督责任,做男女平等的守望者;担当媒体自律责任,做男女平等的践行者。②

---

① 刘福国:《项目化运作推动男女平等》,载《中国妇女报》2013年6月7日第A01版。
② 蔡双喜:《肩负媒体责任 共促男女平等》,载《中国妇女报》2013年3月8日第A01版。

总体来讲，虽然男女平等基本国策使妇女社会地位出现了显著变化，但男女平等基本国策还没有着力于行动并落到实处，仍未能真正成为社会普遍意识。我们的男女平等至于口号，也是一个叫得不够响亮的口号。一份对局级以上高官的调查报告显示，受调查者中只有不到45％的人能够认识到男女平等的国策地位，其他人选择了男女平等是"一项重要举措"或"一项公共政策"。在我国，局级以上的高官或是政策的推行者，或是政策制定的参与者，或是政策的制定者，但他们中尚有过半数不知道男女平等的国策地位，足见男女平等基本国策在口号上远未达到家喻户晓，老少皆知。口号是行动的先导。口号叫得不响，遑论行动落得实。①

二、呼吁更多男性参与

贯彻执行男女平等基本国策，不是要以牺牲男性为代价，更不是要让妇女取代男性成为权力的中心，而是强调妇女与男性要相互合作、相互支持，实现男性与女性共同的解放与进步，共同营造两性平等协调发展的社会空间。男女两性携手会更快地推进男女平等，更好地促进社会和谐发展。因此，我们不仅要通过女性的努力，而且要呼吁更多的男性参与，将男女平等基本国策不仅仅是作为一种口号，而要化为日常的实际行动，从而形成男女平等的良好社会风尚，营造尊重妇女、支持妇女发展的良好氛围。其中，男性参与终止妇女受暴的"白丝带运动"（The White Ribbon Campaign）很具有代表性。白丝带运动是为消除针对妇女的暴力而开展的，以男性为主要对象的宣传活动。现已发展成世界上最大规模的由男性领导的消除对妇女的暴力的运动。1989

---

① 温辉：《男女平等基本国策论略》，载《法学杂志》2011年第1期。

年12月6日加拿大一所大学的14名女大学生被一名年轻男子枪杀。1991年，以迈克·科夫曼博士为首的一群加拿大男性，认为男性不应该再对男人加诸女人的暴力保持沉默，希望社会能够从这个悲剧中学习反省，于是发起白丝带运动，以集结更多男性参与对妇女的受暴。白丝带作为这个运动的标志，它的含义是，佩戴白丝带是一种个人宣言，表示佩戴者承诺本人决不参与对妇女施暴，并且对针对妇女的暴力决不保持沉默。白丝带运动的发起组织鼓励男士在每年11月25日"国际消除对妇女的暴力日"到12月6日加拿大"对妇女的暴力国家纪念行动日"期间佩戴白丝带。1991年在加拿大发起"白丝带"运动，目前已推展到全世界很多国家，发展成为一个男性反性暴力的世界行动。

在中国，2002年河北省律师率先发起"白丝带"倡议书签名活动；同年11月29日，联合国妇女发展基金、首都女记协妇女传媒监测网和中国国际民间组织合作促进会联合发起的反对家庭暴力"白丝带"公众宣传活动在北京举行，国内第一个"反对针对妇女的暴力，促进社会性别平等男性志愿小组"成立，此次活动的主题是呼吁广大男性加入消除家庭暴力的队伍，倡导男女携手共创没有家庭暴力的社会。中国民间自发组织的第一个反对家庭暴力的男性志愿小组也在此间正式宣告成立，并宣读了"反对针对妇女的暴力，促进社会性别平等"的倡议书。其后，温州乐清"男性反家庭暴力志愿小组"、"长沙市反家暴男性参与行动小组"、"北京心理咨询师反家暴男性参与行动小组"相继成立。在每年的消除对妇女的暴力16日行动中，有更多、更广泛的各界男性参加白丝带行动。白丝带运动中，不仅要关注对妇女的身体暴力，也关注一切形式的暴力，如各种精神暴力，包含性别歧视的玩笑、工作场所的性骚扰等；还致力于推动法律与教育的改革，以保障妇女人身安全、建立性别平等的社会。北京林业大学性与性别研究所所长、联合国"联合起来制止侵害妇女的暴力行为"男性领导人网络成员方刚认为,男性如果起来反对性别暴力,至少对于其他男性更有倡导性、号召性,更有助于男性的改变。而且男性传统上是资源的控制者,男性做这事,似乎在一定意义上更易实现。目前,对于女性的歧视和暴力现象仍普遍存在,方刚认为,女性主义争取男女平等的目标未能实现,没有唤醒男性参与,是关键症结。只有所有人携手反对父权,才可能有性别平等。如果男性拒绝觉悟,性别平等不可能实现。白丝带运动就是要推动男性觉悟。因此,改变这一切,迫切需要倡导全社会,包括男性共同努力。男性不应该也不能够在推进反对性别暴力的运动中缺席。[1]

在我国反家庭暴力终于听到男人的声音,但总的说来,这声音还是微弱的,我们需要的是尽可能多的男性与广大女性并肩作战,共同致力于发起形式多样的运动,以挑战并改变一些具体制度环境中的政策和文化,是这些政策和文化导致和促成了针对女性的暴力。有了男性的加盟,反家庭暴力斗争才会声势浩大,卓有成效。

第二节　重视社会性别,完善相关法律

笔者在第五章曾运用社会性别分析方法剖析了《大清律例》的字词用法存在着明显的性别特征,《大清律例》对强奸行为的认定未考虑女性与男性体力的差距以及主动进犯与被动应对的差异,对女性尤为不利等,并指出《大清律例》的夫尊妻卑特征正是清代夫妻相犯具有不同方式及不能被遏制的法律原因。目前我国法律受传统立法与传统观念

---

[1] 周韵曦:《消除性别暴力需要男性力量》,载《中国妇女报》2013年12月2日第A02版。

的影响，也明显缺失社会性别视角，而当代夫对妻的暴力，正与立法缺乏社会性别视角，所制定的法律不完善有关，因此，我们应重视社会性别，完善相关法律，真正实现男女平等。

一、法律应重视社会性别

法律强调的男女平等应包括无歧视平等和无利差平等。无歧视平等就是废除法律上歧视妇女的相关规定，法律待遇均一化，即抽象的法层次上的名义上的平等；无利差平等则是指男女两性实际利益的实质平等。就男女平等而言，前者以不承认男女之间存在合理差别为前提，在法律上主张取消对妇女的一切特殊优惠，追求无差别的男女平等；后者以承认男女之间存在合理差别为前提，就某些方面在一定程度上通过法律对妇女予以特殊照顾，追求有差别的男女平等。无歧视平等否认男女间存在合理差别，让境况不同的男女在同一起跑线上可能导致更大的事实上的不平等。审视现行法律，最大的进步就是消除了歧视女性的内容，注重男女平等，但是，目前法律最大缺陷，则是忽视了两性区别，明显缺失社会性别视角，涉及具体条文时，会发现法律对人的规范，只是从抽象和绝对平等的人格入手，实行无性别差异立法原则。这些看似绝对平等的条款，却存在着对男女两性生理区别的漠视。有学者认为，在立法上把所有的人都视为无性人或同性（男性）人，用毫无差别的法律规定男女同权、男女平等，缺乏对女性差别保护条款，因而使男女根本不可能平等。这实际上是用形式上的男女平等掩饰了事实的不平等，是一种包装了的男女不平等。这种男女平等的法律，只是废除歧视女性的条款，解决了女性被歧视问题，本质上是一种"无歧视平等"，但男女仍然没有达到"无利差平等"。这种"无歧视平等"，只是争取女权迈出的第一步，要实现男女之间的"无利差平等"，还需要不断加强性别差异立法，制定女性特惠条款。目前所有的立法（包括公共政策)仍然处在排除歧视妇女这一初级阶段。"①王礼仁还指出,男女平等的法律,并不是最好的法律。只有体现性别差异、补充女性能力、实现男女无利差的法律才是最好的法律。

在目前情况下,男女的社会政治地位、经济地位的巨大差异,男女生理上的差异导致女性不具有与男性竞争的能力,需要法律补充其能力,对于女性应当给予差别待遇,实行实质上的正义。那么,如何实现男女无利差平等呢？我们可以借鉴体育竞技规则②,实行差别立法,从形式上看,它好像也是一种不平等立法,但它实质上是平等的,能够真正实现男女无利差平等。

二、基于性别差异,完善相关法律

我国对妻子受虐杀夫的行为的审判经历了从严到宽的变迁。起初,法院对家庭暴力引发的"受虐杀夫案"判决大多是死刑。近些年来,随着对家庭暴力的认识加深,逐步出现"轻刑化"趋势。由于我国法律和司法解释对受虐杀夫案件没有明文规定,导致各地法院在量刑标准上极不统一,处罚轻重悬殊很大。

笔者以刘拴霞受虐杀夫案③为例,分析目前较为突出的正当防卫

---

① 王礼仁:《男女平等的法律并不是最好的法律——以女性从政和婚姻诉讼为视角》,载《中华女子学院学报》2010年第1期。

② 它没有把所有的人视为同性人或相同人,实行无性别、无差异竞技比赛,而是区分性别和差异,根据不同性别与差异制定不同的胜负评判规则。最典型的就是区分了男性和女性。如果在没有性别差异的"人人平等"的竞技比赛规则中评判胜负,男女混赛,女性显然要吃亏。

③ 2003年1月17日,河北省宁晋县苏家庄乡东马庄村发生了一起杀人案。在丈夫暴力阴影下生活了12年的刘栓霞,用事先准备好的14支毒鼠强放在面糊内摊成咸食饼给丈夫张军水吃,他吃后中毒抢救无效而死亡。河北省邢台市中级人民法院以故意杀人罪作出终审判决:判处刘栓霞有期徒刑12年,剥夺政治权利3年。详情参见钱泳宏:《"受虐妇女综合征"对正当防卫要件的质疑——由刘栓霞受虐杀夫案说起》,载《郑州轻工业学院学报》(社会科学版)2006年第2期。

构成要件①之中"不法侵害必须正在进行"及"没有明显超过必要限度造成重大损害"对女性存在的性别歧视以及给司法裁量带来的困惑,由此看出正当防卫在整体构建上法律价值的缺失,从而对完善正当防卫的规定提出探讨性的意见。

其一,不法侵害必须正在进行。

正当防卫只能对正在进行的不法侵害行为实施,这是实行正当防卫的时机条件。所谓"正在进行"就是指不法侵害行为已经开始,尚未结束。不法侵害的开始,是开始实施正当防卫的时刻,而不法侵害的结束,则是停止正当防卫的时刻。对"不法侵害行为已经开始",高铭暄解释为:"一般应以不法侵害着手实施为不法侵害的开始,但在不法侵害的现实威胁已十分明显,不实行正当防卫就会立即发生危害结果时,也应认为不法侵害已经开始。"②该解释既指出了一般情况下不法侵害开始的标准,也兼顾了不法侵害开始的例外情形,能充分保护国家、公共利益和公民的合法权益。那么,什么是"不法侵害行为的结束"呢?从实际的考察看,是指这样一种情形:从不法侵害着手进行之后,已经发展到这样的一个时刻,在这个时刻里,一方面危害后果已经造成,即使实行正当防卫,也不能阻止危害后果的发生或者即时即地挽回损失。另一方面,或者即使不再实行正当防卫,也不会再发生危害后果或者危

---

① 正当防卫是刑法理论中违法性阻却事由之一,也是各国刑事立法所确立的一项重要制度。《中华人民共和国刑法》第 20 条第 1 款明确规定:"为了使国家、公共利益、本人或者他人的人身、财产和其他权利免受正在进行的不法侵害,而采取的制止不法侵害的行为,对不法侵害人造成损害的,属于正当防卫,不负刑事责任。"在我国,由于正当防卫是直接对不法侵害行为进行反击,并采取对不法侵害者造成损害的方式来制止不法侵害行为、保护合法的权益,是一种"进攻性"的防御行为。如果实行不当就会给不法侵害者造成不应有的损害,从而危害社会。那么,正当防卫必须具备哪些要件才能成立呢? 通说认为"五要件说"较为合理。概括起来,即以下五个要件必须同时具备:必须存在现实的不法侵害;不法侵害必须正在进行;必须具有防卫意识;必须针对不法侵害者本人进行防卫;没有明显超过必要限度造成重大损害。

② 高铭暄主编:《新编中国刑法学》(上册),中国人民大学出版社 1998 年版,第 279 页。

害后果不再扩大。在这种时刻，就可以认为不法侵害已经结束了，就不能对之实行防卫行为。该观点认为，不法侵害结束形式存在多样性，因而主张对不法侵害的结束不可能确定一个统一的标准，这是符合不法侵害的实际情况的。

结合现实生活中的受虐妇女杀夫案来看，不法侵害不仅包括单一的一次性侵害行为，而且包括连续性、经常性的不法侵害。对于连续性、经常性的不法侵害，就不能将其孤立起来判断其是否正在进行，而应当将其作为一个完整的过程来判断。如丈夫虐待了妻子十几年，对于某一次毒打、虐待行为而言，是已经结束了，但对于整个虐待行为而言，远没有结束，被告人的人身安全时刻都面临着直接的威胁，而被害人也没有放弃虐待行为的明显意图，而是一次次地加剧。因此，如果把丈夫对妻子十几年的虐待行为看作一个完整的行为，那么这一不法侵害行为仍处于正在进行之中。对于长期在丈夫暴力行为中处于高度恐惧中而在体形和体能上又处于劣势下的妻子来说，在反击时具有对死亡的合理的恐惧：若不杀死丈夫，则难逃自己被杀死的命运。如果仅仅是施虐者行为短暂的停止，但受虐者合理的相信攻击行为随时会继续，而对施虐者采取反击行为，应该认为，此时紧迫性的要求得以满足。[①]因此，受虐妇女杀夫案中，往往是丈夫对妻子的不法侵害正在进行，妻子为了维护自身的合法权益，针对正在进行的不法侵害进行防卫，应当属于正当防卫。

其二，没有明显超过必要限度造成重大损害。

这是正当防卫的限度条件。这一条件意味着，只有防卫行为在一定限度内进行，且造成的损害适当，才能成立正当防卫。否则，防卫行

[①] 张军周、林杨：《美国刑法中受虐妇女与自身防卫问题之研究》，载《政法学刊》2003年第3期。

为明显超过了必要限度,造成了重大的损害,则是防卫过当。这一正当防卫的必备要件是以两个男人在酒馆中打架为模式设计的,对妇女存在性别歧视。因为,在对等状态下,家庭暴力的受虐者与施虐者之间力量对比悬殊,受虐者在体力上远不是施虐者的对手,加上受虐者长期受家庭暴力侵害在心理上形成的无助感,使其觉得没有办法也没有能力在暴力行为正在进行时与施虐者抗衡,根本不是不可能成功地完成传统意义上的正当防卫。对于受虐妇女杀夫案,如果要求遭受家庭暴力的妻子在防卫时不能明显超过必要限度造成重大损害,则对她显失公平。

由以上分析可以看出:我国现行刑法对正当防卫的"不法侵害必须正在进行"、"没有明显超过必要限度造成重大损害"的必备要件的规定过于苛刻,缺乏性别视角,尤其是"没有明显超过必要限度造成重大损害"的构成条件是以两个男人在酒馆中打架为模式设计,对于身高、体力、徒手格斗的能力都不如男性的女性存在性别歧视。因为家庭暴力的施暴人和受害人之间往往力量悬殊,受害人在体力上远不是施暴人的对手,加上受害人长期受家庭暴力侵害在心理上形成无助感,使其觉得没有办法也没有能力在暴力行为正在进行时与施暴人抗衡。实际上,两个力量对等的人或强者防卫弱者均可控制防卫的力度,但弱者防卫强者则非将强者置于死地(或不可能再反击)不可。此原理见之立法上,如在强奸犯罪发生时,女子登时打死强奸犯不构成防卫过当;见之社会现象,如恐怖主义等极端行为之产生。上文谈到"相比夫有奸情而杀妻而言,妻有奸情而杀夫的案件非常多",也有这一因素,因非如此不能绝后患。但是,我国立法在对正当防卫做出规定时,没有充分考虑受虐妇女的长期受虐史和因长期受虐而产生的特殊心理状态。我国这种教条主义和形式主义的做法,不仅违反罪责均衡原则,不利于实现个案处理的公正,而且违背社会常情常理,难以获得广泛的公众认同。① 而且此种做法,其效果难免会出现博登海默所担心的:"当一条规则或一套规则的实效因道德上的抵制而受到威胁时,它的有效性就可能变成一个毫无意义的外壳。"② 这说明若条款设立不妥,使法律的权威性、实效性大打折扣,其对伦理道德的冲击及对家庭安定所起的负面影响是难以估量的,注定其社会综合效果不佳,得不偿失的。③

不过,我国反家庭暴力的司法实践中已经尝试将社会性别视角纳入具体案件,尤其是在审理因长期家庭暴力引起的以暴制暴案件时,一些法院将"受虐妇女综合征"作为专家证言引入我国正当防卫的可采证据,以确保司法公正,这已是一个可喜的尝试。

"受虐妇女综合征"(Battered Woman Syndrome)是指妇女因受到配偶或情人在身体、性以及情感方面的虐待而致的一种病理和心理状态。这种综合征有时被用作辩护理由,证明其杀死某一男子是出于正当理由。有时候,在狭义上指"受虐妻子综合征",在较广意义上指"受虐配偶综合征"。④ "受虐妇女综合征"原本是一个社会心理学的概念,最早由美国临床心理学家雷诺尔·沃克(Lenore Walker)博士提出,通过暴力循环(Cycle of Violence)和习得无助(Leaned Helplessness)的论证,揭示出妇女在长期暴力关系中的特定经历、感知和行为反应。

暴力循环理论反映了丈夫对妻子的暴力往往呈现出阶段循环式特征。第一阶段为"紧张情绪积蓄期";第二阶段为"暴力殴打期";第三阶

---

① 梁根林:《刑法适用解释规则论》,载《法学》2003年第12期。
② 〔美〕博登海默:《法理学:法律哲学与法律方法》,邓正来译,华夏出版社1989年版,第340页。
③ 屈学武:《死罪、死刑与期待可能性——基于受虐女性杀人命案的法理分析》,载《环球法律评论》2005年第1期。
④ See Bryan A. Garner, Editor in chief, *Black's Law Dictionary* (Seventh Edition). West, a Thomson business. 1999:146.

段是"忏悔原谅后的和好期"。社会生活中,我们看到暴力的发生与循环是在不断升级的,其严重程度也在升级。正是这种周而复始,日益严重的暴力方式,使妇女能感知自己处在何种阶段并预知自己是否会遭到不法侵害。

习得无助论源自心理学者马丁·塞利格曼(Martin Seligman)在60年代曾做过的一个试验:将几条狗放在一个带有电流的铁笼子里。每天不定时电击笼子的各个部位,并随意改变电击频率。一开始这些狗在笼子里试图躲避电击,逃离笼子。但笼子是关着的,经过无数尝试,它们很快明白所做的都是徒劳的。于是它们放弃了积极躲避,而是在遇到电击时,脸朝下趴在笼子里一动不动以减少痛苦。试验一段时间后,他将笼门打开,然而这些狗已无勇气走出笼子了。这个实验被沃克用来解释受虐妇女的心理瘫痪状态。她认为,受虐妇女在经历了认为自己不能控制的长期暴力之后,变得被动、服从和无助,觉得不能对即将发生于自己身上的事情施加任何影响。习得无助论解释了受虐妇女即使遭受了难以忍受的暴力伤害也不愿离开暴力关系的原因,消除了人们对妇女保持受虐关系是因为喜欢挨打的误解,理解她们在有生命危险时为什么不是简单地逃跑而是选择以暴制暴。

20世纪70年代末80年代初,在女性主义法学的影响下,"受虐妇女综合征"从一个社会心理学概念正式成为法律概念。"受虐妇女综合征"最早在法庭上作为可采证据,始于1987年加拿大的R. v. Lavallee案件。本案被告人莱维莉(Lavallee)是一个长期遭受被害人(其同居伴侣)虐待的女性,案发当天晚上,他们在自己家开了一场舞会。大部分客人告辞后,莱维莉和被害人在他们的卧室中发生了争吵。争吵中,被害人向莱维莉挑衅说不是她杀了他,就是他杀了她。莱维莉在事后对警察所作的供述中说被害人用力推她,用手打她的头,还给了她一把装了子弹的枪。当他离开卧室的时候,她从后面向他开了枪,致被害人死亡。严格来讲,莱维莉的射击行为根本不符合传统意义上的正当防卫的适用条件。因为射击是在被害人离开卧室之时,而非正在实施暴力之时,不具备"紧迫性"的要求。因此她面临谋杀罪的指控。但律师出具了大量证据以证明被害人长期对她施暴,并在那天威胁要宰了她。此外,心理学家作为专家证人也出庭证明莱维莉患了明显的"受虐妇女综合征",莱维莉是被"逼到绝路",因不得已反击而杀死被害人的,其行为是合理的,也应是免责的。一审法庭裁定正当防卫的辩护成功,将她无罪释放。但后因专家证言不被采纳,上诉法院于1988年裁定撤销一审判决。1990年,加拿大最高法院采纳了专家证言,支持了莱维莉提出的正当防卫的辩护理由,撤销二审判决,恢复一审判决。莱维莉杀夫案的胜诉,突破了传统法律以男性的视角对正当防卫所下的定义,正当防卫所要求的"紧迫性"和"使用自卫手段的相当性"不适用于受虐妇女,因为其以男性的经历和反应经验作为衡量标准。加拿大最高法院也承认,刑法关于正当防卫的规定,没有考虑女性不同于男性的生理现象和社会经历,对女性来说,这是不公平的。而缺乏性别视角,势必影响法官和陪审团对受虐杀夫的合理性作出准确的判断。

"受虐妇女综合征"以专家证词形式作为证据,在美国、加拿大等国家的刑事诉讼中得到广泛采用,有助于使陪审团和法庭承认并且理解以暴抗暴的受虐妇女的处境和行为,进而利用正当防卫辩护理由将受虐妇女视为正当防卫者。① 应指出的是,这种情形的出现,是一种理性的进步。它以人为本,在司法实践中更为人性化、人道地对传统予以突破变通,集中凸显了社会制度的首要价值,即作为正当防卫制度迫切及时的目的和追求远大终极的正义。

---

① 〔美〕葆拉·F.曼格姆(Paula F. Mangum):《受虐妇女综合征证据的重新概念化:检控机关对有关暴力的专家证词的利用》,黄列译,载《环球法律评论》2003年第2期。

此外，在民事领域，家庭暴力案件发生率高、司法认定率低是一种客观现象，受暴妇女得不到民事司法保护则成为必然结果。目前有学者撰文分析"受虐妇女综合征"理论适用于民事领域的可能性，主张暴力的周期性可以成为法官认定家庭暴力存在的基本证据，从而解决家庭暴力案件证据少、认定难的问题。[①] 文章指出，受虐妇女综合征的两个特点反映了两个事实：暴力的周期性反映了受暴妇女长期遭受家庭暴力的事实；后天无助感反映了受暴妇女无力摆脱施暴人的事实。作者认为，受虐妇女综合征作为刑事诉讼的证明标准，需要满足上述两个特点，才能达到"高度盖然性"或"排除合理怀疑"的证明标准。因为符合受虐妇女综合症特点的女性，其遭受的家庭暴力已经达到了忍无可忍的程度，不杀死施暴者其将无法摆脱被施暴者杀死的危险。暴力的周期性表现了其遭受家庭暴力的时间长度，后天无助感表现了其无法摆脱施暴者的客观状态，因此二者缺一不可。作为民事诉讼的证明标准，作者认为只要满足暴力的周期性的特点，即可达到"优势证据"的证明标准。如果受暴者在不断遭受家庭暴力的过程中，有能力设法摆脱施暴者，比如提起离婚诉讼，当事人则不会发展到刑事犯罪的程度，即不满足"后天无助感"的特点，但"暴力的周期性"可以证明其遭受家庭暴力的事实。家庭暴力案件的特殊性要求其在证明标准上应有别于普通民事案件，即在适当的情况下应采取举证责任倒置的原则。受虐妇女综合征对暴力的周期性进行了详细的描述，只要当事人的陈述符合"暴力的周期性"的特点，法官即可初步认定家庭暴力的存在，从而将举证责任转移给受暴人的配偶，由其证明其未实施家庭暴力的事实。由受过培训的法官审理家庭暴力案件，其对"暴力的周期性"有专业的认

[①] 王竹青、王丽平：《论受虐妇女综合征理论在家庭暴力案件审理中的运用》，载《妇女研究论丛》2013年第5期。

知,对受暴者的陈述可以做出基本判断,由此即考虑了家庭暴力案件的特殊性,又发挥了法官的积极作用,对于改变中国目前家庭暴力案件认定率低的现象应该是一个有效的方法。

基于正义和法律平等保护的理念,应在立法与司法实践中体现出对受虐妇女的人文与法制的关怀。笔者认为,很有必要借鉴国外成熟的理论和司法实践,将"受虐妇女综合征"作为专家证言引入我国正当防卫的可采证据,使受虐妇女获得公正的审判,增强正当防卫的权威性与实效性,亦实现正当防卫的终极目标,也应该将"受虐妇女综合征"理论适用于民事领域,主张暴力的周期性可以成为法官认定家庭暴力存在的基本证据,更加有效保护受虐妇女的合法权益,伸张法律正义。

2008年10月,中国妇女第十次全国代表大会的报告提出了一个鲜明的主张:"大力推动将社会性别意识纳入决策主流",因此,从社会性别的角度审视现行公共政策,使国家制定的法律、出台的政策,都建立在充分考虑其对妇女产生影响的分析基础上,必将逐渐成为一种决策取向。此外,当我们讨论妇女在法律上的地位时,不能仅是分析女性在各种条文和案例中的处境,也必须检讨女性运用法律的机会和参与立法的可能性。女性想要改变命运,似乎总是得站上权力运作的枢纽位置。刘氏一语中的,问"何不让周婆制礼!"这也许正是历史给当今女性最重要的建议![①]

第三节　构建可操作性的防控家庭暴力法律

目前,关注家庭暴力,尤其是夫对妻的暴力已成为我国社会的热点

---

① 参见李贞德:《公主之死——你所不知道的中国法律史》,生活·读书·新知三联书店2008年版,第108页。

问题,2001年修正的《中华人民共和国婚姻法》在总则和第五章新增"禁止家庭暴力"及家庭暴力救助措施和法律责任,明确地规定了居民委员会、村民委员会、公安机关防治家庭暴力的相关职责。2005年修正的《中华人民共和国妇女权益保障法》也新增规定:"禁止对妇女实施家庭暴力"。此外,我国的宪法、民法通则、民事诉讼法、刑法、刑事诉讼法、治安管理处罚法等在实体上或程序上也已有一些反对家庭暴力的相关规定。随着反家庭暴力意识的增强,中国反家庭暴力立法还呈现出地方立法先行的态势。一些省市陆续颁布了具有反家庭暴力内容的地方法规,个别省份已经制定出专门防治家庭暴力的地方法规或条例,包括湖南、陕西、宁夏、辽宁、重庆、四川、沈阳、哈尔滨等省市。地方立法的展开,对控制家庭暴力、救助和保护受害人起到了很大作用,而且,地方立法为我国变革和整合现行法积累了丰富的实践经验。此外,2014年2月27日,最高人民法院召开新闻发布会,向社会通报人民法院近年来打击家庭暴力行为的有关情况,同时公布了十起涉家庭暴力典型案例,在推广审判经验、统一法律适用的同时,在社会营造共同打击家庭暴力行为的舆论氛围。[①]

一、现行防控家庭暴力法律的不足

我国现行法律、法规有关家庭暴力的规定,在保护妇女人身权利、制止家庭暴力方面发挥了重要作用。但是,我国目前的立法现状还有很多不足之处,致使在法律实践中关于对受暴妇女的保护和救济,仍然暴露出诸多问题和困惑,致使受虐妇女陷入一个两难境地:遭受严重暴力侵害时得不到法律和社会的救济,采取私力救助时却受到原本袖手

[①] 张先明:《推广审判经验统一法律适用 最高人民法院公布十起涉家庭暴力典型案例》,载《人民法院报》2014年2月28日第003版。

旁观的法律的严惩。主要体现如下：

第一、没有专门的立法，现行立法可操作性差。

虽然我国防治家庭暴力的立法有着较好的地方实践的基础，但在全国性专门立法层面，尚没有专门的防治家庭暴力的立法。即便是相关的防治家庭暴力的法律法规的立法分散，有的立法内容的规定较为原则和不明确，就造成了法律适用没有统一的尺度，可操作性不强，实践中难于把握。这些有待制定全国性的防治家庭暴力法予以明确规定。

第二，防治家庭暴力的法律机制不健全。

立法没有规定专门的执行机关，关于执法机关在受理家庭暴力案件方面的职责要求规定的不明确，导致执法力度不够，许多家庭暴力案件因部门间相互推诿得不到及时处理。例如：《婚姻法》第43条规定："实施家庭暴力或虐待家庭成员，受害人有权提出请求，居民委员会、村民委员会以及所在单位应当予以劝阻、调解。对正在实施的家庭暴力，受害人有权提出请求，居民委员会、村民委员会应当予以劝阻；公安机关应当予以制止。实施家庭暴力或虐待家庭成员，受害人提出请求的，公安机关应当依照治安管理处罚的法律规定予以行政处罚。"上述法律条文形式上为受害人提供了救济途径，但是相关组织和公权力机构坚持"不告不理"的态度，无法真正遏制家庭暴力行为。

第三，诉讼程序不尽合理。

我国刑事法律在诉讼程序上将家庭暴力造成轻微伤害和轻伤害的案件列为自诉案件，实行"不告不理"原则，司法机关介入这些案件是以受害人的告诉为前提的。但是，受我国传统文化中"夫妻打架乃家务事"观念的影响，再加之各种各样的因素，实践中，检察机关在处理这类案件时，往往不提起公诉。而受害妇女本身由于和施暴者的特殊关系，再加之考虑到孩子，考虑到自身安全、社会舆论等各方面的因素，在这种矛盾心理支配下，往往是宁愿忍气吞声，也不愿将丈夫告上法庭。由此导致一部分施暴者不能得到法律惩罚,从而影响了法律威慑、惩戒作用的发挥,影响了法律有效预防、遏制此类暴力行为的发生。

第四,对家庭暴力受害人的救助措施不健全。

现行有关反家庭暴力的法律规定主要适用于对施暴者事后制裁,而对暴力行为持续发生过程的干预较少,缺少有效、及时遏制家庭暴力的法律措施。因而对受虐妇女的保护不到位、不及时。这方面可以适用的是《治安管理处罚法》第45条的规定,但还必须以造成轻微伤为适用前提。而公安派出所机构以及妇联、居委会所能做的只能是调解或者让施暴丈夫写保证书,但这种调解或保证书没有任何强制力和约束力,因而经常有前脚写了保证书,后脚回家继续施暴的情形。

第五,家庭暴力施暴人的法律责任承担机制不完善。

我国《婚姻法》、《治安管理处罚法》与《刑法》等对家庭暴力施暴人建立了民事、行政与刑事等方面的法律责任承担机制,但是,依然存在一些不足。例如,《婚姻法》中对家庭暴力施暴人的民事损害赔偿责任的范围、具体赔偿形式及数额没有明确的规定,在司法实践中不能真正保护受害人的权益;《治安管理处罚法》规定公安机关不能主动对虐待家庭成员的行为人予以处罚,只有在被虐待人提出要求的情况下,公安机关才能对行为人实施行政处罚。而且《治安管理处罚法》规定殴打或伤害他人身体的处5日以上10日以下拘留,并处200元以上500元以下罚款,对虐待家庭成员的行为处罚过轻,不但使得家庭暴力施暴人的行政责任大打折扣,甚至有放纵的嫌疑;家庭暴力施暴人可能承担的刑事罪名多数是针对一般主体的规定,只有虐待罪规定了特殊主体——共同生活的家庭成员,而且定罪标准较高,并且需要受害人自诉法院才能受理。这样的规定虽然在形式上赋予受虐妇女权利,但在实际操作中往往由于标准过高而难于追究施暴人的刑事责任。另外,许多严重的家庭暴力行为兼具故意杀人罪、故意伤害罪和虐待罪的构成要件,但在司法实践中,相当数量的此类案件是以虐待罪定罪量刑,造成了对具备故意伤害特征的施暴者量刑过轻。[①] 现实情况下,绝大多数的家庭暴力行为比较轻微,达不到《治安管理处罚法》和《刑法》规定的最低标准而得不到任何处罚。因此,我国需要完善家庭暴力施暴人的法律责任承担机制,在民事责任承担方面细化损害赔偿责任的形式、内涵、范围甚至数额,为受害人维权提供依据;在行政责任承担方面加强行政机关介入的强度和处罚的力度,真正维护受害人的人身权益;在刑事责任承担方面则应摒弃以虐待罪吸收故意杀人罪、故意伤害罪、非法拘禁罪的司法裁断理念,而应以数罪并罚的方式,加大对恶性家庭暴力行为的惩罚力度,健全对家庭暴力施暴人的法律责任承担机制,减少甚至避免家庭暴力行为。

二、防控家庭暴力法律要凸显可操作性

在防治家庭暴力的不足中,最突出的问题是针对禁止家庭暴力的条款总体上只是原则性的规定,现行反家庭暴力的法律体系对受暴妇女的保护和救济缺乏整体性规范,可操作性不强。可喜的是,针对我国现有法律法规对反家庭暴力方面可操作性不强的情况,2008年3月,最高人民法院中国应用法学研究所发布《涉及家庭暴力婚姻案件审理指南》(下文简称《审理指南》)。《审理指南》除规定家庭暴力的定义、审理涉及家庭暴力的婚姻家庭案件的基本原则和要求、证据、财产分割、子女抚养和探视、调解等诸多方面外,还考虑到离婚诉讼的提起可能激怒加害人,导致针对受害人的"分手暴力",于是规定了"人身安全保护措施"一章,这也是《审理指南》最大的亮点。该章对"人身安全

---

① 例如,2009年10月19日,董珊珊被其丈夫王光宇殴打致死。2010年7月2日,北京市朝阳区人民法院以虐待罪一审判处王光宇有期徒刑6年6个月,同年9月北京市第二中级人民法院二审维持原判。

保护裁定①"的申请条件、审查重点、裁定内容、生效执行、违反裁定所应承担的责任等内容作了全面规定。

在《审理指南》的指导下,我国若干试点法院核发"人身安全保护裁定"以保护家庭暴力受害人的合法权益。我国第一道"人身保护令"于2008年8月6日,由江苏省无锡市崇安区法院据受害人陈某的申请签发。该裁定禁止作为丈夫的被申请人许某殴打与威胁妻子陈某,首次在民事诉讼中将人身安全司法的保护延伸至家庭内部及案件开庭审理之前。2008年的9月26日,第二份"人身安全保护裁定"由试点法院湖南省长沙市岳麓区法院核发,该裁定得到当地公安机关的积极配合。2008年10月22日,重庆市渝中区法院就徐某诉王某离婚纠纷等四起涉及家庭暴力的婚姻案件进行开庭审理,并分别作出禁止被告殴打、威胁原告等四份"人身安全保护裁定"。这些"人身安全保护裁定"有效保护了家庭暴力受害人,在全社会受到了普遍关注并引起热烈的反响,多家媒体予以集中报道。②

笔者以"民事保护令"制度在美国和我国台湾地区的适用为例,系统介绍一下该制度,并尝试探讨如何凸显防控家庭暴力法律的可操作性。

美国最早进行防控家庭暴力的立法,最先规定了民事保护令制度。美国最早进行防控家庭暴力的立法,最先规定了民事保护令制度。在美国历史上,起初也是承袭英国普通法中的"拇指条款"(the rule of

---

① "人身安全保护裁定"是一种民事强制措施,是人民法院为了保护家庭暴力受害人及其子女和特定亲属的人身安全、确保民事诉讼程序的正常进行而做出的裁定。在国外的家庭暴力案件中,通常由民事庭法官核发保护特定人免受家庭暴力侵害的命令或裁判,因此也被称为"民事保护令"。美国最早进行防控家庭暴力的立法,最先规定了民事保护令制度,我国的台湾地区在亚洲最早引进民事保护令制度并加以完善,有效地保护了家庭暴力受害人。

② 笔者认为,国内媒体在报道法院核发的"人身安全保护裁定"时,通常称之为"人身保护令",这是非常不妥的,因为,人身保护令(Habeas Corpus)作为普通法古老的特权令状,它是指由法院向羁押者签发一份命令,要求羁押者将被羁押者提交法院以审查羁押的合法性。该令状的基本功能在于释放受非法拘押的人。

thumb),认为丈夫可以用不超过拇指粗的棍棒来惩戒妻子,从而将家庭暴力视为简单的家庭隐私。直到1871年,在阿拉巴马州的Falugham v. State案中,法院才承认妻与夫应享有同等的受保护的权利。20世纪后期,在女性主义学者倡导下,美国开始了防控家庭暴力的立法。在州的层面上,1976年宾夕法尼亚州通过《防止虐待法》(the Protection from Abuse Act),准许妇女可以不必先提出离婚或婚姻解消之请求,而单独向民事法院申请民事保护令,至1989年年底所有的州已通过有关民事保护令的相关立法。在联邦的层面上,1994年美国国会批准《针对妇女的暴力法案》(the Violence against Women Act),对各州民事保护令效力予以进一步明确,要求各州建立有效的民事保护令制度,各州必须信守及承认其他州所核发保护令的效力,这为解决美国家庭暴力问题提供了更为有力的法律保障。1994年美国联邦政府又颁布《家庭暴力示范法》(Model Code on Domestic and Family Violence)[1]供各州参考之用,主要是对家庭暴力的受害人提供公平、迅速及有效的保护方式,并致力于防范未来的家庭暴力,[2]该示范法规定了民事保护令制度,综合实体法与程序法,对家庭暴力采取提前介入的方法,旨在预防暴力,为被害人提供最全面的保护。[3] 民事保护令制度并没有排除家庭暴力受害人的其他民事或刑事的救济程序,且由于其能提供快捷有效的救济,目前已经成为家庭暴力受害人最直接、最有效的法律救济途径。

---

[1] 共5章,分别为一般条款(General Provision)、刑罚与程序(Criminal Penalties and Procedures)、民事保护令(Civil orders for Protection)、家庭与儿童(Family and Children)、预防与处遇(Protection and Treatment)。

[2] *Model Code On Domestic And Family Violence*;section 101.
at http://www.ncifci.org/images/stories/dept/fvd/pdf/modecode_fin_prineable.pdf.

[3] 〔美〕曼格姆:《受虐妇女综合征证据的重新概念化:检控机关对有关暴力的专家证词的利用》,黄列译,载《环球法律评论》2003年第2期。

由于美国各州法律并不相同,且大多未制定单独的家庭暴力防治法,相关法令散见于民事法、刑事法、诉讼法、社会安全法、移民法及其他法规中。因此,笔者仅以 1994 年美国联邦政府颁布的《家庭暴力示范法》第三章为例,主要对民事保护令的种类、内容、申请及效力存续期间等进行梳理,以窥民事保护令在美国的适用:

民事保护令分为紧急保护令(emergency order for protection)和保护令(order for protection)两种。其中保护令又根据是否经通知或审理程序分为一造保护令(order for protection ex parte)[①]和完全保护令。紧急保护令是指当司法警察亲自或以电话向法院申请,而法院依据合理理由,相信请求人有受其他家人或家属家庭暴力之即时危险时,法院即得以书面或口头发出紧急保护令;保护令是指法院依请求人的申请经通知被告到庭审理,经审理程序后所核发的命令。但于法院认为有保护申请人之必要时,在不经通知或审理程序的情形下,可立即核发一造保护令或修改一造保护令。依《家庭暴力示范法》第 306 条的注释(commentary):"一造保护令只有在法院认定有核发此命令以保护申请人的必要时,才可不经通知或审理而核发……有迹象显示,如果要求给予通知,并行完全的审理程序后才能核发法律保护时,纵使不会危害受害人的生命,也会危害其安全。因此,本示范法要求请求人在核发或修改一造保护令前,只要初步陈明(make a prime facie showing)其有接受保护令的资格及有必要核发命令以避免将来的暴力即可。"而完全保护令则是指法院已发出通知或为审理程序后,不问被告是否到庭而核发或修改的保护令。

因法院是否经通知或审理程序,保护令的内容是各不相同的。紧

---

① ex parte order:依单方申请而作出的命令。指法庭根据诉讼一方当事人的申请而未通知另一方即作出的命令。

急保护令包括如下七项内容：禁止被告对请求人及特定的家人或家属实施家庭暴力；禁止被告直接或间接地对于请求人进行骚扰、通话、接触或其他的联络行为；命令被告迁出请求人的居所，不管被告是否有该居所之所有权；命令被告远离请求人的居所、学校、工作场所或其他请求人及其特定家人或家属经常出入之特定场所；命令被告交出使用的汽车及个人财产，而不管谁是财产的所有权人，且指派合适的司法警察陪同请求人至被告所在处，确保请求人安全的取得居所、汽车及个人财产，或监督请求人或被告移出其个人所有物；授权请求人对未成年子女享有暂时监护权；当法院认为必须保护并提供请求人及其特定家庭成员安全时可以发出命令。在未经法院通知或审理程序的情形时，法院核发的一造保护令的内容除上述七项内容外还包括禁止被告使用或持有法院所特定的火器枪支或其他武器。而完全保护令的内容，除一造保护令可核发的八项内容外，还包括如下五项内容：明确被告探视未成年子女的方式和要求第三人监护该探视或认为保护申请人及未成年子女之必要时，得驳回探视；命被告负担律师费；令被告支付申请人居所的租金及抵押贷款，以及被告有扶养责任时，支付申请人及未成年子女的抚养费；令被告补偿申请人或其他人因家庭暴力所支出的费用，包括但不限于医疗费用、顾问费、避难费以及恢复财产之损害的费用；令被告支付申请人因申请保护令所支出之费用。

  保护令的申请人是家庭暴力的受害人及遭受家庭暴力侵害的未成年人的父、母、监护人或其他代理人，紧急保护令的申请人则只能是司法警察。保护令的效力存续至法院核发另一个命令为止，也即一造保护令和完全保护令的存续期间均至法院另为其他命令时才失其效力。而法院在受理紧急保护令的申请后，应于 24 小时内核发，且紧急保护令自签发起，效力为 72 小时。

  我国台湾地区是亚洲大陆法系中最早完成民事保护令立法的地

区。其立法起因是1993年10月27日发生的邓如雯杀夫案,[1]台湾地区当局开始认为必须通过健全法律才能保障遭受家庭暴力侵害的妇女及家庭成员的人身安全及人权保障。于是,台湾地区开始了《家庭暴力防治法》的立法运动,1998年5月28日,《家庭暴力防治法》(下文简称旧法)主要以美国《家庭暴力示范法》为蓝本,经"立法院"三读通过,于同年6月24日公布。[2] 2007年3月5日,修正后的《家庭暴力防治法》(下文简称新法)经立法院三读通过,并于同年3月28日公布当日施行。新法已由旧法的54个条文增加为66个条文,且原有条文亦有多处增修、删减,共有七章,第一章为通则、第二章为民事保护令、第三章为刑事程序、第四章为父母子女、第五章为预防及处遇、第六章为罚则、第七章为附则。其中,第四章与第五章章名酌作文字修改,且增加第二章第二节"执行"的规定。旧法与新法皆以引进英美法系的民事保护令制度为其最重要的内容。民事保护令制度主要涉及保护令的种类、申请、管辖法院、核发、内容、效力存续期间与撤销、变更或延长程序、执行与法律责任等多个方面。

台湾地区为了配合新法,尤其是配合民事保护令制度的实施,2007年9月28日内政部发布《行政机关执行保护令及处理家庭暴力案件办法》[3]、2007年10月2日内政部修正《家庭暴力防治法施行细则》、2007年11月2日法务部修正《检察机关办理家庭暴力案件注意事项》[4]、

---

[1] 邓如雯长期遭受来自于丈夫林阿棋的暴力虐待,却由于当时相关法律的救济不足而求助无门,以致犯下杀夫案。

[2] 共有7章54条,分别为通则、民事保护令、刑事程序、父母子女和解调解程序、预防与治疗、罚则、附则。依该法第54条第2项的规定,第2章至第4章、第5章第40条、第41条、第6章自公布后一年施行外,其余内容于公布之日施行。

[3] 《行政机关执行保护令及处理家庭暴力案件办法》是依1999年内政部的《警察机关执行保护令及处理家庭暴力案件办法》修正而成,而《警察机关执行保护令及处理家庭暴力案件办法》亦同时废止。

[4] 2009年1月6日,法务部又对其第16条与第18条的内容作了修正。

2007年11月14日司法院修正《法院办理家庭暴力案件应行注意事项》、2008年6月6日卫生署修正《家庭暴力加害人处遇计划规范》等，"透过民事保护令之运作，司法、警政、社政及医疗机关已改变其消极不介入家庭暴力事件之传统处理方式，各自依法担负起为被害人申请保护令、核发保护令、执行保护令等职责，让公权力介入家庭，积极面对并努力解决家庭暴力问题，家庭暴力之整体防治网络也渐渐成形。"[①]虽然民事保护令制度只是暂时保护家庭暴力被害人，但由于它能为家庭暴力被害人提供较传统法律更为快捷有效的救济途径，因此被家庭暴力的被害人广泛采用。民事保护令的救济范围相当广泛，被害人可以根据侵害行为的严重程度，请求法院核发相应的保护令，法院斟酌核发一种或多种救济，使被害人远离暴力，免受再次伤害，违反者应承担刑事或民事责任。这样就可让被害人在保护令有效期间内继续安居家中，也可以使加害人在保护令的有效期间离家，并接受适当的治疗辅导。这种救济与传统法律仅能提供金钱赔偿、准许离婚、刑事处罚等事后补偿或处置相比较，显然更具有根本防治暴力的效果。而且民事保护令制度重在事先预防，它与传统法律对家庭暴力行为的事后处罚的救济途径并不冲突，且相辅相成。

在我国大陆现行的法律制度下，家庭暴力受害人在遭受暴力侵害时，或由国家公权力介入追究加害人刑事责任、或由受害人提起民事诉讼或刑事自诉，如果受害人与加害人存在配偶关系，也可以提起离婚诉讼，当然也可能由公安机关对加害人施以治安处罚。但这些法律制度缺乏整体的规范、救助措施也不完善、不能够对家庭暴力受害人提供充分的救济。例如，除公安机关将加害人治安拘留或刑事拘留外，其它处

[①] 高凤仙：《我国民事保护令制度之分析研究》，载《司法研究年报第二十二辑第一篇》，毓鸿印刷股份有限公司2002年版，第286页。

理方式都不能使受害人尽速远离加害人。而公安人员在处理家庭暴力案件时,也往往持消极的想法,通常仅能发挥短暂隔离的作用。此外,诉讼程序还要经历一审、二审,特别是刑事自诉及其他民事案件,一些法官认为家庭暴力是夫妻之间的事或家庭内部的事,往往一味调解和好,使其撤诉,而受害人只有在因家庭暴力导致离婚时,才能请求离婚损害赔偿。在漫长的诉讼程序期间,受害人时时面临加害人的侵害而无处逃避,若为逃避到处藏匿的话,则会失去行动自由、正常的生活、甚至是赖以生存的工作,加害人反而自由自在,即便最后被确定判刑,也往往刑期不长,甚至可能只是短期拘役或者缓刑,这不仅不能控制家庭暴力,反而可能使加害人并无畏惧之心,甚至变本加厉,若受害人不愿任凭伤害则可能铤而走险,由家庭暴力受害人反而变成了加害人。

我国的《审理指南》首次提出了类似于民事保护令的"人身安全保护措施"概念,并赋予公安机关积极的职能,规定人民法院将人身安全保护裁定抄送辖区公安机关的同时,函告辖区的公安机关保持警觉,履行保护义务。公安机关拒不履行必要的保护义务,造成申请人伤害后果的,受害人可以以公安机关不作为为由提起行政诉讼,追究相关责任。《审理指南》规定的"人身安全保护措施"发布后得到了各方面的积极反响,目前,已有几十个基层、中级、高级法院表示,将把该指南作为审理相关案件的重要参考,并在判决书的说理部分引用指南的内容,作为重要论据。但是,《审理指南》在很大程度上只能起到宣示的意义,因为其只是法院内部的指导性文件,为法院审理相关案件时提供参考,不具有普遍的适用效力,其"人身安全保护措施"章规定的内容也有缺陷,[①]同时也

[①] 如第31条规定"人身安全保护裁定的申请,可以在离婚诉讼提起之前、诉讼过程中或者诉讼终结后的6个月内提出。诉前提出申请的,当事人应当在人民法院签发人身保护裁定之后15日之内提出离婚诉讼。逾期没有提出离婚诉讼的,人身安全保护裁定自动失效。"可见人身安全保护裁定只能在当事人决意离婚时才可以申请,但家庭暴力并不必然导致离婚,这样就大大限制了民事保护令的保护范围。

欠缺制度保障，执行中也存在责任不明确的问题，但其毕竟迈出了非常难得的第一步。

据不完全统计，自2008年全国法院启动涉家庭暴力婚姻案件审理试点工作以来，试点法院从9家增加至73家，共发出人身安全裁定超过500份。① 2014年2月27日，最高人民法院公布十起涉家庭暴力典型案例中，第六个案例就是《钟某芳申请诉后人身安全保护案——诉后人身安全保护裁定制止"分手暴力"》，法院经审理认为，申请人钟某芳在离婚后仍然被前夫陈某无理纠缠，经常遭其辱骂、殴打和威胁，人身自由和社会交往仍受前夫的限制，是典型的控制型暴力行为受害者。为保护申请人的人身安全，防止"分手暴力"事件从民事转为刑事案件，法院裁定：禁止被申请人陈某骚扰、跟踪、威胁、殴打申请人钟某芳，或与申请人钟某芳以及未成年子女陈某某进行不受欢迎的接触；禁止被申请人陈某在距离申请人钟某芳的住所或工作场所200米内活动；被申请人陈某探视子女时应征得子女的同意，并不得到申请人的家中进行探视。该保护令的有效期为六个月。经跟踪回访，申请人此后再没有受到被申请人的侵害或骚扰。②

另外，我国学者在制定《家庭暴力防治法》或《民法典》的立法进程，以及一些地方立法中显现了设立保护令制度。如中国法学会"反对针对妇女的家庭暴力对策研究与干预"项目理论研究小组制定的《中华人民共和国家庭暴力防治法》专家建议稿，共8章112条。其中，第四章第一节"民事保护令"(第36—59条)系统规定了民事保护令，包括保护令的含义、申请人的范围、申请的形式、管辖、保护令的审理、保护令的

---

① 袁定波：《6年发涉家暴人身安全裁定超500份》，载《法制日报》2014年2月28日第005版。

② 张先明：《推广审判经验统一法律适用 最高人民法院公布十起涉家庭暴力典型案例》，载《人民法院报》2014年2月28日第003版。

内容、临时保护令、保护令的效力、保护令的送达期限、保护令的撤销、变更或延长等内容。再如，徐国栋教授主持的《绿色民法典草案》第五章"家庭暴力的防治与救助"第294—298条分别规定了民事禁令、做出民事禁令的提示性规定、禁令期间、民事拘留、拘留的执行等。[①] 2014年3月，广东省妇联力推反家暴立法，《广东家庭暴力防治条例》（建议稿）初步形成，其特点之一就是"讲究实操性，力求提出的具体条文都是在现实中有实操性的，如对人身安全保护裁定的规定，是从广东近几年试点家事审判合议庭工作中总结出的具有操作性的措施。[②]"

构建严密有效的反家庭暴力法律防控机制，既是法治国家之所需，也是两性平等之所盼。我们要根除家庭暴力，保护受害人及其子女的安全，威慑加害人不再继续侵害，仅仅依靠制裁已发生的暴力是不够的，亟需在传统法律的救济之外寻求新的法律救济手段。民事保护令制度能在家庭暴力加害人和受害人之间建起了一道法律的防火墙，加害人一旦违反保护令设下的行为限制，即使没有施加具体的暴力行为，也将遭到严厉的制裁，可能遭到逮捕甚至刑事追诉。即使在合法的婚姻关系存续下，由于民事保护令的核发，加害人也难以和受害人进行接触，从而减少受害人可能遭受侵害的风险。在英美国家，尤其是在我国的台湾地区，反家庭暴力立法中的民事保护令制度在法律体系上与原有制度相得益彰，对于及时制止家庭暴力、保护受害人的合法权益发挥了举足轻重的作用。我们大陆应借鉴民事保护令制度在英美国家及台湾地区的成功实践，将民事保护令制度通过立法的形式固定下来，并对其内容及程序作出具体完善的规定，同时通过民事保护令制度的运作，让公权力介入家庭，改变其传统的处理家庭暴力的方式，并使得民事保

[①] 徐国栋：《绿色民法典草案》，社会科学文献出版社2004年版，第222—348页。
[②] 林志文：《广东省妇联力推反家暴立法 广东家庭暴力防治条例建议稿初步形成》，载《中国妇女报》2014年4月3日第A02版。

护令制度与传统法律规定相互配合,以维护家庭暴力受害人的权益,促进家庭及社会的和谐。不过,在司法实践中,民事保护令虽是有效制止家庭暴力立法对策之一,但在制止家庭暴力及其执法方面却面临着诸多困境,如缺乏综合、协调性立法系统,未建立有效的干预机制,举证责任制度构建困难等。因此,实施民事保护令应从建立制止家庭暴力合议庭,规范立法研究机制与合理的评估指标,完善民事保护令操作模式等方面突破障碍、改进对策,在立法与执法中,只有充分导入多元研究因素才能有效地推进民事保护令的有效实施。[1]

另外,我国应尽快加快立法进程,尽早出台全国性《家庭暴力防治法》,从立法层面完善防治家庭暴力的工作机制,明确界定家庭暴力的认定范围,规定各部门的各自职责及责任追究机制,完善家庭暴力受害人救助的配套机制,增强可操作性。然而,尽管十一届全国人大常委会分别于2012年和2013年将制定反家庭暴力法列入立法工作计划预备审议项目,但因条件不成熟而未能立法。2013年,反家庭暴力法再次被推动,列入十二届全国人大常委会五年立法计划,但仍是第二类立法项目(条件成熟时提请审议),这意味着我国反家庭暴力立法的过程依然面临诸多挑战,我们建立防控家庭暴力的法律机制任重而道远。

---

[1] 李秀华:《人身保护令准入反对家庭暴力立法维度的困境与对策》,载《中华女子学院学报》2013年第6期。

参考文献

一、基本资料

1. 中国第一历史档案馆"内阁汉文题本刑科命案类婚姻奸情专题"档案。
2. [清]祝庆棋、鲍书芸、潘文舫、何维楷编：《刑案汇览三编》，北京古籍出版社2004年版。
3. [清]全士潮等编：《驳案汇编》，何勤华等点校，法律出版社2009年版。
4. [清]许梿、熊莪编：《刑部比照加减成案》，何勤华等点校，法律出版社2009年版。
5. 郑秦、赵雄编：《清代"服制"命案——刑科题本档案选编》，中国政法大学出版社1999年版。
6. 杜家骥编：《清嘉庆朝刑科题本社会史料辑刊》，天津古籍出版社2008年版。
7. 《大清律例统纂集成》
8. 《大清会典事例》
9. 《大清律例》，田涛、郑秦点校，法律出版社1999年版。
10. [清]沈之奇：《大清律辑注（上、下）》，怀效锋、李俊点校，法律出版社2000年版。
11. [清]薛允升：《读例存疑》，光绪三十一年京师刊本。
12. [清]薛允升：《唐明律合编》，怀效锋、李鸣点校，法律出版社1999年版。
13. [清]王明德：《读律佩觿》，何勤华等点校，法律出版社2001年版。
14. [清]王又槐：《办案要略》，华东政法学院语文教研室注，群众出版社1987年版。
15. 沈家本：《历代刑法考》，邓经元、骈宇骞点校，中华书局1985年版；商务印书馆2011年版。
16. 马建石、杨育棠编：《大清律例通考校注》，中国政法大学出版社1992年版。

17.《诗经》

18.《礼记》

19.《仪礼》

20.《尚书》

21.《论语》

22.《易传》

23.《左传》

24.《汉书》

25.《管子》

26.《列子》

27.《女诫》

28.《睡虎地秦墓竹简》,文物出版社 1978 年版。

29.《张家山汉墓竹简》,文物出版社 2001 年版。

30.《唐律疏议》,刘俊文点校,法律出版社 1999 年版。

31.《续资治通鉴长编》

32.《元典章》

33.《元史》

34.《大明律》,怀效锋点校,法律出版社 1999 年版。

35.《清实录》

36.《清史稿》

37.《民事习惯调查报告录》,胡旭晟、夏新华、李交发点校,中国政法大学出版社 2000 年版。

38.[宋]朱熹、吕祖谦编:《近思录》。

39.[清]李渔:《资治新书》。

40.[清]田文镜:《抚豫宣化录》。

41.[清]黄六鸿:《福惠全书》。

42.[清]汪辉祖:《佐治药言》。

43.[清]沈起凤:《谐铎》。

二、著作及译著类

1.陈顾远:《中国婚姻史》,台湾商务印书馆 1983 年版;商务印书馆 2014 年版。

2.张伟仁:《清代法制研究》,台湾中研院历史语言研究所 1983 年版。

3.朱勇:《清代宗族法研究》,湖南教育出版社 1988 年版。

4. 范忠信、郑定、詹学农:《情理法与中国人——中国传统法律文化探微》,中国人民大学出版社 1992 年版。
5. 陶毅、明欣:《中国婚姻家庭制度史》,东方出版社 1994 年版。
6. 董家遵:《中国古代婚姻史研究》,广东人民出版社 1995 年版。
7. 梁治平:《清代习惯法:社会与国家》,中国政法大学出版社 1996 年版。
8. 张晋藩:《中国法律的传统与近代转型》,法律出版社 1997 年版。
9. 梁治平:《寻求自然秩序的和谐——中国传统法律文化》,中国政法大学出版社 1997 年版。
10. 费孝通:《乡土中国生育制度》,北京大学出版社 1998 年版。
11. 瞿同祖:《瞿同祖法学论著集》,中国政法大学出版社 1998 年版。
12. 定宜庄:《满族的妇女生活与婚姻制度研究》,北京大学出版社 1999 年版。
13. 郑秦:《清代法律制度研究》,中国政法大学出版社 2000 年版。
14. 苏亦工:《明清律典与条例》,中国政法大学出版社 2000 年版。
15. 张中秋:《中西法律文化比较研究》,南京大学出版社 2000 年版。
16. 郭松义:《伦理与生活——清代的婚姻关系》,商务印书馆 2000 年版。
17. 王跃生:《十八世纪中国婚姻家庭研究——建立在 1781－1791 年个案基础上的分析》,法律出版社 2000 年版。
18. 钱穆:《中国历史研究法》,生活·读书·新知三联书店 2001 年版。
19. 范忠信:《中国法律传统的基本精神》,山东人民出版社 2001 年版。
20. 范忠信:《中西法文化的暗合与差异》,中国政法大学出版社 2001 年版。
21. 吕思勉:《中国制度史》,上海教育出版社 2002 年版。
22. 公丕祥:《东方法律文化的历史逻辑》,法律出版社 2002 年。
23. 曹旅宁:《秦律新探》,中国社会科学出版社 2002 年版。
24. 金天翮:《女界钟》,上海古籍出版社 2003 年版。
25. 瞿同祖:《中国法律与中国社会》,中华书局 2003 年版;商务印书馆 2010 年版。
26. 张中秋:《比较视野中的法律文化》,法律出版社 2003 年版。
27. 王跃生:《清代中期婚姻冲突透析》,社会科学文献出版社 2003 年版。
28. 王志强:《法律多元视角下的清代国家法》,北京大学出版社 2003 年版。
29. 那思陆:《清代中央司法审判制度》,北京大学出版社 2004 年版。
30. 姚平:《唐代妇女的生命历程》,上海古籍出版社 2004 年版。
31. 夏晓虹:《晚清女性与近代中国》,北京大学出版社 2004 年版。
32. 徐国栋:《绿色民法典草案》,社会科学文献出版社 2004 年版。

33. 陈鹏:《中国婚姻史稿》,中华书局 2005 年版。

34. 徐永康等:《法典之王——〈唐律疏议〉与中国文化》,河南大学出版社 2005 年版。

35. 郭松义、定宜庄:《清代民间婚书研究》,人民出版社 2005 年版。

36. 何勤华:《中国法学史》,法律出版社 2006 年版。

37. 黄静嘉:《中国法制史论述丛稿》,清华大学出版社 2006 年版。

38. 常建华:《清代的国家与社会研究》,人民出版社 2006 年版。

39. 常建华:《婚姻内外的古代女性》,中华书局 2006 年版。

40. 徐忠明:《案例、故事与明清时期的司法文化》,法律出版社 2006 年版。

41. 赖惠敏:《但问旗民:清代的法律与社会》,五南图书出版股份有限公司 2007 年版。

42. 刘燕俪:《唐律中的夫妻关系》,五南图书出版股份有限公司 2007 年版。

43. 余新忠:《中国家庭史 第四卷明清时期》,广东人民出版社 2007 年版。

44. 陈登武:《从人间世到幽冥界:唐代的法制、社会与国家》,北京大学出版社 2007 年版。

45. 陈惠馨:《传统个人、家庭、婚姻与国家:中国法制史的研究与方法》,五南图书出版股份有限公司 2007 年版。

46. 周安平:《性别与法律——性别平等的法律进路》,法律出版社 2007 年版。

47. 陈新宇:《从比附援引到罪刑法定——以规则的分析与案例的论证为中心》,北京大学出版社 2007 年版。

48. 沈大明:《〈大清律例〉与清代的社会控制》,上海人民出版社 2007 年版。

49. 陈惠馨:《法律叙事、性别与婚姻》,元照出版有限公司 2008 年版。

50. 李贞德:《公主之死——你所不知道的中国法律史》,生活·读书·新知三联书店 2008 年版。

51. 柳立言:《宋代的家庭和法律》,上海古籍出版社 2008 年版。

52. 徐忠明:《情感、循吏与明清时期司法实践》,上海三联书店 2009 年版。

53. 阿风:《明清时代妇女的地位与权利——以明清契约文书、诉讼档案为中心》,社会科学文献出版社 2009 年版。

54. 〔法〕西蒙·德·波娃:《第二性——女人》,桑竹影、南珊译,湖南文艺出版社 1986 年版。

55. 〔美〕博登海默:《法理学:法律哲学与法律方法》,邓正来译,华夏出版社 1989 年版。

56. 〔美〕S. 斯普林克尔:《清代法制导论——从社会学角度加以分析》,张守东译,中国政法大学出版社 2000 年版。

57.〔美〕黄宗智:《清代的法律、社会与文化:民法的表达与实践》,上海书店出版社 2001 年版。

58.〔美〕黄宗智:《法典、习俗与司法实践:清代与民国的比较》,上海书店出版社 2003 年版。

59.〔日〕滋贺秀三:《中国家族法原理》,张建国、李力译,法律出版社 2003 年版;商务印书馆 2013 年版。

60.〔美〕D. 布迪,C. 莫里斯:《中华帝国的法律》,朱勇译,江苏人民出版社 2003 版。

61.〔美〕曼素恩:《缀珍录:十八世纪及其前后的中国妇女》,定宜庄译,江苏人民出版社 2004 年版。

62.〔美〕史景迁:《王氏之死:大历史背后的小人物命运》,李璧玉译,上海远东出版社 2005 年版。

63.〔美〕白馥兰:《技术与性别:晚期帝制中国的权力经纬》,江湄、邓京力译,江苏人民出版社 2006 年版。

64.〔美〕白凯:《中国的妇女与财产:960－1949》,上海书店出版社 2007 年版。

65. Matthew H. Sommer, *Sex, Law, and Society in Late Imperial China*, Stanford University Press, 2002.

三、编著类

1. 张晋藩编著:《中国法制通史》,法律出版社 1999 年版。

2. 费成康编著:《中国的家法族规》,上海社会科学院出版社 2002 年版。

3. 杜芳琴编著:《中国历史中的妇女与性别》,天津人民出版社 2004 年版。

4. 何勤华编著:《法律文化史研究》(第二卷),法律出版社 2005 年版。

5. 曾宪义编著:《法律文化研究》(第三辑),中国人民大学出版社 2007 年版。

6. 中南财政法大学法律文化研究院编著:《中西法律传统》(第六卷),北京大学出版社 2008 年版。

7. 陈金全、汪世荣编著:《中国传统司法与司法传统》,陕西师范大学出版社 2009 年版。

8.〔美〕黄宗智、尤陈俊编著:《从诉讼档案出发:中国的法律、社会与文化》,法律出版社 2009 年版。

四、论文类

参考文献

1. 赵毅、赵轶峰：《悍妻与十七世纪前后的中国社会》，载《明史研究》1995年第4期。
2. 强世功：《文学中的法律：安提戈涅、窦娥和鲍西亚——女权主义的法律视角及检讨》，载《比较法研究》1996年第1期。
3. 王跃生：《清代中期妇女再婚的个案分析（之二）》，载《中国社会经济史研究》1999年第1期。
4. 何勤华：《清代法律渊源考》，载《中国社会科学》2001年第2期。
5. 佟新：《女性的生活经验与女性主义认识论》，载《云南民族学院学报》（哲学社会科学版）2002年第3期。
6. 〔美〕Paula F. Mangum：《受虐妇女综合征证据的重新概念化：检控机关对有关暴力的专家证词的利用》，黄列译，载《环球法律评论》2003年第2期。
7. 张军周、林杨：《美国刑法中受虐妇女与自身防卫问题之研究》，载《政法学刊》2003年第3期。
8. 梁根林：《刑法适用解释规则论》，载《法学》2003年第12期。
9. 宋立中：《清末民初江南婚姻礼俗嬗变探因》，载《浙江社会科学》2004年第2期。
10. 屈学武：《死罪、死刑与期待可能性——基于受虐女性杀人命案的法理分析》，载《环球法律评论》2005年第1期。
11. 刘练军：《冤案与话语权——围绕女性立场而对杨乃武案的一个分析》，载《法学》2005年第11期。
12. 赵浴沛：《试论两汉家庭暴力》，载《河南师范大学学报》（哲学社会科学版）2007年第1期。
13. 曹婷婷：《试析清代贵州地区婚姻中的暴力问题》，载《文化学刊》2008年第4期。
14. 孙家红：《〈大清律例〉百年研究综述》，载《法律文献信息与研究》2008年第2期。
15. 尤陈俊：《"新法律史"如何可能——美国的中国法律史研究新动向及其启示》，载《开放时代》2008年第6期。
16. 闫晓君：《唐律"格杀勿论"渊流考》，载《现代法学》2009年第4期。
17. 王礼仁：《男女平等的法律并不是最好的法律——以女性从政和婚姻诉讼为视角》，载《中华女子学院学报》2010年第1期。
18. 温辉：《男女平等基本国策论略》，载《法学杂志》2011年第1期。
19. 王竹青、王丽平：《论受虐妇女综合症理论在家庭暴力案件审理中的运用》,载《妇女研究论丛》2013年第5期。

20. 李秀华:《人身保护令准入反对家庭暴力立法维度的困境与对策》,载《中华女子学院学报》2013年第6期。

五、文集类

1. 〔日〕滋贺秀三:《清代诉讼制度之民事法源的概括性考察》,载王亚新、梁治平编:《明清时期的民事审判与民间契约》,法律出版社1998年版。

2. 〔日〕中村茂夫:《比附的功能》,载杨一凡编:《中国法制史考证丙编第四卷:日本学者考证中国法制史重要成果选译——明清卷》,中国社会科学出版社2003年版。

3. 〔韩〕尹在硕:《张家山汉简所见的家庭暴力犯罪及刑罚资料》,载中国政法大学法律古籍整理研究所编:《中国古代法律文献研究》(第二辑),中国政法大学出版社2004年版。

4. 顾元:《中国传统衡平司法与英国衡平法之比较——从"同途殊归"到"殊途同归"》,载中国政法大学法律史学研究院编:《比较法律文化论集》,中国政法大学出版社2007年版。

5. 〔美〕苏成捷:《性工作:作为生存策略的清代一妻多夫现象》,载〔美〕黄宗智、尤陈俊编:《从诉讼档案出发:中国的法律、社会与文化》,法律出版社2009年版。

六、学位论文类

1. 张涛:《受虐及其反应——清代社会中女性境遇研究》,中国人民大学博士学位论文,2001年。

2. 王瑞峰:《罪名、引断、案情——〈刑案汇览三编〉研究》,北京大学博士学位论文,2005年。

3. 张晓蓓:《清代婚姻制度研究》,中国政法大学博士学位论文,2003年。

4. 杨晓辉:《清代中期妇女犯罪问题研究》,中国政法大学博士学位论文,2008年。

七、报纸类

1. 《求偶》,载《大公报》1902年6月27日。

2. 《时报》1905年12月11日。

3. 黄庆畅:《防止家庭暴力"人身保护令"接连出鞘》,载《人民日报》2008年10

月7日第8版。

4. 黄蓉芳:《〈中国家暴现状〉报告称全国每年有10万家庭因家暴解体 54.6%受访者曾遭遇家暴》,载《广州日报》2012年6月29日第AII2版。

5. 蔡双喜:《肩负媒体责任 共促男女平等》,载《中国妇女报》2013年3月8日第A01版。

6. 刘福国:《项目化运作推动男女平等》,载《中国妇女报》2013年6月7日第A01版。

7. 周韵曦:《消除性别暴力需要男性力量》,载《中国妇女报》2013年12月2日第A02版。

8. 张年亮:《近10%故意杀人案件涉及家暴 最高法探索建立反家庭暴力统筹联动机制》,载《人民公安报》2014年2月28日第002版。

9. 张先明:《推广审判经验统一法律适用 最高人民法院公布十起涉家庭暴力典型案例》,载《人民法院报》2014年2月28日第003版。

10. 袁定波:《6年发涉家暴人身安全裁定超500份》,载《法制日报》2014年2月28日第005版。

11. 林志文:《广东省妇联力推反家暴立法 广东家庭暴力防治条例建议稿初步形成》,载《中国妇女报》2014年4月3日第A02版。

后　　记

　　拙著是在博士学位论文《清代夫妻相犯研究——基于〈大清律例〉与刑科档案的法文化考察》的基础上修改完成。记得博士论文杀青之时，窗外正淫雨霏霏，初春的潮寒空气，让我仍无法从研究清代夫妻相犯的压抑与愤懑中解脱出来。当时耳边突然传来校广播台对女性师生的殷殷祝福，这才记起，公元2010年3月8日恰逢国际劳动妇女节一百周年纪念日。我不禁由衷地感到庆幸，因为清代之妻或许无法奢求的生活与权益，我们新时代的女性正在享有，或至少能够奋笔疾呼抑或摇旗呐喊！时光荏苒，毕业已经四年有余，博士论文获得了华东政法大学优秀学位论文以及获得上海市研究生优秀成果（学位论文）等荣誉，并以此为基础成功申报了教育部人文社会科学研究青年基金项目，经过四年积淀与扩充，现将拙著呈现给各位，以求教于方家。

　　"用刑科档案史料说话"，是拙著撰写的初衷所在。在汗牛充栋的传统婚姻家庭的研究成果中，法律史学界对夫妻相犯投注的目光才刚刚开始且少之又少。由夫妻相犯的刑科个案切入，不仅能看到夫犯妻，深切地感受妻的卑贱法律地位，还能看到妻的反抗以及妻在某些条件下主动犯夫的行为，这样清代的夫妻关系就处在一个相对动态的表现范畴内，这是对研究"活"的法律史的一种尝试。不过，行文洒洒之后，不免掩卷深思，还原历史的真相，又将以怎样的名义影响当下的夫妻关系和妇女权益呢？拙著通过对清代夫妻相犯及其清律治理的研究，为当今防控家庭暴力提供了几点启示，这是在博士论文的基础上新增的一章,这或许将是我今后关注与研究的方向。

"就有道而正焉,可谓好学也已"。拙著得以完成,首先要感谢我的恩师和诸位学界前辈。徐师永康教授治学严谨、学识广博,教诲学生勤勉中正、上进好学,对拙著的材料运用、观点斟酌乃至语言驾驭给予悉心指导,修正诸多错谬,点拨助益的思考方向,在此以笔代躬,铭谢师恩;授业恩师何勤华教授,以他睿智的目光、真诚的教诲和渊博成就引导着学生的学术人生。授业恩师王立民教授,则以深谙律典的严谨治学精神和激情洋溢的执着品质影响着学生的治学德行。授业恩师张伯元教授,更以法律古籍和训诂学的精深造诣激励着学生的求学上进。有幸得受几位教授传醍醐灌顶之道、解学海无涯之惑,在此亦以笔代躬,铭谢师恩;还要特别感谢丁凌华教授,他的学高身正是我身为教师一生尊奉的楷模、特别感谢李秀清教授,她的睿智知性着实令人钦佩,我博士论文获得上海市研究生优秀成果奖时,她第一时间发来祝福与鼓励的短信,至今让我备感温暖。

"独学而无友,则孤陋而寡闻"。感谢所有曾经给予笔者无数启发、督促和勉励的诸位学友,透过诸君洞悉法理的犀利言辞、火花迸溅的热切讨论和相互提携的热情关怀,让我得有诸多领悟、遐思和感激,和他们一起度过的校园时光更是愉快和留恋一生的记忆。感谢郑州轻工业学院政法学院的诸位领导与同仁对我的关心与启迪,感谢社会发展研究中心对拙著出版的部分资助,我均铭记在心,感谢之至。

"上穷碧落下黄泉,动手动脚找材料",资料搜索的过程固然烦琐维艰,但是更应感谢中国第一历史档案馆保管利用部的杨欣欣女士,若非有她的热心帮忙,我将难以管窥刑科题本婚姻奸情档案的原貌。还要感谢家姐长虹、惠寄资料的穆永强博士及在北京为我查阅资料提供诸多便利的戴颂华和刘华博士伉俪,祝他们顺利安康。

感谢我的先生李威,从读硕士到攻博士,相伴十载,相濡以沫。唯有他,能在我论文写作疲惫神伤之时宽慰我的胸怀,在我烦闷焦躁的当下舒减我的压力。不论从中国第一历史档案馆摘抄档案到国家图书馆、上海图书馆的流连忘返,还是从衣食住行到游学四方,他始终是我学术研究和幸福生活的挚爱伴侣,唯"执子之手,与子偕老",以代谢言!感谢我的爱子乾乾,他的出生与成长让我感受到了世间最大的辛苦和幸福,"君子终日乾乾,夕惕若厉,无咎",与爱子共勉!

感谢华东政法大学何勤华教授的推荐出版,感谢商务印书馆学术出版中心的王兰萍老师,她的大力帮助及对书稿提出的中肯意见,拙著才得以全新面目出现,特此感谢!

是为后记。

2014年夏于林荫苑

钱泳宏